在求质求新中求进

上海经济和信息化的探索与实践

李耀新 著

中国出版集团
東方出版中心

序

集新以远 滙精求盛

岁月的脚步迈过三十六载，改革的宏伟乐章又一次奏响神州大地。彼时，党的十八大作出关于全面深化改革若干重大问题的决定，坚持正确处理改革发展稳定的关系，部署了经济、政治、文化、社会、生态文明等方面的改革任务和举措，描绘了全面深化改革的新蓝图、新愿景、新目标。此时的上海，围绕“创新驱动发展、经济转型升级”的总体思路，以敢于担当的责任意识、敢于创新的进取精神，深入推进经济社会和城市建设发展，加快推动中国（上海）自由贸易试验区建设，努力争当全国改革开放的排头兵和科学发展的先行者。

习近平总书记要求着力实施创新驱动发展战略，牢牢把握科技进步大方向，牢牢把握产业革命大趋势，努力突破制约产业优化升级的关键技术，围绕产业链部署创新链，把科技创新真正落到产业发展上。在中共上海十届市委六次全会上，韩正书记提出要把握形势，高度重视对互联网迅猛发展和科技快速变化带来的挑战和冲击、对经济增长速度换档期发展、对市场在资源配置中起决定性作用，及对依法执政、依法行政、依法管理等“四个不适应”；要优化产业结构，以企业为主体推进技术创新，推进技术成果产业化。杨雄市长提出要把创新驱动发展作为经济转型升级的核心举措，以创新支撑和引领产业结构优化升级。我们要把经济和信息化工作放到改革创新、转型发展的大局中去思考、去实践，大力推进高新技术产业化和战略性新兴产业发展，要对新技术、新产业、新模式、新业态进行统筹考虑，将产业创新转型和经济结构调整落到实处，大胆探索实践，勇于改革创新。

若把人生和事业放到宇宙的时空中来考量，仅是沧海一粟。然能在某一时段、某一区域，为某一城市、某项工作的发展尽到应有之力，亦感欣慰。近十多年来，笔者受组织的委派，先后在上海市嘉定区人民政府、黑龙江省牡丹江市人民政府、黑龙江省发展和改革委员会、上海市发展和改革委员会、上海市长宁区人民政府、上海市经济和信息化委员会担任领导职务。在横跨条与块、纵贯南与北、深入城与乡的时空和工作转换中，笔者以科学发展的统筹观谋划思考、以敢闯敢试的创造力开拓图新、以求真务实的精气神付诸实践，对工作、学习、人生时有激情畅想、时有不解之惑、时有豁然顿悟，于心于体于志，都是一种经历、一种考验、一种收获。

2013 年 4 月到任上海市经济和信息化委员会后，笔者以一种新的视角重新观察这座城市的产业经济和信息化工作，站在主动对接国家战略、促进上海城市创新转型的角度，谋划推动职能履行、管理服务、观念理念等改革创新，明确要谋大发展出新思路、抓大项目创新优势、拟大政策育新经济、促大联盟搭新平台。经过改革开放以来 30 多年的发展，上海特大型城市建设和产业经济发展呈现两个最显著特征，即处于非典型性发展和最典型转型阶段。上海从 20 世纪 80 年代开始进行产业结构适应性调整，90 年代以来进行产业结构战略性调整，21 世纪以来进入创新性调整的新阶段，积极探索新型工业化、信息化、城镇化融合发展之路。当前，基于资源能源、商务成本、环境保护、社会稳定、城市安全等外部环境条件，上海产业经济必须走一条内生式发展之路，围绕改革、创新、转型、提升的主线，深入推进两化融合，坚持全生产要素、全生命周期、全产业链、全所有制、全价值链统筹提升，加快培育新技术、新产业、新模式、新业态“四新”经济，促进制造业和服务业融合趋势下共同实现高端化、国际化、市场化、智能化、集约化发展，做到规划定位、市场主体、基地载体、项目建设、产业投融资、政策和环境“六要素”统筹推进，努力打造上海经济升级版。

信息化建设对一座城市发展的重要性不言而喻，上海较早抓住全球信息化的重要机遇，“九五”基础先行，着力打造信息基础设施；“十五”重点突破，促进信息产业和信息技术应用加快发展；“十一五”实施信息化领先发展战略，信息化整体水平大幅提高；“十二五”期间，以“数字化、网络化、智能化”为方向，大力创建面向未来的智慧城市。智慧城市建设按照三个三年计划的步骤持续推进，第一个三年 2011—2013 年“走进智慧城市”，第二个三年 2014—

2016年"迈向智慧城市"；第三个三年2017—2019年"拥抱智慧城市"。在国家网络安全和信息化推进总体框架下，上海要坚持"一体两翼"，即以夯实基础设施、开发信息资源、深化智慧应用为主体，以信息技术和产业发展、信息安全和法规建设两方面工作为保障；围绕政府、企业、社会"三个主体"，加快推进智慧社区、智慧商圈、智慧园区、智慧新城、智慧乡村"五大智慧应用"；建设超算中心、公共云计算中心、大数据中心、信息中心和公共信用信息服务中心，推动信息化和智慧城市建设实行统一规划、统一建设、统一资金、统一管理、统一运营、统一评估"六个统一"，以信息化和智慧城市建设稳增长、优结构、促改革、增活力、惠民生。

美好蓝图已经描绘，理想总要照进现实，而这仍需我辈及后继者持续不懈地付出艰苦努力。其时，国际经济社会发展环境瞬息万变，继第三次工业革命的热潮后，欧洲又提出推动工业4.0版，藉着全球新一轮信息技术革命方兴未艾之势，促进物理实体世界与信息网络世界的互动结合，通过物联网、服务网，推动机器与机器连接（M2M）和频谱经济发展，实现智慧生产、智慧工厂，用信息化、智能化系统取代低效体力和脑力劳动。在高端制造业和信息化的新一轮全球竞争中，中国和上海应确立什么样的定位、担当什么样的责任？在从制造大国走向智造强国的道路上，上海要坚持8R发展理念，即Redesign（再设计）、Reuse（再利用）、Reduce（再减量）、Recycle（再循环）、Remanufacture（再制造）、Reengineering（再组建）、Restructuring（再架构）和Reconsumption（再消费）；积极探索以信息化、智能化提升"创新+创意+研发+设计"水平，强化关键领域核心竞争力，调整淘汰高污染、低产出、不安全的落后、过剩与低端产能，力求在云计算、大数据、车联网、信息消费、互联网金融等新业态、新模式方面，加快培育形成新的增长点，为经济发展注入新的动力与活力。

上海产业经济和信息化发展之路，必将是一条艰辛的探寻之路、思索之路、实践之路。在这一年多的工作历程中，既认识到产业经济和信息化发展的重任，也感悟到科学发展的路线图需要在探索中调整、在调整中完善。其间亦积极探索联合委办、依托区县，加强与各类企业、产业园区、行业协会、高等院校、科研院所、中介组织等方面的交流与合作。因产业经济与信息化的突破发展，实需集社会各方之智、汇社会各界之力，形成百花齐放、万马奔腾之势，唯其如此，才能交出一份问心无愧的历史答卷。于此过程，更要秉承海纳百川、追求卓越、开明睿智、大气谦和的城市精神，为上海2020年建成“四个中心”和现代化国际大都市的目标而快马加鞭、不懈奋斗！

本书所籍为笔者担任上海市经济和信息化委员会主任以来的所思所得，既非纯粹的理论著作，也非工作札记，而是力求将所感所悟赋予实践的血肉，以调研成果形成科学的统筹。总体结构分为五篇，开篇为对上海产业经济和信息化的整体谋划，第二篇为在工作创新和政府职能转变方面所作的探索，第三、四篇分述产业经济和信息化工作实践，第五篇对工作中遇到的一些问题和未来发展方向进行了初步探索。因时间仓促，本书的系统性、严密性、深刻性仍有所欠缺，不当之处，欢迎各界同仁批评指正！

雄关漫道真如铁，而今迈步从头越！当以春节期间所书对联一副与读者共勉，“百花争艳智慧城市放异彩，万马奔腾产业经济展宏图”。

是为序。

李耀新

CONTENTS

目　录

序　集新以远　汇精求盛 / 1

第一篇　谋篇布局　砥砺前行

第一章　立足发展全局　做好顶层设计 / 3

第一节　落实党的十八届三中全会精神　开创上海经济和信息化发展新局面 / 4

第二节　面向未来　立足全局　推动上海产业和信息化创新转型发展 / 11

第三节　对接国家战略　推动上海经济和信息化工作稳中求进 / 18

第四节　开展大调研大讨论大协作大转变活动　打造经济和信息化升级版 / 23

第五节　积极探索新形势下的智慧城市建设之路 / 30

第二章　把握历史方位　加强综合统筹 / 39

第一节　聚精会神抓落实　扎扎实实促转型 / 40

第二节　沉着应对　坚定前行　全力做好各项重点工作 / 44

第三节　聚焦重点　坚定信心　确保完成全年目标任务 / 53

第四节　加快改革创新转型升级　做好新形势下的产业和信息化

工作 / 57
第五节 围绕改革创新 聚焦推进落实 / 61

第二篇 聚焦创新 转变职能

第一章 推动创新发展 增强经济活力 / 69
第一节 加快培育新技术新产业新模式新业态 / 70
第二节 依托"四新"发展 抢占未来制高点 / 79
第三节 基于互联网的"四新"经济发展初探 / 88
第四节 按照科学发展观要求加快推进上海产业布局和结构调整 / 94
第五节 特大型城市城乡结合部和谐发展的思考 / 101
第六节 化解产能过剩矛盾 拓展经济发展空间 / 107

第二章 优化工作方法 促进职能转变 / 113
第一节 探索健全推进经济和信息化发展的"六要素"工作法 / 114
第二节 以负面清单管理促进产业创新转型和政府职能转变 / 121
第三节 推进社会信用体系建设 着力构建"诚信上海" / 125
第四节 创新机制 完善方法 推动企业用好用足支持政策 / 129
第五节 加强信用管理促进政府职能转变 / 131

第三篇 产业转型 结构优化

第一章 把握发展规律 推进转型升级 / 139
第一节 应对新产业革命 推动上海产业转型发展 / 140
第二节 提高认识 尊重规律 为产业转型作更大贡献 / 154

第三节　上海产业转型与文化创意产业创新发展的思考 / 158
第四节　认清形势　加强保障　推进产业结构调整工作 / 162
第五节　关于上海实施绿色制造战略的思考 / 167
第六节　持续推进军民结合产业体系建设 / 173

第二章　坚持市场主体　营造良好环境 / 177
第一节　引导企业　营造环境　推进上海品牌建设 / 178
第二节　以创意设计引领提升　形成产业集聚发展优势 / 182
第三节　转变思路　完善政策　全力支持企业发展 / 186
第四节　不断优化上海中小企业服务体系 / 193
第五节　全力办好工博会　搭建展示交流平台 / 197
第六节　坚持科学规划引领　加强产业合作交流 / 199

第四篇　智慧城市　跨越发展

第一章　夯实基础设施　深化智能应用 / 205
第一节　加快推进宽带城市无线城市建设 / 206
第二节　以创新应用为核心推进信息化建设 / 209
第三节　深化“两化”融合　提升应用效能 / 212
第四节　加快智慧城市建设　促进养老事业发展 / 217
第五节　完善新形势下的信息化推进机制 / 221

第二章　提升信息产业　加强安全保障 / 225
第一节　以信息消费扩内需促经济增长 / 226
第二节　集聚力量推动上海光伏产业发展 / 232
第三节　优化环境　强化示范　打造大数据高地 / 235

第四节 信息安全进入全民时代 构筑城市信息安全基础防线 / 238
第五节 加强大数据环境下的信息安全保障 / 242

第五篇 潜心求索 克难奋进

第一章 深入调查研究 加强学习借鉴 / 247
第一节 纽约推进数字城市建设对上海智慧城市建设的启示 / 248
第二节 以产业结构调整促进土地二次开发利用 / 252
第三节 加大产业结构调整 推动就业人口结构优化 / 257
第四节 加快推进“两头在沪”企业发展 / 259
第五节 促进区域产业经济和信息化发展 / 265

第二章 破解难点问题 探索发展之路 / 269
第一节 坚持问题导向 主动攻坚克难 / 270
第二节 加快推动上海二三产业融合发展 / 273
第三节 大力推进金融与实体经济紧密结合 / 280
第四节 推动中国(上海)自由贸易试验区产业转型发展 / 283
第五节 积极探索以信息技术革命推动产业优化提升之路 / 287

附
“四新”感悟 / 292
读书访谈 / 337
作者论文专著目录 / 342

后记 / 346

第一篇

谋篇布局　砥砺前行

上海这座特大型城市，历经改革开放 30 多年来的先行先试和探索发展，已经成为全国最大的经济中心城市。上海的产业发展和信息化建设，在历史上都留下了辉煌的一笔。而新时期的经济转型压力、资源能源约束、城市安全环境等，对产业经济、信息化和智慧城市建设，都提出了新的要求。基于此，我们在分析研判国内外经济社会发展形势的基础上，主动对接国家战略，把握历史方位，加强产业经济和信息化工作的顶层设计，围绕开题解题破题，集聚力量，坚定信心，打造产业经济和信息化升级版，努力为上海实现创新驱动发展、经济转型升级贡献更大的力量。

第一章

立足发展全局
做好顶层设计

第一节　落实党的十八届三中全会精神 开创上海经济和信息化发展新局面

党的十八届三中全会，吹响了全面深化改革、推动创新转型的新号角，为经济社会各项工作发展突破指明了新方向。按照党的十八届三中全会精神和《中共中央关于全面深化改革若干重大问题的决定》要求，我们认真思考、统筹谋划今后一段时期上海经济和信息化工作的历史方位、基本路径和发展举措，力争拓展新思路、发挥新优势、开创新局面。

一、以解放思想谋深化改革，加强顶层设计和整体统筹

改革是一项复杂的系统性工程，我们要按照全局整体谋划，增强推进改革的信心和勇气，扎实推进各项改革措施。不谋全局者，不足谋一域，上海产业经济和信息化发展必须围绕改革的主线，准确把握国内外发展环境变化，加快转变战略思路和发展方式。要基于需求分析明确发展方向，基于市场机制推进专项行动，基于分类管理推进改革创新，促进上海产业经济走高端化、国际化、市场化、智能化、集约化发展道路，进一步发挥好信息化和智慧城市建设的引领带动作用。

（一）更加注重需求侧导向和市场决定作用

经济体制改革的核心问题是处理好政府和市场的关系，要坚持发挥市场在资源配置中的决定性作用，把握价值规律，建立市场规则，完善价格机制，使市场供给满足、适应和创造市场需求，最大限度地激发市场化活力，进一步解放和发展社会生产力。从关注供应侧向关注需求侧转型，对接潜在市场需求，聚焦关键应用环节，推进大规模集成电路、新能源汽车、智慧照明、机器人、光伏、北斗导航等扩大应用专项，推动技术产品、应用领域、商业模式拓展创新；采用政府贴一点、企业投一点、社会出一点相结合方式，推进一批应用示范工程项目。积极主动化解过剩产能，研究分析市场空间，把握好战略性新兴产业和传统产业产能过剩、短期稳增长和长期培育的关系，如目前风电设备、太阳能光伏、新材料等产业领域也出现产能过剩。一方面要坚持抓好结构调整，聚焦骨干企业、重点项目和高精尖环节，构建细分产业链体系；另一方面只要是看好的发展方向就要坚持抓

住不放，如上海太阳能光伏产业坚持全产业链布局发展，将在产业基地、展览场馆等推进一批示范应用项目，拓展市场空间。充分发挥市场主体作用，各类所有制企业都是社会主义市场经济的重要组成部分，是推动经济社会创新转型的主体力量，上海要在先进制造业和现代服务业领域，通过环境塑造、市场竞争，吸引一批优势企业落户，发展壮大一批行业龙头企业和细分行业领先中小企业。如上海 1 008 家“专精特新”中小企业中，有 101 家企业位居全国细分市场占有率第一位。要推进产业组织创新，帮助民营企业推广新技术、新业态、新模式等成果，完善“1 +17 + X + N”中小企业服务体系；充分发挥行业协会和社会机构在行业自律、提供第三方公共服务等方面的作用，持续加强为央企、地方国企、外资、民营等各类所有制企业服务，形成产业组织结构和制造业结构相互适应、相互促进局面。

（二）更加注重推动二三产业融合发展

对产业发展的历程进行分析，从最初的劳动密集到资本、技术密集，再到知识密集，不断走向高端化，特别是现阶段制造业和服务业之间的界限日益模糊，其本质都是趋向于提供特定的产品和功能，其方向都是向高端化、集约化发展。因此，我们要加快走产业融合式发展道路，提升先进制造业发展能级，大力推进生产性服务业、功能性机构等集聚发展，保持信息服务业、创意产业等以两位数速度增长。推动先进制造业高端发展，利用好上海的研发平台、关键制造、产学研基地等优势，加快推进民用航空、新能源高端装备、云计算、物联网等 15 个战略性新兴产业重点专项，推进一批具有全局影响、带动性强的关键项目，加快提升产业能级水平。推进传统产业改造升级，通过技术改造、“两化”深度融合、节能减排、制造业服务化和结构优化调整“五个提速”，实现传统制造业核心技术控制能力、市场营销能力、产业链建设能力、集约集聚集群、绿色低碳发展“五个提升”。加快发展生产性服务业重点领域，目前上海生产性服务业增加值占全市 GDP 的比重近 30%，发达国家这一比重接近 50%。要结合“营改增”推进企业业务流程再造，深化电子商务“双推”工程，实施制造、物流两业联动供应链管理引导工程，完善生产性服务业功能区布局。推动信息服务业发展，如软件产业要主动对接城市建设、社会管理、公共服务等领域需求，选择一两个重点方向率先推进供需对接，提高市场应用规模和竞争力；以建设“软件名城”为抓手，逐步打造以金融信息服务、航运信息服务、互动娱乐信息服务、贸易信息服务、新兴信息服务等为特色的多元化、多样性信息服务业。推进文化创意产业发展，推进文化创意产业与新型工业化、信息化、品牌建设等融合，围绕“设计之都”建设，聚焦重大项目和重点基地,理清工业设计、创意设计等产业链情况,及专业人才、政策支持等需求,推动文化创意产业持续发展。

(三)更加注重发挥信息化引领带动效应

信息化从本质上讲是建立在信息技术不断创新发展,以及在经济社会各部门应用扩散的基础上,推动经济社会发展转型的历史过程。云计算、大数据、移动互联网等新一代信息技术从根本上改变了各类要素资源配置方式,成为全球范围内推动经济发展和社会变革的重要力量,以及国家和城市竞争力的战略制高点,在未来改革发展大局中必须凸显信息化的引领地位和带动作用。上海加快信息化和智慧城市建设步伐,自20世纪90年代中期以来,持续推进信息化工作,着力推动信息基础设施优化建设,促进信息技术应用和信息产业加快发展,信息化整体水平大幅提高。"十二五"期间积极创建面向未来的智慧城市,经过近三年努力,上海市智慧城市基本框架初步形成,信息基础设施服务能力显著提高,信息技术应用覆盖面和渗透率得到提升,信息技术创新能力及其产业化能力进一步增强。上海至今已在国内取得多个"领先",如率先开展信息基础设施集约化建设、大规模光纤到户建设和改造,率先推进公共场所无线局域网(WLAN)覆盖,率先开展三网融合试点等。目前上海的城域网出口带宽、"光纤到户"覆盖能力和用户规模,WLAN覆盖密度和规模,高清有线电视和高清IPTV用户规模,三网融合试点业务用户规模等多项指标位居国内第一;城市建设、政务、经济、社会服务等领域信息化应用深入推进,城市信息安全保障有力。谋划新一轮智慧城市建设方向,我们将通过三个三年行动计划,实现走进智慧城市、迈向智慧城市、拥抱智慧城市的蓝图,推进信息化与经济社会全方位渗透融合。新一轮三年计划建设重点将从基础设施转向深化应用,加快宽带城市、无线城市建设,深入推进智慧社区、智慧园区、数字证书"一证通用"等重点项目;建立城市、公共、企业和个人全方位信息安全体系,开展宣传教育活动,让市民进一步感知智慧城市的便捷高效。

二、以结构调整求创新转型,
打造经济和信息化升级版

经过改革开放以来30多年的发展,上海特大型城市建设和产业经济发展呈现两个最显著特征,即处于非典型性发展和典型性转型阶段。上海从20世纪80年代开始进行产业结构适应性调整,开展节能减排产能压缩,纺织业"壮士断

上海产业和信息化发展历程

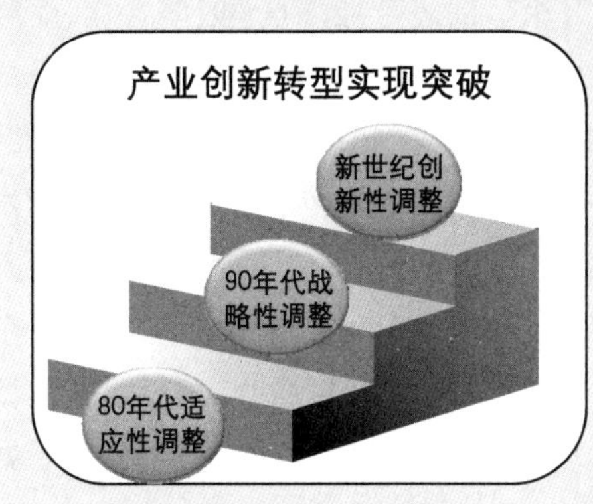

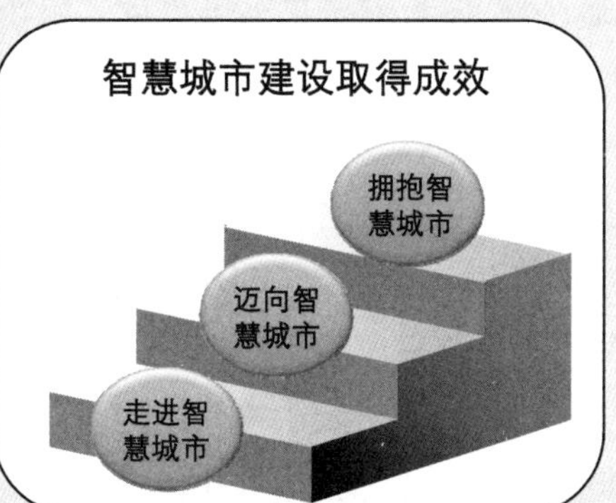

腕”,中心城区“退二进三”;20 世纪 90 年代以来进行产业结构战略性调整,重点推动汽车、钢铁、化工等六大支柱产业发展,加强六大产业基地、“一城九镇”建设;新世纪以来优先发展先进制造业和现代服务业,推动战略性新兴产业和制造业服务业融合发展,进入创新性调整新阶段。上海经过多年产业结构调整,很多行业已经履行了行业最高能耗标准,但在商务成本、环境保护、社会稳定、城市安全等方面面临更高约束要求;必须加快构建新型产业体系,打造上海经济和信息化升级版,积极探索新型工业化、信息化、城镇化融合发展之路。

（一）着力推进产业布局和结构调整

上海 1 000 平方公里工业用地是未来发展的宝贵财富载体,蕴藏着巨大的发展能量,要坚持优化产业布局与提升地均、能均、人均、资均产出能级并举,开拓城市经济增长新的载体空间。提升规划定位加强基地建设,站在放眼世界、服务全国的高度考虑上海的产业发展,104 区块提升能级,195 区域转型进行再招商重新定位,198 区域调整循序渐进;加强园区基地化建设,研究“一区多基地”、“基金加基地”模式,引进行业龙头企业,集聚产业链上下游配套企业,积极打造产业链生态系统,形成“榕树效应”、服务链条以及资源、政策、人才集聚优势。

推进沿外环区域生态经济圈建设，围绕化解城乡二元结构，坚持重点区域改造转型与特大型城市城乡结合部综合治理、统筹发展并行，促进城乡一体化发展；坚持“加绿、减重、强基、融合”，推进城市规划、产业结构与城市功能、基础设施、生态环境、土地开发机制和产城融合水平等提升；推动桃浦、南大、吴淞、高桥、吴泾、青浦华新、奉贤星火等重点区域转型升级。促进产业园区“区区合作、品牌联动”，上海市开发区单位土地产出达68亿元/平方公里，但乡镇级开发区平均产出率仅20亿—30亿元/平方公里；通过上海市12家市级以上开发区与7个区县一批园区开展合作、整合资源，带动了乡镇工业区调整转型，推动产业园区发展能级和土地利用效率不断提高。推进调整淘汰落后产能，坚持制造业转型升级与淘汰落后产能并重，2007年以来聚焦“高能耗、高污染、高风险、低效益”企业，及宝山南大、金山二工区等重点区域调整，累计实施近5 400项产业结构调整项目，涉及产值约1 600亿元、土地近10万亩、减少能耗约780万吨，降低了城市安全隐患，优化了生态环境。同时实现调整与发展并举，引进支持能填补产业空白的高端优势产业，促进产业结构调整升级，带动城市就业人口结构优化和区域转型发展。

（二）着力推进工作机制和政策创新

制造业的技术创新和产业发展具有周期性，目前处于项目投资开工建设竣工的低谷期，更要善于发现新的投资热点、培育新的经济增长点，以新思路、新方式、新举措推动产业经济转型提升发展。创新项目推进方式，将软投入、新经济等因素纳入技术改造和创新范围，建立优质项目打包机制，对重点技改项目采取打捆方式，包装一批制造业、服务业、军工企业、科研院所等试点项目；关注支持各类创投等基金项目，形成市场发现项目和培育机制；完善专项资金项目的审核、跟踪和评估机制，建立用规模性、先进性、引领性和创新性衡量产业项目的导向。实施创新支持政策，我们正迈入以互联网、新能源为代表的新一轮工业革命，要系统研究分析数字、绿色、智能制造等领域国际、国内、上海的情况，实施扩大消费、扩大需求、扩大应用的“三个扩大”创新政策；要理清机器人、导航产业等全产业链，深化到四级目录，找到政策聚焦支持的重点方向，推进一批示范应用项目。创新产业投融资机制，对接战略性新兴产业、智慧城市建设、中小企业发展等有效需求，推进政府、企业、金融、社会各类资金的衔接融通；创新发展“产业金融”模式，会同社会资金组建重点领域产业基金和并购基金，推进产业园区土地开发与金融资本的结合；探索在国资国企改革中形成新的投融资机制，通过多元投资组建高端产业集团;探索运用股权、订单和知识产权质押,供应链融资以及“投贷保”联动等模式。

(三)着力推进“四新”经济发展

要更加关注新产业、新业态、新技术和新模式发展,坚持培育壮大“四新”与营造改革创新活力优势并进,主要思考三个问题,一是“四新”发展的趋势和规律,二是上海的基础条件和发展目标,三是路径方法和具体抓手,注重增强未来的产业发展后劲。关注互联网经济发展,随着全球信息技术创新步伐不断加快,信息化应用的新业态、新模式不断涌现,催生了新的消费需求和增长点。我们将关注重点从技术和能力创新向推动新业态、新模式、新经济发展转变,积极把握新经济发展互联化、平台化、联盟化等特点,加快发展包括互联网金融、大宗商品交易在内的互联网经济;结合网络信息化优势,打造线上线下相结合的电子商务交易平台,推动同业联盟、异业联盟和产业链联盟建设。把握新产业革命趋势,深化两化融合,推动中小企业信息化应用、电子商务和物流信息化集成创新,实施一批“两化”深度融合专项工程,发展数控机床、工业机器人等智能制造生产模式;推进云计算、大数据、物联网等应用示范。大力促进信息消费,信息消费已经成为扩大市场需求、推动经济增长的重要力量,近几年来上海信息产品和服务消费持续快速增长。制定实施落实国务院促进信息消费扩大内需若干意见的行动纲要,按照市场驱动、企业主体、需求导向、惠及民生原则,推进实施智能交通、数字教育、智慧社区、互联网金融等专项工程,加大公共信息资源开发利用力度,突破“信息孤岛”,强化信息安全保障,完善信息消费综合环境,促进经济转型和产业能级提升。

三、以扩大开放促持续发展,
拓展资源优化配置新空间

随着改革开放的深入推进,资源的调控方式转向市场配置为主和政府整合资源相结合,各项工作任务更加艰巨。我们要进一步解放思想,善于利用上海、国内、全球各类战略性资源和力量,加快构建开放型经济新体制。围绕“四个中心”和中国(上海)自由贸易试验区建设,聚焦推进改革攻坚战,进一步扩大对外开放,释放驱动战略发展的正能量,提高城市的生产运行效率,激发新的创造力和经济活力。

(一)加快推进上海国际经济中心建设

经济运行的本质是各类要素资源的优化配置,“四个中心”建设的目标导

向，是通过市场化配置要素资源，集聚产业经济核心环节，通过结构调整重组，使上海成为新经济的发源地、创新转型的引领地，产生强大的集聚力、辐射力和影响力。要充分发挥产业经济对“四个中心”建设的中枢和核心作用，既使金融中心、航运中心有明确的发展指向，也使贸易中心有实体的依托，从而形成国际经济中心完整的框架体系。立足上海大都市经济发展的全局性长远性重大问题，对上海国际经济中心的内涵深化、目标路径、内容步骤等开展深入研究，形成完整框架体系，充分体现创新转型、提升引领的发展导向，集聚各方优势资源，打造全球领先的高端制造和服务中心，带动上海经济持续健康发展，进一步发挥上海在全国改革开放进程中的排头兵、先行者作用。加快新型市场体系建设，上海必须依托发达的海港、空港和信息港等优势，扩大对外开放和贸易便利化程度。要依托国际贸易中心建设，打造中国（上海）大宗商品交易中心，提升资源集聚辐射能力；依托国际航运中心建设，打造商品贸易融通中心；依托国际金融中心建设，进一步扩大金融服务业开放；最终形成全新的产业经济生态系统，促进实体经济与虚拟经济紧密结合，为国际经济中心建设提供有力支撑。

（二）加快落实自由贸易试验区建设任务

抓住中国（上海）自由贸易试验区建设契机，深化改革、扩大开放，完善综合环境，拓展经济发展新空间。分步明确细化自由贸易试验区建设任务，加强产业引导、引进优势企业，掌握产业主导权，增强竞争力、控制力，为经济发展增添新的动力；扩大增值电信业务开放力度，推动国内外增值电信企业和互联网企业集聚，促进软件信息、数据服务等外包业务发展；探索建立适应自由贸易试验区特点的信用制度和规范，推进临港产业集中监管区、投资信息共享和服务平台等建设；抓住机遇推动大宗商品交易平台建设、再制造产业发展等，使自由贸易试验区成为“引进来”、“走出去”的桥头堡，放大自由贸易试验区对发展的带动作用。发挥信息化的支撑促进作用，加强自由贸易试验区信息基础设施规划，推进高速宽带网络、WiFi 覆盖、4G 网络建设等，完善智慧园区建设和信息安全保障，提供国际一流的信息基础设施和信息服务支撑；加快互联网与金融的融合创新，支持第三方支付企业发展跨境支付业务，推进跨境电子商务平台建设；利用大数据、物联网、云计算等技术，加强对各类信息的归集、分析和共享应用，以及对货物、原料、生产过程等全过程跟踪监管，实现从“物理围网”向“信息围网”转变、从“实物监管”向“状态监管”转变，为自由贸易试验区扩大试验提供有效支撑。

（三）加快转变政府职能完善发展环境

科学有效的政府管理和服务，是发挥社会主义市场经济体制优势的内在要求。要正确处理好政府和市场之间的关系，在发挥市场配置资源决定性作用的同时，加快推进政府职能转变，营造良好发展环境。深入推进行政审批制度改革，按照上海市统一部署，对承接国家部门审批事项、取消和调整行政审批事项等做好衔接，优化审批速度、优化服务态度、优化服务举措；更好应用信息化手段推进流程再造，建立完善招商引资、项目管理、资金审核、中小企业服务等信息化平台，实现前台对外一口受理、后台内部协同办理，做好适应新型工业化、两化融合等新要求的行业管理服务。完善社会信用环境，上海推进改革创新发展需要社会信用体系建设的有力支撑，只有好的诚信环境和法律环境才会营造好的市场环境。上海市公共信用信息服务平台已开通运行，配套实施相应的管理办法，下一步扩大向社会开放；与自由贸易试验区试点相结合，探索建立信用负面清单管理制度，对项目准入、资金支持、资源分配等进行相应评价，促进政府职能从前端关口管理向过程和结果管理、从事前监管向事中和事后监管转变。打造国际经济合作交流平台，围绕“四个中心”和国际大都市建设目标，积极搭建合作交流高端平台，促进企业“引进来”和“走出去”，支持企业在国际范围内积极开展经济交往活动，形成全球范围内资源优化流动配置、国内外产业互动对接的良好局面。

第二节　面向未来　立足全局　推动上海产业和信息化创新转型发展

一、怎样寻找上海经济和信息化委服务大局的历史方位

当前，上海已进入全新的发展阶段。20 世纪 80 年代上海开始进行产业结构适应性调整、壮士断腕，率全国之先。当时的经委为城市现代化、为上海发展作出历史性贡献。到了 20 世纪 90 年代，为适应经济调整，提出推进“六大产业”基地、“一城九镇”建设，推动汽车、钢铁、化工等六大支柱产业发展，完成了上海产业的战略性调整，原经委、信息办作出了突出贡献。时至今日，上海的经济发

展、信息化工作又面临新的挑战和新的机遇。若仍用老思想、老办法，就会事倍功半。要创新转型就是要先转思路。经济和信息化委处在今天的历史方位上，要研究考虑推进新技术、新产业、新模式、新业态的发展，不能简单用抓大工业的方法和手段抓工作。原来我们对工业企业管人管事管资产"三管齐下"，现在要传承的是当年留给我们的精神财富和实干精神。经济和信息化委直接管理的手段不多，需要借力战略与规划的引领，政策协调与服务的职能，善借市场力、企业力，更多采取间接管理、市场化办法，并寓管理于服务之中。新的经济发展要更加强调以市场化为基础，但不等于完全由市场自己解决、由企业自行发展。今天无论是看世界看全国还是看上海，都已经到了产业进入新的转折和高端化发展的时期，上海的这项任务尤为紧迫、尤为突出。

推动经济和信息化发展要树立新的理念。我们改革开放30多年，解决了制造能力和工业规模、速度的问题。但在世界经济一体化格局下，竞争极其激烈，民族主义保护思潮和国际化、全球化并举，市场保护和全球化处于交织矛盾的状况。我们这么多年引进了巨额的外资，带动了整个经济的发展以及制造能力的提升。在自主创新方面，搞产学研和技术创新、生产，在高铁、超算、航天等领域有一些突破。但是在一些花钱能买到的现代化背后，有专家和学者指出，要防止贫困的增长，就是在世界分工中，我们用低端、环境代价，用一般的资源去替换他国的高新技术产品；帮别人代加工造成中低端国际分工格局，规模很大、加工利润率很低。新技术、新产业、新模式、新业态层出不穷，如果我们没有新的方法、新的坐标和价值尺度，而是用老的方式去抓工作，将不断出现新的产能过剩，付出新的代价。

要站在全局高度找到经济和信息化委的定位。我们推进工作，要站在世界竞争格局高度，对接与服务好国家战略，才能找到上海自身的更大作为。上海"四个中心"建设，上海经济总量的提升，到了今天这个水准，要把上海的底盘放大。改革开放之后，我们从乡镇工业开始培育，大工业进行多种所有制改造，外资包括港澳台的投资对中国经济的拉动作用很明显，同时也拉动了港澳台自身的新发展。在新的平台基础上，要加强产业技术研发创新和二三产业融合的产业高端化工作，要从一般的技术上升到产业技术。产业技术是指能够形成规模量化、经受市场需求考验的实用先进技术。我们要想清楚干什么，经济和信息化委的历史方位在新的基础上，要推动上海从适应性调整到战略性调整再到创新性调整，需要有转型的概念，有新的思考、新的方法和新路径。

做事业有三个基本前提，一个国家、城市、地区、企业和单位皆如此。第一要把责任和要做的事情想得充分清楚，不是封闭地想，是开放地想。比如我们党在战争年代，就是在摸索共产党怎样解放全中国，这个过程就是摸索把事情想清楚，革命事业到底是什么，不同的年代有不断的深化。第二要找到正确的办法与途径，目标是正确的，方案是对的，但是路径、办法错了，就会出问题。如果产业发展都是靠财政性投入，那么我们投入再多的财政资金扶持，与上海的发展、产业与信息化工作要求相比，也是杯水车薪。第三要有强有力的领导班子和卓越的团队。如果没有好的机制，好人就发挥不了作用，有了好事业、好机制还要有好的团队。

做好经济和信息化委工作一定要有开放与创新意识。比如大协作的办法：凡是市场能解决的事情优先考虑让市场去做；凡是企业能做的事情优先让企业去做；凡是区县能做的事情优先让区县去做。我们在经济发展领域中，要当创新者、协调者、推进者。改革开放已经30多年了，面对产能过剩要科学判断，落后产能和落后生产方式的淘汰，我们都在坚定不移地调减；但是淘汰机制的效果如何，除了从节能减排、工业布局调整的角度看，还要从宏观层面看、站在人民群众的角度看，进行综合性的评估，不断提升工作的目标导向和境界。

要更加注重把握好工作的需求导向、问题导向和规律导向。上海工业发展最大的来源是市场需求，一定要主动对接国家战略，对接世界前沿，在全球和全国竞争与发展中赢得应有的空间和地位。具体工作推进中，要把握产业发展的规律，对具体问题进行研究分析，找到瓶颈问题突破口与工作抓手，采取有效措施推动产业高度化发展，从而达成既定的目标效能。开展群众路线教育实践活动应该突出转观念、转作风、转职能。转作风就是要一切服从结果、形式服从内容，从群众要求出发，从大局需要出发、从创新发展出发。记得我在牡丹江工作期间，遇到群众来访，通过手机短信接受信访，分类梳理共性问题、找出典型案例，用项目管理、项目小组集中化解、化解一个带动一批。如对职工集中上访的倒闭企业，在牡丹江光华路建设汽贸一条街，当年开出一批4S店，包括培训、维修、仓储等，带动了社会稳定的改善与经济发展。所以要用项目管理的方法来抓作风转变，抓工作效能，用发展的方法来推动历史问题的解决。

要更加注重把握发展的重大战略机遇。当前上海产业和信息化发展面临一些瓶颈问题，同时也有一些重大的战略机遇，比如全国推进新型工业化和城市化带来巨大的市场需求，自由贸易试验区建设对我们工作创新带来的机遇等。我们一定要抓好战略机遇,不要争论要工业还是要生产性服务业。西方发达国家在发展过程中都在抓再工业化,都在寻求创新发展。现在的信息化和自动化、智能化使工业制造的方式以及工业发展模式产生了新的变化。我们以前觉得调整结构主要是调产品结构、调行业结构、调布局结构,今天的结构调整是在产业技术的层面趋势性把握未来,跳跃式地跨过某些阶段,所以方向一定要把握好。技术选择失败是最大的失败,商业模式失败是最大的失败。

二、上海产业和信息化创新转型发展的重点方向

下一步产业信息化工作必须坚持经济发展稳中有为、重在有为,转型发展稳中提质、重在提质。

一是产业结构调整转型升级。按照104、195、198三类区域分类推进,方针政策是正确的,关键是怎么破题。为什么我们要提外环生态经济圈,凡是郊区新城临近的开发区是跟新城的就业居住配套的,所以向新城靠拢。凡是远郊的,有几种用途,一种是郊野公园,只碰到一部分工业用地,这些工业用地有的是当年工业集体土地,是租赁使用,带动后变成生态的,剩下的可考虑做些过渡性生态养老服务业。这个时候要阶段性地发展公共事业,必须找到一条新的路子,叫做绿文结合、绿旅结合、绿老结合,198区域中可搞过渡性生态型养老产业。在绿化里面以绿为主,绿化里面搞点过渡性产业,搞一部分养老设施,就是造福于上海市民。所以工业转型一定要搞清楚事往哪儿干,钱从哪里来,钱往哪儿投,而且要把工业区二次开发创新之路走通走好。

要更加重视推进产业组织创新。上海产业结构调整第一阶段是适应性调整,第二阶段是战略性调整,现阶段是创新性调整,以产业组织、产业制度、产业政策创新为龙头的调整。产业组织体系创新的重要性不亚于工业区104、195的创新,是侧重于组织结构角度的调整,在组织结构调整的基础上创新体制、机制和政策。如对国企进行开放式、市场化重组,成立新公司、形成新体制,发展新兴产业领域等。

推进服务企业思路方式创新。要坚持把提升服务企业水平作为转变政府职能的重要抓手,发挥好上海市企业综合服务部门作用,完善服务企业工作联席会议机制。进一步拓展服务对象,创新服务方式,支持“专精特新”中小企业做大做强,加大力度吸引外企和央企落沪发展。推动“个转企、企做大”和“企转股、

股上市”，筛选支持有能力、有基础、有创新意识的企业发展壮大，培育一批行业领先的“隐形冠军”企业。

推动资源配置利用方式转型提升。既要宏观统筹，也要接地气；既要用好市内资源，也要对接国家资源；既要用好政府资源，也要引领市场和社会资源；既要“引进来”，也要“走出去”，充分打开工作局面，为上海发展创造新的优势和奇迹。

二是怎样发挥好信息化综合部门作用。上海加速推进信息化和智慧城市建设，是根据建设“四个中心”和现代化国际大都市的要求作出的重要战略选择，有利于促进城市功能提升、经济社会转型以及服务民生、改善生态环境。经济和信息化委是信息化的综合部门，要把信息化建设提升到全市战略高度上来推进。信息化体现在哪里，除了在工业信息化中发挥作用，还有社会信息化、政府信息化，我们应该把握信息化怎么发展、怎么改革、怎么创新。要团结能够团结的力量，上接天线、下接地气，我们有联系企业、联系基层、联系开发区的优势，要见微知著，源源不断地把微观的东西、基层创新的事情发扬光大。

上海的智慧城市建设走在前列，存在的问题和不足是前进的机遇、动力和空间。在信息化的发展中，我们有紧迫感，但差距不像传统产业那样大，完全有实力、有机会实现“弯道超车”。在信息化的浪潮中，政府部门要带头，首先是完善信息基础设施，让信息高速公路不断拓宽、提速；基础设施到达一定程度后，内容要跟上去，要坚持需求导向，深化信息化应用，加快政府信息资源开发利用，丰富信息服务内容。信息化最大的敌人就是信息孤岛，下一步的趋势就是整合，上海市公共信用信息服务平台开通运行，不仅会打破各部门之间的壁垒，更能通过负面信息，对相关企业、项目审批及政策优惠等进行评估，促进资源的优化配置。

三是产业投融资机制的创新转型。首先要把产业投资的属性回归到市场为主、企业为主，核心是找到有效率的项目。一个好的项目，如果大家都抢着做、过度扩张，最后结果也不会好。我们要善于判断，要把行业的竞争关系理清楚，然后去培养优势企业做大做强。不能用老办法，更不能靠拍脑袋上项目，而是应该更多关注行业、企业、市场信息和国际竞争的关系，从中找到我们的正确路径。对于政府的投融资体系，解决好借用管还的关系，对于产业投融资体系要把政府的引导和各种资金形成整合，然后在其他部门建立叠加效应、联动效应。比如说技改在工业化各个时期起到很大的作用，现在面临怎么用好它，怎么创新优化。下一步重点是找到好项目，制造业项目的金额大，新兴服务业项目金额小。所以要探索对一

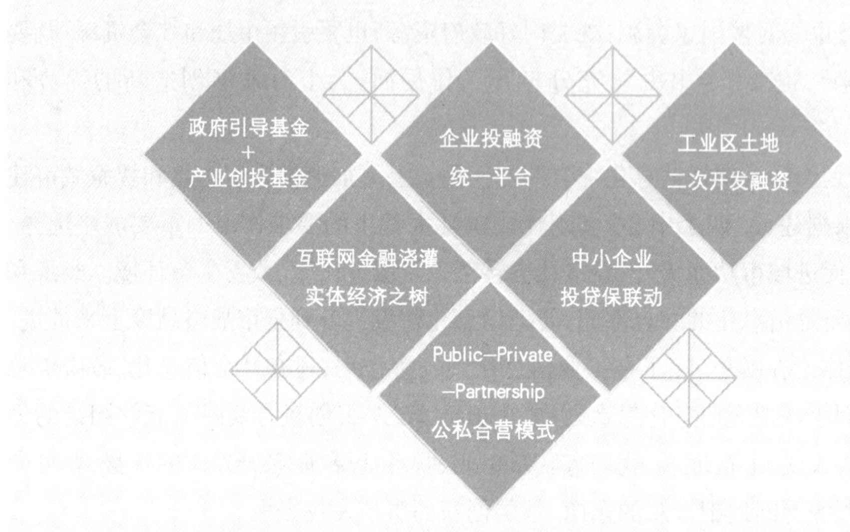

些现代服务业发展中好的生产性服务业，打捆包装整体推进一批项目。

比如车联网，从理论上说一个城市如果能够把车和人、车和车、车和路通过互联网、物联网连接，不增加城市道路，城市交通的容量可以提高一倍。车联网对城市管理、汽车制造、产业发展都有好处。要一手抓制造业、一手抓服务业，对上海来说是一举多得。但是车联网都是小项目，我们在同类型的项目里面要扶优扶强，所以委内要联动，还要跟其他委办联动。用政府导入的资金加上风投的资金、银行的资金、企业的资金，形成产业投资的放大效应。所以产业投融资要通过大讨论、大调研之后锁定方向，步骤要积极稳妥、分步前进，如通过信息化方式在委内联动，在项目选择中引进专家系统体现开放性，跟兄弟委办进行政策叠加，要走小步、不停步，方法上大胆设想、仔细求证、稳扎稳打、步步为营。所有的东西在创新的时候大家畅所欲言，一旦通过认真讨论后形成机制和方案，就要讲战斗力和执行力。

三、关于新技术、新产业、新模式和新业态

关于“四新”我们回答三个问题，一个是发展的趋势和规律是什么，二是上

海的基础条件和目标是什么，三是路径办法和抓手是什么。工作有了思路，就要抓到抓手。何为抓手？比如，哑铃大家都能举起来，如果把同样重量的物质变成氦气球体积就会很大，大家都很难拿走，因为它没有抓手。我们做工作也是如此，最怕盲人摸象，仁者见仁、智者见智，要站在巨人的肩膀上，看到整体、登高望远，然后再落地，找到切入点、突破口与抓手，寻求突破。

经济和信息化委关注的新技术不是实验室技术而是产业技术。产业技术要看未来的发展周期，关注长周期、有生命力、有市场接受能力的技术，要发展有效益的新技术。但是有效益的新技术不是立竿见影的，就是新技术必须要有一个投资期，要过了这道坎。如现在电子技术研究了很多，设定好集成电路从研发、核心制造到重大装备及整个服务，我们都有一系列集群，都要从行业的高度、从国际国内的高度来看，要遵循企业规律、行业规律。

产业新技术关键是推进应用创新。如物联网理论来说，最后把我们生活当中所有需要连接、能够连接的人和人、人和物连接起来，结果是各种终端都能够打通。现在的技术已经突破了，重点是怎样在应用里面突破，信息化建设要坚持应用为王。上海在新一轮的发展中，最大的优势就是中心城市在各个领域的应用条件好，如果不用信息化，整个城市潜力就受限制了，用了信息化效果就非常明显。所以信息化工作要利用新技术，需要我们实践中及时发现这些发展的新趋势新亮点，即使是劳动密集型或是都市型产业，也面临着怎么样用新的自动化技术，怎么样用好的品牌模式，怎么样使国有和民营融合发展，怎么样用信息化来改造等。就是说利用新技术、新产业、新模式、新业态，使传统产业面临再生、脱胎换骨的机遇。

要发展同业联盟、异业联盟和产业链联盟。异业联盟就是一根项链，把珍珠串起来。如医疗旅游就是把医疗、保健、体检、健康联合在一起，再把旅行社、航运公司、旅游公司、旅游景点的资源连接起来。现在从海南一直到大连、青岛一条线都在发展游艇码头，有没有可能把沿海的游艇一站站打通，就是中国从南到北的沿海码头打通，然后在国际到达港再进行交流，形成中国的游轮联盟。

我们要找到发展的方向和模式，要懂新经济、新技术、新模式，用新的团队新的知识来促进经济发展。如大数据在宏观管理、制造业、农业、商业、金融业、医疗等领域广泛应用，上海要从多方面推进大数据发展，包括从科研攻关角度研究大数据领域基础技术、基础决策模型，推动面向电子政务、交通、卫生、金融、互联网等领域的大数据应用。又如，信息消费涉及电信运营商、应用商，产业链条要协调可持续，通过创新释放能量，形成竞争合作、健康有序的关系。

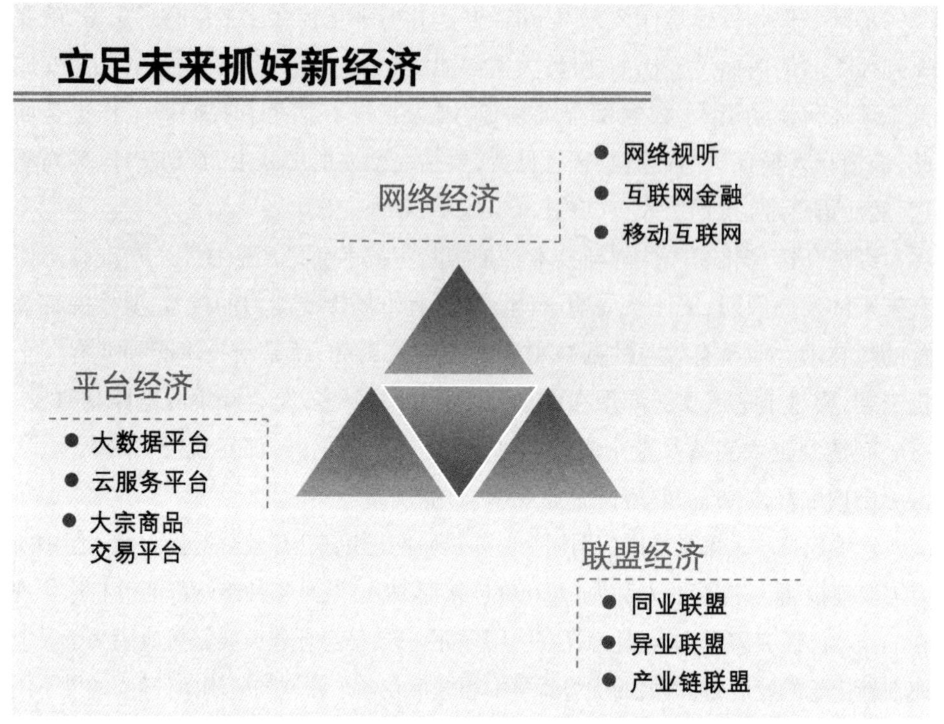

要立足未来抓好新经济。我们在国际经济中心方面要破题、解题，是不是有了航运中心、贸易中心、金融中心自然就是经济中心，最多也是约等于。我们站到了上海未来的十年、二十年、三十年改革发展创新转型的历史关键时期，一定要做一些事半功倍的事情，一定要抓大放小，一定要立足于未来去抓经济，而不是为过去打补丁。为未来创造，过去的问题就迎刃而解，如果就问题抓发展，我们始终处于被动局面。所以经济和信息化委的工作要做好，要通过教育实践和"四大"活动，找准历史方位和定位，认真履行我们的职能，开拓创新、转变作风，实现工作效能的提升。

第三节　对接国家战略　推动上海经济和信息化工作稳中求进

多年来，上海积极对接国家战略要求，主动承担国家重大专项、培育战略性新兴产业、推进智慧城市建设、加大技术改造力度、发展生产性服务业以及新型工业化产业示范基地建设等方面任务。

一、上海产业和信息化工作的主要目标和重点任务

按照国家工信部和上海市委、市政府的部署要求，上海市产业和信息化工作将坚持“两个坚定不移”和“四个聚焦、四个突破”，即坚定不移转变经济发展方式，坚定不移推进经济结构战略性调整；聚焦战略性新兴产业发展，在专项工程实施上取得突破；聚焦智慧城市建设，在信息化应用上取得突破；聚焦服务企业，在完善企业服务体系上取得突破；聚焦社会信用体系建设，在政府率先示范应用上取得突破。

一是全力以赴稳增长。切实加强运行监测，特别是对330家年产值10亿元以上工业企业和80家年产值5亿元以上民营企业，建立专人联系制度，及时发现、反映和协调解决出现的问题；关注生产性服务业重点行业和领域的发展态势；研究制定稳增长的政策措施，及时做好应对。

二是坚定不移促转型。加快发展战略性新兴产业，对接服务国家战略和重大专项，集中力量抓好新能源汽车与汽车电子、卫星导航、云计算、物联网等专项工程的推进实施。加快改造提升传统优势产业，聚焦汽车、钢铁、装备等领域，加大技术改造支持力度，鼓励企业实施和推动新技术、新模式、新应用，提高创新能力。加快实施结构调整和节能降耗，平稳推进高桥石化和宝山宝钢产业结构调整，加快杭州湾北岸等重点区域调整；推进实施节能技改、合同能源管理、再制造产业三个专项，开展合同能源管理未来收益权质押百亿绿色融资银企对接活动等。加快推进工业布局优化调整，按照全市“两规合一”的要求，建立104个产业区块“有进有出、动态管理”工作机制，继续推进国家新型工业化产业示范基地建设，加快推进工业区转型升级试点和园区二次开发；推进195、198区域转型升级，加强对产业区块外重点企业的目录管理，195区域以研发总部类用地为重点推进生产性服务业发展，198区域逐步调整转型。

三是大力发展生产性服务业。目前包括文化创意、信息服务、总集成总承包等在内的生产性服务业增加值已经占到全市GDP的30%左右，成为上海服务经济的主体力量。我们在总结前期“营改增”试点和制造业主辅分离试点经验的基础上，加快研究出台扶持生产性服务业发展的相关财税政策，促进“两头在沪”的内资企业总部及功能性机构来沪发展。同时，探索建立统一的生产性服务业分类和统计指标体系。软件和信息服务业方面，重点是加快推进中国软件

名城创建,聚焦推进云计算、物联网等新技术产业发展。创意设计产业方面,发布设计之都三年行动计划,开展设计之都活动周等重大活动;加快推进环同济、环东华等创意产业集聚区建设,加大对重点品牌的支持力度。

四是加快推进智慧城市建设。目前我们已完成首轮行动计划中明确的信息基础设施建设目标,下阶段智慧城市建设重点将转入深化应用阶段,通过应用让城市、社会及市民真正享受信息化建设带来的便捷和实惠。智慧城市建设将更加注重点面结合,继续抓好信息化应用、信息基础设施建设、信息安全保障等各项工作,包括深入推进两化融合,开展智慧园区、智慧企业建设;围绕市民生活需求,深入推进电子账单、信息无障碍等一批信息化应用重点项目;开展智慧社区试点示范,进一步扩大政务信息资源向社会开放的试点规模;推进宽带城市建设覆盖全市城镇化地区,NGB 建设实现中心城区和郊区部分城镇的覆盖;推进 3G、4G 网络建设,以及相关信息基础设施的布局优化和集约建设。

五是加大服务企业工作力度。目前,我们进一步加强了委内相关处室服务企业的职能整合,强化了企业服务工作的面上统筹协调。将继续深化与相关职能部门的战略合作机制,完善企业服务平台和网络体系建设,鼓励企业参加工博会、展销会、市政重大工程、保障房建设等,发现和拓展市场。中小企业服务方面,推进形成"1 + 17 + X"中小企业服务中心体系;遴选中小企业公共服务机构;加快推进中小企业服务云项目建设。央企对接服务方面,完善央企服务工作联络沟通平台,探索开展央企与上海市各区县、园区、其他各类企业合资合作和产业链对接等活动。

六是推进信用体系建设。重点抓好三方面工作:推进公共信用信息服务平台建设,放大平台的服务功能和社会效应。加强重点领域政府示范应用,加快推进重点领域的专项试点,同时在产业发展专项资金管理、电子商务等领域开展使用信用产品试点。制订发布一批信用法规和规范性文件,包括推进社会信用体系建设条例立法,制订实施公共信用信息归集和使用管理试行办法等。

二、新形势下对做好上海产业和信息化工作的初步考虑

党的十八大对新形势下我国工业和信息化发展提出了新的要求,上海市委、市政府对上海新一轮产业和信息化工作作出了重要部署。根据新形势、新要求,我们对进一步做好上海产业发展和信息化建设进行了初步思考,主要是突出

"六个坚持"、"六个更加注重":

(一)坚持产业主管部门和信息化综合部门职能定位,更加注重改革创新、转型发展

我们要主动对接国家战略和工信部等国家部委,站在促进上海整个城市创新转型的高度,推进自身职能履行、管理手段、工作方法、观念理念等方面的改革创新。一是谋发展出新思路,加强全局思考和宏观判断,发挥国内外机构、专家、部门等各方力量,从上海城市发展、功能提升、结构优化、创新增长等方面谋划上海产业和信息化发展大格局,为工信部和上海发展提供新思路、新支撑。二是抓项目创新优势,继续发挥熟悉企业、深入基层的优势,着力谋划、引导、推进重大项目建设;在全市战略性新兴产业培育、现代服务业发展、智慧城市建设方面积极开展先行先试,形成产业和信息化发展新优势。三是拟政策育新经济,适应新产业变革、产业融合发展等趋势,加强前瞻研究,探索突破创新政策和机制,加快培育新产业、新业态、新模式。四是促大联盟搭新平台,打造同业联盟、异业联盟、产业链联盟,搭建园区基地、企业服务、项目建设和综合性平台等。

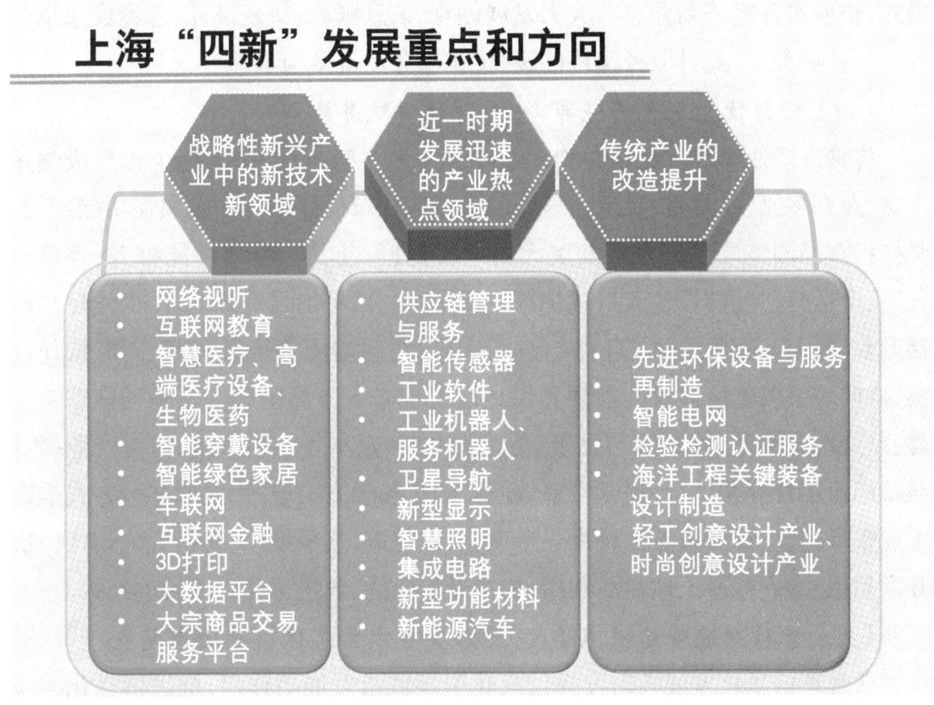

（二）坚持促进产业持续增长，更加注重培育发展新经济

加强新分析、跟踪新经济、探索新机制，力争在若干新兴领域形成高端引领优势。一是新分析，更加突出产业运行质量效益，更加注重从定性加定量、面上加重点、传统加新兴等多层面进行分析，逐步建立与全市经济发展、财政收入、民生、环境、就业等密切关联的产业和信息化发展科学指标体系。二是新经济，关注新产业变革背景下数字制造、智能制造、绿色制造等发展趋势，聚焦数控机床、工业机器人、智能电网等重点领域的技术创新突破和应用发展，培育发展大数据、云计算、平台经济、移动互联网、两头在沪、总部经济等新业态、新模式和新的经济增长点。三是新机制，创新工作方式，搭建项目库等新载体，探索产业生态体系培育机制，把金融优势转化为产业优势，把科技成果转化为产业竞争力，为形成经济发展新格局提供支撑保障。

（三）坚持推进先进制造业转型升级，更加注重提升服务经济发展能级

把握经济融合发展趋势，推动产业转型升级。一是推动先进制造业转型升级。加大技术创新和技术改造力度，推进产业高端发展，增强产业核心竞争力。二是推动现代服务业加速发展。积极跟踪把握现代服务业发展态势，将金融、科技、信息等相关资源与产业发展紧密结合，发展两头在沪、总部经济、电商创新等模式，拓展服务经济新业态。大力发展创意、信息服务、研发设计、总集成总承包等生产性服务业，提升服务经济能级、优化服务经济结构水平。

（四）坚持优化调整产业布局，更加注重统筹协调

将推进产业布局优化调整作为重要抓手和主攻方向，努力在全市形成领域丰富、业态多元、各具特色、效益显著的产业区块布局体系。一是加强功能统筹，坚持将布局调整放在上海市发展大局中去把握，使其与城市功能提升、环境改善、安全运行、经济升级、人口优化等协调平衡。二是加强资源统筹，探索建立包括产业、规划、土地、财税、环保、人口等部门在内的统筹推进机制，同时依托区县，协调解决调整所涉及的规划和用地政策创新等方面问题。三是加强综合统筹，坚持综合调整，将调整与发展、重组与并购、走出去与引进来、传统产业提升与新产业培育等相结合，提升调整效应。四是加强方式统筹，采取多种方式推进工业布局调整，针对重点区块设立专项，试点推进、逐步推广；稳步推进园区二次开发利用，推进存量土地盘活利用；加快老工业区、乡镇工业区块转型升级。

（五）坚持推进智慧城市建设，更加注重以信息化引领城市发展

从管理信息化发展转向发挥信息化引领城市发展的作用，推进信息化与城

市发展全方位渗透融合。一是深化信息化应用，综合应用云计算、物联网、大数据等新技术手段，使信息化渗透到经济社会各领域，成为促进产业发展、城市管理创新和改善民生的重要途径。二是强化信息基础设施建设，推进宽带城市覆盖全市城镇化地区，探索推进光纤到户第三方专业运维，建设国内最大的 NGB 网络；推进 3G 网络覆盖全市域，加快 4G 网络建设，WLAN 接入场所和 AP 数指标达到国内领先。三是打造信息技术产业发展高地，在集成电路、通信和网络设备、云计算等领域突破发展。四是提升城市信息安全防护水平，建设国家信息安全服务高地。

（六）坚持服务各类企业发展，更加注重打造开放畅通的服务体系

坚持把提升服务企业水平作为转变政府职能的重要抓手。一是完善体制机制，更好发挥推进政策落实服务企业办公室、减轻企业负担联席会议办公室的作用，深化多部门合作机制。二是创新方式方法，整合联动各方资源，打造信息网、人才网，打造完善的服务网络体系；丰富拓展服务功能，协助企业打通研发、投融资、产业链、组织创新、市场拓展等环节，加快发展步伐。三是拓展服务对象，努力营造服务各类企业的良好氛围及环境，服务全社会各类所有制企业。

第四节　开展大调研大讨论大协作大转变活动　打造经济和信息化升级版

当前，经济和信息化委上下要一手抓重点工作推进落实，一手抓创新转型，“砍柴不负磨刀功，磨刀不误砍柴事”，围绕大局，突出重点、难点、热点，积极开展“大调研、大讨论、大协作、大转变”四大活动。

一、上海新的发展阶段对经济和信息化工作提出更高要求

一是上海市委、市政府对产业和信息化工作提出更高要求。上海市委、市政府要求经济和信息化委进一步发挥综合部门的作用，在产业创新转型和信息化建设方面加大工作力度；坚定不移发展先进制造业，努力在吸引和培育新兴行业企业方面发挥更大作用，在信息化建设方面勇于先行先试等。

二是推进中国（上海）自由贸易试验区建设对产业和信息化发展提出更高

要求。自由贸易试验区在上海的先行先试,对上海未来发展的创新转型、改革开放、政府职能转变等提出更高层次的要求,也促进我们进一步转变工作思路、转变职能,开拓创新,推进产业和信息化实现新发展。

三是新一轮产业革命对上海产业和信息化发展提出更高要求。20 世纪 70 年代兴起信息技术革命并与新能源、新材料、生物技术等交叉融合,推动数字化、智能化、绿色化制造加快兴起,催生新一轮产业革命。上海经济和信息化系统如何迎接和应对新一轮产业革命带来的新机遇和新挑战,迫切需要我们加强深入研究和积极思考。

二、对下阶段工作的初步思考

下一阶段我们应把工作重点放到加大创新改革上来,经济和信息化委要一手抓已确定重点工作的推进落实,一手抓创新转型、开拓思路,全面开展“四大”活动,即“大调研、大讨论、大协作、大转变”。

(一)关于大调研

要开题有益、解题有方、破题有力。主要围绕上海新一轮的改革创新、转型发展,着重体现战略性,从上海中长期发展的战略高度出发,落实发展战略性新兴产业、智慧城市建设、社会信用体系等战略要求,着重体现前瞻性;同时注重“四个突出”:突出难点重点、突出内外结合、突出联系实际、突出成果转化。

一是开展契合上海市委、市政府工作要求的重点领域的开拓性调研。结合上海市委、市政府对我们提出的重点工作要求,特别是一些领域的开拓性要求,开展调查研究。包括:中国(上海)自由贸易试验区建设中产业和信息化的发展,一是我们要为自由贸易试验区建设作什么贡献,做什么工作,如信息化建设、产业开放发展等。二是自由贸易试验区要成为新一轮上海改革创新,与国内接轨、与国际对话的重要平台,这对进一步做好经济和信息化工作能带来什么机遇,如何抓住这个机遇。对此要从自由贸易试验区带动国家经济发展、提高国际竞争力的角度出发进行调研思考,而不能仅从单一的贸易关系的角度思考。加强与新产业革命的主动对接,对此要有敏锐性,还要找到抓手,根据上海的现实基础落到实处。

二是加强基层调研。要进一步深入区县、深入企业、深入基层,积极开展调研,掌握实际情况,为解决企业问题做好全方位服务,协同各方面力量共同推进产业发展和信息化建设。

三是加强新经济新业态调研。关注新产业变革所带来的新技术新领域，如数控机床、工业机器人、M2M、智能电网等技术创新突破和应用发展；在新模式新业态方面，关注大数据、云计算、平台经济、移动互联网、两头在沪等新业态，以及电子商务等领域内的新模式等。还要探索突破创新政策和机制，在调研的基础上，找到工作对接的计划，内外结合，努力加大推进力度。

四是加强对重点难点瓶颈问题的调研。针对产业和信息化发展中一些重点、难点、瓶颈问题开展针对性调查研究。包括战略性新兴产业发展体系调整，不能停留在大概念上，要细分到大类产品，细化落实推进。产业大项目带动新经济发展，在新经济内涵下，研究上海到底还可以推进哪些大产业项目，要研究掌握企业发展规律，谋划一批大项目。中小企业发展，包括科技型中小企业的发展等。工业园区定位，要研究解决几个问题，一是由稳定和环保问题引发的重点工作，二是104、195、198地块的总体安排，点、线、面要有战略性的布局考虑，要将相关政策意见转化成操作方案和行动。工业区块调整和二次开发，要同步考虑企业退出之后要做什么，同步启动各部门和区县的任务。重点研究解决几个落实，分别是：进和退的规划落实，即退出去的土地要做什么；土地收储机制落实，

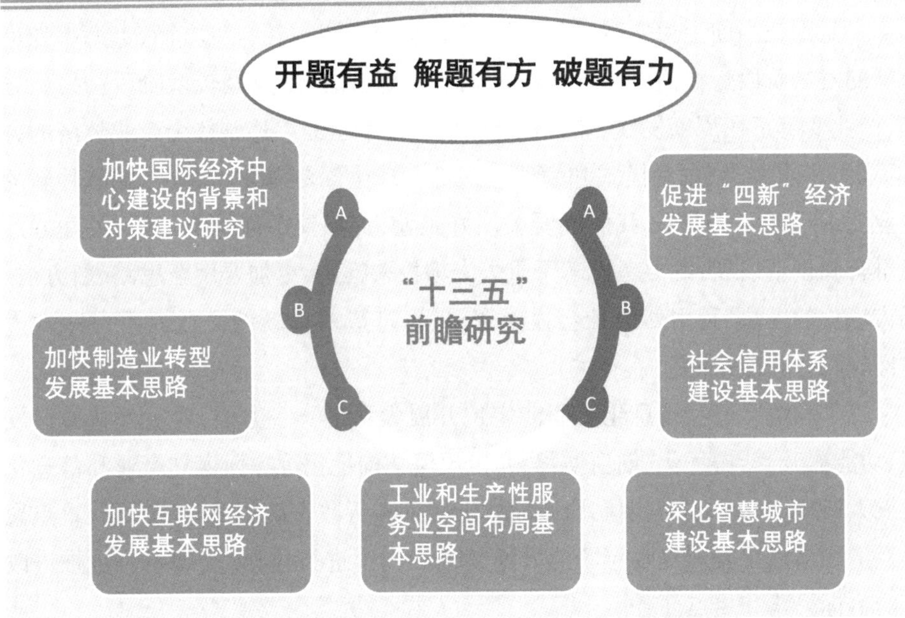

即二次开发政策;引进项目和合作主体落实,以及投融资落实。外环生态经济圈产业转型发展,外环生态经济圈既是工业转型区,也是城市功能提升区,要对该区域内产业转型发展深化研究推进。产业转型发展指标体系,不但要有工业和生产性服务业规模总量的数字研究,更要有体现创新转型、技术效能的指标,要把生产性服务业发展、工业发展质量效益的提升反映到指标里。社会信用体系建设,要研究充分发挥信息化优势,通过信用体系建设,把关口管理变成过程管理,形成有效解决政府整体职能转变的途径和方法。信息化建设体制机制,着眼突破信息化系统单独建设造成信息孤岛、重复投资、资源浪费等问题,开展推进统筹规划、集约建设及共享方面的研究。

五是针对项目推进、先行先试开展调研。要密切关注经济和信息化委重点工作在区县、园区的落实推进情况,做好重点项目的发现、跟进和突破,及时发现、反映和协调解决推进中遇到的问题。同时,在全市战略性新兴产业、现代服务业发展以及智慧城市建设等方面开展先行先试调研,总结经验、探索规律。要理出一批大项目,从需求倒推项目,创造需求,谋划项目。最后,开展大调研不能仅仅停留在会议和文字层面,更重要的是形成可以推进和操作的方案和任务,明确目标指标,明确时间节点,明确工作手段,明确机制保障,最后形成真抓实干的载体。

(二)关于大讨论

一是围绕当前上海发展的新形势、新阶段开展大讨论。一方面,上海率先进入新的发展阶段。当前上海产业已进入非典型发展、最典型转型阶段。另一方面,产业变革正在深度发展。网络经济、信息技术已经渗透到整个产业经济的方方面面,产业模式、盈利模式和商业模式都在产生深刻变化,汇集形成一种新的产业变革。在此背景下,我们既要关注好工业,更加要关注好新经济,关注好产业融合和创新发展;既要考虑若干重大专项投入推进,更加要用新思路、新方法,用市场化的方法,利用新的社会投融资渠道,打造一批新的产业抓手,打造“人才网、项目网、信息网”。

二是围绕经济和信息化委职能定位开展大讨论。一方面,要重点从城市发展、功能提升、结构优化、创新增长、人口规模结构优化等方面谋划产业和信息化发展大格局。另一方面,要结合政府职能转变和行政审批制度改革工作,重点聚焦经济和信息化委转变政府职能方面的核心内容进行讨论,明确下一步推进改革的目标思路和重点任务。

三是围绕产业和信息化创新转型发展开展大讨论。在厘清经济和信息化委未来工作的大战略上，要重点围绕产业和信息化与经济社会发展的互动关系、上海产业未来发展方向和具体路径，以及上海产业和信息化发展的制度环境保障等方面开展研讨。此外，还要针对一些重大问题开展讨论，包括：在推进产业发展的总体思路上，应同时考虑"破"和"立"，讲求存量、增量和变量相对接，新经济和传统经济对接，国有和民营对接，产业政策、产业组织体系创新等。在培育引导新行业新企业方面，要从如何扶持新业态、新经济发展，如何发挥综合经济部门的统筹协调优势，完善市场环境和政策创新，努力吸引企业到上海发展等方面开展讨论。在服务经济发展方面，要针对如何促进现代服务业发展，为全市服务经济发展作出贡献等问题开展讨论。在产业组织体系创新方面，可考虑国有企业内部的开放重组和做大做强，能否考虑也将其分成若干个组团，利用市场化的手段和机制，做大做强。在智慧城市建设方面，研究如何进一步发挥经济和信息化委统筹引导作用，加强规划设计，通过一些大的应用项目来推动政府效能提升。

（三）关于大协作

要立足基层，加强与各相关部门、各区县以及产业链各环节的协作，共同打造同业联盟、异业联盟、产业链联盟等大联盟。

一是加强与各委办及部门机构间的联动协作。要多争取兄弟部门的关心和支持，多肯定兄弟部门的努力和成绩，积极推动经济和信息化委与相关职能部门形成协作机制。

二是加强与区县、园区等单位的协作。要结合产业发展和智慧城市建设工作实际，加强与相关区县协作；要结合项目启动，与化工区等相关单位协作；此外还可以与干部挂职结合起来，开展与相关单位的互动合作。

三是加强委内各处室的协作。委内处室要形成聚焦上海市产业和信息化战略部署的工作导向，充分发挥委内联动协作的优势互补作用，做到组合拳和流水作业相结合。

（四）关于大转变

要着重推进"六个转变"：转变作风、转变会风、转变文风、转变思路、转变方法、转变职能。

一是转变作风。贵在"实"字。要摸实情，凡事多从问题着手，多了解一些推进中存在的困难和问题，多听一些基层单位的意见和建议。要办实事，充分考虑与兄弟委办、区县、园区和企业的关系，善于把经济和信息化委的工作与其他部门的关注关心结合起来。要抓实效，更多通过实实在在的数字说话，用事实和反响来反映工作成效，用横向和纵向比较来检验我们的工作成绩。

二是转变会风。贵在“精”字。开会以统一思想、布置工作、解决问题为主。可开可不开的会要坚决不开，开小会就能解决的会就坚决不开大会。同时，还要避免为开会而开会、开完会就算完成任务的现象；会议明确的重大事项，要切实抓好督查落实工作。

三是转变文风。旨在“简”字。文章组织要简单明了、平铺直叙、开门见山。汇报稿重点讲现状、讲问题、讲举措。讲话稿重点讲观点、讲要求、讲落实。信息稿重点讲事件、讲事实、讲成效。发文稿重点讲目标、讲任务、讲保障。同时，要精简文件简报，推进无纸化办公，发挥经济和信息化委在信息化建设方面的优势，大力推进电子政务建设。

四是转变思路。要围绕大局突出“四大四新”：着眼全局，要谋大发展，出新思路；把握未来，要拟大政策，育新经济；形成抓手，要推大项目，创新优势；创新机制，要促大联盟，搭新平台。要从综合部门角度出发谋划工作，形成宏观判得准，中观能协调，微观抓难点、重点和热点的新格局。要加强顶层设计，我们重点负责定规划、定战略、加强引导和协调，体现出经济和信息化委的格局、气势和力度。要远近结合，既要追求发光，也要追求发热，有些事情即使眼前没有效果，两三年以后才有成效的也要坚定不移地抓下去。

五是转变方法。要善打组合拳，调动各方力量一起干事业，开展流水作业，争取做一件、成一件。要注重综合统筹，善于采用“一条龙”的方式运作包装一系列大项目，形成整体推进效应。要善于开门做事，积极利用外脑外力，比如，定期举办座谈会，邀请顶尖的咨询外脑来拓展我们的思路。要创新工作机制，搭建项目库等新载体，探索产业生态体系培育机制，把金融优势转化为产业优势，把科技成果转化为产业竞争力，为形成经济发展新格局提供支撑保障。

六是转变职能。要充分发挥信用体系对管理创新的支撑作用，加强负面信息的披露和利用，在减少前置审批的基础上，增加过程管理，对项目准入、资金支持、资源分配等进行相应评价。要积极探索减少行政审批事项，探索对凡是公民、法人或者其他组织能够自主决定的，凡是市场竞争机制能够有效运作的，凡是行业组织或者中介机构能够自律管理的，凡是采用事后监督等其他行政管理方式能够解决的事项,不再实施行政审批。要充分发挥社会组织和事业单位的作用,构建行政管理与行业自治相结合、政府指导与社会参与相结合的管理模式,强化行业自治和自律监管。要推动相关审批事项向专业机构转移,将涉及行业监管的前期工作以及行业技术性的认定、认证等,可交由行业协会、中介机构等社会组织及事业单位实施。要充分利用信息化手段提升行政审批效率,利用信息化手段固化管理服务流程,推动流程再造,探索经济和信息化委受理、审查、告知、送达全过程网络化办理。要探索在中国(上海)自由贸易试验区建设背景下进一步加强政府职能转变的改革举措,如应对国际贸易、投资和服务一体化的发展趋势,加快投资体制改革,进一步放开行业管制,实行国民待遇,促进产业转型和开放发展。

三、加大青年干部培养选拔

要充分调动各个层面干部的积极性和聪明才智,尤其是要加强青年干部的培养和选拔,形成强大的合作合力,才能落实好上海市委、市政府交办的工作任务,才能在上海产业和信息化创新转型中发挥更大的作用。

一是加强学习提升能力。要建立学习型的战略团队,考虑团队中的人才结构问题,考虑知识更新和学习能力问题。倡导在干中学、学实并举,要学习把握国内外产业和信息化发展的动态,使自己始终处于产业和信息化的前沿领域,体现专和深的优势。

二是加强以业带人、以人促业。要放开手脚,创新干部培养机制,大胆地把青年干部放到干事创业的第一线去,在造就事业的同时造就人才,在培养人才的同时提拔干部。要梳理列出“两张表”,一类是近期要重点推进的若干事项,一类是要深入研究的若干题目。根据这些事项和题目,确定哪些区县、哪些园区、哪些领域、哪些环节需要输送青年干部,通过挂职不离岗、带题目带项目挂职等方式,将委里的青年派驻到工作的一线,加大与区县、园区、企业的联络、接触强度,让青年干部在解决具体问题、推动具体工作中锻炼才干、成长成才。同时,还要加强与各区县、园区等主管单位的干部双向挂职交流,为有关方面的青年干部提供历练的渠道和空间。

三是加强与青年干部的思想交流。对年轻同志要充分信任、充分依靠、充分支持、充分授权。要召开青年干部交流会,听取大家对下一步工作有什么建议,充分发挥青年干部的激情和活力。

第五节 积极探索新形势下的智慧城市建设之路

一、关于信息化和智慧城市建设的有关认识

（一）国际信息化和智慧城市发展形势

1. 信息化飞速发展，已从计算机单板机系统、信息系统到互联网系统，以及互联网、云端、物联网相结合的系统，最后实现人和人、人和物、物和物连接，现在仍处于初级水平。信息化带来颠覆性变革，各种基础设施、云管端的技术支撑条件，以及新技术、新业态、新模式层出不穷，产品生命周期不断被刷新，生活的方方面面都发生着深刻的变化。

信息技术革命带来了理念创新，人们探索将资源配置方式从线性发展转向闭环增长和利用方式，开启了未来300年人类走向知识和智慧文明的阶段。经济社会发展模式将从原来的线性增长变成循环增长，概括成“8个R”：Redesign、Reuse、Reduce、Recycle、Remanufacture、Reengineering、Restructuring、Reconsumption，即再设计、再利用、再减量、再循环、再制造、再组建、再架构、再消费。在此发展路径下，要素重心和生产方式都会发生更深刻的变化，从投资拉动、资源拉动转为智慧、知识、信息以及需求和应用为主的拉动。

2. 智慧城市是信息化和城市化的融合体，信息化为城市化提供动力和支撑，城市化为信息化提供需求、空间和载体。如果没有信息化，城市化发展到一定阶段会出现规模报酬递减、城市病凸显，信息化帮助城市建设、管理、交通、能源、环境保护、社会服务等实现更优效果。在信息技术革命背景下，发达国家把网络空间、网络战略和网络强国作为核心竞争力考虑，美日欧等较早推进智慧城市建设。

西方发达国家经历金融危机阵痛期后，从去工业化走向再工业化，如欧洲增强型工业化、德国工业4.0等，将新一轮产业革命提升为国家战略，主要特征是信息技术与实体世界的渗透融合和深度应用，本质是网络世界与物理世界的结合，重点表现为数字化智能化制造、智慧城市、电动汽车等。通过工业革命与智

信息化、城市化与智慧城市

	生产要素	发展重心	生产方式
农业社会	劳动	开发自然 增强力量	手工 个体劳动
工业社会	劳动 资金 技术	机械、电气 （延长体力）	标准化、 流水线生产
信息社会	知识	电脑、网络 （延长脑力）	网络化、 智能化生产

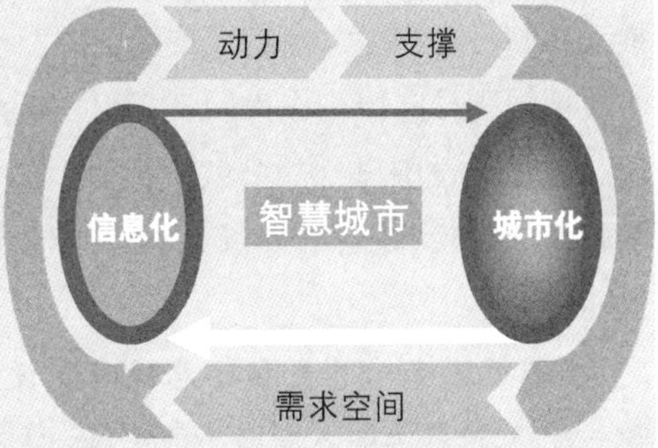

动力
支撑
信息化
智慧城市
城市化
需求空间

慧城市互动，如信息技术用于效能管理，可节约城市30%—70%的能源，减少15%的建筑运行成本和20%的水消耗；推动信息技术对老工业地区和传统产业的改造，将智慧城市、电动汽车等创新产能与传统产业紧密结合起来，发展智慧城市，增强城市活力。

（二）国家信息化发展要求

1. 国家成立了网络安全和信息化领导小组，以体制机制改革提升信息化发展效能，强调网络安全和信息化是一体之两翼、驱动之双轮，必须统一谋划、统一部署、统一推进、统一实施；做好网络安全和信息化工作，要处理好安全和发展的关系，做到协调一致、齐头并进，以安全保发展、以发展促安全。建设网络强国，要有自己的技术，有过硬的技术；要有丰富全面的信息服务，繁荣发展的网络文化；要有良好的信息基础设施，形成实力雄厚的信息经济；要有高素质的网络安全和信息化人才队伍；要积极开展双边、多边的互联网国际交流合作。

2. 推进信息化既要兼顾眼前，也要长远考虑，信息化发展需要三个层面的对接，一是需要做好顶层设计；二是要做好行业指导；三是在行业、经济、社会、城市建设和管理等重要领域以应用为基础，搭建平台和综合体。这三点缺一不可，若只有顶层和行业指导，落不到实处，发展就不会快；若只有应用，没有顶层和行业指导，就可能事倍功半，产生信息孤岛。需要在多种领域创新的基础上推动平台化，在平台化的基础上形成政府、企业、社会各方面力量的融合，打破条块之间的壁垒，促进信息化多元化发展。

3. 找准推进智慧城市建设的方法和路径，要明确目标，有战略思考和理性推动，同时比较务实，渐进式推动发展。从理性的角度来看，要确立目标导向，同时要把问题导向始终作为硬件、软件和系统应用的主攻方向。要区分并处理好智慧城市建设中碰到的公共价值、市场行为、半公益半市场之间的关系，优化公共政策的制定、政府引导资金和市场化投融资等机制，注意趋利避害、提升综合效能。

（三）上海信息化和智慧城市建设发展阶段

1. 上海是当前发展最不典型、转型最典型的城市，城市公共服务管理、资源能源使用、社会安全稳定等面临更高的要求，城乡结合部存在着灰色就业、灰色居住等问题，老龄化问题突出，要研究开展协商制、柔性制、利益补偿机制的调整。在能源约束、成本挤出、发展空间有限的情况下，上海要优化中心城市发展，防止“摊大饼”，优先发展新城，促进新城的产城融合，解决土地盲目低端开发、低端利用及破坏环境等问题。

2. 智慧城市是一种理念和工具，必须服务于城市发展和转型的需要，并非技术决定一切。第一，城市发展过程中，不仅要判断好背景，还要服务于上海“四个中心”和国际大都市的建设，要寻找科技的制高点，赢得发展先机。第二，围绕制造业和服务业的高端化、国际化、市场化、智能化、集约化发展，要通过信息化和智慧城市的推进，培育新业态、新模式和新产业，在服务国家新型工业化、信息化、城镇化过程中担当责任、找准方向，从而服务全国、带动上海自身的发展。第三，城市信息化要迈向更高阶段，切实把城市综合竞争力和软实力提升作为主要目标，要坚持围绕市场化需求，推动信息化投入和智慧城市建设。

3. 上海智慧城市建设按照三个“三年计划”推进，第一个三年 2011—2013年“走进智慧城市”，主要通过五个行动计划提升各方面资源配置效益，提升城市运营管理水平，形成便捷、高效、安全的服务。第二个三年 2014—2016 年，“迈向智慧城市”；第三个三年 2017—2019 年，“拥抱智慧城市”。工作的重点，一是要抓信息基础设施建设；二是抓应用为王、信息惠民；三是抓信息产业；四是抓信息消费；五是抓信息安全。其中信息消费领域形成十个专项行动，有两个国家级

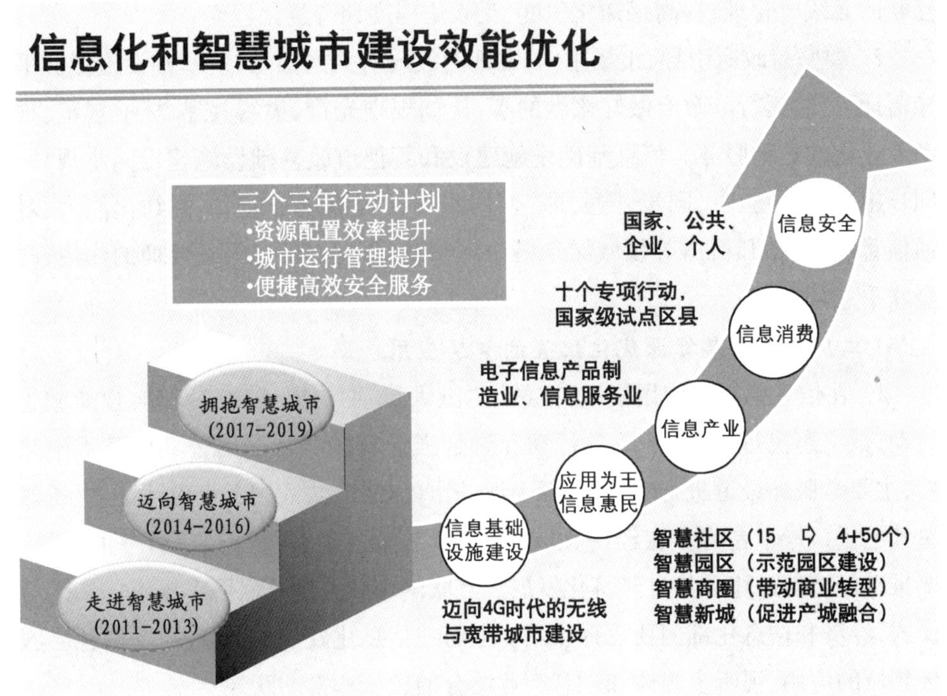

试点区。信息惠民方面，围绕智慧社区，2012 年做了 15 个试点，2013 年放大到 50 个，并选择四个区建设综合性智慧社区平台。

二、上海信息化和智慧城市建设有关考虑

以党的十八大精神为指导，以深化改革、扩大开放为动力，围绕城市运行管理和服务民生等需求，进一步深化新兴技术成果应用，完善信息基础设施和信息安全保障体系。建设智慧政府，构建智慧生活，塑造智慧城区，发展智慧产业，逐步形成纵向覆盖主要行业领域，横向涵盖重点区域的智慧城市建设框架，以及政府、市场和社会共同参与的智慧城市建设格局，为上海率先迈入信息社会作出贡献，为城市创新驱动发展、经济转型升级提供重要支撑。

（一）基于智慧通信的基础设施建设

1. 城市基础设施包括宽带、无线通信系统等信息基础设施的建设，以及商业基础设施、社会基础设施、物理基础设施建设。智慧城市建设要集中力量把宽带城市、无线城市通信枢纽和功能设施建设好。目前基站建设面临着一些问题，需要协调各方、处理各方矛盾；加强数据中心和“三网融合”建设，加强面向移动

互联的无线电管理,提高感知化程度、互联化程度和智慧化程度。

2. 要坚持政府引导、市场主体,实现两级政府共同推动,使基础设施能够平稳落地、持续运行。政府做好该做的事,比如规划先行、集约共建、标准规范、推动专业化的运维服务。信息基础设施建设和其他市政基础设施建设同步规划、同步施工、同步验收、同步开通,即"四同步";要提高统筹能力、集约化能力,对通信管线、基站和机房等领域深化集约化建设;要发挥好三大运营商的作用,政企联手、协调推进。

(二) 基于信息资源优化配置的智慧应用

1. 在信息感知和应用领域,推进了"五大行动":电子商务行动,智能城管行动,数字惠民行动,电子政务行动和融合强业行动。从提高公共服务水平来看,主要是服务渠道进行整合,包括上海的市民热线、法人网上身份认证、电子账单和电子口岸平台等。在经济领域,目前到了信息流引领"四流"合一的阶段,要推动经济信息化和信息经济化发展。互联网金融是用互联网思维模式和创新模式,经济和信息化部门要发挥作用。上海在信息化发展中的特点之一,社会服务领域的应用、视听多媒体和创意产业结合的领域非常活跃。

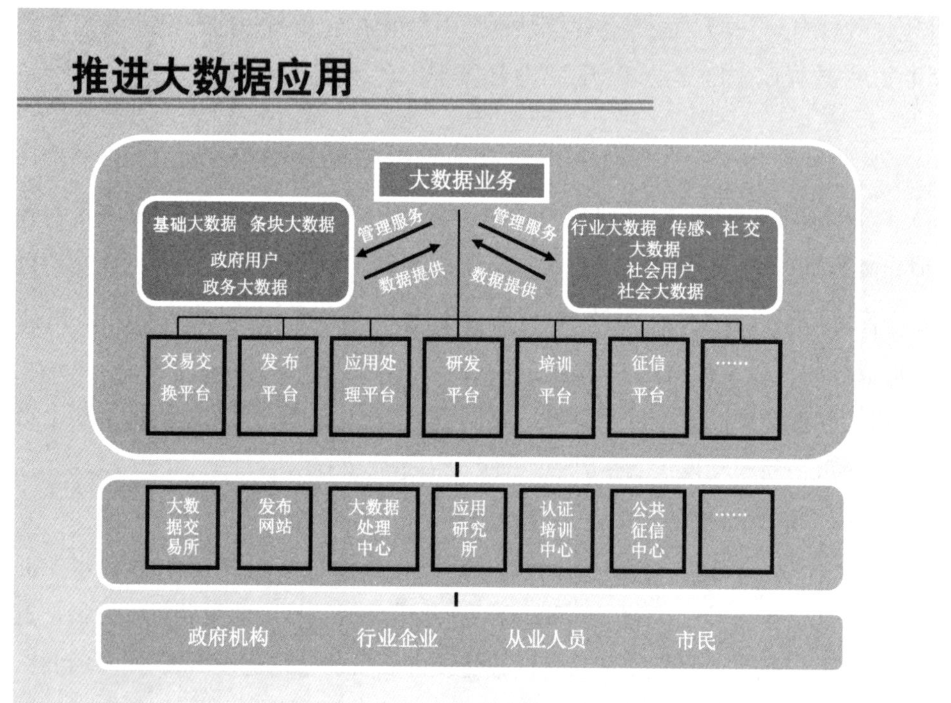

2. 智慧城市建设中，首先要带头加强智慧政府建设。政府要开放共享公共资源，带头推动大数据挖掘和利用，同时支持和鼓励社会中介以及企业利用大数据，造福于社会造福于民众。推进自由贸易试验区信息化建设，主要包括互联网视频技术应用、电子围栏、电子账单，商检海关推动监管信息化、制度化和法制化，将形成更大的监管范围、更多的监管领域、更细更专业的监管。

3. 围绕智慧生活，用信息化的手段推动居家、健康、养老、医疗、教育、卫生、文化、体育等发展。如可通过互联网把优质的医疗资源和社区医疗资源打通，在网上开放各种医保项目、医药价格查询，保证药品的安全以及价格的合理；社区医疗信息化可以延伸到居家养老、社区养老等。

4. 信息化项目的统一规划建设，以及数据开放利用等是当前的重点问题。下一步要在现有的基础上进一步推动信息化发展实现统一规划、统一建设、统一资金、统一管理、统一运营、统一评估等“六个统一”。通过社区应用试点和规范，推进综合性智慧社区建设，推动市级平台和区级综合平台进行数据交换共享、对等开放，加强社区网格化的管理不失为一个好办法。

5. 加强公共信用信息服务平台和诚信上海建设。建设完善上海市公共信用信息服务平台，出台上海市公共信用信息归集和使用办法；通过社会信用体系建设联席会议以及办公室，推进相关职能部门使用信用信息，依照法规推动社会机构、行业机构、中介机构，以及企业和个人使用信用信息；在社会管理、经济管理、城市管理中，所有职能部门优先使用这些信息，如果因为未使用而造成决策失误，要承担相关的责任。信用负面清单要跟准入正面清单形成事中事后监管的对接，使得整个政府的职能形成全覆盖系统。

（三）基于新技术的新产业新模式新业态

1. 上海要在落后产能和传统落后经济的压和减上下功夫，在“四新”和新的增长点上下功夫，在重点区域调整上下功夫，落实创新驱动发展、经济转型升级的方针。要理好政府职能和市场经济的关系，应该把原来直接投入能力的钱拿来做产业链，然后打通消费的环节，从供应策略转向需求策略，提高中介组织和基金的服务能力，让市场选择项目；要服务“四新”、服务转型、服务企业、服务人才，不断通过各个领域的拓展，寻找互联网经济促进经济创新转型发展的蓝图。

2. 电子信息产业发展采用“基地加基金加产业链”模式，要把一个大的产业做一个个的产业细分。计算机从单机发展到网络化，再到云计算和大数据的阶段,始终与产业结构和企业重组调整结合在一起。产业调整呈现技术替代、商业模式创新、兼并重组以及软硬一体化的态势,产业分工从垂直分工正在走向水平分工,从金字塔管理走向平台化的管理。不能再用以前的一二三产业来划分,而要用先进的工艺、核心的技术、合理的营业模式,重新研究全球产业结构体系。因此产业结构调整不是单纯的几个行业的调整,而是把人才、研发、设计、制造等领域进行整合。地方要率先探索突破,产业结构调整、组织结构调整、企业结构调整、资本结构调整是市场化的重组、商业模式的调整。

3. 建设智慧城市,在选什么技术、用谁的产品上最透明,也很难判断,因此顶层设计很重要。如果信息化和智慧城市建设不能走在世界的前列,不能跟上世界的新发展,很可能再过 20 年差距会拉大,会有颠覆性的影响。目前工业零部件、组装设计生产、外购分销模式都在变化,逐步走向模块化;将来的大企业可能由分领域的单一产业转向平台式、横向化发展,以实现资源整合。传统工业是为消费者提供产品,未来的工业是为消费者提供使用功能,工业服务化趋势日益明显,如汽车再生产的模式、M2M 和频谱经济,将来的产品是智慧设计、智慧加工、智慧营销。

4. 在物联网应用领域,在 2015 年到 2020 年以及更远的将来,将发展成一个全球规模的连接服务,从物流零售运用到物物互联、M2M、频谱经济、半智能化和机器人广泛应用,到实现全智能化,未来的加工中心、未来的制造都是智能化、数据化的制造。整个智能制造的系统对于原有的工业从产品设计到零部件制造,到系统集成、组装,到服务和营销,是全方位、革命性的变化。在产业发展中,我们要发挥自身优势,减少核心技术的对外依存度,按照时空来科学规划新型产业体系,形成经济的自主性。目前车联网有生产商、4S 店、保险公司以及第三方网络平台等模式,车联网应用要和北斗导航产业进行对接,对不同类型的车联网进行业务的标准化建设、软件的可叠加化建设以及发展的平台化建设。

5. 大数据的特性是体量大、多样性,价值密度小、增长速度快,当大数据应用于社保、医保、个人购物、银行账单、身份认证等,将带来极大的便利。大数据是人类文明新时代的到来,就是把所有的生态问题、发展问题、社会问题、民生问题放在一起,最后应用大数据走一条智慧文明的道路。当前应该在智慧城市建设中关注以大数据促进社会治理和国家治理能力的提高,政府部门带头使用,并在大数据的应用过程中对现有管理体制、领导体制、工作机制做相应的调整。在

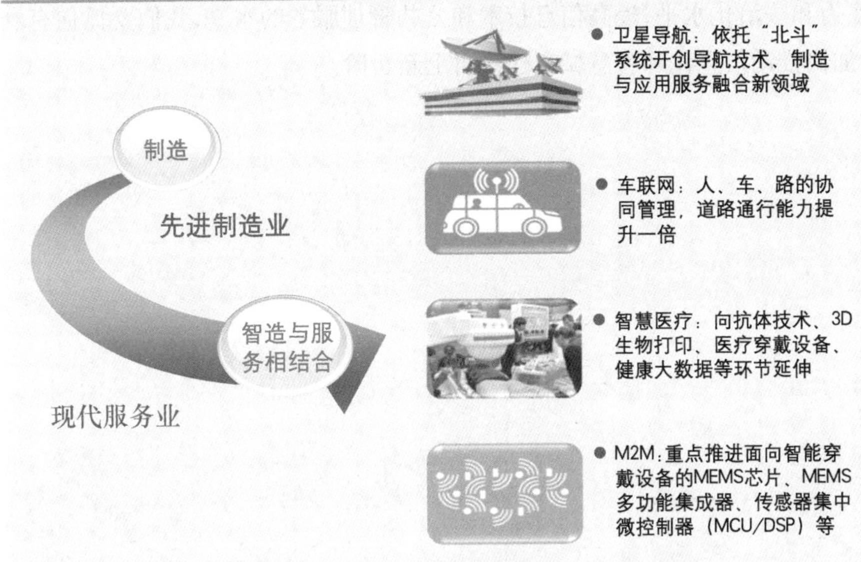

大数据的认知程度方面，要打好基础，建立制度，形成规范和标准。接下来要在大数据的标准化、大数据市场化应用和企业发展，以及公共大数据的应用方面做一些工作，如社会信用信息、出版行业大数据应用等。

（四）基于非传统挑战的信息安全和法规保障

1. 要把网络安全与信息化建设放在同等重要的地位，在国家信息安全、公共信息安全、企业信息安全和个人信息安全方面采取各自不同的方法，建立相应的顶层设计、发展路径，先政策后法规逐步推进。上海市建立了与中央相对接、结合上海实际的网络安全和信息化领导及推进机制；智慧城市建设要将技术、内容、基础和人才统筹考虑，通过智慧城市建设带动各方面的工作。

2. 信息化变化迅速，信息化工作一直面临着立法的时间窗口问题。信息化变化推进过程中，部分事项不能做太具体的规定，应围绕信息化推进的不同领域先出政策、再出条例，最后形成法规。要小步走、走小步走快步，然后积小成大，在实践中形成规定、规范，最后再形成立法。

3. 在信息化安全保障和城市应急系统中，我们梳理形成完整的体系，需要从标准、法规、资金运作，以及人才、技术、产业和全民意识上来整体系统提升，实现各重点领域的系统性建设，在应用中完善，在完善中提高。

总的来说,信息化和智慧城市建设本身的发展会极大推进社会生产力的创新和发展,极大提高国家在新经济新技术新业态领域的国际竞争力,极大提高城市软实力和法治化水平,提高信息技术和公共管理服务的水平,我们要抓住有利机遇,加快推动信息化和智慧城市建设再上新台阶。

第二章

把握历史方位
加强综合统筹

第一节　聚精会神抓落实
扎扎实实促转型

一、2013 年一季度工作回顾

回顾阶段性工作，主要是总结工作、汲取经验，集聚力量，部署推进下阶段工作。

从上海全市来看，总体上实现了良好开局，一季度上海市经济增长 8% 左右，延续了去年下半年以来的企稳回升态势，主要体现在“三升三降三领先”。“三升”，一是工业升了，总产值增长 4.2%；二是出口回升了，增长 2.8%；三是投资增速回升，增长 10.3%。“三稳”，一是地方财政收入稳定增长，同比增长 8.5%；二是就业形势总体平稳，新增岗位 18 万；三是物价保持稳定，CPI 是 2.3%。“三领先”，一是三产继续领先增长，增加值增长 10% 左右；二是效益连续增长，1—2 月份全市工业企业实现利润同比增长 20.5%；三是外资领先增长，实到外资同比增长 10.2%。

按照上海市委、市政府部署要求，经济和信息化委全力以赴抓开局、抓落实、抓推进，产业经济比 2012 年有较大改观，一季度保持“四个增长一个优化”。一是工业生产小幅增长，工业总产值可比增长 4.2%，工业增加值可比增长 5%。二是工业出口小幅增长，工业出口交货值同比增长 3.9%，净增 72 亿元；其中电子行业出口交货值占全市工业的 58%，同比增长 12.9%，净增 122 亿元。三是企业效益明显增长，1—2 月份上海市工业利税合计 997.1 亿元，同比增长 8.8%。四是生产性服务业继续快速增长，包括软件和信息服务、文化创意等在内的生产性服务业，增速继续快于全市服务业整体增速，其中信息服务业同比增长 18%。五是产业结构继续优化，汽车、医药等行业保持较快增长势头。

产业经济运行方面，在做好运行监测的同时，相关处室分头对 383 家重点企业进行了走访调研，并组织相关企业开展产业链对接。先进制造业发展方面，加大了战略性新兴产业专项工作的推进力度；召开了全市联席会议，对全年产业结构调整工作作了部署推进。生产性服务业发展方面，协调上海市统计局等探索建立生产性服务业重点领域全口径统计体系，加快中国软件名城、设计之都等建设推进。智慧城市建设方面，智慧社区试点示范有序开展，法人库二期等项目深入推进；新增家庭光纤到户覆盖和接入开通各 25 万户，无线局域网（WLAN）建设、第三方专业维护工作有力推进；较好完成全国和上海市"两会"期间的信息安全保障工作。服务企业方面，在巩固"1 + 17 + X"中小企业服务机制的基础上，向园区、乡镇等延伸服务企业体系，积极争取央企大项目落沪。信用体系建设方面，上海市公共信用信息服务中心筹建工作加快推进，启动各部门、各区县"行政审批领域使用申请主体信用记录"试点等。

二、全面落实二季度各项重点工作

二季度是全年工作推进的关键时期，要坚持稳中求进，聚精会神抓落实，扎扎实实促转型。

（一）要把握创新转型发展的总体方向

我们推进产业和信息化发展，要主动对接国家战略，站在促进上海整个城市创新转型的高度，推进自身职能履行、管理手段、工作方法、观念理念等方面的改革创新，全力打造上海产业和信息化的升级版。近期要结合重点调研课题任务，在"四大四新"等方面有所突破、有所作为，即谋大发展出新思路，加强全局思考和宏观判断，从城市发展、功能提升、结构优化、创新增长等方面谋划产业和信息化发展大格局；抓大项目创新优势，继续发挥熟悉企业、深入基层优势，着力谋划、引导、推进重大项目建设；在全市战略性新兴产业培育、现代服务业发展、智慧城市建设方面开展先行先试；拟大政策育新经济，探索突破创新政策和机制，加快培育新产业、新业态、新模式，推动形成新经济蓬勃发展态势；促大联盟搭新平台，依托委办、联动委内、联合区县、立足基层，共同打造同业联盟、异业联盟、产业链联盟等大联盟；搭建招商引资平台、信息化平台等新平台，吸引集聚新的优势企业。

（二）确保产业持续稳定增长

二季度经济形势仍然不容乐观，要采取有力措施促进稳增长、培育新经济。一是要加强经济运行监测，综合分析国内外形势对内需的影响，关注政策变化对汽车等重点行业的影响，及时发现问题，及时采取措施，及时预测预警，确保工业增长情况不低于预期。二是要深化产业经济分析，更加突出产业运行质量效益，更加注重从促进上海市服务经济发展的角度稳定运行，更加注重从定性加定量、面上加重点、传统加新兴等多层面进行分析；加快建立产业和信息化的科学指标体系。三是要创建新机制，创新工作方式，搭建项目库等新载体，探索产业生态体系培育机制，促进金融与产业发展紧密结合,为形成经济发展新格局提供支撑保障。

(三)坚持推进产业经济转型升级

把握经济融合发展趋势,推动产业转型升级,促进经济结构优化。一是形成面向市场、面向社会、面向企业的新招商服务机制。更多依托市区合力推进招商,依托中介机构借力招商,依托龙头企业带领招商,依托行业协会专业招商,依托园区载体优势招商,围绕关键产业开展产业链招商;招商工作要跟创新转型发展、新经济需求等结合起来,建立人才网、信息网和关系网,建立由多方面来源汇集的项目库、载体库;把搭建信息系统平台作为工作突破口和抓手,确保重大项目和资金落地。二是推动现代服务业加速发展。要将金融、科技、信息等相关资源与产业发展紧密结合,发展两头在沪、总部经济、电商创新等模式,拓展服务经济新业态。大力发展生产性服务业,加快中国软件名城、中意设计交流中心、电子商务"双推"等项目建设。三是推动先进制造业转型升级。加大技术创新和技术改造力度,推进产业高端发展,增强产业核心竞争力。以战略性新兴产业为引领,加快实施15个专项工程。

(四)统筹推进产业布局优化调整

二季度争取出台《关于优化全市工业布局推进工业区改造升级的若干意见》,坚持按照104区块升级、195区域转型、198区域复垦的基本导向统筹优化产业区块布局。一是加强功能统筹,坚持将布局调整放在全市发展大局中把握,使其与城市功能提升、环境改善、安全运行、经济升级、人口优化等协调平衡。二是加强资源统筹,探索建立包括产业、规划、土地、财税、环保、人口等部门在内的统筹推进机制,同时依托区县,协调解决调整所涉及的规划和用地政策创新等方面问题。三是加强综合统筹,坚持综合调整,将调整与发展、重组与并购、走出去与引进来、传统产业提升与新产业培育等相结合,提升调整效应。四是加强方式统筹,加快推进工业区转型升级试点专项行动,推动园区二次开发利用,加快老工业区、乡镇工业区块转型升级;结合研发总部类用地试点政策,强化对工业用地转型发展研发、设计等生产性服务业的支持等。同时,有序推进石化、钢铁等行业布局调整和区域专项调整,推进节能技改、能源审计、合同能源管理、资源综合利用等建设,提升工业能效水平,促进产业集约集聚集群发展。

(五)发挥信息化引领城市发展的作用

要将工作重点从管理信息化发展转向发挥信息化引领城市发展的作用上来,切实推进信息化与城市发展全方位渗透融合。一是深化信息化应用,综合应用云计算、物联网等新技术手段，使信息化渗透到经济社会各领域，围绕市民生活需求，联合相关部门，加快推进市民电子健康档案、教育网扩容改造、人口积分管理、电子账单等一批重点项目；二季度继续深化智慧社区、智慧园区、智慧城市体验中心等建设，全面提升市民对智慧城市的感受度。二是强化信息基础设施建设，深入推进光纤到户覆盖应用及第三方专业运维，二季度争取各新增25万户光纤到户覆盖和接入开通用户；继续扩展WLAN覆盖，提升接入质量；争取TD－LTE扩大规模试验网开通运行。三是打造信息技术产业发展高地，加快国家软件名城建设，在集成电路、通信和网络设备、物联网、云计算等领域突破发展。四是提升城市信息安全防护水平，推动信息安全重点项目和制度规范建设，优化信息安全保障环境。此外，要加快推进智慧城市新一轮行动计划编制等工作，加强全市信息化建设的顶层设计。

（六）打造开放畅通的企业服务体系

坚持把提升服务企业水平作为转变政府职能的重要抓手，发挥好作为全市企业综合服务部门的职能作用，努力走在上海建设“两高一少”政府的前列。一是完善体制机制，召开全市服务企业工作联席会议，加强对重点企业的走访调研，拓展与海关等战略合作机制；进一步发挥推进政策落实服务企业办公室、减轻企业负担联席会议办公室等作用。二是拓展服务对象，努力营造服务各类企业的良好氛围及环境，积极服务央企、地方国企、外企、民企等各类企业。三是创新方式方法，继续推进区县中小企业服务网络延伸拓展，加快中小企业服务云、“专精特新”等项目建设；协助推进央企入驻世博园区，争取央企新项目落沪；帮助企业打通研发、投融资、产业链、组织创新、市场拓展等环节，实现全面发展。

此外，要围绕社会信用体系建设，推动上海市公共信用信息服务平台开通试运行；加快推进实施12个重点领域的13个试点专项，完善信用信息记录、共享应用等制度建设。做好工业、信息化“十二五”规划的中期评估、促进军民结合等工作。

三、对下一步工作的几点考虑

一是积极开展研究讨论。上海市正在部署推进政府职能转变和行政审批制度改革工作，经济和信息化委也准备围绕职能转变和产业、信息化创新转型发展开展大讨论。下一步围绕经济和信息化委职能转变，要在政府职能从管理导向转向服务导向、发挥信用体系对管理创新的支撑作用、推动审批事项向社会组织转移、利用信息化手段提升行政审批效率等方面做些深入思考。围绕产业和信息化创新转型发展,开展好关于经济和信息化委工作定位、产业和信息化未来发展方向及具体路径、制度环境保障等研究讨论。请委领导、相关处室都要积极参与相关的专题座谈、调研和访谈等活动,主动献计献策,形成工作合力。

二是加强学习提升能力。做工作与做学问不同,但要高于做学问,在干中学,以学养心,学实并举。要学习把握国内外产业和信息化发展的动态,使自己始终处于产业和信息化的前沿领域,体现专和深的优势;同时讲究工作方法,要有内涵、底蕴和自信,体现谦虚和包容,充分打开工作格局。结合产业和信息化创新转型发展的现实需要,要敢想敢试,敢于采用新理念、新方法,通过创新性的工作解决实际问题。

三是加强到基层的调研。要聚焦经济和信息化委中心工作推进,围绕产业链建设、拓展产业和信息化的工作面,进一步深入区县、深入企业、深入基层,积极开展调研,掌握实际情况;关注企业的困难和需求,关注政策的落实情况,做好重点项目的发现、跟进和突破;进一步熟悉掌握相关的土地、财税、人才等政策,为解决企业问题做好全方位服务,要协同各方面力量共同推进产业发展和信息化建设。

四是培养选拔青年干部。无论做什么工作,一是要把做的事情搞清楚,二是要设计好的机制和方案,三是要有好的团队,保障推进实施。下一步要加大对青年干部的培养和选拔力度,与青年干部沟通交流,激发工作激情和活力。

第二节　沉着应对　坚定前行　全力做好各项重点工作

一、回顾2013年上半年各项重点工作,总体完成情况良好

2013年上半年,结合落实工信部和上海市工作安排,大家共同努力抓任务分解、责任落实,保持各项重点工作持续稳定推进,实现了“时间过半、任务过半”,总体情况有喜有忧。

(一)产业经济运行平稳

主要体现为“三快三稳三优化”:“三快”,一是工业增加值增速快于产值增

速，1—5 月份完成工业总产值12 769亿元，可比增长 3.3%；工业增加值 2 761 亿元，可比增长 4.5%，快于产值增速 1.2 个百分点。汽车（11.9%）、医药（15.3%）等增加值率高的行业增速较快。二是生产性服务业增速快于全市服务业，一季度信息服务业经营收入增长 18.3%，其中互联网信息服务业增长 31%；创意产业集聚区经营收入增长 15%，生产性服务业十大领域经营收入增长 24.9%。三是中小企业增长快于全市工业，1—5 月份上海市中小企业实现工业总产值 5 942 亿元，占全市工业 47%，产值增速快于全市工业 1.6 个百分点。

“三稳”，一是重点行业稳，汽车、化工行业有增量产能支撑，医药、烟草、轻工等行业受消费需求带动呈增长态势；新能源汽车、生物医药、节能环保等战略性新兴产业保持增长。二是质量效益稳，1—5 月份工业税收增长 4.9%，工业利润增长 3.7%，汽车、机械、电子、烟草、船舶等行业利润占利润总额的 70%；工业销售利润率为 7%，好于全国 1.6 个百分点。三是能源保障稳，加强要素协调，完善供应保障机制，电煤库存保持在 20 天左右，成品油平稳供应。

“三优化”，一是产业结构优化，战略性新兴产业投资占比提高到 40% 左右；工业向园区集中度达到 75.5%，单位土地产出达到 65.5 亿元/平方公里；上半年实施结构调整项目 250 项左右，推进高桥石化、宝钢吴淞工业区、普陀桃浦等重点区域调整。二是智慧城市建设效能优化，光纤到户累计覆盖 730 万户、实际用户突破 300 万户，累计建成 WLAN 接入场点近 18 000 个；推广使用公用事业电子账单 202 万份，上海市 53 家企业获得央行支付业务许可证。三是单位增加值能耗优化，全市规模以上工业单位增加值能耗前两年累计下降 12.8%，2013 年 1—5 月份同比下降 3.87%。

（二）重点工作有序推进

先进制造业发展方面，加大了战略性新兴产业专项工作的推进力度，上海市 11 个项目列为国家产业振兴和技术改造投资项目。生产性服务业发展方面，放大“营改增”试点效应，推进企业业务流程和组织结构再造；会同上海市统计局完成生产性服务业全口径行业分类框架，加快中国软件名城、设计之都等建设推进。智慧城市建设方面，下一代广播电视网（NGB）覆盖规模及高清电视用户数居全国首位；第三方专业维护、智慧社区试点示范工作有序开展，法人库二期、两化融合等项目深入推进。服务企业方面，在巩固“1 + 17 + X”中小企业服务机制的基础上，向园区、乡镇等延伸服务企业体系，积极争取央企大项目落沪。信用体系建设方面，公共信用信息服务平台 2013 年 6 月 3 日面向政府部门开通试运行，健全信用信息记录、共享和使用制度。

二、认真落实国家和上海市委、市政府部署要求，全力做好2013年下半年重点工作

为贯彻党中央关于开展党的群众路线教育实践活动的要求，下阶段应把工作重点放到推进创新改革、加强作风建设上来。要坚持一手开展教育实践和“四大”活动，一手抓重点工作落实推进，“两手”都要抓，做到“两不误”、“两促进”。

（一）落实好党的群众路线教育实践活动，认真开展“四大”活动

从经济和信息化委来说，要贯彻“照镜子、正衣冠、洗洗澡、治治病”的总要求，坚决反对形式主义、官僚主义、享乐主义和奢靡之风；要认真查找存在的突出问题，切实找到解决问题的方法和路径；要坚持领导干部带头，一级做给一级看，自觉开展批评与自我批评；要立足当前、着眼长远，围绕为民务实清廉，建立完善长效机制。我们要将开展教育实践活动与落实上海市委、市政府对市经济和信息化委的新要求结合起来，与完成推进上海产业和信息化创新转型的重点工作任务结合起来，要把正在开展的“大调研、大讨论、大协作、大转变”活动贯穿教育实践活动中，努力做到“规定动作不走样，自选动作求实效”，迈出上海产业和信息化创新转型的新步伐。

1. 要加强“四大”活动。“四大活动”的指导思想是，结合全市中心任务和工作大局，以及产业和信息化工作的目标任务和具体安排，坚持一手抓重点工作推进落实、一手抓创新转型开拓思路，明确职能定位，找准发展方向，坚持理论联系实际、密切联系群众，推进改革创新，加快走新型工业化道路，提升信息化建设水平，力争在全市经济社会发展中发挥更大作用。

具体目标是，结合产业和信息化发展面临的新形势、新任务，重点围绕“谋大发展，出新思路；拟大政策，育新经济；推大项目，创新优势；促大联盟，搭新平台”，谋划形成上海产业和信息化创新转型发展的目标、思路、重点任务和具体路径等，使产业和信息化工作在上海新一轮改革开放转型中走在全市前列。

从工作要求看，“四大”活动重在提升调研创新能力和协调落实能力，其中大调研活动要开题有益、解题有方、破题有力，注重“四个突出”：突出难点重点、突出内外结合、突出联系实际、突出成果转化；大讨论活动要围绕经济和信息化委的工作定位、产业和信息化与经济社会发展的互动关系、未来上海和产业信息

化发展方向、具体路径等，开展深入讨论，听取各方意见；大协作活动要多争取外部的关心支持，打开工作局面；大转变活动要坚持摸实情、办实事、抓实效，提高行政效能。

2. 要加强“五风”改进。我们推进产业和信息化工作，首先要正确判断形势、鼓足干劲，有一股“精气神”，要在党的群众路线教育实践和“四大”活动中进一步改进作风、政风、行风、会风和文风。

要立足基层改进作风。做好一项工作主要在于作风如何，我们要坚持走群众路线，聚焦经济和信息化委中心工作推进，进一步深入区县、深入企业、深入基层，积极开展调研，关注企业的困难和需求，做好全方位服务；每位同志要了解群众关心的是什么，多做有利民生的事，多做正能量的事。

要以政风建设带动行风建设。对从事的工作要注入自己的理想和激情，用开放式心态去做工作、放开手脚。要体现综合统筹和协调工作的气度，体现大局意识、创新意识、改革意识、开放意识。

要转变会风、转变文风。开会以统一思想、布置工作、解决问题为主，可开可不开的会坚决不开，开小会就能解决问题的坚决不开大会，对重大事项要督查落实；要精简文件简报，推进无纸化办公，发挥在信息化建设方面的优势。

3. 要加强职能转变。根据国家和上海市关于政府职能转变和行政审批制度改革的有关要求，做好必答题、附加题和思考题，必答题是落实国家和市里的改革要求必须到位；附加题是结合相关调研，有所延伸、有所拓展、有所提升，体现水平；思考题是如何利用公共信用信息服务平台，促进职能转变和行政审批制度改革，要有前瞻性。

推进行政审批制度改革。要从上海市发展大局出发，在新一轮政府职能转变过程中，消除产业经济和信息化审批中存在的一些障碍。要发挥经济和信息化委的优势，把信息化和管理方式结合起来，采用制度加科技方式，带动审批制度的转型，促进政府职能加快转变，争取这项工作走在全市前列。

建立项目管理与行政效能管理的委内信息系统。在行政管理中引入项目管理的方法和路径，围绕重点工作、重点项目，建立项目小组，引入弹性工作机制和柔性管理机制。将相关工作如项目和预算执行的情况、项目协调推进的情况、任务协查督办的情况等，在信息平台上整合，提高政府依法行政水平。以负面清单应用促政府职能转变。依托公共信用信息服务平台，将信用制度嵌入行政管理流程，使政府监管从原来依靠端口管理、审批管理，转向过程管理、服务管理和结果管理,对项目准入、资金支持、资源分配等进行相应评价,使其成为促进政府职能整体转变的有效途径和手段。

4. 要加强团队建设。要高度重视发挥青年干部的作用,创新培养选拔机制,进一步加强团队建设力度。

要以业带人、以人促业,用事业来选人用人留人,充分调动各个层面干部的积极性和聪明才智,使干部在工作中有内涵、底蕴和自信,同时体现谦虚和包容。

要在干中学、以学促干。要建立学习型的战略团队,考虑团队中的人才结构问题,考虑知识更新和学习能力问题。

加大青年干部培养选拔力度。我们对委内同志要充分信任、充分授权、充分依靠、充分支持。要放开手脚,创新干部培养机制,大胆地把青年干部放到干事创业的第一线去。让青年干部在解决具体问题、推动具体工作中成长成才。

5. 要加强协同协作。产业和信息化工作涉及的面广量大,需要和各领域各方面打交道,我们要善于统筹调动各方面资源,形成产业和信息化工作合力。

要形成与兄弟委办的工作合力。多争取兄弟部门的关心支持,推动经济和信息化委与相关部门形成协作机制,联动各方资源推进工作。

充分依托区县力量,可采取"区里为主、市里指导"或"市里为主、区里参与"的方法,两级政府要共同形成协作力。

加强委内各处室协作,委内要加强内部资源的统筹协调,采取项目团队方式,推进跨处室联动事项,做到组合拳和流水作业相结合,发挥优势互补作用;要体现综合与专业相结合,专业处室要了解全局谋一域再定位,综合处室也要虚活实做。

(二)聚焦重点工作狠抓落实,确保实现既定目标任务

下半年重点工作推进,必须坚持经济发展稳中求进,创新发展稳中有为,转型发展稳中提质。要围绕上海进在哪里、经济和信息化委怎么有为、质体现在哪些方面,坚定不移推进产业结构调整提升,坚定不移加快信息化和智慧城市建设,坚定不移扶持中小企业"三管齐下"。具体做到"六个加强",即加强结构调整、加强布局调整、加强投融资创新、加强信息化建设、加强"四新"培育、加强服务企业。

1. 加强结构调整。一方面要推动先进制造业转型提升,促进产业高端发展;另一方面要推动现代服务业加速发展,优化服务经济结构水平;此外要加快调整淘汰落后产能,体现减与增、进与退、推与拉相结合。

加快提升战略性新兴产业。一是要关注市场需求拉动力，加快技术创新进步，凡是市场需求拉动力大、自身又有技术优势的要大力发展；对先进、实用技术要因势利导，在战略性新兴产业的技术能力方面保持领先地位。二是牢牢抓住战略性新兴产业发展主体，促进多种主体之间的合作，创造未来产业的新增长点，进而形成新的支柱产业。三是抓关键企业、重点专项和重大项目，要在关键核心领域形成突出优势，鼓励在关键领域设立国家级和市级企业技术中心。四是要抓住研发、制造、服务三个要素，既要保持企业的既有优势，也要放眼全国，形成上海在研发、营销等特定领域的功能和地位。五是对战略性新兴产业产能过剩要辩证看待，如太阳能电池70%的原材料、80%的销售市场依靠国外，受欧美反倾销等影响出现产能过剩；同时国内有效市场需求不足，如果相关的政策、设施、服务配套上去了，有些产业今天的过剩就是明天的希望。

加快推动产业融合发展。当前推动经济发展的内在资源发生了变化，从最初劳动密集到资金密集、技术密集，再到知识密集。上海要把握这个特征，走融合式产业发展道路，不管是制造业、服务业、生产性服务业，都是产业经济，上海一是要更加关注产业融合和创新发展趋势，要用新思路、新方法，利用市场和新的社会投融资渠道，打造一批新的产业抓手，打造人才网、项目网、信息网，形成新的、更大的经济增长点。二是生产性服务业将成为产业创新发展的关键融合领域，要聚焦建立产业配套的研发和服务体系，并积极搭建协作服务的网络平台，明确机制、明确路径，推动生产性服务业发展。三是城市发展与经济结构调整密切相关，在此过程中工业和服务业犹如一个事物的不同部分，工业是基础，支撑服务业的发展，服务业是身体，要依托工业作为服务对象和市场。

产业结构调整要把握“三个结合”。一是“减”和“增”结合，要先想到“增”，关注和发展新经济新业态，发展智慧制造、3D打印等新技术新产业，以及在新技术应用下的再工业等，形成新的增长点。二是“进”和“退”结合，不仅要考虑落后产能退出，还要考虑退出地块的后续发展，并通过产业定位、规划、容积率调整等促进新的发展。三是“推”和“拉”结合，通过产业结构调整、节能减排专项资金，聚焦推动落后产能退出，体现推动力；也要研究新概念新方向，拉动投资、拉动集聚，形成新的发展态势，体现拉动力；还要通过产业转移对接，吸引企业“走出去”，体现吸引力。

2. 加强布局调整。我们要落实好《统筹优化全市工业区块布局的若干意见》，将产业布局调整转型放在上海市发展大局中把握，变成工作抓手和主攻方向。

要加强顶层设计。一是体现存量调整,我们最大的资源在于存量土地、存量资源、存量业态,上海 1 000 平方公里工业用地是宝贵的财富载体。要根据工业用地区位、层次、成熟度、紧迫性等进一步细分,科学统筹,精心运作,在改造中加快发展提升。二是加强具体分类指导,明确工业区块发展导向。104、195、198 区块采取分类指导方式,由近及远调整好产业布局。104 区块要守住,提升定位、坚持高端工业;195 区域调整转型发展生产性服务业和创意产业,坚持有进有出、加强动态管理;198 区域长远考虑,推进生态用地和发展社会事业相结合,形成高端工业、高端服务业和高端过渡性事业的梯度结合。

打造产业生态系统。我们要研究产业的关联度,对产业进行深入大类产品的细分,打通产业链上下游,形成榕树效应、服务链条,促进企业扎根驻足。园区要积极导入产业链龙头企业和关键项目,围绕其引进上下游配套项目,并完善金融、商务和生活服务配套,形成项目之间的供应链支配关系、服务关系和依存关系,构建产业生态系统,形成园区核心竞争力。

实现园区基地化发展。要在现有园区内搞小类专项的产业基地,推进项目集聚建设发展。可在现有产业园区基础上再定位、再提升,鼓励每个产业区块内做一个基地,集聚产业链上关联业态,打造集研发、生产、服务、营销等要素于一体的产业综合体,促使基地发展从培育盆景转向培育产业生态园区。如战略性新兴产业 15 个专项要把产业切口切小,继续深入细分到市级层面大类产品,然后在现有园区内搞小类专项的产业基地做深做强。机器人产业可以分成不同类型,放在不同的基地发展;核电产业按照关键环节或部件等,也可以细分成若干领域;“软件名城”可以细分成多个专项基地。

打造外环生态经济圈。195 区域很大一部分位于外环线周边地区,这里是存量调整的主战场,必须要整体规划战略提升。西部有大虹桥,北部有宝钢钢铁工业及周边调整,南部有闵行徐汇大飞机、燃气轮机装备制造业及城市副中心,东部有迪士尼乐园周边等。要结合城市功能和区域经济发展,打造产业综合体和生态功能区,体现长藤结瓜,推进点线面结合,实现组团发展。

提升园区管理服务水平。一是在园区管理方面,要多路径促进转型升级,通过提升定位、输出管理、导入项目、导入基地,提升园区活力。二是在园区服务方面,要做好“四个服务”,即服务“四新”、服务转型、服务企业、服务人才。

3. 加强投融资创新。要用制度和信息化手段完善产业投融资体制,推进产业投融资和各类资源整合，促进产业、政策、市场、社会等各类资金对接，确保重大项目和资金落地，为工业“三个提升”（技术含量、附加值和竞争力）做贡献。

采用多种招商服务方式。与传统的招商引资不同，新经济、新形势下，要形成面向市场、面向社会、面向企业的新招商服务机制。要更多依托市区合力推进招商，依托中介机构借力招商，依托龙头企业带领招商，依托行业协会专业招商，依托园区载体优势招商，依托展会开展平台招商，依托产业联盟融合招商，围绕关键产业开展产业链招商。

产业投融资体制创新。要研究政府性投入与金融资本相匹配的投资模式，利用投融资方式的创新支撑新产业、新业态、新经济发展。如研究在工业行业里面哪些竞争性的领域可以退出来，哪些持股比例可以下降，要对一些关键性的产业领域加大投入。又如把节能减排、战略性新兴产业专项等所有资金统筹起来，结合土地出让、区级资金等共同来考虑，整合资源、合力推进，推动区域产业转型和经济发展。

4. 加强信息化建设。上海加速推进信息化和智慧城市建设，是根据建设“四个中心”和现代化国际大都市的要求作出的重要战略选择。把信息化建设提升到全市战略高度上来推进，结合经济和信息化委职能建立完善工作机制，抓好全市面上信息化的统筹和推进协调，以信息化引领城市发展作为工作主线，推进信息化与经济社会全方位渗透融合；要突出面向全社会的经济、城市、社会、公共服务等领域信息化建设，工作重点要向深化应用转移，全力推进新一轮智慧城市建设。

抓好信息化工作重点。在信息化的发展中，我们有紧迫感。在信息化的浪潮中，政府部门要带头，首先是完善信息基础设施，让信息高速公路不断拓宽、提速；基础设施到达一定程度后，内容就要跟上去，要坚持需求导向，深化信息化应用，加快政府信息资源开发利用，丰富信息服务内容。信息化最大的敌人就是信息孤岛，现在的趋势就是整合，上海市公共信用信息服务平台开通运行，不仅会打破各部门之间的壁垒，更能通过负面信息及奖优惩劣机制，促进资源的优化配置。

引导拓展信息消费。国家要求把握好市场导向、改革推进、需求引领、有序安全发展的原则，推进工业化和信息化深度融合，实现“十二五”后三年信息消费规模年均增长20%以上，电子商务交易额大幅增加。我们要以智慧城市建设为抓手，加快宽带城市、无线城市和通信枢纽等基础设施建设，推进电信网、广播电视网和互联网“三网融合”；依托物联网、云计算、移动互联网等新兴信息技术，全面推进经济运行、政务管理、城市建设和社会公共服务等各领域的信息化应用，大力发展电子商务；推动软件和信息服务业快速发展，打造以金融、航运、贸易、互动娱乐和新兴信息服务等为特色的多元化、多样性信息服务业；完善信息安全保障，优化信息消费环境。

抓好委内信息化建设。经济和信息化委要在电子政务、信息化应用方面率先垂范。信息化建设和应用要避免造孤岛，避免每个单位都各做各的，要在利用云计算等新技术新模式的基础上，重新考虑桌面系统和移动办公系统，不能再对落后的老设备进行简单的重复更新和再淘汰，要利用新思路新模式推进改造建设。

5. 加强“四新”培育。推进上海产业创新转型，要更加关注新技术、新产业、新模式、新业态发展，注重增强未来的产业发展后劲。要积极把握新经济发展平台化、联盟化的特点。随着信息技术的加速发展和广泛渗透，未来产业发展平台化、联盟化的趋势日益明显。我们要从生产性服务业的角度，结合网络信息化优势，打造各类电子商务交易平台。联盟化方面，包括同业联盟、异业联盟和产业链联盟等。比如医疗旅游就是一个新的概念，通过业务链接打造一个新的网络平台，建设不同行业间的联盟，现在很多服务业都走这种模式。

关注新产业变革所带来的新技术新领域。如数字制造、智能制造、绿色制造概念下的数控机床、工业机器人、智能电网等技术创新突破和应用发展。而且还要探索突破政策和机制创新，在调研的基础上，找到工作对接的计划，内外结合，努力加大推进力度。比如工博会要反映一些新经济、新技术、新业态、新模式、新装备等。

积极关注新技术新经济背景下传统行业面临的挑战。比如电子商务给传统零售行业带来强大冲击，目前许多商业大型百货也都面临功能调整，有些体验店提供线下体验看样品，再直接从网上购买。此外，新技术、新经济还会对产业用地结构、人口布局结构等产生深刻影响，这些都需要我们积极予以关注。

6. 加强服务企业。要坚持把提升服务企业水平作为转变政府职能的重要抓手，发挥好全市企业综合服务部门作用。进一步拓展服务对象，创新服务方式，支持“专精特新”中小企业做大做强，加大力度吸引央企和外企落户发展。

拓展服务对象。服务企业要与新经济发展的需求结合，要与实体经济和虚拟经济结合，真正建立人才网、信息网和关系网，建立由多方面来源汇集的项目库、载体库、政策库。服务包括央企、地方国企、外资、民营在内的各类所有制企业,鼓励多种所有制企业融合发展、合作发展。

创新方式方法。打造中小企业服务平台,延伸区县中小企业服务网络,推动“个转企、企做大”和“企转股、股上市”;培育良好市场环境,多渠道扶持企业,拓展除资金以外的扶持企业发展手段;引导支持企业打通研发、投融资、产业链、市场拓展等环节,提升发展水平。

要主动联系民营经济和中小企业。中小企业办应成为上海市关心中小企业的主渠道、主通道,发挥信息枢纽、政策调研的平台优势,抓好两头,树立典型;要筛选支持有能力、有基础、有创新意识的企业发展壮大。对于各方关心的共性问题,还要进行分类指导,与行业协会对接,调动各方资源服务好民营经济和中小企业发展。

第三节 聚焦重点 坚定信心 确保完成全年目标任务

一、前三季度工作完成情况总体良好

围绕改革创新、转型发展的主线,坚持稳增长、调结构、促转型,产业和信息化运行总体平稳,经济结构进一步优化提升,取得了比预期好的结果。

产业经济运行方面。经过方方面面的努力,工业增速在趋稳的前提下有所提升,2013 年前三季度完成工业总产值 23 558 亿元,同比增长 3.5%;工业增加值 5 044 亿元,增长 5.9%。1—8 月份上海市工业利润、工业税收分别同比增长 9.6% 和 13.2%;截至 8 月末,工业销售利润率为 7%,保持较高运行质量。生产性服务业快速增长,上半年生产性服务业重点领域营业收入同比增长 20.9%;信息服务业营业收入增长 19.8%;创意产业集聚区营业收入增长 17.9%。经济结构优化,战略性新兴产业投资、技改投资占工业投资比重分别提高到 40%、56% 左右;工业投入产出比提高到 1∶2.4;工业用能占全市比重降至 53% 左右,规模以上工业单位增加值能耗前两年累计下降 12.8%,1—8 月份下降 3.41%。

信息化和智慧城市建设效能优化。下一代广播电视网(NGB)覆盖规模及

高清电视用户数居全国首位；第三方专业维护、智慧社区、智慧园区等建设工作有序推进，法人库二期、数字证书“一证通”、两化融合等重点项目有序推进。光纤到户累计覆盖750万户、实际用户突破320万户，累计建成WLAN接入场点近18 000个(14万个AP)；“i－Shanghai”覆盖450处公共场所，完成TD－LTE试验网和扩大规模试验网700处宏基站、300处室内覆盖系统建设；推广使用公用事业电子账单221万份；信息安全保障有力。

我们在产业和信息化工作方面的成绩很多，特别是大力推进全市重大的项目，积极主动地围绕中心、服务大局。我们的工作也得到了上海市领导、兄弟委办、各区县经济和信息化部门的大力支持和帮助。这些成绩是大家共同努力的结果，是我们进一步做好今后工作的基础，使我们有了一个更高、更新的起点，但决不能满足现状，骄傲自满、不思进取。我们围绕大局、结合经济和信息化委的职能推进自由贸易试验区工作，最重要的是要按照国际惯例来管理，实现前端管理变成过程中和过程后的管理。这种管理方法的调整，通过“制度加技术”，就是依靠信息化手段，最好的方法就是做好负面清单。我们本年度先把信用平台向有关部门开放，下一步向更多领域拓展。围绕国家和全市大局，除了落实好国家工信部的任务、促进管理方式变化外，还要抓住自由贸易试验建设的契机，创新推动产业经济和信息化发展。

二、全力以赴抓好四季度收尾工作

下一步，要聚焦重点、坚定信心、狠抓落实，全力抓好产业和信息化各项工作，确保完成全年目标任务，要为2014年开局和后续发展打好基础，为调结构、促转型作出不懈努力。主要做到“六个加强”：

一要加强对经济运行的分析。对2013年工作的冲刺与2014年工作的谋划，要站在国际国内的宏观大局上把握，对全市经济发展运行中存在的问题、瓶颈和目标要把握好，不是就事论事，而要举一反三、虚实结合，分析我们工作的亮点、难点，提出对策性的意见。经济运行分析是经济和信息化委所有处室的责任，要做到定性分析与定量分析相结合，宏观分析与行业分析、微观分析相印证，理性分析与案例分析、实证分析相补充。抓产业工作不能只见树不见林，每个同志分管的领域都要关心规划定位、企业主体、载体、项目、投融资、发展环境与政策环境的情况，工作起来就比较系统，然后再找到当前要抓什么事情。比如中小企业大家都在抓，要抓一个点形成突破。

二要加强顶层设计、整体规划和结构调整。我们在调研当中提出了一系列的典型案例和一些亮点企业，原来关注技术和能力的事情，现在更多关注新业态、新模式、新经济的把握，不但是高新技术部门，实际上都市产业等领域都有创新的问题。要从这些“新”里面小中见大，同时按照“六要素”去思考，拿出我们可操作的思路。所以像机器人领域既有系统分析也有国内国际的分析，有上海的状况、国内的状况，还要研究机器人产业的瓶颈在哪里、突破口在哪里，根据我们的产业结构，研究在哪些领域里面应该怎么分类，分二级目录、三级目录进行细化，细化到 LED 灯这一级别，一个产业笼统地讲如信息产业就太大了，所以我们要细分细化。要加强推进外环生态经济圈方案制定，推动载体建设；区区合作这项工作已经产生了连锁反应，认识上要进一步提升，发挥好区区合作的示范意义。

三要加大重点项目和产业投融资建设。对于创新项目推进方式、创新投融资体系，通过前一段的调研，现在初步有了一些方法，要分几步走，今年能做多少，从根本上推进创新。美国在 2008 年的时候就把国民经济核算体系做了更新，把无形资产、软实力纳入国民经济 GDP 当中，把研发投入、文化、娱乐、人文艺术、养老、住宅所有权转移的成本都纳入 GDP 当中，美国 2013 年的 GDP 用新的国民经济核算体系算下来增长 3.6%，对比过去的 2002 到 2012 年增速提升。世界经济正在从劳动密集向资金密集，资金密集向技术密集，技术密集向知识密集转变。联合国在 2009 年正式通过美国的 2008 版国民经济核算体系作为国际标准，同时要求世界各国按照这个来算，所以我们不能用工业经济的尺去量新经济、知识经济和服务经济的寸。我们现在研究的思路就是技改要探索把软投入、新经济也列进去，我们可以先进行这方面的试点。

四要加强信息化和智慧城市建设。加强顶层设计，抓紧谋划和推进新一轮智慧城市建设三年行动方案，要让市民进一步感知智慧城市带来的便捷安全高效，建立政府、专家和市民各占 1/3 权重的评价体系。要抓好基础设施建设，考虑时空分布，中心城区和郊区分类指导，进一步扩大光纤到户、WLAN 覆盖范围；还要抓两化融合和信息消费，推进云计算、大数据、物联网等应用示范，争取工信部支持上海开展先行先试，对接争取一批落地项目，成为智慧城市建设的亮点；抓好智慧城市宣传周活动，要提高市民的感知度。

五要加强政策的试点和创新突破。要为经济发展、为企业发展营造更好的服务环境和政策环境，落实好自由贸易试验区建设的各项任务。我们推进了 16

个课题研究，要结合 2014 年工作的思路讨论拿出政策举措和工作成果。产业政策的创新要抓好扩大消费、扩大需求、扩大应用的“三大扩大”新政策，加强对小微企业等政策扶持。在工作上要有新的思路探索试点、抓好落实，形成工作的良性循环。

六要加强信用体系建设。加快上海市公共信用信息服务平台建设，2013 年底面向个人和企业等主体提供信用信息查询，并出台公共信用信息归集、使用的相关管理办法。要拓展思路，扩大信用信息的应用范围，联合一些关键部门全力推进信用信息的共享利用。与自由贸易试验区试点相结合，探索建立负面清单管理制度，推动政府监管从关口管理、审批管理向过程、服务和结果管理转变，为大局发展作出贡献。

在做好以上六方面工作的同时，大家要注意结合党的群众路线教育实践活动成果，要以转变作风的成效促进产业信息化工作水平提升，做到“四个聚焦”：

一是聚焦 2014 年工作的统筹谋划。要和上海市委、市政府推动工作的全局相结合，和产业信息化创新转型发展方向相结合，和“十二五”中期评估及目标完成相结合，形成重点和分项工作列表及时间节点。要超前考虑目标举措，继续深化外环生态经济圈、国际经济中心建设、自由贸易试验区产业和信息化试点等重点课题。

二是聚焦教育实践活动落实好成果转化。这次查找了十个问题，有些方面已经有了突破。我们要继续强化大局意识、责任意识，既要“上接天线”又要“下接地气”，做好自身的工作；开展好“四大四新”活动，把调研成果转化成 2014 年工作的思路与目标任务。

三是聚焦创新发展形成工作合力。我们下一步工作中要应用现代化的管理方式来提高工作效率。经济和信息化委的职责按照三定方案是一个逻辑划分，当我们推进工作时，要有规范的流程，加强工作的整合与分工。一项大的工作要把它研究透永远无穷尽，不断有新情况、新思路，要善于把工作思路、阶段性成果及时转化成工作的举措，一定要分段分工分步分解来做。

四是聚焦推进职能转化、深化改革。要深入推进行政审批制度改革，优化审批速度、优化服务态度、优化服务举措，推动从事前监管向事后监管转变。更好应用信息化手段，建立完善委内项目管理、资金审核、中小企业服务等信息化平台，实现前台对外一口受理、后台内部协同办理。更好发挥下属单位、行业协会和社会组织等力量，做好产业和信息化各项工作。

第四节　加快改革创新转型升级　做好新形势下的产业和信息化工作

一、2013 年上海产业经济和信息化工作取得显著成效

从 2013 年来看，在经济下行和国际国内总体环境压力下，上海市产业经济和信息化平稳运行，为全市经济社会的健康发展作出了应有的贡献。

一是实际运行结果比预期的要好。年初工业增加值预计是 3%，最后做到 6.2%；战略性新兴产业规模实现了 6% 的增速；生产性服务业营业收入预期是 16% 左右，最后完成了 20%；信息服务业营业收入达到了 19% 的增速。市级以上开发区单位产出是每平方公里 68 亿元，原来年初预计是 66 亿元；今后要按照 104、195、198 区块来考核，建立新的指标体系，要把乡镇园区的转型升级放进来，调整考核指标。调整淘汰落后产能年度计划安排 500 项，实际完成 600 项；这项工作每年都按照行业和节能减排的标准选择一定的项目来做，下一步还要深化。单位工业增加值能耗原来预计下降 3.6%，最后实现 4%。

二是上海市经济和信息化工作在上海发展和国家战略中所处的历史方位。从产业经济发展阶段判断，上海的产业结构调整、落后产能做减法 20 世纪 80 年代已经进行，90 年代进行战略性的调整，建设六大产业基地，最后对标国家的战略性新兴产业。21 世纪的调整主要以改革红利为主，推动制度创新、组织创新，通过新技术、新业态、新模式来改造传统产业，提升高端制造业和现代服务业。所以上海在全国的新型工业化发展道路上处在非典型性的发展阶段和最典型的转型阶段，要实现“四个优化”，即产业结构的优化、布局结构的优化、投资结构的优化和能源资源结构的优化。从智慧城市建设来说，建设效能逐步优化，按照总的谋划智慧城市分三个三年行动计划，第一个三年是 2011 年到 2013 年走进智慧城市，在信息基础设施建设、无线和宽带城市方面走在全国前列，信息化应用出现好的势头；第二个三年从 2014 年到 2016 年迈向智慧城市，最后 2017 年到 2019 年是拥抱智慧城市，不是从单纯专业角度、从供应商的角度去讲，应该考虑群众的感受度。信息基础设施下一步要迈向 4G 时代，无线宽带标准要和世

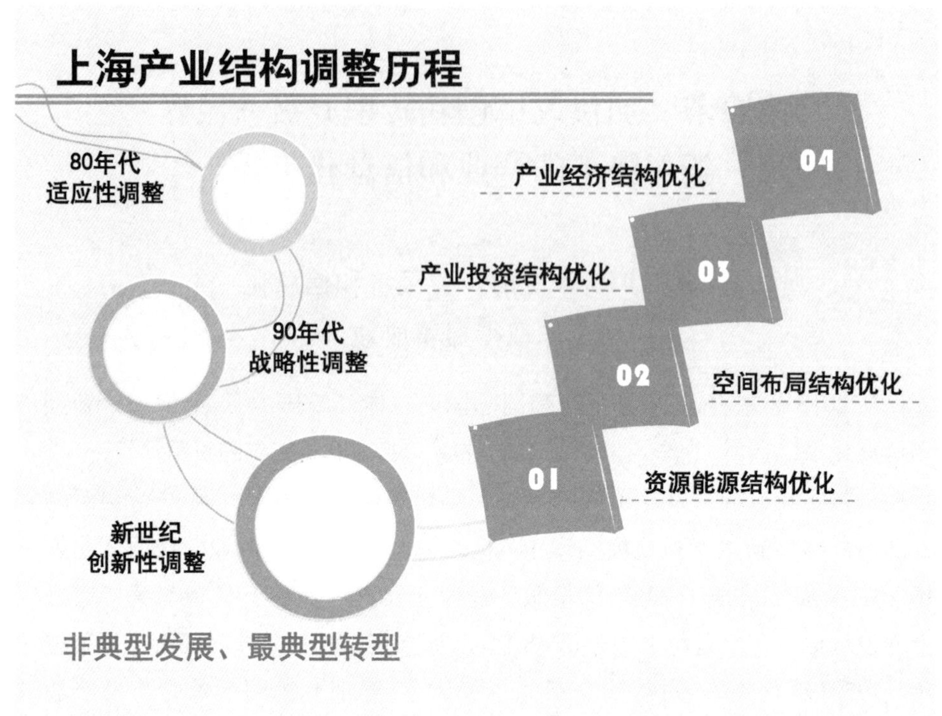

界城市对标；二是应用为王，把惠民工作放在重要的位置，智慧社区在15个试点基础上拓展到50个，选择三个中心城区一个郊区进行综合试点，还要大力推进智慧园区、智慧商圈、智慧新城建设等。

二、聚焦深化改革创新、加快推进转型升级发展

一是要把握产业经济和信息化工作的时代背景。重新认识西方通过去工业化之后，回到了再工业化，现在不能用去工业化的办法来指导我们的工作，而是多学习最新的再工业化的一些做法，跟踪最新的东西。要按照8R（Redesign、Reuse、Reduce、Recycle、Remanufacture、Reengineering、Restructuring、Reconsumption）原理，推进智能制造、数字制造、绿色制造以及工业经济服务化发展，对大数据、云计算、物联网、M2M和频谱经济等深入研究。要到全国各地学习取经，把上海经济和信息化工作做得更好。

二是贯彻十八大精神和工信部要求。关键是要推进制度创新，通过改革和发挥市场的作用推动发展，坚持正确处理改革发展稳定的关系。全国工业和信

息化工作会议提出了六方面要求，包括培育新的需求增长点保持工业平稳运行，加快结构调整促进产业优化升级，强化创新驱动提升产业核心竞争力，激发企业活力动力加大小微企业扶持力度，推进“两化”深度融合提升信息产业支撑能力，提高互联网行业管理水平维护网络与信息安全等。

三是落实上海市委、市政府提出的工作要求。要在压和减上下功夫，拓展产业升级的新空间；要在新和增上下功夫，大力培育“四新”和新的增长点；要在区域聚焦上下功夫，以布局优化推动结构调整。转型和调整关键是要靠改革，经济要有活力，要促进产业的转型升级，加快推进重大项目和重大区域的建设。要大力推进区区合作、园区调整，抓好“四新”新载体建设，与重点区域调整转型、外环生态经济圈建设相结合。

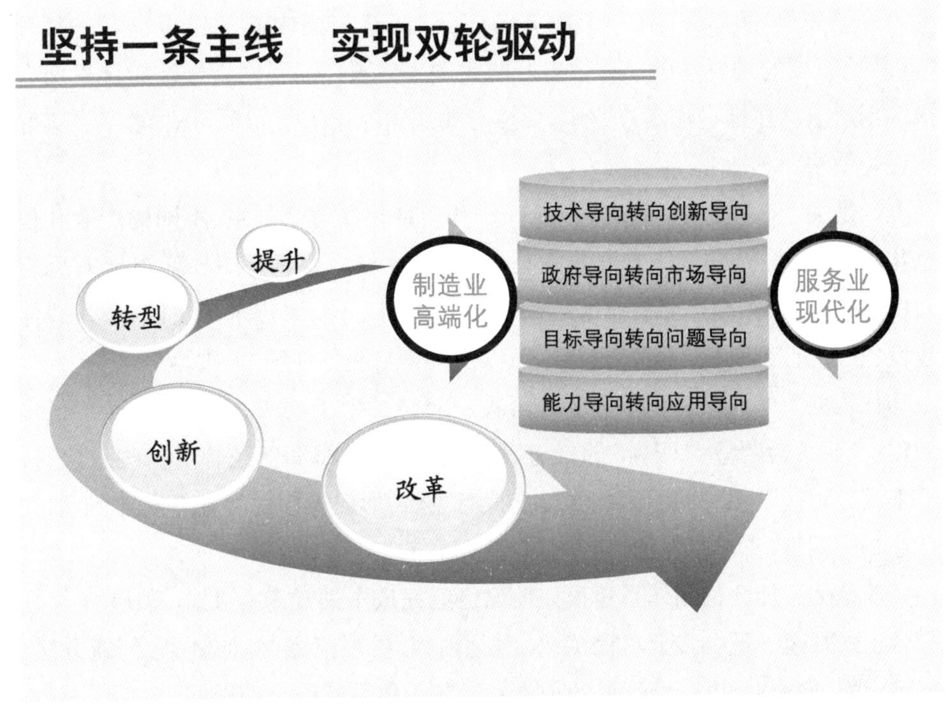

三、全力推进 2014 年产业经济和信息化工作

2014 年上海市产业经济和信息化工作主线是“改革、创新、转型、提升”，坚持“双轮驱动”，即制造业高端化、服务业现代化；实现“四个导向”，即从单纯的

技术导向转向创新导向,从政府导向转向市场导向,从目标导向转向问题导向,从能力导向转向应用导向。坚持“四个聚焦、四个突破”,即聚焦产业结构优化升级,在“四新”发展上有突破;聚焦智慧城市建设,在以信息化促转方式上有突破;聚焦服务企业,在完善发展环境上有突破;聚焦政府职能转变,在推进体制机制创新上有突破。

具体工作板块方面推进“6 + 1”,形成统筹协调,分工负责,使各项工作有内在的联系,提高工作效能。2014 年要重点完成 7 大任务,即促进高端制造业发展,加快生产性服务业发展,深化推进智慧城市建设,提升服务企业能力水平,强化产业和信息化支撑体系建设,推进国防科技工业和军民结合产业发展,完善综合服务保障。2014 年所有的工作指标主要是预测性的,节能减排是约束性的指标。

一是关于“四新”工作。上海有一部分“四新”,国内其他省市也有一部分“四新”,重要的是发达国家有很多好的案例。美国在互联网新经济领域里面有很多创新点。在推进创新过程中,要注意要用国际化的眼光看问题,学习借鉴好的经验做法。

二是关于“六要素”统筹推进。经济和信息化委每个处室、不同的产业和信息化工作领域,提出工作方案和意见一定要按照“六要素”来统筹,既要有思想高度,又要有操作性。要整体统筹考虑提升规划定位、聚焦市场主体、加强载体建设、推进重点项目、产业投融资创新以及政策与服务环境“六要素”。

三是关于产业结构调整。要在落实“三合一”上下功夫,我们已经做了很多细化,产业结构调整、“四新”的推进、区域转型等方面都已经有了一些想法,接下来通过对接跟相关的园区和区县交换意见后,形成操作性的分工安排,争取在产业结构调整“三合一”上实现突破。

四是关于社会信用体系建设。前面已经完成了两项节点工作,2014 年 4 月平台正式开通。下一步要巩固成果、深化内容,扩展范围、延伸链条,创新方法、突破应用,向委办和区县延伸,争取把社会信用体系建设工作做好。

五是关于自由贸易试验区的工作。要做好逐步的对接,包括央企、民营和中小企业沙龙及对接会,自由贸易试验区信息平台,研发及外包服务,临港产业集中监管区,自由贸易试验区负面清单,产业和信息化 16 项重点课题,文化创意品牌企业发展,与自由贸易试验区管委会对接等。

六是关于负面清单管理。要积极通过跟自由贸易试验区对接,既参与第一个负面清单,同时借公共信用信息服务平台的优势,开展事中事后管理,为上海先行先试建立可复制的经验。苗圩部长在全国工业和信息化工作会议讲话中,专门对上海这项工作提出了要求,希望全国工信系统用负面清单的思维推动项目审批、准入改革、后续管理等工作。

七是军民结合和国防科技工业。上海这个领域的发展是快的、潜力是大的。如果上海在某个领域成为研究、开发、核心制造、系统集成、生产性服务、整个人才支持和现代化管理的重点依托,上海除了给国家做贡献,自己也会有很大的发展空间。

八是关于政府职能转变。2014 年任务很重,要进一步强化市区联动协同发展,重点为区县做好相关的服务。工博会要再创新高,把工博会办成上海转型发展中与国际经济和信息化发展进行信息、项目、资金、引进技术对接的平台,各种会议和论坛都尽量对接工博会。

此外,关于战略性新兴产业工作,都做了一些梳理,要深化细化;推进智慧城市建设,要按照三年三步走的节奏往前推;生产性服务业要创新推进生产性服务业重点领域,包括文化创意产业、信息服务业等。

总体来看,2013 年在大家的努力下,在方方面面的支持下,上海产业经济和信息化工作取得较好的成绩。2014 年要大力推进创新和改革,使各项工作焕发活力,上海产业经济和信息化工作不断取得新的成效。

第五节　围绕改革创新
聚焦推进落实

一季度是全年工作的开局,二季度、三季度是一年工作的主体,是抓推进、抓落实的关键阶段,四季度抓好收官。

一、2014 年一季度工作开局良好

(一)关于一季度总体形势

一季度上海市经济总体平衡,开局良好,符合预期,质量提升、结构升级、效果明显,同时出现很多新情况、新变化。从产业来看,开局比预期要好。上海工业产值一季度增长 4%,其中汽车行业增长了 15%,增速比去年同期加快 4.8 个

百分点；轻工业、医药业、钢铁业、有色金属业分别增长了6%、20.4%、5.9%、12.5%，与2013年相比，分别增加了2.4、6.1、7.3和2.4个百分点。机械、造船、电力三行业向好，比较一致的看法是机械和船舶行业见底回升。

经济和信息化委的工作是要上接天线、下接地气，上接天线就是了解国家的政策，了解全国和世界产业的调整形势，把握好规律、有针对性地做好工作；下接地气就是跟区县和其他委办一起，把工作落到下面的园区，熟悉市场主体的情况。

（二）关于“四新”发展

我们提出的“四新”是战略性新兴产业发展的需要，更是上海发展的需要。经过调查研究，我们对涉及的问题有了深刻的认识。比如注重了“四新”的新载体建设，提出了“四个一批”（放大一批、做优一批、做强一批、培育一批）的概念，要按照“六要素”抓载体建设。同时，推动新兴业态发展，互联网信息服务业实现30%的增速，软件产业增长18%；围绕4G和5G发展，要抓好互联网内容、网络视听等产业发展。在上海新经济领域里，不能把互联网金融等同于金融互联网，要促进互联网金融加快发展。

（三）关于产业结构调整

要把压和减、新和增以及重点区域的调整工作落到实处。要围绕问题导向完成目标任务，把产业结构调整当成一件大事来做，锁定地块、锁定企业、锁定区县、锁定园区，列出500个产业结构调整项目名单，按节点有序推进。

有人认为经济和信息化委的工作任务就是做减法，还有一些人认为工业下去、服务业上去，上海产业调整就成功了。我们要改变这种形象错位，上海产业结构的调整就是在新一轮信息技术革命和新产业革命的背景下，在制造业和服务业融合发展的条件下，实现上海制造业和服务业“五个化”：高端化、国际化、市场化、智能化和集约化，今后要强调这一目标导向。

二、全力以赴推进落实二季度工作

二季度要围绕改革创新，扎扎实实推进高端制造业提升和“四新”发展，开拓生产性服务业的新局面，强化信息化应用水平和全面深入推进智慧城市建设。

（一）着力推进改革创新

1. 对接落实市里重大改革创新要求。要对接上海市委、市政府重大改革创新工作，推动产业经济和信息化发展。改革不会一帆风顺，要按改革的思路来推

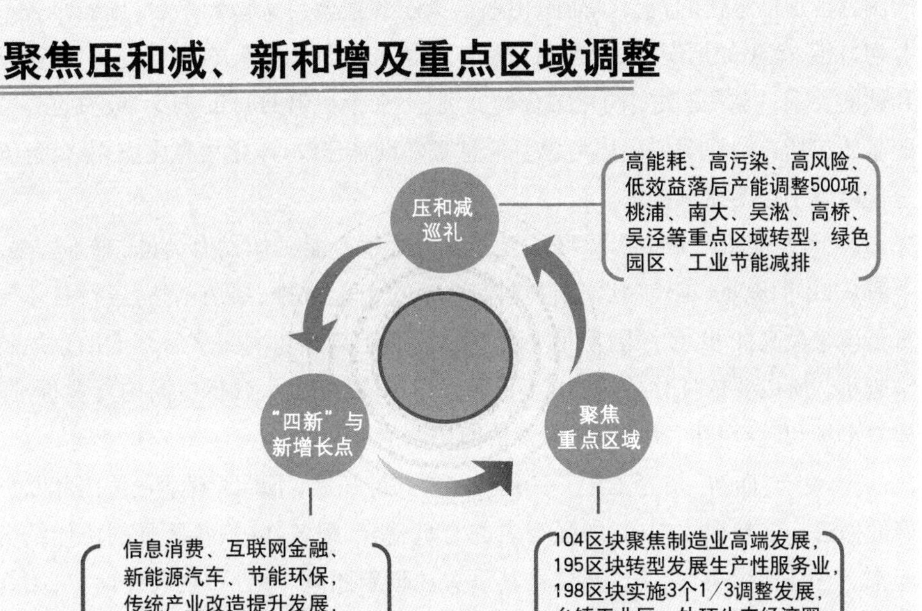

进经济和信息化委各项工作。比如探索建立大数据中心，可以整合几方面力量，超算中心作为公共云计算中心、大数据服务中心，同时也理顺了与公共信用信息服务平台的关系。

2. 加强全生产要素、全生命周期、全产业链、全所有制、全价值链管理和服务。随着工作阶段的推进，要逐渐把某个专项作为热点，转化成为经济和信息化委综合牵头的重点工作。比如推进工业用地及园区转型、外环生态经济圈、投融资创新等工作。要加强整体统筹，根据全生产要素、全生命周期管理，做好全产业链、全所有制企业服务，加快提升产业价值链，拿出全方位的综合性推进方案。

3. 坚持机构改革有破有立。要结合中心工作，主动考虑部门的转型升级。要以市场资源整合优化配置为导向，从部门利益中跳出来，站在全市高度，对同类型服务资源进行通盘考虑、统筹组合。如信息化建设要加强顶层设计，加快推进信息化项目和智慧城市实现统一规划、统一建设、统一资金、统一管理、统一运营、统一评估"六个统一"。

（二）聚焦重点工作落实

1. 深化推进智慧城市建设。智慧城市是城市化和信息化的结合点，城市化的困惑也是信息化的机会。如两化融合工作要虚做与实做相结合，虚做是在产业切口小、聚焦的情况下，把创意、设计、品牌和软件四个要素契合进去，解决硬和软的关系；“软”是决定两化融合的关键，不在于机器数量的多少，最关键核心的东西包括自动化等要整体考虑。信息基础设施建设、深化信息化应用、信息安全保障等工作要抓紧推进。

2. 大力推动产业结构调整。上海淘汰落后产能工作是有力的，很不容易。上海从20世纪80年代“壮士断腕”以来，通过节能减排、结构调整，各行各业履行了国家最高标准，依照国家相关法规进行节能减排和淘汰落后产能的余地越来越小。所以要依托相关的功能区、生态和环境标准等，履行更高的行业标准，建立市场和政府共同发挥作用以及协商协调的推进机制。

3. 关于“四新”培育工作。一是视线要往外拓展，不断了解学习美国和欧洲好的做法。二是视线向内，加强委内的力量整合，跟各部门、各区县的协作结合起来。三是视线向下，关注基层尤其是关注创新团队。最后，视线要向上，始终关注国际最新发展态势、关心国家大局，关注工信部、国家相关部委的动态，以及上海市委、市政府的工作部署。特别是经济和信息化委在产业工作这一板块，要跳出所管所属，转向所在所为，所在就是指在上海的企业，无论其类别、所有制或规模大小都要关注。要发展一些轻资产的创新型企业，通过创新平台来实现转型。

4. 加快社会信用体系建设。信用体系建设进入倒计时阶段，上海市公共信用信息服务平台2014年4月底要启动、挂牌。一旦信用信息公共服务平台正式运维，今后工作的效率效能各方面都可以得到提升。要发挥好牵头协调职能，通过市里部署要求，推进信用平台在各部门工作中的使用，而不是把全市的信息拿到这个平台上；还要加强法规保障，推行负面清单管理的模式。

（三）关于启动“十三五”前期调研工作

年度计划要以可操作性为主，五年规划的特点是要完成好转型。今后还要坚持创新驱动发展、经济转型升级的方针，重点是目标导向，根据党中央、国务院阶段任务部署，到2020年要全面建成小康社会，上海在2020年建成“四个中心”和现代化国际大都市；围绕实现这一目标，不是重新提工作口号，要深化细化、丰富完善，注重新内涵。

1. 要找准题目和问题。准确的题目是成功的一半，题目的提出应聚焦新一轮发展。找准问题关键在于问题的导向，要在经济信息化发展的大背景下，服务全国、融入世界、强化自身，在其中找到若干重大问题。

2. 要坚持正确的目标、原则和导向。全面贯彻十八届三中全会提出的发挥市场配置资源的决定性作用、更好发挥政府职能的要求。更好发挥政府职能就是不该政府做的政府不介入，该政府做的一定要做好，在做的过程中要坚持法制化、国际化、市场化的原则。我们要始终在各项工作当中发展创新，要把目标具体化。

3. “十三五”研究与推进当前工作落实、完善结合起来。大家要结合自己分管的领域，对“十三五”的重大问题进行牵头协调、调研、思考和梳理，必须切切实实地落实，而不是停留在材料与报告上；要加强跟工信部等对接，推进部市合作。

（四）推进政府职能转变和效能提升

1. 加快推动政府职能转变。在“四新”的推进当中，不能简单地用行政办法，一定要遵循市场经济规律，推进产业提升创新。上海发展不但要关注竞争力和实力，现在更要关注活力，活力决定了未来的竞争力；经济和信息化委要提出指导性意见，推进各行各业开放；在工作中要注重开放性、开拓性，发挥高校、企业、协会和中介等作用；同时要加强事中事后监管，保证市场有效竞争。

2. 开展政府行政效能建设试点。具体包括几个方面：一是在很多基础工作当中，如何适应“四新”及制造业和服务业融合发展的要求；二是项目审核机制和流程，要跟创新发展的需求结合起来；三是很多项目推进中碎片化和部门化因素比较多，也要予以突破。

3. 不断推进工作创新。比如，工业结构的调整必须依靠招商结构模式的调整和制度的调整，下一步要研究思考。工博会、工博馆等重点难点工作，要协调好各方力量加强创新、共同推进。要跟“四新”工作结合起来，加快推进一批人才实训基地建设。要切实加强督办机制，强化落实、注重协调，工作重在效率和质量。此外，政府部门推进工作，要逐渐习惯引入律师、会计师事务所以及大数据统计事务所等，统筹各方力量，提升工作合力。

第二篇

聚焦创新　转变职能

面对新时期的产业经济和信息化建设，如何谋划新发展、提出新思路、促进新跨越，我们根据党中央、国务院和上海市委、市政府的部署要求，大力推进新技术、新产业、新模式、新业态发展，围绕特大型城市城乡结合部推动外环生态经济圈建设，主动化解过剩产能拓展经济发展的空间和活力。积极落实行政审批制度改革和推动政府职能转变的要求，探索提出了推进经济和信息化发展的“六要素”工作法，以负面清单管理方式促进产业创新转型，以信息化和信用管理手段推动职能转变，并取得了初步的成效。同时，我们结合工作推进实际，注重转变作风、转变方式，通过项目管理、创新行动、团队建设、干部培养、责任链传递等方式，实现以业带人、以人促业，不断提升工作推进的动力、活力与凝聚力、战斗力。

第一章

推动创新发展
增强经济活力

第一节　加快培育新技术新产业新模式新业态

当今世界，新科技革命曙光正初显端倪，伴随信息、网络等重大科技突破，与传统产业经济相联系的经济现象、经济特征、经济概念正以非同以往的速率和方式发生改变，以新技术、新产业、新模式、新业态为内核的"四新"经济逐渐显露巨大创造力量。面对"四新"经济的汹涌来势，上海能不能抓住重大机遇，在科技进步和全球化、市场化基础上实现经济发展方式转变和结构调整，已经成为当前必须应对的重大课题。

一、"四新"经济发展态势及其重要意义

"四新"经济主要是以产业、业态、模式、技术创新为内核，以现代信息技术、新材料技术、制造装备技术等广泛嵌入应用为特征，多学科、多技术、多产业融合发展的新型经济表现形式。"四新"经济带来的最大效应，是新技术、新产业、新模式、新业态对传统生产组织方式、消费习惯、供给模式的颠覆性改变，核心是提升市场配置要素效率，刺激市场新需求。

（一）新技术、新产业、新模式、新业态发展趋势

新产业，主要是指以新的市场需求为依托，在产品供给、产业组织等方面有重大变革的产业领域，比如移动互联网产业。新业态，主要是指伴随信息、装备等技术升级和多领域应用，在传统业态基础上，形成的跨界经营业态；这类经营业态目前难以归入特定产业目录和门类，比如互联网金融。新技术，主要是指基于信息技术、生物技术、新材料技术、新能源技术等融合发展，形成具有革命性、突破性的新产业技术，比如3D打印、工业机器人等。新模式，主要是指打破原先垂直分布的产业链及价值链，实现产业链、价值链重新高效组合的新型产业模式，比如新电商模式。

从全球范围看，"四新"经济发展呈现分布差异。发达国家仍是"四新"经济的主导者，依托新技术、新模式等标准、规则制定，及先进基础设施如信息网络、高端设备等应用，引领新技术、新产业、新模式、新业态迅速发展，比如Apple、Google、Facebook等企业，通过集成创新、应用创新、平台创新等方式，占据全球

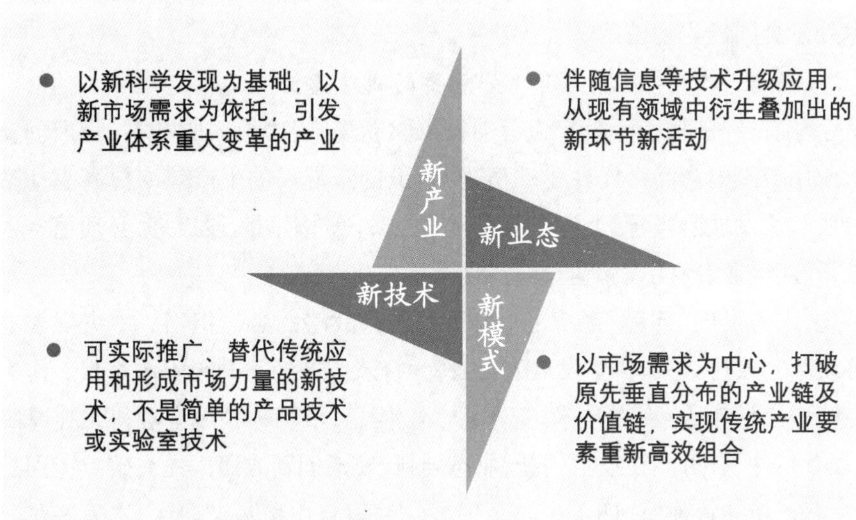

互联网、信息通信等领域引领地位。特别是工业机器人、3D 打印、页岩气等前沿技术创新方面，西方国家长期占据主导位置。以中国为代表的新兴经济体国家，伴随经济持续快速发展，国民收入水平、受教育程度、基础设施能级大为提高，已经孕育产生新技术、新产业、新模式、新业态的巨大市场需求。"四新"经济的增长动力，正从西方发达国家向新兴经济体国家转移，一个显著特征就是新兴经济体互联网经济的爆发式增长。

我国"四新"经济发展正处起步期，发展程度不均衡。沿海省市受益于完善的基础设施，较高的收入水平，巨大的消费市场，"四新"经济发展相对较快。近年来，上海周边省市发展"四新"经济已有一定规模。比如，浙江省大力发展电子商务产业，江苏省大力打造无锡物联网产业基地，物联网产业生态日渐成熟。再如，广东举全省之力扶持新兴业态，影响力日渐提升。北京、天津等地，依托中关村等科技园区支撑，培育出大批"四新"经济企业群体。

上海"四新"经济发展正从起步阶段向快速成长阶段迈进。这些年，上海在基础设施投入，应用产品研发方面成绩明显。同时上海产业门类齐全、资本流通便捷、市场需求活跃，新技术、新产业、新模式、新业态企业如雨后春笋蓬勃发展，

"四新"企业覆盖领域之宽、培育速度之快处于全国领先。比如,在信息服务方面,上海易贸、钢联等平台已经达到千亿级规模;互联网视频领域方面,PPTV、PPS等企业已经成为行业典范;工业机器人方面,新松机器人、发那科、ABB等企业技术处于全国领先地位。

(二)发展"四新"经济具有十分重要的战略意义

从全球看,经济增长一般分为劳动投入驱动型、资本投入驱动型、管理创新和技术应用带来的产品多样性驱动型,及知识创新带来的生产效率提高驱动型四个阶段。从发展阶段看,上海目前正从第三阶段向第四阶段迈进,必须更多依靠新技术、新产业、新模式、新业态的创新驱动。

首先,大力发展"四新"经济是上海承载国家战略的必然担当。中央要求上海当好改革开放排头兵、科学发展先行者,为打造中国经济升级版作贡献。作为我国经济中心城市,上海在技术、资本、人才、信息、市场等领域有着得天独厚的优势,最有条件、有可能在技术创新、业态创新、模式创新方面率先突破。特别是当前,上海正在加快建设"四个中心"、中国(上海)自由贸易试验区,实现这些国家战略,需要加快培育大批业态更多、模式更新、技术更好的市场新主体,形成市场要素高效配置的经济新形态。

其次,大力发展"四新"经济是上海创新转型的关键抉择。上海已经将创新驱动发展、经济转型升级作为面向未来的重大战略。新技术、新产业、新模式、新业态正是上海创新转型的重要载体和真正体现。上海必须依靠技术创新、产业创新、模式创新、业态创新,培育战略性新兴产业、改造提升传统制造业、加快发展现代服务业,使更多更新的市场主体参与经济转型升级。

再次,大力发展"四新"经济能有效提升上海城市竞争力。大力发展"四新"经济,能够最大限度帮助上海克服在土地、劳动力成本等方面的制约,最大限度发挥上海在高等院校、科技机构集聚等方面的智力优势,最大限度利用长三角地区的市场规模、腹地效应,走出一条新型产业发展之路。

二、上海"四新"经济发展的特点、现状及趋势判断

上海"四新"经济发展起步于20世纪90年代后期至21世纪初,近年来,借助信息技术、新能源技术、新材料技术、生物医药技术飞跃式发展,上海"四新"经济呈现迅猛发展之势。

（一）“四新”经济的主要特点

“四新”特点：一是相互渗透，“四新”之间没有十分清晰的边界轮廓，有些以技术创新带动业态创新，有些以业态创新促进技术创新。二是动态变化，企业发展阶段不同，对“四新”依托程度也并不相同，往往初创期的企业更依托于技术创新，成熟期的企业会更多关注模式创新。三是跨界融合，如制造业和服务业融合，跨界、异业联盟发展迅速等。四是依托传统产业，“四新”经济与传统产业路径并不割裂，而且是渗透到传统产业改造提升各环节。五是依赖宽松氛围，比如互联网金融、电子商务等领域，政策稍微松绑，便能产生巨大传导效应。六是轻资产化，大多数企业是以智力资产开发和转化应用为核心，依赖核心技术团队创新创造。

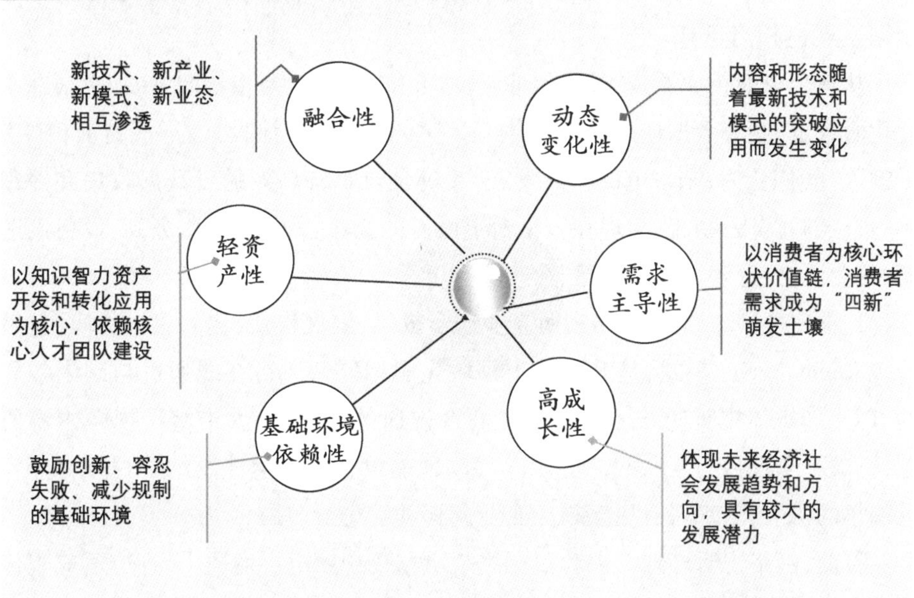

（二）上海“四新”经济发展现状及态势

从大的趋势看，“四新”经济发展的势头不可阻挡。“四新”经济基础仍旧离不开传统产业，可以说是传统产业以另一种表现形式实现产业链、价值链重组。新技术、新产业、新模式、新业态的边界相互叠加，以下是“四新”一些重点领域：

1. 互联网金融。互联网金融借助互联网的开放性，极大降低了商品和金融交易成本，为客户提供了跨时空的高效、便捷、安全服务，使数千万中小企业融资有了便捷途径。同时，金融新业态也打破了现有金融机构销售体系和管理体制，在一定意义上实现了管理的扁平化。应该说，互联网金融是传统金融业的有效补充。短期内难以撼动传统金融格局，但其影响力、冲击力已经显现。从长期看，互联网金融具有很大发展空间，特别是随着传统金融企业互联网布局，整个行业将呈现高速发展。上海国际金融中心建设需要有多层次的金融产业体系，发展互联网金融不可或缺。当前，互联网金融有没有竞争力，很大程度取决于金融市场向民营机构开放度。随着民营资本进入金融领域步伐加快，越来越多有实力、有信誉的民营企业将为互联网金融发展带来更多活力。

2. 电商企业。当前，我国电商正处于快速发展期。各地方政府陆续出台扶持政策，吸引更多企业加入电商行业，助推了电商行业总体向好。从企业发展看，目前国内领先企业主要有淘宝、京东、苏宁易购等，上海本地电商企业近年来发展也相当迅猛。

从整个电商行业看，竞争已经非常激烈。电商企业要想长期发展，必须在个性化服务定制、大数据应用、物流链打造等方面作战略性投入，形成特有的“撒手锏”。我们认为，未来电商行业发展，关键是要具备高效的云数据收集和处理能力，比如建设云物流，实现在云平台上所有的物流公司、代理服务商、设备制造商、行业协会、管理机构等集聚整合。

3. 网络视听。上海网络视听企业起步较早，发展很快，比如聚力传媒，打破传统 Client/Server 模式，是 P2P 技术领域先驱；又如，风行在线通过与国内领先的 IPTV 新媒体视听业务运营和服务商百视通的合作，极大丰富了视频内容资源，打破了电视台与互联网的界限。移动智能设备的快速普及给了视频行业弯道超车的机会，未来将有更多视频企业向移动端进行布局。

目前，网络视听产业新趋势是网络视听与传统家电厂商联手，打造适应现代生活需求的智能家电。比如互联网电视，主要有“智能电视一体机”、“智能电视机顶盒（OTT）”两种模式，未来将催生出互联网电视巨大产业链，中国家电业也将迎来一场新革命。

4. 位置信息服务。位置信息服务是根据用户所在位置提供的一种增值业务，主要通过移动定位技术获得用户当前所在位置，在电子地图和业务平台的支持下，提供给用户其所在位置的相关信息。目前位置信息服务的商业开发虽有很大突破，但与潜在的市场需求相比，许多方面仍存在商业空白，比如车载终端的功能性开发尚处起步阶段，市场前景很大。近期，随着产业链整合的趋势日益明显，电信运营商也开始呈现向移动位置服务提供商转型的趋势。

位置服务领域随着智能城市建设和移动终端设备升级，将颠覆目前平面搜索引擎的模式，开辟出基于移动位置定位系统的新三维搜索引擎产业，不仅推动制造业升级换代，更将极大带动城市服务业发展，衍生出更多新型产业链、价值链。

5. 工业机器人。从全球看，工业机器人发展很快，目前应用最多领域为汽车及汽车零部件制造、电子及电气工业、橡胶及塑料工业等，我国万人劳动力拥有机器人数量偏低，仅为德、日等国的 1/20—1/30；产业最发达地区分别为日本、美国和德国，其中日本在生产、出口、使用方面居世界第一；世界领先企业主要有瑞典 ABB、德国 KUKA、日本 FANUC、YASKAWA、美国 American Robot；销量排名前五地区为日本、中国、美国、韩国、德国。从国内看，我国工业机器人产业尚处于起步阶段，目前新松机器人、新时代股份、博实股份等多家公司已开始从事与机器人有关的生产经营，各地也已形成 30 多个机器人工业园区，吸引国内

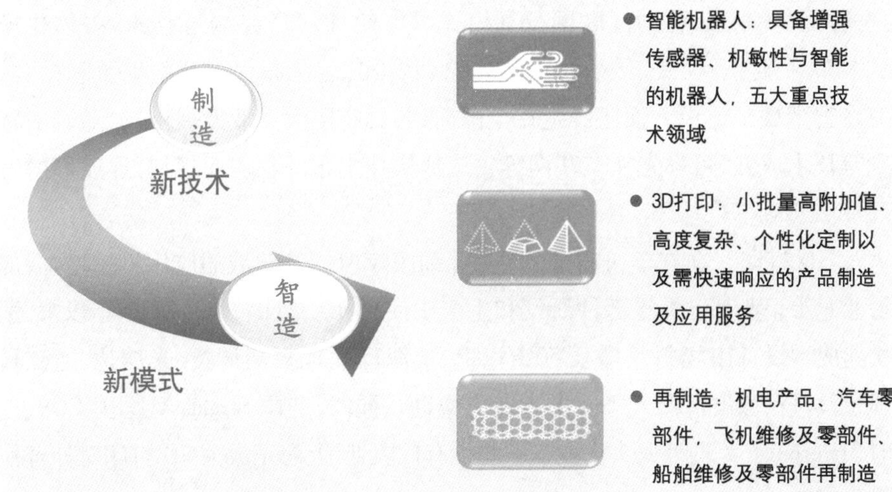

外智能制造巨头及上下游企业集聚。据国际机器人联合会预测,2014 年我国将成为全球最大工业机器人应用市场。国家科技部专家预测,到 2020 年我国工业机器人装机量将达 30 万—50 万台。

从上海看,工业机器人产业发展态势良好,已是国内最大的机器人产业集聚区,产业链主要包括零部件生产、主机生产、系统集成三大体系,规模近百亿元,目标是 2015 年达到 200 亿元规模,2020 年达到 600 亿—800 亿元规模。目前,ABB、KUKA、FANUC 等国际巨头已落户上海。本地企业方面,新松机器人、新时达电气、克来机电等企业加紧生产布局。未来 1—2 年内,上海本地企业有望实现从百台级向千台级跨越。上海要加紧产业规划和布局,加快形成工业机器人产业体系。

6. 移动互联网。当前,互联网正大跨步进入移动时代。“未来的互联网将以无线接入为主,有线互联网将只是互联网的一部分”逐渐成为共识。移动互联网具备三个显著的特点:一是开放性,包括网络的开放性、应用开发接口的开放性、内容和服务的开放性等,随着移动互联网的不断深入发展,开放性已成为移动互联网业务、应用和服务的基本标准,更多新颖的业务将出现在移动终端上;二是分享和协作性,在开放的网络环境中,用户可以通过多种方式与他人共享各类资源,实现互动参与、协同工作,用户将具有更大的自主性和更多选择,将由被动的信息接受者转变成为主动的内容创造者;三是创新性,移动互联网为不同的用户提供了无限可能,从而使各种各样的新型业务不断涌现出来,满足不同用户的需要。未来,移动互联网盈利模式可有四种,即“终端与业务”一体化模式、“软件 + 服务”模式、传统增值业务盈利模式、运营商主导的共生盈利模式。上海在智慧城市建设方面已经走在全国前列,具有巨大产业发展市场,随着射频识别等技术成熟,可率先在车联网等领域加快技术布局和产业规划,形成好的发展环境。

7. 3D 打印。在汽车、航空航天、工业和医疗保健等领域的应用迅速增加,部分行业龙头企业都已在零部件研发和生产中使用 3D 打印技术。2010 年以来,国内快速成型设备市场每年增长 50% 以上,上海已涌现福斐科技、光韵达、通江科技、联泰科技、智位机器人等一批专业供应商。同时,美国 Stratasys、德国 EOS、比利时 Materialise 等国外龙头企业在沪均设有代表处,上海正成为 3D 打印对外合作的重要窗口。

8. 智能语音交互。典型的应用场景是语音助手和客服机器人,近几年智能语音交互应用得到飞速发展，上海在中文智能语音交互应用方面有智臻科技的小i机器人等。客服机器人目前已在网上银行、电商平台等领域实现大规模应用。

三、上海"四新"经济发展主要对策

上海发展"四新"经济要最大限度发挥市场配置资源的决定性作用，重点立足自主创新提升、中小企业培育等基础环节，同时发挥好政府部门在服务环境优化、人才高地建设等方面的作用。

（一）发挥政策先发效应

当前，要抓住张江国家创新示范区、自由贸易试验区等建设机遇，推动"四新"经济率先发展。发挥张江国家自主创新示范区载体作用和引擎作用，推进智能电网、物联网、云计算率先示范应用，用好企业激励、税收、金融等方面特殊政策，在新一代信息技术、生物医药、新能源、文化创意等领域，培育一批新技术、新模式、新业态企业。充分利用自由贸易试验区投资贸易便利、货币兑换自由、监管高效便捷等制度优势，加快集聚跨境商务、金融服务、信息服务等现代服务

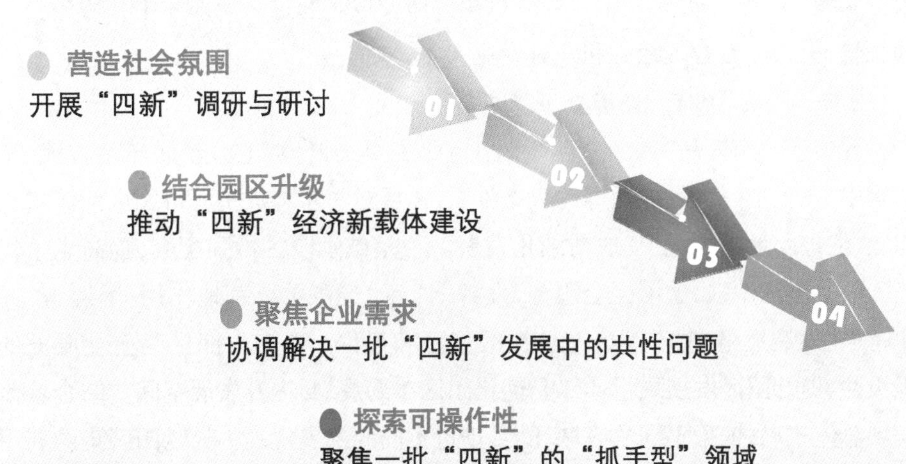

产业，特别是吸引一批具有国际知名度的新业态、新模式企业，提升上海现代服务业的整体水平。

（二）增强中小企业融资能力

一是要加大服务中小企业融资力度，创新融资途径与融资工具，协助金融资本开展项目筛选、诚信调查、后期监控、知识产权、财务监管，建立或引入信用担保公司为中小企业贷款提供担保，对有条件的中小型民营企业要创造机会使其通过创业版、新三版市场融资。二是抓紧建立中小企业信用评级体制。建立完善上海市中小企业诚信档案库，设定科学的评价体系，开发辅助信息系统，按年度对中小企业开展信用等级评定。对达到规定要求的中小企业，授予其税收、土地、融资等优先资质。

（三）建设“四新”经济人才集聚高地

人才是“四新”经济发展的关键，要加大对“四新”人才的培养和引进力度。一是要进一步加强和完善“以需求为导向”的人才引进机制。建立重点领域引进人才的绿色通道，准确把握引进人才的各项需求，增加竞争优势，特别是要引进“四新”经济急需的尖端技术人才。二是进一步完善分类化、多主体的人才评价机制。坚持专业技术人才评价专业化、社会化、国际化、制度化的方向，构建以业绩为导向、具有上海特点、科学和社会化的专业技术人才评价机制，健全完善专业技术职称、职业资格和水平认证相互贯通衔接、一体化的人才职业能力评价服务系统。三是促进人才中介服务机构健康发展。通过一流人才中介服务公司的集聚，引入一流管理经验和一流专业人才。

（四）培育“四新”经济企业集群

现代产业园区是“四新”经济中小企业主要集聚地，上海新一轮转方式、调结构中，在土地、就业、能耗等约束条件下，需要进一步释放上海市园区经济增长能级，促进园地基地化、基地精细化发展。一是鼓励园区做强配套，提高竞争优势。鼓励园区做强、做深配套服务，发挥“四新”经济重要基地作用，继续走“一业特强”发展道路，注重园区产业链的培育和集聚。要激发园区为企业服务的积极性，提升园区发展质量。二是优化园区布局规划，提升发展空间。结合城市发展总体布局，依据不同的区域环境，进行不同的发展规划。鼓励园区集约利用土地资源，对业态相同园区进行产业整合、联动，对于生产效益较好、单位产出达到一定标准的园区，给予园区更大发展空间。三是提升园区孵化功能，打造创新高地。鼓励高等院校向园区中小型民营企业开放技术实验平台。协调产业相近、基础较弱的中小园区共同组建开放式实验室,建立高等院校与园区的联系机制,及时向园区企业介绍推广高校科研成果,鼓励高校科技人员到园区创业。推动园区内企业组团集中研发,加强企业整合力度,形成完善的产业链。

（五）提升企业科技创新软实力

一是要发挥企业核心技术创新主体作用。鼓励企业与大学和科研机构开展联合研究与技术研发,促进技术创新和商业化。科学筛选关键核心技术,构建由大型国有企业、民营企业、科研院校组成的技术攻关联合体。发达地区实践也证明,企业的总体科技水平和研发能力越来越强,与科研机构之间的联系也愈来愈密切,要充分发挥市场机制的调节作用。二是大力培育“四新”经济领域中介机构服务市场。发挥社会中介机构在产业链环节上的桥梁和纽带作用,赋予社会中介机构更多的管理和服务职能。在新产品研发首端(科研)到末端(销售)环节都形成利益共享、风险共担的机制,降低研发企业的风险和成本。

（六）加大信息基础设施建设力度

目前,上海已建成了国内领先的信息基础设施,城域网出口带宽在国内率先达到 TB 级。信息化已全方位融入城市建设、管理、经济和社会发展的各个领域,形成了广泛覆盖的信息化应用格局。信息基础设施是城市信息化建设的命脉,是建设智慧化城市的神经网络,上海在推进下一代网络发展、促进三网融合、优化信息基础环境方面要进一步聚焦 IP 化、宽带化、无线化、泛在化的城市基础网络,加快固定宽带网的光纤化改造和移动宽带网建设,优化网络结构,提高城域和国际出口带宽,增强宽带业务融合能力,打造综合承载、泛在宽带的网络环境,提升集聚辐射、普遍接入、业务融合和随需计算能力。要结合物联网应用发展的趋势,加快建设规模化云计算服务平台,提高信息基础设施资源利用效率。要积极推进 4G、NFC、传感网络、大数据等新技术的研究开发,完善适应物联网应用的信息基础设施环境。

第二节 依托“四新”发展
抢占未来制高点

上海作为全国最大的经济中心城市,产业经济发展有别其他地区,已进入

"最不典型发展、最典型转型"阶段。20世纪80年代,上海就开始节能减排、产能压缩,目前已经履行了行业最高标准。上海已进入工业化后期,碰到的问题是其他地区没有遇到的。加快发展新技术、新产业、新模式、新业态,将成为破解上海"创新驱动发展、经济转型升级"的重要抓手。

一、从传统经济发展方式向"四新"模式换挡

无论是全球经济还是全国和上海的结构调整和转型升级,都遵循一定的历史脉络。去年以来,我们围绕世界经济的发展变化,比如欧美走过去工业化后,从金融危机中反思、提出再工业化,以及全球兴起新一轮信息技术革命,这些都给我们深刻启发。我国经过快速发展期后,进入到调整转型期,上海已进入"最不典型发展、最典型转型"阶段。

为什么这么说?因为传统发展模式下,靠资源开发、土地扩张、投资增加、规模扩大带动发展的阶段已经过去。上海在推动结构调整中,20世纪80年代进行钢铁减产,百万居民大动迁。第二阶段是90年代,上海提出发展六大支柱产业、建设六大产业基地。进入新世纪以来,国家提出培育发展战略性新兴产业,上海进入到创新性调整和转型发展的新阶段。

当前我国已经是制造大国,但离智造强国还有一定距离,经济发展中出现低端产业、高能耗产业的过剩,甚至某些战略新兴产业领域也出现产能过剩现象。有的企业家也有这样的感受:单一项目很好,但建了以后发现重复很多、产能过剩。所以,虽然整个经济规模保持增长,但数量型增长在转型中出现了阵痛,上海可谓首当其冲。

在此背景下,我们考虑不能把任何产业仅按照"新和旧"来划分。反观西方发达国家走过的路,全球的知名品牌,都是靠新技术、新业态、新模式、新经济走出了新路。所谓的奢侈品大部分是纺织、时尚、日用品等,恰恰是我们传统意义上认为的传统产业做成了高精尖产业。所以,上海既要坚持对接国家战略性新兴产业,同时要结合本地实际,率先走出一条生产要素和资源能源高效利用的发展道路。我们给上海市委、市政府提出发展新技术、新产业、新模式、新业态的建议,得到主要领导的认可,也受到习近平总书记的肯定。习近平总书记指出,上海积极培育新业态、新模式、新技术企业以及战略性新兴产业,全市经济运行总体平稳。

从制造大国走向智造强国

制造大国

- 占全球制造业总值的20%
- 2011年超过美国
- 全球第一大工业制造国
- 我国国民经济的支柱
- 占全国GDP的1/3

智造弱国

- 处于产业链低附加值底部
- 服务型制造业比重偏低
- 创新能力较弱
- 自主核心知识产权少
- 自主国际品牌少
- 市场化创新团队不足

韩正书记表示，要扶持新技术、新产业、新商业模式、新业态企业发展，培育新的经济增长点。杨雄市长在政府工作报告中，对“四新”推进工作机制提出了明确要求；指出要针对“四新”企业反映的突出问题，制定有针对性、可操作的政策措施。上海市经济和信息化委作为产业经济主管部门和信息化综合部门，要为上海产业结构调整和经济转型践行新思路、新理念。但“四新”是一个全球化概念，是动态递进、与时俱进的；同时，“四新”会因地而宜、因企而宜，“四新”概念没有边界，需要用创新的思维去思考，不断丰富其内涵。

今天的“四新”，是在“再工业化”、工业4.0以及新一轮信息化发展的大背景下提出的。目前互联网的概念和思维方式非常普及，广义的互联网包括物联网，现在人和人的连接解决得越来越好，接下来就是解决人和物以及物和物的连接。从理论上来说，人和人、人和物、物和物的连接只完成了1%，还有99%没有完成，这既是技术层面的，更是产业组织、业态和模式层面的，涉及整个经济体系的调整。回顾人类历史发展，始终离不开各类要素资源的支撑，当第一颗种子种到土里，人类能够主动控制生产消费，满足人类需求，出现了农业的分工和产业；发明蒸汽机后，现代工业就有了动力支撑，推动了流水线生产和现代加工的革新；新一轮产业革命和信息技术革命的叠加，给我们提供了更加先进的生产要素，促进了新的生产方式和生产力革命。

人类的经济活动由制造和服务两部分构成，是一个硬币的两面，没有制造就没有服务，制造本身在新经济情况下，也在往服务化方向发展，制造业和服务业逐步走向融合和一体化。现实经济中，一元钱的产品带来六元钱的服务，如果没有产品就没有由此带来的服务；同时，生产资料消费的市场规模是日用品消费市场规模的六倍。

当前互联网对制造业、服务业发起的革命才刚刚开始，在未来的互联网经济发展中，上海大有希望。上海互联网企业的发展，从消费品的互联网向服务互联网转型，包括社会服务、专业化服务及面向制造的生产性服务等领域。如上海内容产业在全国规模最大但不是最强，原因是缺乏龙头企业；上海的互联网视听产业大有希望，这个领域要牢牢抓住。上海制造业基础很好、综合能力很强，在推进两化融合的过程中，我们要做引领者，以两化融合助推"四新"经济发展。我们决不能再以资源的消耗为基础推动经济发展，而应该用互联网的项链，把相关的要素和资源串联起来，用创意设计元素、营销和金融服务能力，为经济发展方式转变以及参与国际竞争发挥上海产业的创新引领作用。

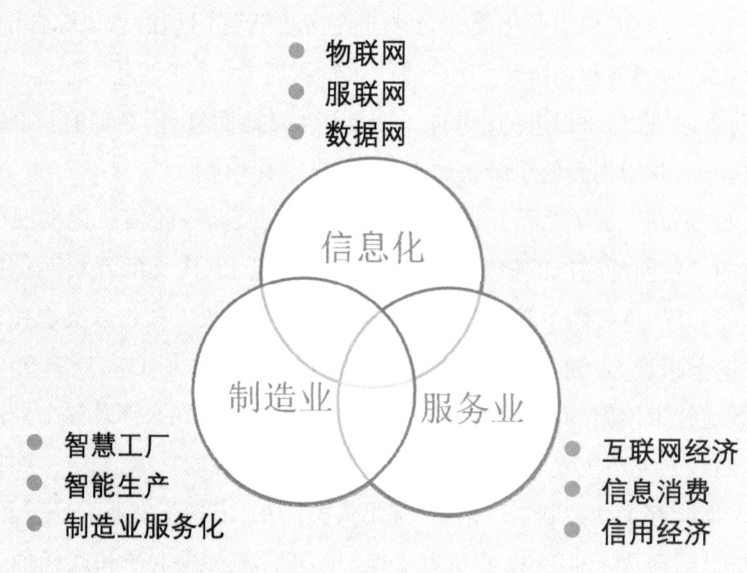

二、发展“四新”经济要正确处理政府和市场的关系

对发展“四新”来说，首先是政府部门要“换脑筋”。比如当前推进企业技术改造，仅从工业项目、从投资规模等方面进行认定，让企业围绕政府指挥棒去做；结果就是企业提高了市场的供给能力，包括装备水平、制造水平等。但当前经济的发展不再由这些能力决定，而是由市场和需求决定，有了生产能力却没有订单，也不会产生实际的市场效应。同时，不少领域一方面需求无法满足，一方面出现产能过剩，但没有找到转型升级的路径。

“四新”就是要打破原有政府主导的模式，主要看企业的核心团队、核心技术、核心市场和核心业务模式，更多要依靠基金、风投以及金融服务，组合成产业投融资体系。比如，美国拿出无线频谱资源专门用于机器与机器的连接（M2M），提高生产制造的自动化水平和服务效率，这种变化是人类生产模式的一种根本性变化。按照原来的生产和分工方式，制造业是线性的规模扩大过程，不断地投入产出，从自然界索取资源和能源，不断地创造 GDP 和更多产品，不断制造各种垃圾。现在，我们提出经济发展的 8R 原理，即再设计（Redesign）、再利用（Reuse）、再减量（Reduce）、再循环（Recycle）、再制造（Remanufacture）、Reengineering（再组建）、Restructuring（再架构）和再消费（Reconsumption），按照绿色经济和资源循环利用的思维方式去推动经济发展。

日本有人提出一种新理念：制造业约等于服务业。为什么呢？什么叫工厂？什么叫制造企业？在过去的工业经济时代，企业是为消费者提供产品的；现在，企业不是为消费者提供产品，而是提供产品使用和服务功能的。产品可以循环再制造，但永远是企业的；消费者是企业的上帝，加入企业的消费团队后，就是企业的客户。比如汽车制造业，不是简单的“不好了再召回”，将来买的是汽车的使用功能，在使用周期内，有问题就更换，进行再制造。再制造对于再设计提出了很多要求。所以，在推进智慧生产、智能制造以及绿色产业的同时，实际上出现了制造业、服务业和信息化融合发展的趋势。在此条件下，上海产业经济的发展目标就是五个“化”：高端化、国际化、市场化、智能化和集约化，集约化包含着生态和绿色要求。

上海市经济和信息化委作为全市产业经济的主管部门和信息化的综合部门，提出要坚持“五全”（即全生产要素、全生命周期、全产业链、全所有制、全价

坚持“五全”发展理念

“五全”发展理念

全生产要素：
劳动、知识、资源、能源、
土地、资金、人才等
提高生产要素产出效率

全生命周期：
根据行业企业生命周期
用“四新”进行改造
不断提升、转型升级

全产业链：
园区基地化、基地精准化
打造产业生态系统
融合跨界、优势叠加

全所有制：
央企、地方国企、外资、
中小企业和民营经济

全价值链：
高附加值、平台经济
两头在内、中间在外
生产性服务业

值链）的发展理念。首先，“四新”的发展要放到国际、国内大环境和整体行业中去判断，对劳动、知识、资源、能源、土地、资金等全生产要素进行统筹考虑谋划。其次，从行业、企业的培育、壮大、成长，转型、调整到消亡，要做一个全生命周期的安排和管理。再次，目前行业和企业的发展从产业链角度来审视很不平衡，企业报项目根据规定的方向来报，“把市长的作用代替了市场的作用”。比如 LED 行业有一万多家企业，基本上都是做芯片和模块，很少有做整体开发利用的，而且做芯片的企业大多是从头到尾全包，不愿做第三方服务。如果代工企业也去做设计，也把最终消费的所有利润拿过来，台湾的集成电路产业在世界上就不会有今天的地位。新模式、新业态的创新还有很多，现在是三国演义、春秋战国的状态，互联网经济和经济互联网也没有分类指导，所以在管理模式上政府要转型。此外，要发挥各类所有制企业的作用，比如发挥好在沪央企的作用；地方国企经营收益可探索进入专项资金，投到“四新”以后返还股权。因此，产业投融资不仅是我们掌握的专项资金，而应该把所有可用的资金调动起来，找到“四新”发展重点领域进行投资，有的要合作，有的要引进，其中也包括外资、民企等。最后，要大力发展“两头在内、中间在外”模式，推进平台经济和生产性服务业发展，加快提升产业链整体附加值。

三、企业与政府对接共同发展“四新”经济

“四新”发展要更多依靠市场而非由政府配置资源，更多以企业为主体，要从过去“从概念到概念”的发展模式，转向依靠企业推动创新。企业与政府怎么对接？我们尝试对“四新”进行细分，初步形成30多个行业，称之为“抓手型”领域，但是还不够细。比如，机器人可以分得再细一点，建立不同的产业基地。现在的园区怎么做大？一个行业怎么做大？一个企业怎么做大？要进行反思，真正围绕着产业链和产业生态系统来发展。一个企业要持续性发展，必须找到创新的方式，过去的行业企业都是垂直进行分工，比如汽车；20世纪90年代，美国已经调整了发展方式，今天世界五百强企业中，像德尔福这样的汽车零部件企业，当年是美国通用的汽车事业部，在发达国家市场进入新增量减少的阶段，认识到必须把整车产品打破品牌间的界限，怎么办？从零部件创新开始，相关企业合作，使零部件可以为所有车企系统所用，以产品垂直分工的企业逐步退步。因此，在产业组织全球化背景下，产业发展必须进行资产重组、合作合资。

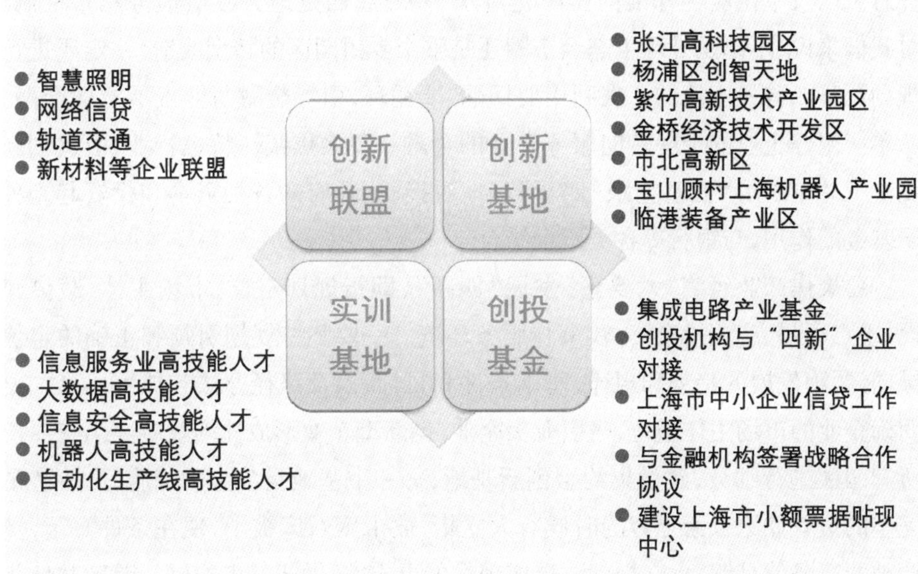

在“四新”工作推进中，我们提出“四位一体”的理念，就是“创新基地＋产业基金＋创新联盟＋实训基地”。找到30多个细分的“抓手型”领域，就可以把原有的低端产业基地进行提升，推进园区基地化发展，要建设一批创新型的“四新”产业基地。同时，要设立对口的专项基金，鼓励建立创新的企业联盟，然后配备人才实训基地。中国现在已经成为人力资源成本上升最快的地区之一，靠人海战术、靠资源、靠土地投入进行竞争的方式已经过时，所以要把人才作为产业竞争力的核心要素。

政府跟企业怎么联手？首先要澄清一个错误概念，就是很多人认为上海没有土地了。实际上土地是不可再生资源，但土地可以再开发、再利用。上海的建设用地要进行总量控制，新增用地要减少，但存量用地可以调整、转型与提升。全市存量工业用地约1 000平方公里，其中三分之一的国家级和市级园区投入产出比较高，每平方公里80亿到100亿元；有三分之一的园区投入产出比处于中端水平，还有一批以乡镇园区为主的产业用地，要把这些指标平移到规划的核心园区内加以放大利用。同时，依托“减和压”、“新和增”等，推动198区域回归生态，做成郊野公园，实现“绿文”“绿旅”“绿老”结合。要解决宏观上的这些调整，比以前更有难度。

在刚性约束条件下，如何推动“四新”发展和新载体建设？目前的约束条件，一是控制土地总量和增量、调整存量；二是控制外来、低端就业人口；三是能耗总量以及单位能耗标准向国际先进水平靠拢；四是地方政府债务总量控制。对我们来说，不论是外环生态经济圈还是整个乡镇园区的转型改造，一定要进行规划调整。首先土地的二次利用要回购、要循环，引导金融行业发展产业金融，从单一服务企业的金融转向服务产业的金融。要聚焦某一特色行业，引进创新创业人才，推动产业基金跟“四新”基地对接，让政府的各类资本和投资起到种子基金的作用，与银行等各类资金结合。

要聚焦产业经济“六要素”发展“四新”，即指规划定位、市场主体、载体建设、重点项目、产业投融资、政策与服务环境。一要坚持规划引领和正确的定位导向，明确发展的趋势和规律，基础条件和目标，以及路径办法和抓手。第二要明确企业的市场主体地位，吸引龙头企业、创新型企业形成扎堆效应。第三要把所有园区进行细分，建设集约型创新基地，每一个基地是独立的细胞，产业链是完整的。就如原来家里穷的时候有大立柜，放十床八床被子，现在条件好了，空调被两三条就足够，大立柜就改造成现在的更衣室，做成好多抽屉。园区基地化

产业经济发展四大刚性约束

控制土地总量和
增量、调整存量

地方政府债务总量控制
（政府举债 ➡
PPP公私合作）
能耗总量及单位能耗标准
向国际先进水平靠拢

控制外来、
低端就业人口

也是根据行业发展实际，做成一个个“抽屉”，要以全新的办法，对原有空间载体转型提升，而且要跟城市发展相融合。第四，虽然“四新”概念是虚的，但要实际推进，也要落实到具体的项目建设。第五，要推动投融资机制创新，增强产业发展活力。最后，政府部门要回归到营造好的政策和服务环境，不是所有的产业发展都是靠“这个目录那个目录、这个准入那个审批”，这对我们的工作提出全新的要求。

集新以远，汇精求盛。上海要加快发展“四新”，无论政府、企业、社会，首先要转变观念，要建立“四新”文化，营造适合“四新”的发展氛围。路在脚下，我们所做的“四新”工作，没有任何参照，需要政府部门和企业家联手贡献智慧，在实践中走出一条新路。从事“四新”的企业家，一定要耐得住寂寞，做成功了要抵制住各种诱惑，增强企业发展的持续性。如果在这个阶段完成好结构调整和发展转型，上海就可以为全国实现新型工业化和现代化发展、走向未来新的长周期增长贡献更多的力量，发挥好引领和创新带动的作用。

第三节　基于互联网的“四新”经济发展初探

自20世纪80年代以来，互联网的发展极大地改变着人们的工作与生活，通过应用互联网可以降低信息获取和交易成本，提高资源配置效率，进而促进经济发展方式转变。目前，我们处于信息技术革命全面渗透、深度应用并与新产业革命融合对接的新阶段，涌现了大量新技术、新产业、新模式和新业态。在互联网和新经济背景下，要放眼全球看“四新”问题，遵循经济发展规律，更加注重发挥市场主体的作用，营造“四新”发展的良好环境。

一、互联网的本质及其主要特征

互联网本质可概括为网络、联接和互动，网络即互联网构建了新的网络体和网络社会，联接即搭建网络节点沟通的桥梁和价值传递的纽带，互动即彼此快捷顺畅地交流信息。

（一）互联网是基础设施、内容、服务的有机统一体

在互联网的构建过程中，需要投入大量的资源去进行基础设施建设。随着互联网应用的深入，企业对互联网基础设施的要求也越来越高，对带宽、网速以及网络设备的运行环境等都提出了更高的需求。网络基础设施能力受限，将阻碍基于网络的技术、组织和业态创新，影响经济增长的动力和轨迹。更快的网速、更丰富的内容和更优的服务，能更好满足企业、个人等工作与生活需求，确保用户获得高质量体验。据 Internet World Stats 的数据，在过去的10年中，全球互联网用户数量增长了7倍多，从2000年的3.6亿增长到超过24亿；在体育赛事中，用户上传自拍、视频内容，导致网络上传流量超过下载流量。在互联网技术和应用发展进程中，需要着重解决好信息保护、安全保障、诚信机制等问题。特别是物联网、云计算、大数据快速发展的情况下，催生了新的信息共享、数据应用、网络服务方式，使得供给方、需求方之间呈现更好的良性互动。

（二）互联网带来生产要素的内涵扩张和重新组合

人类社会发展的过程，也是对生产要素的利用和资源配置效率不断提升的过程，在每次产业革命中，都会有某种关键生产要素成本大幅下跌，而新的占据

主导地位的生产要素成为推动经济增长的新动力。在农业社会,劳动力是最主要的生产要素;在工业社会,劳动、资金、技术等生产要素优化配置组合,推动劳动生产率提升和社会进步;在后工业社会和信息社会,知识成为最重要的生产要素,并与其他生产要素相互组合,优化了社会分工方式,创造了推动经济增长新的途径。特别是在互联网时代,知识的生产服务通过信息技术支撑,凝固为软件和系统,体现为网络化资源流动,促进了品牌价值提升,为社会各行各业不断创造新的价值。

推动网络经济发展

- 推进“四新”发展的重要抓手
- 对金融模式的创新产生根本影响
- 产业起步早、门类全、规模效应明显
- 形成金融资讯、大数据金融等模式

- 视频分享
- 视频直播/点播
- 视频门户
- 新型终端

- 通过网络,实现随时随地教学
- 一场教育理念和模式的革命
- 为在线教育带来全新的发展思路

(三)互联网经济与经济互联网有着本质的区别

互联网经济是基于互联网所产生的经济活动的总和,是信息化、网络化时代产生的崭新的经济现象;经济互联网则是指各类经济部门应用信息化、网络化手段助力生产、决策、服务等。近几年,互联网正在加速渗透到各行各业,催生了互联网金融、互联网教育、分包众包众筹等新组织、新业态、新模式。在互联网经济时代,经济主体的各种经济活动,政府职能部门、社会机构等主体的经济行为,都越来越多地依赖信息网络,不仅要从网络上获取大量经济信息,依靠网络进行预测和决策,许多交易行为直接在网络上进行。社会经济活动呈现 8R 特征,即

Redesign、Reuse、Reduce、Recycle、Remanufacture、Reengineering、Restructuring 和 Reconsumption，零部件跨国采购、加工制造环节分散到全球，个性化、定制化生产服务创造更高价值。

二、互联网促进“四新”发展的途径和内在机制

互联网等信息技术的不断创新，推动各类技术的原始创新、集成创新和引进消化吸收再创新，不断催生新的业态和模式，促进产业体系演进和变革。

（一）互联网为新技术新组织发展提供基础条件和催化剂

新技术不是简单的产品技术或实验室技术，而是指可实际推广、替代传统应用和形成市场力量的新兴技术。如 3D 打印、物联网、云计算、大数据、智能电网、机器人、M2M、OLED、智能驾驶、可穿戴设备等，即基于互联网等信息技术、面向市场需求、以应用为导向的综合性技术创新。从产业组织的角度看，互联网技术的应用使产品的供应链从“链状”或“树状”向“网状”转变，企业竞争力从规模优势向产业链整合优势转变。一些专注于生产特种产品的中小型制造企业，围绕大企业的生产服务，密集投入特定领域的技术研发，占据新出现的细分市场。由大企业建立整合集成平台，提供技术支撑和生产性服务，由小企业从事具体生产活动，将成为与互联网经济相适应的产业组织形式和重要生产方式。

（二）基于互联网的新模式新业态创造新的经济增长空间

各类新模式新业态以市场需求为中心，打破原先垂直分布的产业链及价值链，产生新的经济环节和市场活动方式，实现资源高效优化组合，创造出新的经济增长点。制造业与服务业融合推动智能制造发展，如 3D 打印以数字模型文件、增材制造为基础构造物体，改变了模具制造和工业设计模式，已广泛应用到相关行业领域。产业链整合重组拓展了新的价值空间，如苹果公司整合产业链、开放产品平台，形成智能终端 + 内容分发渠道 + 应用软件与数字内容服务的整合；云制造模式基于互联网建立共享制造资源的公共服务平台，将巨大的社会制造资源池连接在一起，实现产业链制造资源与服务的开放协作、社会资源高度共享。平台经济与联盟经济不断涌现，平台经济包括新电商及 OTO 模式、大宗商品交易平台、分包众包众筹创新平台等；联盟经济包括同业联盟、异业联盟、产业链联盟等。

（三）互联网推动新兴产业演进、改造提升传统产业

伴随互联网等信息技术的持续创新和深化应用，从现有产业领域中衍生叠加新的适应和满足市场需求的经济活动，不仅催生了新的产业领域，也带动了传统产业的优化升级，引发产业体系的重大变革。比如，在移动通信、卫星定位等技术发展之后，汽车服务带动了导航、车载信息等新增值服务；物联网、汽车电子、云计算等新技术与汽车产业融合衍生出车联网应用的新产业，移动互联网领域随着移动终端的普及推出位置服务应用；经济社会各领域海量数据挖掘分析形成大数据应用服务，互联网企业介入银行核心业务形成互联网金融等。互联网与传统行业的相互碰撞，将进一步激发服务模式、商业模式以及生产消费模式的创新发展，催生出新的产业链和产业集群，在创造新经济增长点的同时，还将不断引致新的消费服务需求，进而形成巨大的新兴市场。

三、加快推进“四新”经济发展的对策建议

要深入把握互联网和“四新”经济发展特点和趋势，确立“四新”发展导向，合力营造有利的经济环境，激发内生增长动力，推动形成政府引导与市场主体相

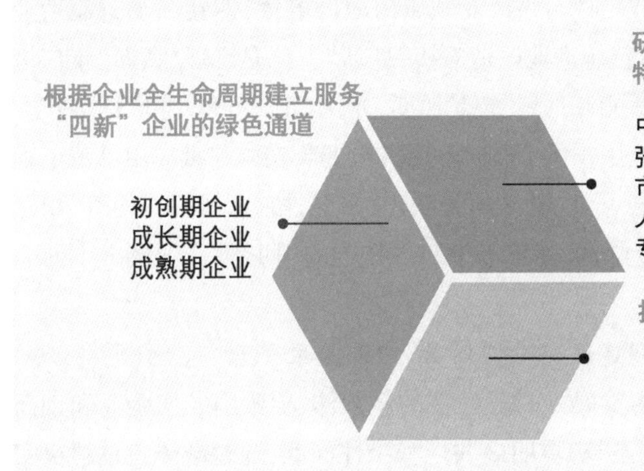

结合的发展机制。

（一）坚持“六要素”综合统筹，营造“四新”发展氛围

“六要素”即指规划定位、市场主体、载体建设、重点项目、产业投融资、政策与服务环境。一要坚持规划引领和正确的定位导向，明确发展的趋势和规律，基础条件和目标，以及路径办法和抓手。二要明确主体，更多发挥市场主体的作用，做优做强优势企业，改造提升存量企业，调整淘汰劣势企业。三要优化载体建设，推进园区基地化、基地精细化发展，创新“四新＋基地＋基金”的载体建设模式。四要推进项目建设，根据产业链细分，吸引一批产业链上下游项目，形成相互支持配套的产业生态圈。五是投融资机制创新，促进政府、企业、金融、社会资金对接，设立重点领域产业基金和并购基金。六是优化政策与服务环境，包括市场环境、诚信环境、政策环境等，服务“四新”、服务转型、服务企业、服务人才。要高度关注国际最新案例和发展态势，找出需要开题解题破题的重点领域以及可以发力的小切口，按照“六要素”定位到细分领域企业主体，优化载体、政策和服务环境等。

（二）优化推进和支撑体系，形成“四新”内生增长机制

一是落实党的十八届三中全会使市场在资源配置中起决定性作用和更好发挥政府作用的要求，推进“四新”发展坚持“四个导向”，即从单纯的技术导向转向创新导向，从政府导向转向市场导向，从目标导向转向问题导向，从能力导向转向应用导向。二是支持战略性新兴产业领域内积极培育“四新”，通过制造业能级提升催生“四新”，通过传统产业改造对接“四新”。三是开展“四新”推广应用重大专项，推进机器人、新能源汽车、智慧照明、光伏、北斗导航、车联网等扩大应用专项，推动技术产品、应用领域、商业模式拓展创新，实施一批应用示范工程项目。四是搭建“四新”信息平台，链接相关联盟、园区、协会、风投机构等，跟踪发现、合作引进包括龙头企业、关键技术中心等在内的“四新”产业链上下游企业、机构、领军人物和团队。

（三）加强新载体规划建设，搭建“四新”经济集聚平台

一是产业基地园区作为发展“四新”经济的新载体，要吸引龙头企业和创新型企业集聚，打造产业生态系统；要明确共性和个性问题，通过载体建设解决实际问题；要坚持需求导向，近三年内合力建设20—30个以“四新”经济为主要发展方向的新载体。二是坚持分类管理，推进“四个一批”，即放大一批发展势头良好的新载体，做优一批初露端倪的新载体，做强一批有基础和优势的新载体，

培育一批细分定位和目标明确的新载体。三是注重多措并举，以推进园区基地化工作引领新载体建设，以支持优秀开发主体发展带动新载体建设，以推动产业结构调整重点区域和乡镇工业区转型升级促进新载体建设，以搭建园区综合信息平台拓展新载体建设。四是做好“四个服务”，不断优化服务“四新”、服务转型、服务企业、服务人才的工作机制。

（四）完善公共服务和管理方式，助力“四新”经济发展

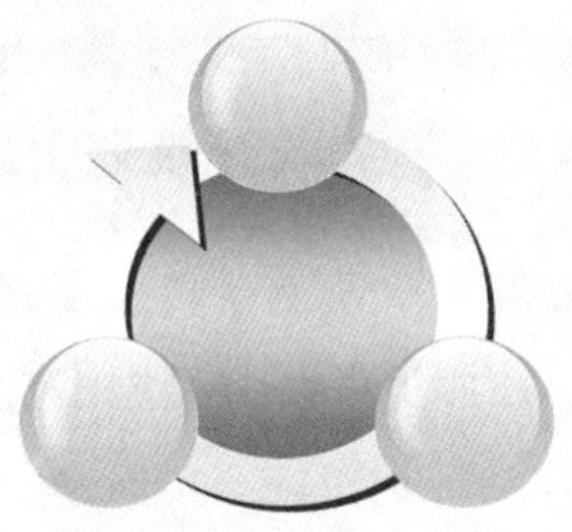

一是完善涵盖“四新”的企业服务体系。将“四新”企业纳入上海市服务企业机制覆盖范围，探索将“四新”企业纳入高新技术企业认定范围，促进财税金融等扶持政策从供给侧向需求侧转型，推动营改增向支持“四新”方向完善。二是深入推进政府信息资源公开共享。完善政府信息资源公共服务平台功能，扩大政府数据服务试点范围，形成政府数据对外服务的统一门户，加大对医疗、交通、教育、征信等领域公共数据资源的整合、共享力度。三是探索推广“负面清单”应用。结合中国（上海）自由贸易试验区建设，推动应用“负面清单”管理方式，为创新创业企业发展营造更大的市场空间。四是推动相关行业加大开放力度。如对再制造涉及的海关通关、检验检疫等推进政策突破和程序简化，加大第三方支付、电子商务领域的开放度等。

第四节　按照科学发展观要求加快推进上海产业布局和结构调整

上海一些长远发展根本性的问题，都与工业园区和结构调整相关，我们要将产业布局和结构调整放在全市发展大局中把握，变成上海新一轮发展的重要工作抓手。要站高一步看远一步，在顶层设计上进行再思考，同时能够跨前一步、下沉一步。着力推进存量增量变量对接，打造产业生态系统，联动各方力量，为推进全市产业布局优化和产业结构调整出谋划策，形成工作合力。

一、开展产业布局和结构调整要站高一步、看远一步，加强顶层设计，牵头做好规划引领提升

按照科学发展观要求，在上海新一轮创新转型发展中，我们的工作在顶层设计上要再思考、进行研究探讨。按照上海特大型城市自身发展的规律和要求，必须统筹把握结构的高度化提升，但是不可能一蹴而就。当前调整最大的希望所在、城市功能提升所在是产业用地的结构调整，要落实上海市政府《关于统筹全市工业区转型升级的意见》，综合考虑调整与发展、制造业与服务业、引进来与走出去等关系。

（一）上海市产业布局和结构调整要体现存量增量变量对接，加强具体分类指导，为上海发展创造新一轮的优势和奇迹

工业园区关键在于产业定位规划以及特色招商，在于对存量资源进行优化调整。我们最大的资源在于存量，上海 1 000 平方公里工业用地是宝贵的财富载体，要根据不同的区域特点把它运作起来，科学统筹，在未来的改造里面加快发展。对所有园区要增加成熟度、区位、层次、紧迫性等评判，包括产城融合水平、特色产业扶持力度、配套服务能力等，定几条原则，加强分类指导，深入研究调整的可操作性和优先发展的价值。

1. 明确工业区块发展导向，采取分类指导方式由近及远调整好产业布局。104、195、198 区域既是对上海工业用地现状的科学分析判断梳理，同时也是顶层设计。104 区域要守住，坚持高端工业；195 区域要加快调整转型，发展生产性

服务业和创意产业，推动服务业项目落地；198 区域推进生态用地和发展社会事业相结合，这样就有了一个高端工业、高端服务业和高端过渡性事业的总体布局。要采取分类指导的方式，贴近新城的按照新城地区的统筹来发展，优先向新城的园区靠拢，推动产业园区高端覆盖低端，包括管理、投入水平、项目档次各方面进行提升；贴近外环的按照外环线的特点做，远郊地区看不清楚的先放一放，能做生态的先做，不具备条件的再研究；城郊结合部外环线周边区域环保跟居住的矛盾、商居矛盾等问题突出，要重点研究调整方案。

2. 对 195 区域要规划提升，提供战略引领。195 一些区域工业调整完了，居民楼、工业厂房被出租，工业污染变成了外来人口非正规就业、非正规居住新的生活污染。我们要像当年抓“一城九镇”一样，抓好规划提升，从战略上为区县提供引领。要统筹考虑地块改造开发的动力机制，具备整体开发的必要性、可行性，就要考虑进行整体调整、整体提升。

3. 对 198 区域要长远考虑，可发展社会公益性的过渡事业。城市是一个历史的产物，不可能在某一个阶段把将来的事情做到极致，把所有的梦想都实现。198 区域的最终目标是完全还给生态，但是郊野公园只用掉一部分用地，可以考虑在特定区域里面切一块，成为过渡性用地，发展公益性、过渡性的社会服务业，如发展养老事业。我们可以先走半步，一部分变成郊区的生态用地，一部分变成公益性的社会服务用地，搞过渡性养老设施。

（二）推进产业布局调整以及节能减排，要体现减和增、进和退、推和拉相结合，进行统筹规划，形成发展新态势

1. 不仅要讲求推动力，还要讲求拉动力和吸引力。上海有些工业地块退出工业发展，但没有新的政策规划跟进，造成污染等更多的问题。我们要通过产业结构调整、节能减排资金使落后产能退出，解决推动力的问题；也要考虑在退出地块研究新概念新方向，通过产业定位、规划、容积率调整等发展新的经济形态，去拉动投资、拉动集聚力等；还要加强与兄弟省市的产业转移对接，吸引企业“走出去”，形成新的发展态势。如在吴泾工业区调整中，要规划新的项目，考虑其成为上海东南部的城市副中心，建设城市综合体，在“十三五”、“十四五”期间，结合闵行滨江规划发展，形成浦江镇、吴泾、沿江装备产业基地等，这个拉动力是巨大的，是长远的发展。还有如高桥地区的调整，也要有新的谋划，促进新的发展。

2. 要把“立什么”和“破什么”一起考虑，做到“先立后破”。当前阶段，上海工业进行深化调整，并不是从前那种砸锅卖铁、壮士断腕的调整，不是传统的适应性调整单纯作减法。上海的产业发展资金只是起到引导作用，不仅要用在调整劣势产业上，还要用在培育新经济新优势上；不仅要做减法，更要认真做加法，而且要多做加法。在把旧的产能调整淘汰前要找到新的发展方向，在调整中谋划新的发展。

3. 要加强统计研究分析，体现进退转的关系。要从产业发展和上海市 GDP 增长、财政收入、民生、环境、就业相结合的角度，建立一个科学的指标体系。要考虑制造业基础优势保持的情况下，智慧制造、3D 打印等新经济新技术新产业的发展，以及新技术应用下的再工业等。在这一总体导向下，要建立若干功能性指标，如布局调整方面完成多少调整，带来哪些发展，带来哪些落后产能的淘汰，对环境有哪些贡献，促进了哪些新经济新业态发展等。

（三）推进产业布局和结构调整，要与城市和区域发展、与产业组织体系创新等对接

1. 与城市和区域发展对接方面，重点考虑与外环生态经济圈发展对接。中外环特别是外环生态经济圈是上海城市化、城市规划中的重点敏感地区。初步看规划，上海重大的故事都在上面，西部有大虹桥，北部有宝钢钢铁工业及周边调整，南部有闵行徐汇大飞机、燃气轮机等装备制造业以及城市副中心建设和产业结构调整，东部有迪士尼乐园周边区域等。要利用区域优势，抓几个点长藤结瓜、组团发展，每几年做几个大的有影响力的项目。对郊区城镇发展要统筹城市化和产业结构调整，如果单纯从城市化考虑，没有产业结构的调整，不能体现事半功倍。

2. 产业组织体系创新方面，可考虑国有企业内部的开放重组和做大做强。目前世界 500 强企业中，原先传统的成套产品制造企业少了，但其子公司却发展起来了。例如德尔福原为美国通用汽车公司的零部件公司，后来从通用中分化出来上市，为所有的整车厂提供零部件。上海现在的大企业集团，都有一个完整的体系系统，能否考虑也将其分成若干个组团，利用市场化的手段和机制，重新洗牌，重新布局，做大做强。

二、推进产业布局和结构调整，要统筹考虑经济结构、区域功能、产业定位、空间形态等因素，积极打造产业生态系统，以新思路、新办法体现事半功倍和放大效应

新经济发展引起了深刻的变化，工业经济讲求的是绝对规模，而新经济发展

讲求的是相对规模。新经济的发展就是要通过整合融合,从一个小切口进入,把事情做大,做好微分和积分。实体经济、网络经济都要依托人、资金和土地等要素实现发展,经济结构变化对用地结构、产业结构等产生的影响呈加速态势。产业布局和结构调整的最终结果应包括三个方面:一是提高生态安全性;二是提升产业区块功能;三是提高环境贡献率。

(一)打造产业生态系统,导入产业链龙头企业和关键项目,构建二三产业融合园区、和谐社区和现代化城区

1. 要打通产业链上下游,推动形成产业生态系统。要对产业进行深入大类产品的细分,细分到一定程度后能够点石成金。刚开始看一个行业可能不大,但一旦把产业链的上下游打通,形成"榕树效应",形成服务链条,形成产业生态系统,企业就会扎根落地、持续发展。原有的园区发展过于单一,产业发展呈现单个盆景的形态,园区内企业门类众多,园区没有清晰功能和主打产业,产城融合水平低,以人为本的配套少。围绕打造产业生态园区,要从种植盆景转为种植树木,认定和引导发展一批生态园,积极导入产业链龙头企业和关键项目;按照产业链环节,进行精细化分工,建立产业链上下游关系,形成集聚效应;完善金融、

商务和生活服务等配套,完善项目间的供应链支配和服务支撑关系。

2. 加强区块动态统筹,推动土地综合开发利用。产业园区有工业区、总部园区、生产性服务业功能区等,好的工业园区和工业用地要提升发展,没有制造业土地服务业也不可能发展。工业和服务业是身体的不同部分,如果工业是腿,服务业就是身体,两者是不可分的。实际上工业区里的工业本身是需要服务支撑的,要将生产性服务业融合起来;生产性服务园区里既是工业也是服务业,你中有我、我中有你。可以借鉴中国香港、中国台湾新竹、新加坡裕廊等综合用地模式,开展土地综合开发,实现功能复合统筹;可考虑做一个工业用地战略功能规划,实现城市、土地利用、产业发展"三规合一",功能土地形态"三合一"。要围绕产业与城市融合发展,通过建立区块调整专项的方式,把创意园区等因素植入发展,甚至开发地下空间,将区块发展从静态转向动态,这样才能有生命力。

3. 创新结构调整模式,促进产业整体调整提升。对于优势企业要实施"加零计划",在现有的能级上加零,给予其更大空间,把上下游企业打捆式地引进来,产业链、供应链集聚,形成升值效应。在产业结构调整中,应该考虑整体收储、整体投资、整体转性的问题,土地可重新规划产业、整体调整提升,要研究投资结构创新,通过政策性资本带动金融资本、市场化资本进入。

(二)打造外环生态经济圈,形成战略规划加空间规划,建设产业综合体和城市功能集聚区

1. 外环生态经济圈是站高一步看远一步的要求,是在上海未来发展空间战略上的统筹考虑。上海外环线周边被称为城市建设敏感区,过去的10—20年项目大量落地,外来人口最集中,非正规就业人口最多,结构调整最迫切,但规划滞后、公用设施基础设施滞后,居住人群城市化,园区的发展不是城市化的。195区域中很大一部分就是外环线的工作,这是存量调整的主战场,必须要整体规划战略提升。根据项目的情况,不完全锁定在环线内还是环线外,这个生态经济圈可粗可细。

2. 外环生态经济圈是战略规划加空间规划,要打造产业综合体和生态功能区。要结合"十三五"前期研究,考虑推进外环周边生态经济圈建设,在保护生态的基础上,进行产业的改造提升、把产业从制造转型成生产性服务业;要进行城市化的补课,推进公共基础设施等城市配套能力提升,把产业园区做成城市化的有机组成部分,做成靓丽、环境优美、有实力的园区,打造一个生态圈和服务经济产业圈相融合的产业生态功能区。

3. 坚持"加绿减重强基融合",坚持点线面结合推进外环生态经济圈建设。要坚持"加绿减重强基融合",大力发展总部经济,发展资源节约型、环境友好型产业,完善基础设施建设,促进二三产业融合发展。梳理提出一批调整转型升级的亮点区域(如高化地区自由贸易试验区配套服务产业综合体等)、一批线型发展的重点区域(如军工路沿线生产性服务业集聚区等)、以功能性大项目带动形成的战略辐射扇面(在东西南北四面发挥国际旅游度假区、虹桥商务区、国际邮轮港等重大项目的引领带动作用)。

三、加强统筹推进综合协调,提升产业布局和结构调整整体工作合力

上海目前处于非典型发展阶段,商务成本高、城市安全要求高、环保要求高、社会稳定压力大、人力资源成本高,在这些外部条件约束下,无论工业和服务业都要向高端化发展。针对产业布局和结构调整,要聚焦所有力量,统筹制造业、生产性服务业、节能减排等内容,找到解决问题的抓手,切实取得调整成效。

(一)从体制上理清市区镇的关系,两级政府要相互对接、形成合力

1. 加强市区对接,完善工作推进机制。要借鉴"一城九镇"的建设经验,进一步聚焦重点,把静态的104、195调整提升互动一体化推进。上海市里要统筹、坚持原则,要给区县先行先试的空间、在实践中摸索前进的条件,市场动力足的先支持推进。104、195区块单位土地投入产出、纳税效益水平高,有些项目是大的,但税收贡献率低、就业含量不高,如果区县有成片调整的考虑,可结合土地开发的动力机制和相关利益,共同研究整体开发利用的必要性、可行性。

2. 把握产业发展规律,聚焦推进园区建设。对国外高端、上海缺的产业要引进,哪些适合在中心城区落地,哪些在城乡结合部、哪些在郊区新城地区发展是有规律、有条件的。结合区域整体发展的最大利益以及发展后劲,找到阶段性的目标,要综合经济、城市化各方面力量聚焦到工业园区,以产业导向引领城市建设发展。如发达国家城市管理和交通治理形成枢纽化,货物的配载运输中转全部郊区基地化。可以考虑在江苏跟上海公路的交汇点及内河的结合点,找一个郊区乡镇工业区,整体转型为汽车物流集疏运服务园区,用信息化手段支撑,把铁路公路水运结合好,发展起来后也给中心区带来活力。

3. 发挥区县主动性,建立对接协作机制。鼓励区县完善产业载体、基础设施、工作生活等各方面配套环境。要防止两个极端,一是随便放服务业项目,如

物流等进入工业园区；二是只有工业缺乏配套，要鼓励现有商务楼中增加银行、超市、饭店等，推进商业、人才居住、办公融合。对不同的区特别是郊区建立不同的对接以及协作关系，携手一起谋事想事做事。

（二）综合考虑规划、主体、载体、项目、投融资、政策服务因素，推进项目化、基地化建设，形成集聚发展优势

1. 抓住规划、主体、载体、项目、投融资、政策服务，“六位一体”推进产业发展。产业经济发展抓三个关键环节：产业的战略规划和产业导向目录，产业投融资和各类资源的整合，产业化项目推进落地。工作方法上要项目化，一是把项目理清楚，结合园区定位和区位特色，谋划一批、协调推进一批、具体操作一批重点项目。二是把推进方法和机制统筹好，结合104提升和195转型，每年挑一批载体再招商重新定位，推出一批功能性的产业综合体，导入龙头企业、关键性项目，重点吸引高端制造业、功能性机构、新经济企业等项目落户，进一步做活做开，集中力量走产业高端化道路。

2. 要推进园区基地化发展，打造产业综合体。基地化是大概念的基地化，一个园区里有多个基地，小到一栋楼，大到一个社区。要在现有产业园区基础上再定位、再提升，鼓励每个产业区块内做一个基地，把产业链上业态有关联的集聚在一起，一个基地一个政策，一个基地一个综合体，招商引资、基地发展从培育盆景转向培育产业生态园区。将目前战略性新兴产业15个专项进一步细化，把产业切口切小，继续深入细分到市级层面大类产品，然后在现有园区内搞小类专项的产业基地做深做强。

3. 提升园区管理服务水平，促进园区转型升级发展。在园区管理方面，要多路径促进转型升级。一是通过输出管理来提升；二是提升定位；三是导入项目；四是园区里面导入基地，基地导入后会激发活力。园区本来定位不精细，在里面搞一个基地，围绕重点做就凸显成效。园区一定要研究产业的关联度，构建产业生态系统，即项目跟项目之间有经济、有供应链的关系，有配套服务关系，体现园区的核心竞争力和吸引力。在园区服务方面，围绕发展新经济和传统产业改造提升等，要做好“四个服务”，即服务“四新”、服务转型、服务企业、服务人才。

（三）加强资源统筹联动，探索推进体制机制创新，进一步提升土地利用效率和基地园区发展能级

1. 要主动对接国家资源，提升基地园区发展能级。目前上海市13个国家新型工业化产业示范基地，要做好复核提升工作，结合推进招商引资、培育战略性新兴产业等，向有利的方向发展。市级的6家示范基地，按照国家标准加强指导，要清理、拓展、提升"三管齐下"。同时要主动对接国家部委、国家级行业协会等，主动推进一批国家级战略项目建设，争取开展全国性的先行先试工作以及政策研究突破等。

2. 探索土地收储新机制，提升土地配置和利用效率。一是在产业调整的过程中进行土地收储，按照行业主管和规划土地要求对引进项目进行审核。二是对市里重大项目，经相关部门联合认定后，提高重大项目落地效率。三是对个别有较多生产基地、自身达到一定能级的优质企业，需要转型升级成为总部型机构的，采取针对性的政策支持。

3. 体现求同存异、开放包容，完善统筹推进机制。探索建立包括产业、规划、土地、财税、环保、人口等部门在内的统筹推进机制，协调解决调整所涉及的规划和用地政策创新等问题。要站在统筹协调、整体推进的战略高度，对具体问题进行具体分析，求同存异、先做可以做的，把局面打开。如引导推进产业与城市融合发展，打造产业与城市发展综合体，可先以调研的方式形成模板，做好整体策划，形成典型经验后，再积极予以推进，逐步提升整体工作成效。

第五节　特大型城市城乡结合部和谐发展的思考

改革开放三十多年，北京、上海等特大型城市作为全国的发展极，城市拓展实现了跨越式发展。为限制城市无序扩张（俗称"摊大饼"），特大型城市纷纷划定中心城区与郊区的界线，客观上在界线周边形成了城乡结合部。相对于远郊，城乡结合部区位好，土地价值提升快；离中心城区近，出行交通和生活相对便利，可分享中心城区公共配套设施与资源。综合的区位优势，使城乡结合部成为特大型城市建设活跃、生产生活用地扩张快速、城镇组团发展蓬勃、中心城区人口扩散和外来常住人口集聚的区域。

以上海为例，上一轮城市总体规划明确以外环线为城、郊的分界线。沿外环线区域（向内至中环、向外3—5公里）已成为上海辐射长三角，衔接中心城与郊区新城，融合产业、环境、交通、居住、生态和城镇发展的关键区域。其重要性高、

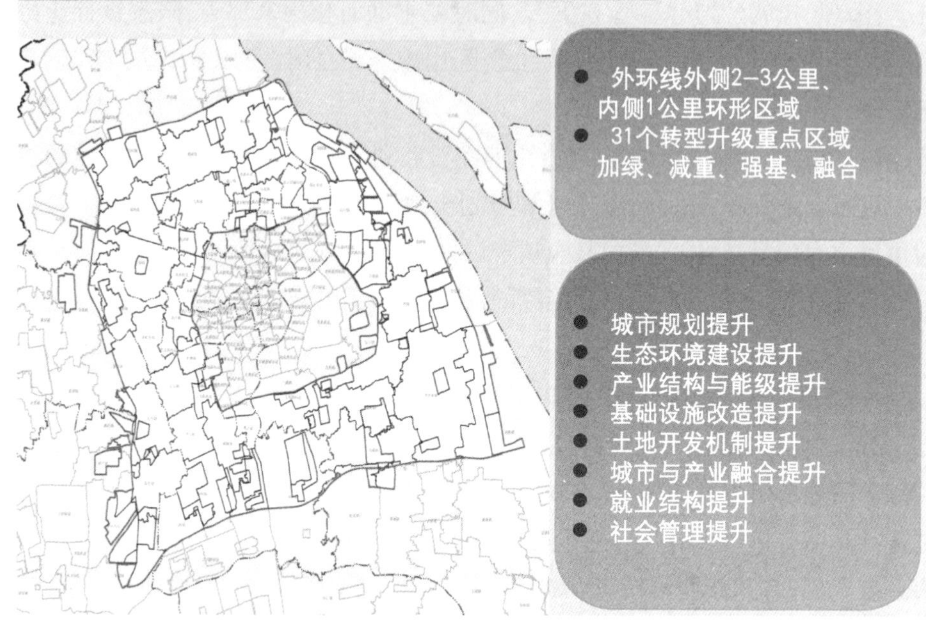

含金量足，是上海未来生态与产业和谐发展、宜居宜业、产城融合的经济圈。介于中心城区和郊区新城过渡区域的城乡结合部，是矛盾多发、问题突出的重点区域，已成为特大型城市下一轮健康和谐发展的瓶颈，亟待引起特别关注。

党的十八大明确提出了走中国特色新型工业化、信息化、城镇化、农业现代化道路的发展目标。城镇化作为推动经济持续健康发展、促进城乡一体化、打破区域发展不平衡的重要手段，受到各界高度关注。特大型城市城乡结合部和谐发展问题的解决，作为先行先试的示范效应，将直接为国内二、三线城市城镇化发展的进程提出可供借鉴的模式，并对于珠三角、长三角、环渤海等重点区域城市群的转型升级提供新的思路与机遇。

一、特大型城市城乡结合部面临的突出问题

（一）城乡结合部普遍缺乏总体规划

以上海为例，上一轮城市总体规划对外环线以内的中心城区发展做了比较详细的规划，对郊区新城的发展也有明确的定位和考虑。此后发布的“1966”城乡一体化规划、上海城市主体功能区规划等都对中心城区和郊区新城的规划定

位做了进一步的明确和细化。但对于外环线周边区域，城市总体规划仅仅明确，沿外环线建设有外环绿带，外环绿带以500米宽为基础，划定外环线外5公里范围为建设敏感区。由于规划缺失，建设敏感区内的现状建设面积已经占据该区域面积的55%。导致沿外环区域缺少总体考虑，加之区域内乡镇与村民自身利益驱动的影响，重复建设、无序建设在一定程度上存在，形成了该区域与中心城区和新城间一定的落差。

（二）城乡结合部产业发展严重不平衡，部分区域落后明显

受土地、环境、人工等成本约束，特大型城市的中心城区产业结构面临着整体转型。研发设计、品牌营销、个性化服务等位于价值链微笑曲线两头的产业，与金融、现代商贸等现代服务业，成为中心城区发展的重点。由于距离中心城区近等综合区位优势，中心城区周边实际承担了中心城区的产业转移，形成了许多低端园区。以上海为例，沿外环线区域，吴泾、桃浦、彭浦、吴淞、高桥、康桥、宝山城市工业园、嘉定工业区（南区）等老工业区分布于此，且面临二次开发和产业调整升级的迫切需求。尽管也有漕河泾、张江、紫竹、金桥等自主创新的示范区，但整体上区域产业发展严重不平衡。

（三）城乡结合部已成为外来人口导入的热点区和社会综合治理的重点区

考虑生活与就业的成本，城乡结合部成为外来人口导入的热点区域。以上海为例，沿外环线区域常住人口总量约800万，近10年间增加了350万。2009年以来选址的两批大型居住区集中于此，规划住宅建筑面积约1亿平方米，可容纳300多万居住人口。大居住宅的出租，一定程度上为外来人口集聚创造了条件。一些废弃厂房群租形成的“城中村”、“厂中村”等，很大程度上为低端就业人口集聚创造了条件，为六小（小餐饮、小食品、小理发美容、小公共浴室、小棋牌室、小网吧）等带来了滋生土壤，使得这一区域的综合治理压力很大。

二、问题产生的深层原因

（一）习惯静态的眼光而非发展的眼光看待问题

既往工作中，我们习惯划定红线，搞一刀切。比如说确定中心城区边缘的建设敏感区，比如说划定特定的工业区块不准用于非工业项目的建设。但往往只是侧重单方面的“堵”，而忽视了发展过程中的实际需要。没有合理“疏导”，仅靠“堵”,不仅容易脱离实际,导致主观意愿与客观实际的背离,更会因为束缚住自身手脚,无法有效应对发展中面临的新问题。

(二)习惯孤立的眼光而非系统的眼光看待问题

工作中往往从地方的角度、行政区域的角度、单个部门的角度出发,缺乏整体协作,缺乏站在全局视角来看待和解决问题。北京、上海等特大型城市的发展问题,许多是要从国家战略层面来思考问题,要从环渤海区域、长三角区域的整体协调发展的角度来考虑问题,要从条线上多个部门的协作来考虑问题,主动对接国家战略、主动寻求区域联动、主动形成部门协作,而非单兵作战。

此外,以往重大项目的建设往往考虑的是重大项目建设的本身,如何综合发挥重大项目的带动作用,促进产业链、价值链的集聚,带动产业、生态、居住和谐发展的考虑不够。以上海为例,上海国际旅游度假区、中国(上海)自由贸易试验区、虹桥国际商务区、国际邮轮港建设等重大项目都位于外环线外5公里左右的范围内,有效发挥重大项目的带动作用,对于系统化解决区域发展的问题具有重要意义。

(三)习惯做增量而不愿触碰存量

存量问题往往是顽固的老大难问题,而增量的引入相对容易得多。存量的出现有其历史原因,而引入增量风险和难度较小。在城乡结合部的发展中,我们往往重视从外面引进新的产业、企业,而不愿重视已引进企业的转型和能级提升;我们重视给区域新的开发区建设规划,而不愿意深化已有老工业区的二次开发。

三、促进特大型城市城乡结合部和谐发展的举措建议

解决特大型城市城乡结合部存在的问题,重在做好“六个提升”,即城市规划提升、产业结构与能级提升、基础设施改造提升、生态环境建设提升、土地开发机制提升、城市与产业融合提升。

(一)加强规划引领,带动区域整体功能提升

城市规划在完善功能布局、优化土地和空间资源配置、提供有效的公共服务、协调重点地区开发和各类建设行为、整合不同利益主体的关系等方面发挥着日益重要的作用。特大型城市城乡结合部总体规划的缺失是许多问题产生的根本症结。建议在特大型城市的总规修编中,充分正视城乡结合部发展的现状,用

发展的眼光看待建设敏感区,在城市转型和产业升级中做好腾挪、打开空间。就上海而言,通过规划引领,依托重大功能性项目带动形成的辐射扇面,实现外环线周边区域"一环四面、点线结合"新的功能性格局。东面,以上海国际旅游度假区、中国(上海)自由贸易试验区等功能性项目为引领,建设新一轮对外开放前沿的大浦东;西面,以大虹桥商务区为引领,建设生态和谐的现代商务商贸集聚区;南面,以黄浦江两岸延伸段滨江商务与功能性机构集聚、吴泾城市副中心建设为引领,实现南部地区大联动;北面,以上海国际邮轮港建设,吴淞、桃浦、南大产业结构调整提升为引领,实现北部地区大转型。

(二)统筹优化产业布局,加大重点区域结构调整

特大型城市的中心城区周边集聚了大量的工业用地区块。要变增量扩张为存量优化,聚焦土地二次开发,通过规划调整、设定合理的容积率与层高、完善土地收储等手段,推进工业用地的整合提升。以上海为例,一是推进工业区块有进有出,推进符合条件的区域纳入区块,引进高端制造业项目;推进一些面积小、不适合发展制造业的区域转型发展并引进生产性服务业等项目。二是结构调整重点区域先进后退。选择产业结构调整的重点区域,由市区联合组织国际一流咨询团队进行总体策划,编制区域功能、形态、产业一体化规划,引导战略投资者提前介入前期调整。三是引导新城园区、品牌园区覆盖和提升乡镇工业区,统筹七个新城建设主体覆盖周边的乡镇、工业区,推进张江高科技园区、漕河泾开发区等品牌开发区,向乡镇工业区输出品牌等。

(三)深化土地制度改革,创新工业用地储备机制

工业用地供地方式的单一性已不完全适应经济发展方式转变与产业结构调整升级的需要。深化土地制度改革、创新工业用地储备机制,一是加强土地收支统筹管理,建立土地开发利用的长效机制。二是探索在市级土地储备中心架构下设立专门用于工业土地收储的机构,对重点区域调整涉及的工业土地流转实行封闭式运作。三是推进金融机构与市产业主管部门、区县政府加强合作,设立专门的重点区域调整发展基金,支持重点区域落后产能退出、工业土地收储、后续项目引进等。

(四)推进一批重大项目,引领区域产业转型发展

按照项目管理与效能管理相结合的要求,围绕特大型城市城乡结合部的建设发展,在产业发展、生态环境、市政基础设施等领域策划梳理出一批重大项目,通过联动招商、联盟式招商、载体招商、平台招商、委托招商等新的招商模式,着力引进新经济企业、功能性机构和优质实体项目，形成“储备一批、开工一批、建设一批、竣工一批”的项目推进格局，通过项目策划推进，形成以重大项目带动区域转型发展的引领效应。

（五）推进基础设施改造建设，提升“智慧城市”基础环境

中心城区优质资源的过度集中是导致中心城周边地区人口快速发展、影响郊区新城发展的因素之一。城乡结合部区域的道路、公共交通、医疗、教育、文化、信息基础设施等已成为特大型城市的洼地，整体阻碍了这一区域向高端化发展。应以城市规划先行，大力推进区域内的基础设施建设，聚焦信息化引领发展和带动战略，在交通、公安、绿化市容、市政、房管、规土、环保等领域，推广网格化管理，积极构建适应特大型城市发展要求的数字化、智能化、精细化管理体系，全面提升地上交通、地下管网、信息化等基础设施建设水平和应急能力。

（六）以开放促发展，推动生态环境与产业、文化、宜居相融合

在维护市域生态安全底线的基础上，在中心城外围，保留大面积生态开敞空间，集中推进一批成规模的郊野公园建设，维护城市生态结构框架。与此同时，以开放促发展，在近郊绿环与生态间隔带内，适度发展公益性的养老、文化等产业，以此来替代或升级改造既有的现状建设，公益性的收益反哺用于区域内生态环境的修复与提升。在工作方式上，通过多维化框架促进产业、城市、生态和谐发展。面对以创新促转型的时代要求，特大型城市解决城乡结合部的难题需要搭建起一个囊括财力、编制、用地指标、法治建设、体制改革等多重要素在内的多维化行动框架。通过建立起一个分工不分家、协同高效的管理运行机制，方能破解和谐发展难题。

总体看，破解特大型城市城乡结合部和谐发展的矛盾瓶颈，必须做到“两个坚持”：一是坚持用系统的眼光来看待问题。单纯某个主体的推进无法合理有效解决问题，只有综合城市规划、改革发展、产业与信息化、基础设施建设、法制、民生保障、社会综合治理等多元主体，协同协作打出一套组合拳，才能从根本上解决问题。二是坚持用发展解决存量、用改革倒逼转型。要以主动负责的心态跨前一步，对城乡结合部区域主动规划，通过适应区域特点的新技术、新产业、新模式、新业态的引入提升发展动力，通过现有老工业区二次开发、乡镇集体经济的整体转型解决存量问题。

第六节　化解产能过剩矛盾 拓展经济发展空间

中央经济工作会议提出,要把化解产能过剩作为促进产业调整升级的契机,着力提升产业竞争力;国务院2013年发布《关于化解产能严重过剩矛盾的指导意见》,加快推进产业转型升级。上海市委十届五次全会提出,要在压和减上下功夫,拓展产业升级的新空间;要在新和增上下功夫,大力培育"四新"和新的增长点;要在区域聚焦上下功夫,以布局优化推动结构调整。我们根据国家和上海市委、市政府要求,围绕产业调结构、转方式,着力发展先进制造业和高端服务业,主动化解过剩产能矛盾,大力调整淘汰落后产能,加快推动上海产业创新转型发展。

一、关于产能过剩的涵义界定和重新认识

(一)产能和产能过剩的类型

产能是现有生产能力、在建生产能力的总和,生产能力大于有效需求即为产能过剩。产能过剩是相对性概念,是在一定时间、空间和特定行业内,由于资源配置的无序和非效率性,造成供给大于需求的阶段性现象。根据不同划分标准,可分为周期性过剩与非周期性过剩,总量过剩与结构过剩,传统行业过剩与新兴行业过剩,一般产能过剩与过度产能过剩等类型。

(二)产能过剩的界定标准

产能过剩可用产能利用率或设备利用率来衡量,欧美国家一般将79%—83%的设备利用率作为正常水平,超过90%表明设备超能力运作、产能不够;设备利用率低于79%,表明存在产能过剩现象。产能过剩通常引起开工率不足,产销率大幅下降,产品价格大幅度回落,大面积企业亏损,一批企业倒闭或破产,国际贸易摩擦频繁发生。如以上现象长时间并存,说明出现严重产能过剩问题。

(三)我国当前产能过剩情况

我国自1992年转向市场经济体制后经历了两轮较严重产能过剩:第一轮是1996—1999年,出现部分行业企业严重开工不足、产品积压等现象,呈现区域

性、行业性过剩特征;第二轮是2008年国际金融危机以来,产能过剩问题凸显,呈现周期性过剩、结构性过剩、成长性过剩叠加特征。根据IMF的测算,我国制造业平均有近28%的产能闲置,35.5%的制造业企业产能利用率在75%或以下。

二、关于产能过剩的原因和相关影响分析

我国现阶段产能过剩问题的产生,既受体制机制、发展环境、资源因素影响,又受产业结构、具体行业发展特点等影响;如不能及时化解产能过剩问题,将对经济效率、产业能级、社会稳定等产生多方面影响。

(一)产能过剩加大经济下行压力

从宏观经济角度考察,严重的产能过剩不仅导致经济增长乏力,而且将引起"增长型衰退",即经济体增长速度不足以赶上产能扩展速度,引致恶性竞争、机器闲置、企业亏损、失业增加等问题,产业和经济发展呈现出衰退特征。日本1991年后经历了长达10年的增长型衰退。我国如不及时解决产能过剩问题,隐含的增长型衰退有可能演变为实际的增长型衰退。

(二)传统行业产能过剩问题突出

我国制造业优势主要体现为市场广阔和要素成本低,低成本优势主要存在于中低端产业、产品和生产环节。多数企业缺乏核心技术和自主品牌,产品附加值低,创新动力不足导致低水平竞争。特别是传统高耗能行业企业小而散,产业集中度不高,产能过剩问题突出。

(三)新兴行业的产能过剩受多方因素影响

一是国际金融危机以来,全球经济持续低迷,贸易保护主义明显抬头。特别是我国太阳能电池产能占全球的60%,70%的原材料、80%的销售市场依靠国外,受欧美反倾销反补贴等影响,出现产能严重过剩。上海航天光伏电子从多晶硅到太阳能电池,再到沙漠上大规模投资建设太阳能发电站,形成完整产业链,不受这次冲击影响;二是国内市场有效需求不足,受关键核心技术尚未突破、产品成熟度不足、成本和价格居高不下、必要基础设施和服务体系不完善等影响,多晶硅、风电设备、新材料、LED等新兴产业领域出现产能过剩倾向;三是政策性因素影响,各地在新兴产业领域缺乏整体规划和错位竞争,造成盲目投资、重复建设;项目审批时间过长,也影响了建设效率,使企业错过黄金发展时期。

（四）良性市场竞争引起的富余生产能力是可容忍的

由于市场供需双方信息不对称，供略大于求的富余生产能力和新兴产业阶段性过剩是市场经济的常态，只有适度产能过剩，才能带来充分市场竞争；发达国家如美日等一些工厂，处于半开工状态也为常态。我们认为，对不超过正常产能18%、在可控范围内的产能过剩，应采取容忍的态度；特别是高新技术和战略性新兴产业发展初期，资本进入并储备一定产能，说明产业存在突破发展的可能，今天的过剩将成为明天的希望。

三、上海调整过剩落后产能、促进产业结构优化的历程

我们认为，城市的生产能力应与其自然禀赋、区位条件、环境生态及经济发展阶段等相适应，对不符合城市、经济、环境等发展要求的产能，必须及时调整转移。上海在坚持改革开放、加快走新型工业化道路过程中，一直以推动产业高度化、集约化、现代化发展作为工作主线，把化解过剩产能作为转方式、调结构的重要举措，并取得初步成效。

20世纪80年代，开展产业结构的适应性调整，由轻纺工业向重化工业转移，对钢铁、发电等行业进行技术改造更新，推进节能减排，关闭、迁移市区高污染企业，大力推进“三废”治理。20世纪90年代，开展产业结构战略性调整，大规模压缩纺织、仪电等传统产业，对纺织业进行压锭、减员、调整、增效，促进产业升级。同时，发展壮大电子信息、汽车等六大支柱产业，形成六大产业基地，在中心城区实施“退二进三”。第三阶段，开展以产业组织创新带动的创新性调整，大力调整淘汰高能耗、高污染、高危险、低效益企业及过剩产能，在产业发展中引入科技、创意、信息等要素，着力推进企业兼并重组和能级提升，以组织结构创新促进资源优化配置和体制机制完善。

经过多年推进节能减排和产业结构调整，上海已经履行了最严格行业能效标准，仍面临城市安全、商务成本、人力资源、环境保护、社会稳定等更高约束要求。按照国家和上海市有关部署，我们积极化解过剩产能，大力引进高端制造业和现代服务业项目，注重提高节能、环保、生态等标准要求，促进产业结构调整和优化升级。2007年以来，推动钢铁、石化等行业布局调整，汽车、钢铁、船舶等行业产能向外转移，铁合金、平板玻璃生产、电解铝、皮革鞣制整行业退出；到2013年底，共实施产业结构调整项目超过5 400项，调整涉及土地约10万亩，分流安

置职工40多万人;“十二五”前三年累计调整减少化学需氧量10 491吨、氨氮249吨、二氧化硫11 914吨、氮氧化物6 552吨。

下一步,聚焦重点推进过剩与低端产能调整,继续围绕节能减排、城市安全、产城融合等要求,每年聚焦3—5个重点区域,500项左右落后企业、项目和生产线,实施减与增、进与退、推与拉“三个结合”;落实工业园区、企业和项目有进有出、动态管理机制,推动技术能级低、单位资源产出率低、产业链价值低的落后和低端产能退出,努力化解过剩产能。同时,积极探索推行负面清单管理方式,根据上海市土地资源、人口就业、产业结构等发展现状,以及产业转型升级指导目录和产业布局指南,进一步提高部分行业的技术装备、就业结构、能耗环保、质量安全、功能匹配等标准,分批制定部分行业限制类、淘汰类产品、生产工艺、设备等负面清单,并采取相应的整改措施。

四、加大力度压减过剩落后产能的相关对策建议

(一)加大对外投资力度引导过剩产能调整消化

从全球资源和市场配置看,即使是传统行业也不存在绝对过剩问题,扩大对外投资是解决产能过剩问题的重要途径。建议可采取援助建设、金融支持等方式,转移相关产品设备;鼓励企业在海外靠近市场、靠近资源的地区投资建立境外生产基地,引导轻工、纺织、家电等技术成熟行业,钢铁、有色、石化等行业初级加工环节“走出去”,建立境外产业园区,转移部分产能。

(二)加大“四新”培育引导转化过剩落后产能

应对发达国家再工业化等趋势,按照8R(Redesign、Reuse、Reduce、Recycle、Remanufacture、Reengineering、Restructuring、Reconsumption)原理,聚焦新技术、新产业、新模式、新业态发展,鼓励引导生产要素向高端、高附加值环节配置。推进智能制造、数字制造、绿色制造及工业经济服务化发展;聚焦机器人、大数据、物联网、车联网、M2M、LED智慧照明、太阳能光伏等,加快形成新的产业拉动力和经济增长点;引导支持企业加强产业链上下游的衔接配套,集成研发、投融资、生产制造、市场拓展、服务配套等环节,打造产业生态系统,加强产业新载体建设。同时,应在对产业链进行细分的基础上,引导国内相关行业、企业和区域开展多样化、错位式竞争,形成研发设计、生产制造、经营销售、延伸服务等共生发展、配套衔接的产业链格局。

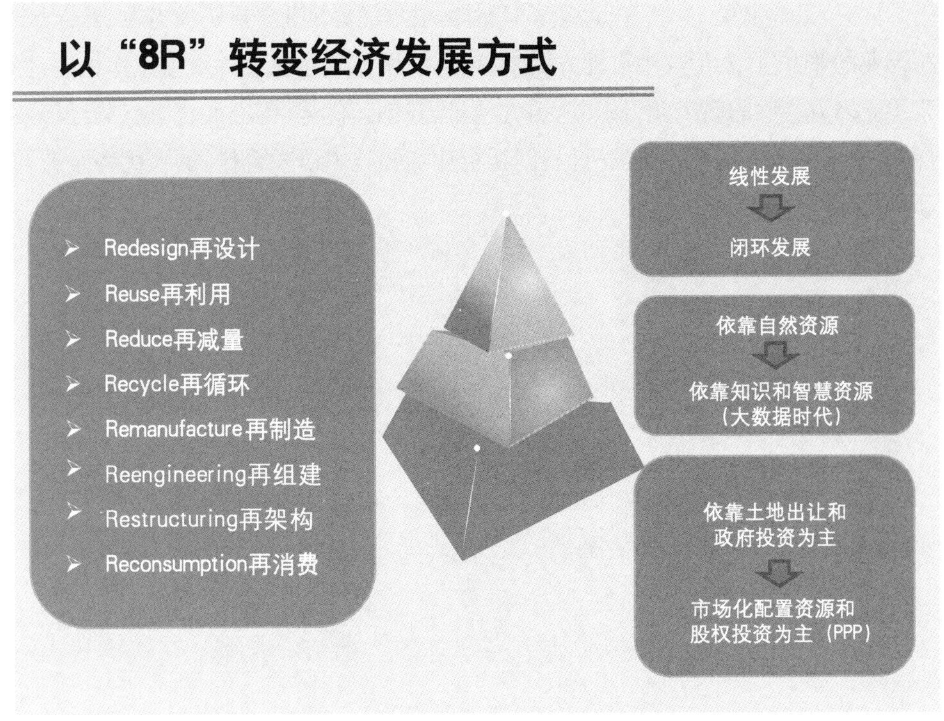

(三)加强政策创新、需求拓展引导突破产能过剩问题

与发达国家供给和需求双向激励政策并重相比,我们的政策导向供给侧强、需求侧弱。下阶段,应加强政府采购、应用示范、税收优惠、完善服务设施等政策支持,引导培育新兴产业市场需求,鼓励绿色、安全和信息产品服务消费,引导资金、技术、人力资源等生产要素向盈利高的行业进行配置。同时,要坚持有扶有控、有保有压,利用市场、行政、法律等多种手段,倒逼落后产能调整淘汰,加大节能减排力度;发挥行业协会的引导作用,鼓励支持企业加强技术改造和技术创新,采用数字化、智能化、绿色化制造及电子商务等新的生产经营模式,发展新经济新产能。如近年来智能终端、云计算、移动互联网等新产品、新服务带动信息消费加速增长,助推经济平稳发展。

(四)加强分类指导、对接联动优化工作体制机制

整体梳理行业产能情况,建立科学的细分行业产能利用率统计体系、动态监控和预测预警体系;对相关地区、行业和产品等进行分类指导,解决省市区县产业雷同定位、重复生产等问题,推动产业资源优化配置;加大力度调整淘汰落后产能,推动产业向高端化发展,引导相关产业有序梯度转移,提高产业核心竞争

力。同时，采取财税、金融、产业政策等支持，引导优势企业开展跨所有制、跨区域、跨行业的兼并重组，形成中央地方联动、跨部门协作的企业兼并重组工作机制；探索建立多方参股的新产业组织，承担大项目、开创新优势，促进混合所有制经济发展；鼓励国内企业与境外研发机构、创新企业加强技术研发合作，加大优势企业对新兴行业的投资并购力度。

第二章

优化工作方法
促进职能转变

第一节　探索健全推进经济和信息化发展的“六要素”工作法

当前进入全面深化改革、扩大对外开放的新时期，经济和信息化工作要坚持以改革的思维、全局的视野，注重提升规划定位、聚焦市场主体、加强载体建设、推进重点项目、产业投融资创新、政策与服务环境“六要素”综合统筹，打好组合拳。特别是要贯彻落实十八届三中全会关于“使市场在资源配置中起决定性作用和更好发挥政府作用”精神，以及上海市委、市政府关于充分发挥市场力量倒逼转型、把发挥市场配置资源的决定性作用作为改革创新的本质要求等工作部署，结合经济和信息化工作面临的形势与任务，加快提升把握经济规律、服务企业发展、培育新的经济增长点等方面能力，最大限度地激发市场主体经济活力，使市场供给更好适应、满足和创造市场需求，进一步解放和发展社会生产力。

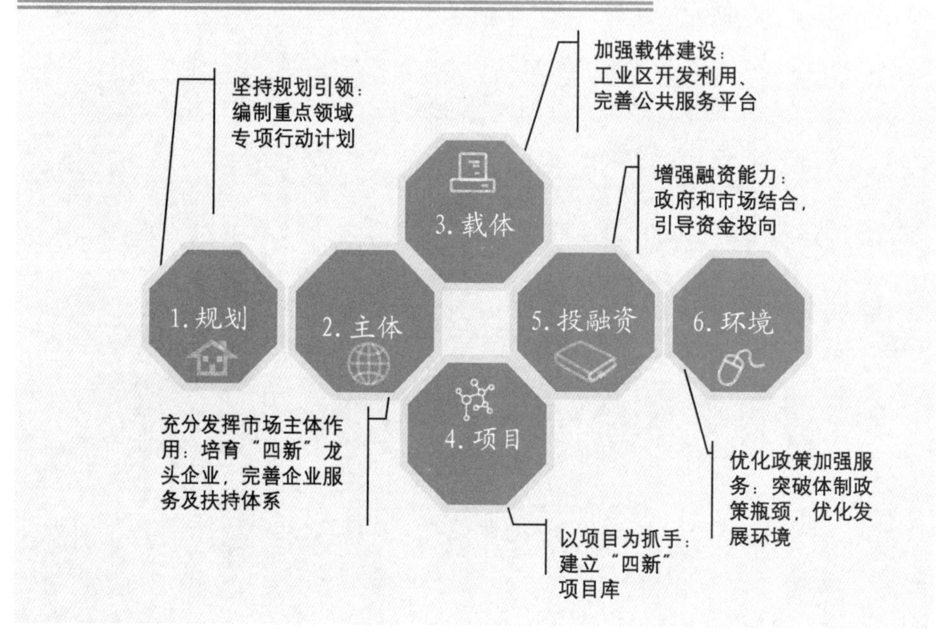

一、更加尊重市场规律和企业主体地位，从关注供给侧转向关注需求侧，提升产业经济活力和改革开放发展水平

（一）从关注供给侧向关注需求侧转型，分析了解市场潜在需求和发展空间

1. 把市场需求作为产业经济发展的基本立足点。我国的工业化和城市化进程还处在从低速起步向加速推进阶段，其中孕育着巨大的市场需求。如果这个过程当中，上海没有找到接口，没有找到自己的作为，一方面中国的工业化、城市化进程会受到威胁甚至止步不前，同时自身的发展也丧失了机遇。所以在产业经济领域，要创新政府对经济工作的管理方法，在发挥市场决定性作用的同时，也要发挥好政府作用，更多用市场化方法，从关注供给侧转向关注需求侧，以政策机制创新促进产业经济改革创新、转型提升。

2. 研究分析市场空间、积极主动化解过剩产能。把握好战略性新兴产业和传统产业产能过剩、短期稳增长和长期培育的关系，如目前风电设备、太阳能光伏、新材料等战略性新兴产业领域也出现产能过剩。一方面要坚持抓好结构调整，聚焦骨干企业、重点项目和高精尖环节，构建细分产业链体系。另一方面只要是看好的发展方向就要坚持抓住不放，如当前全球光伏市场过剩产能正在进行整合重组，上海太阳能光伏产业要坚持全产业链布局发展，看到未来可再生能源替代传统能源的趋势，逐步拓展市场应用空间。

（二）帮助支持企业推进供求对接，形成可复制、可推广的市场化应用模式

1. 对接潜在市场需求、推进关键应用。研究推进新能源汽车、大规模集成电路、高端软件、机器人、智慧照明、光伏、北斗导航、车联网、节能减排等扩大应用专项，推动技术产品、应用领域、商业模式拓展创新。采用政府贴一点、企业投一点、社会出一点相结合方式，推进一批应用示范工程项目，通过示范企业的应用集成创新，形成可推广可复制的应用模式。如推进上海工业区的调整转型提升，要同步规划考虑智能基础设施、智慧应用、节能减排等建设，选择若干重点园区，推进商务楼宇、产业楼宇、企业等节能工作，形成系统解决方案，光伏建筑等应用要推进联网，制订智慧节能、绿色园区认定标准，如能将应用模式推向全国就成功了。又如，汽车企业要主动与新能源充电、车联网、导航、软件开发企业等对接，形成满足市场需求的应用模式。

2. 实施创新支持政策。对战略性新兴产业、新兴服务业等要深化到四级目录,理清机器人、导航产业、车联网等全产业链,找到政策聚焦支持的重点方向,推进一批示范应用项目。传统的行业用新技术、新经济做到三级、四级目录,也会有新模式新业态,所以传统的技改方式要向生产性服务业、软投入、新经济倾斜,按照产业链建立优质项目打包机制,包装推进一批制造业、服务业、科研院所等试点项目。实施扩大消费、扩大需求、扩大应用的"三个扩大"创新政策,支持企业靠"四新"带动,增强产业链竞争力。

(三)推进产业组织创新和产业开放发展,进一步拓展产业经济发展空间

1. 推进产业组织体系创新。可考虑国有企业内部的开放重组和做大做强,目前世界500强企业中,原先传统的成套产品制造企业少了,但其子公司却发展起来了。对上海现在的企业集团,能否考虑分成若干个组团,利用市场化的手段和机制,推进资源分步优化重组;形成新的主体、新的产业组织形态,对一些关键性的产业领域加大投入,激活创新增长活力。

2. 提高产业经济开放发展程度。依托自由贸易试验区建设,加强产业引导、引进优势企业,通过负面清单管理制度,在企业投资、行业发展、资本管制等领域,进一步扩大对外开放,拓展经济增长的新空间。如扩大增值电信业务开放力度,促进软件信息、数据服务等外包业务发展;加快建设临港产业集中监管区,抓住机遇推动高技术高附加值维修、混合型全球再制造等产业发展,使自由贸易试验区成为"引进来"、"走出去"的桥头堡。

二、加快培育一批新技术新产业新模式新业态企业,促进新经济发展壮大,形成高端制造业、现代服务业集聚优势

(一)深化对新技术、新产业、新模式、新业态的理解和认识,激发市场经济活力

1. 关于新技术新产业发展。我们关注的新技术是产业技术、替代技术和实用技术。产业技术要看未来的发展周期,长周期的新技术、有生命力、有市场接受能力的技术才是新技术。产业新技术关键是推进应用创新,如车联网在校车、急救、危化等很多领域有市场需求,要开发一揽子系统解决方案,促进汽车企业、4S店、导航、终端产品、信息服务等产业链上下游对接,形成跨品牌应用的规模效应,促进车—路—人的协同。新产业是基于新技术而产生的,可分为新兴制造

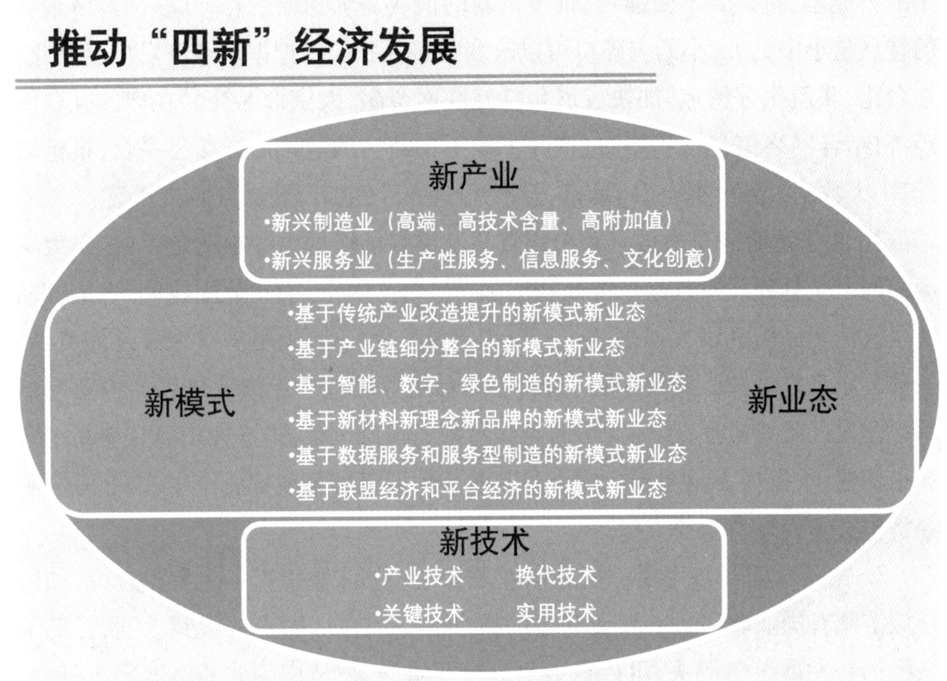

业和新兴服务业，高新技术的产业化就形成战略性新兴产业，包括新型显示、高端装备、新能源汽车与汽车电子等新兴制造业；新兴服务业主要是基于新一代信息技术的服务业，如云计算、大数据、移动互联网、4G 等产业。

2. 关于新模式新业态发展。世界上成功的企业有两种竞争力，一是消费者接受的技术替代，二是商业模式选择。如通过网络经济方式集聚消费者和中小服务商，形成跨界跨品牌合作与分享，业务模式的价值不在于服务的绝对量而在于相对量，通过“长尾”的积分和叠加，新兴互联网企业能够打败传统行业龙头企业。目前新模式新业态有几种类型，包括基于传统产业改造提升的新模式新业态，基于产业链细分整合的新模式新业态，基于新材料、新理念、新品牌的新模式新业态，基于数字制造、智能制造、绿色制造的新模式新业态，基于数据服务和服务型制造的新模式新业态，以及基于联盟、平台经济的新模式新业态等。

（二）大力推进互联网经济、平台经济、联盟经济等发展，促进新经济发展壮大

1. 关于互联网经济发展。随着全球信息技术创新步伐不断加快，信息化应用的新业态、新模式不断涌现，催生了新的消费需求和增长点，互联网经济最大的特点是小中见大，小的突破口可以改变很多。我们要把握新经济发展互联化、平台化、联盟化等特点，加快发展包括互联网金融、大宗商品交易在内的互联网经济；结合网络信息化优势，打造线上线下相结合的电子商务交易平台；推进云计算、大数据、物联网等应用示范，开展“工业云”创新行动试点城市建设。

2. 关于平台经济发展。整个消费品领域市场格局已经很清楚了，但是大宗商品网上交易还没有破题。按照我们国民经济 GDP 当中的分配比例，大宗商品底盘比消费品的底盘大得多。生产资料终端产品一部分用来作为最终消费品，一部分用来作为城市建设、造机器的工作母机等用途。上海要借助自由贸易试验区建设的重要机遇，加强大宗商品交易制度顶层设计、推进大宗商品交易平台和市场建设，发挥在全国及全球资源要素流动枢纽和集聚辐射作用，为上海国际经济中心建设提供重要支撑。

3. 关于联盟经济发展。推动同业联盟、异业联盟和产业链联盟建设，如医疗旅游既有同业联盟也有异业联盟的概念。如现在从海南一直到大连、青岛一条线都在发展游艇码头，可以探索引进行业协会，把从南到北的沿海码头打通，

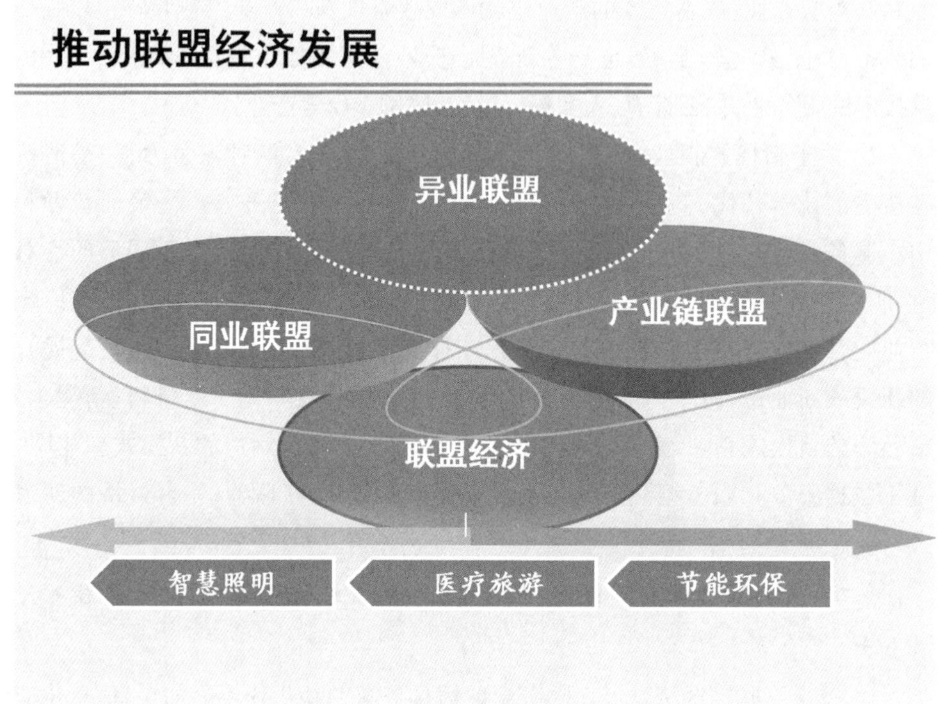

然后在国际到达港再进行交流，形成中国游轮联盟。同时，推进游轮、医疗、保健、体检、健康等资源结合在一起，再把旅行社、航运公司、旅游公司、旅游景点的资源连接起来，用一根项链把所有珍珠都串起来。

（三）推进政府、企业、金融、社会资金对接，通过龙头企业集聚配套中小企业

1. 创新产业投融资机制。对接战略性新兴产业、智慧城市建设、中小企业发展等有效需求，推进政府、企业、金融、社会各类资金的衔接融通；创新发展“产业金融”模式，会同社会资金组建重点领域产业基金和并购基金，推进产业园区土地开发与金融资本的结合；探索在国资国企改革中形成新的投融资机制，通过多元投资组建高端产业集团；探索运用股权、订单和知识产权质押，票据贴现、供应链融资以及“投贷保”联动等模式，支持中小企业发展。

2. 推进“基地加基金”建设。整体谋划基地“进和退”相结合，一个基地有龙头企业，围绕产业链引进创新型中小企业，通过建立产业发展基金，为基地企业孵化提供优先支持，再把国家级产业关键技术中心放到基地里，每个基地就变成一个全新的、有活力的细胞，上海必须有一批这样的基地拉动新经济发展。如依托中国工业设计研究院等建立基地，引进产业链上下游企业，和金融机构合作成立基金，实施产业链税收优惠政策，形成“榕树效应”，面向长三角和全国做大做强，并参与全球竞争。

三、要深化服务企业工作，帮助企业解决面临问题，支持国有、外资、中小、民营、混合等各类所有制企业发展

（一）要“上接天线、下接地气”，主动了解把握国内外及本市企业发展实际

1. 要接地气了解企业发展实际情况。我们推进经济领域各行各业发展，要站在大局高度思考谋划，要了解某个产业、行业国内外企业情况、上海所处位置及未来发展方向。充分发挥企业作为市场主体的作用，把握企业发展的规律，要善于见微知著、以小见大，将具体问题上升到面上工作和宏观高度。上海商务成本较高，但单位成本的性价比在全国最高，要围绕高端制造业、现代服务业，根据企业发展能力和阶段，支持高附加值、轻资产创新型企业发展。要进一步深入区县、深入企业、深入基层，积极开展调研，掌握实际情况；与创新型企业家交朋友，理解支持和激发企业家精神。

2. 利用信息化手段加强与企业互动。通过门户网站、政务微博、政务微信"三位一体"的联动机制,发布工作动态、提供信息查询、发挥服务功能;推进微博喊话、微信互动,加强沟通和互动联系。经济和信息化委要尤其关注企业提出的问题,整体来解决,用足各种政策资源,帮助企业对接市场、开拓市场。更好应用信息化手段推进流程再造,建立完善招商引资、项目管理、资金审核、中小企业服务等信息化平台,实现前台对外一口受理、后台内部协同办理,做好适应新型工业化、两化融合等新要求的行业管理和区域企业服务。

(二)深化完善企业服务体系,进一步提升为央企、中小、民营企业等服务成效

1. 做好央企服务工作。央企无论规模效益还是技术水平,都在全国占有重要地位,代表上海先进制造业和现代服务业的实力和能级。要主动关注央企在沪发展,把握央企在土地规划、人才引进和专项服务等方面需求,坚持市区联手,突破各类政策瓶颈制约。着力打造好联络沟通、银企合作、政策、人才等公共服务平台,建立完善央企服务长效机制。

2. 服务中小、民营企业发展。建立完善上海市中小、民营企业服务机构,成为关心支持中小、民营企业发展的主渠道、主通道,发挥信息枢纽、政策调研的平台优势,抓好两头、树立典型。要关注中小、民营企业特别是小微企业发展面临的问题,帮助企业推广新技术、新业态、新模式等成果,完善"1+17+X+N"中小企业服务体系。支持"专精特新"中小企业发展,要筛选支持有能力、有基础、有创新意识的中小、民营企业发展壮大。

(三)大力推进混合所有制经济,促进各类资源向产业经济发展整合集聚

1. 推进混合所有制经济发展。通过环境塑造和市场竞争,鼓励多种所有制经济深度融合发展,进一步推进银企对接、校企对接、产业链对接、国内外对接等。产业发展要遵循企业规律、行业规律,下一阶段研究国际信息产业资产重组的课题;要加强与国内外领先企业的合作,促进各类所有制成分跨界组合,以资本、技术、人才、品牌、市场等实现联合发展,探索公私合作模式(Public-Private-Partnership),推动产业结构和经济结构的调整优化。

2. 联动各方力量促进产业经济发展。对于企业关心的共性问题,要进行分类指导,对公共服务平台拓展强化创新,提高对企业问题的专业化解决和服务水平。充分发挥行业协会、社会组织和机构等行业自律、第三方公共服务作用,推

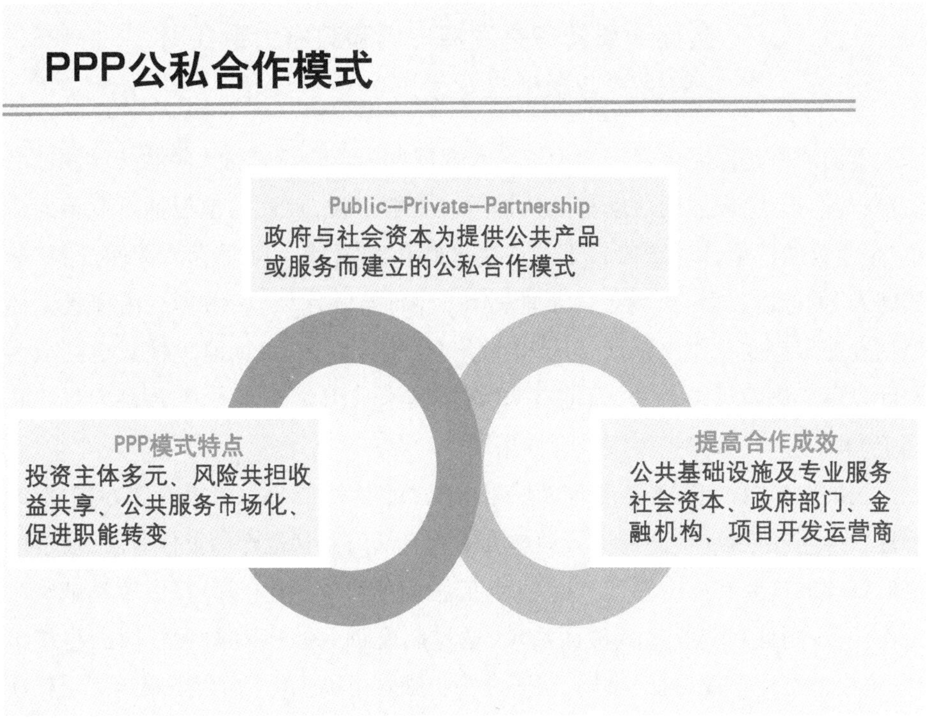

PPP公私合作模式

Public—Private—Partnership
政府与社会资本为提供公共产品或服务而建立的公私合作模式

PPP模式特点
投资主体多元、风险共担收益共享、公共服务市场化、促进职能转变

提高合作成效
公共基础设施及专业服务
社会资本、政府部门、金融机构、项目开发运营商

进产学研用协同合作,加强企业和社会信用制度建设,不断完善为各类所有制企业服务,形成产业组织结构和产业经济结构相互适应、相互促进局面,推动上海产业和信息化发展取得新成效。

第二节 以负面清单管理促进产业创新转型和政府职能转变

党的十八届三中全会提出,要处理好政府和市场的关系,使市场在资源配置中起决定性作用、更好发挥政府作用,同时提出实行统一的市场准入制度,在制定负面清单基础上,各类市场主体可依法平等进入清单之外领域。上海按照国家要求,在以中国(上海)自由贸易试验区投资领域负面清单放开前端关口管理的同时,通过公共信用负面清单加强事中事后监管,以具有互补效应的"两个负面清单"促进产业创新转型、政府职能转变,推动制造业和服务业高端化、国际化、市场化、智能化、集约化发展,努力探索打造"经济升级版"之路。

一、负面清单管理是发挥市场和政府力量共同推进产业和信息化发展的重要举措

负面清单是国际上通行的投资准入管理方式,即明确禁止、限制开放领域的清单,其他行业、领域的活动都默认许可。一般来说,负面清单包括行业负面清单、企业负面清单,以及产品、工艺或生产线负面清单。负面清单管理按照“非禁即入”的原则,规定市场主体不能做什么,而能做什么、该做什么由市场主体根据发展形势变化作出判断。从20世纪90年代以来,负面清单模式逐渐成为国际投资规则发展的趋势,目前有70多个国家采用此种模式,并逐渐向税收管理、金融管理、环境保护等领域延伸拓展。

长期以来,我们在经济管理领域采用规划、政策、指导目录等管理方式,形成管理思维路径依赖,负面清单管理加大了政府部门监管范围和责任风险,使事中事后管理的难度和压力加大。近期,我们积极落实中国(上海)自由贸易试验区工作任务,制订制造业领域负面清单,通过制度创新减少对微观领域的直接干预,将权力交给企业、放给市场,从而进一步激发市场主体活力,拓展经济增长新空间;同时也为全国探索可复制的创新管理模式,为中国进一步融入经济全球化开展先行先试。

负面清单管理有助于推动简政放权和政府职能转变。负面清单管理不是完全不要审批,而是在减少审批的过程中推动政府部门转变管理思路,变“行业准入”为“行业禁入”,变“指导目录”为“禁止目录”,打造有限政府、服务政府,提高行政效能。企业投资不需要跟着政府产业指导目录和优惠目录走,给了企业更明确预期和更多发展机会,营造了改革开放新环境,形成了政府与市场及企业新关系。

二、加快推动公共信用负面清单建设,以强化事中事后监管促进政府职能转变

负面清单管理关键在于“宽进严管”,事中和事后监管的方式和效果,直接关系到管理方式改革的成败。上海一方面以投资领域负面清单放开前端关口管理,同时以公共信用负面清单加强对失范行为的记录和惩戒,提供了从事前监管转向事中事后过程和结果监管的条件和路径,以新思维新方式加强规范管理、促进职能转变。

（一）加强顶层规划设计，统筹推进公共信用负面清单管理

上海自1999年起在国内率先开展社会信用体系建设探索实践，一直得到党中央、国务院和上海市委、市政府的高度重视。2003年、2012年上海市委、市政府印发了两个加强社会信用体系建设的实施意见，先后印发实施三个“三年行动计划”，以信用信息的记录共享、披露和应用为主线，通过“技术＋平台＋制度”的方式，探索推进信用领域的负面清单管理，推动广大市民、企事业单位、各级政府部门及其他各类社会主体共建“诚信上海”。上海市政府专门建立了社会信用体系建设联席会议制度，涉及的相关经济发展、城市建设和社会管理职能部门及单位参加；将上海市公共信用信息服务平台建设列为市政府重点工作着力加以推动，为实施公共信用负面清单管理创造了有效载体，也成为促进各级政府部门完善行政管理方式、加快职能转变的重要平台。

（二）加强信用平台建设，促进负面清单信息共享应用

上海市围绕信用信息的记录、公开和使用，先后制定实施企业信用信息数据规范、个人信用信息数据标准、政府信息公开规定、商业征信准则等，为公共信用负面清单提供技术支撑和标准规范。为促进公共部门掌握的正负面信用信息有序流动、更好地为社会所用，我们依托有关部门加强公共信用信息服务平台建设，主要收集行政、司法、公用事业单位等公共部门生成或掌握，并与法人和自然人信用相关的登记类、资质类、监管类及违约类信息，形成公共信用负面清单，在保证信息安全、处理好信息保护和使用关系的前提下，依法面向社会提供相关信息服务。

（三）加强信用制度建设，推动形成失信联动惩戒机制

近年来，上海通过实施政府部门使用信用报告指南、企业失信信息查询与使用办法等制度安排，促进各级政府部门记录、形成和使用公共信用负面清单，并对失信企业依法实施限制，努力营造“守信受益、失信惩戒”的社会氛围。目前，上海在政务、金融、公用事业、商业等领域，围绕市场监管、社会管理、公共资源分配、行政审批、风险防范等方面，建立了120余项信用制度安排。相关部门和区县积极探索在政府采购、专项资金管理、市场监管等工作中主动加强信用信息记录、示范使用信用产品，形成了负面信用信息联动惩戒机制，在减少前端行政审批事项的同时，以事中监管、事后评价确保政府部门监管效能。如建设交通、环保部门对市场主体开展信用评价，食品安全部门落实黑名单惩戒制度，海关、税务部门根据纳税人信用等级实施分类管理等。

三、促进两个“负面清单”相互匹配和衔接，探索更有效、可复制的市场和政府协同新模式

下一步，将会同有关部门进一步探索建立投资管理与公共信用两个“负面清单”相互匹配、产业导向目录正面清单与技术能耗信用负面清单相互印证和修正的机制，促进相关部门统筹联动、协同监管，推动制造业高端化、服务业现代化“双轮驱动”，努力塑造可复制推广、市场和政府协同促进经济和信息化升级发展的新模式。

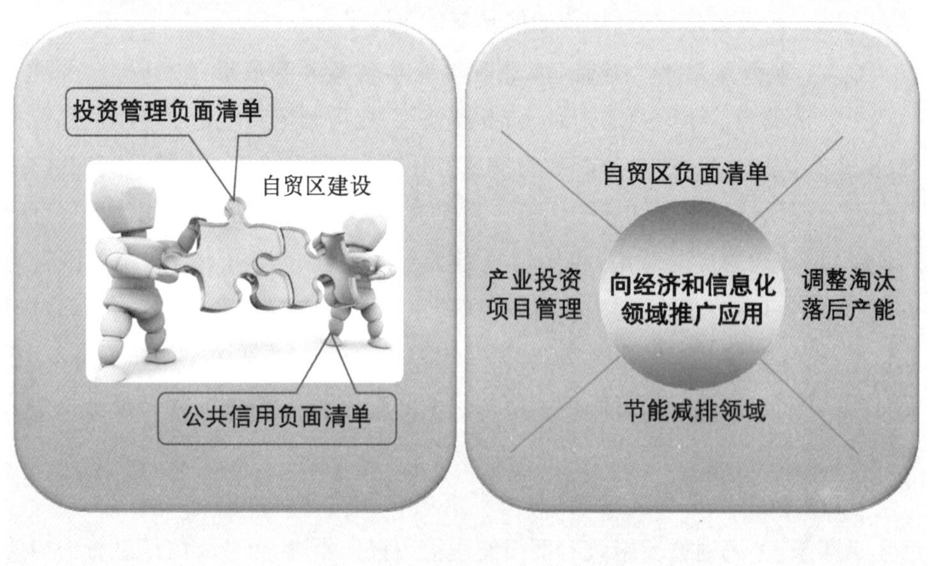

（一）探索扩大“行业禁入”负面清单应用的范围和领域

进一步缩小制造业领域“负面清单”范围，落实推进中国（上海）自由贸易试验区负面清单管理要求，进一步提高制造业领域开放度；在产业投资项目管理方面，探索基于产业限制类、淘汰类目录建立“负面清单”管理机制，促进项目审批向核准和备案制转变；在调整淘汰落后产能领域，每年聚焦 3—5 个重点区域，500 项左右落后企业、项目和生产线，实施减与增、进与退、推与拉“三个结合”，促进产业、城市、生态融合；在节能减排领域，每年聚焦一批高能耗、高污染的企业和项目，加大减与压的力度。

（二）加强与负面清单相衔接的事中事后监管体系建设

以公共信用负面清单促进事前监管转向事中事后监管，提高政府部门工作效能。建立负面清单动态调整机制，加强对市场主体全生命周期的信用管理，加强项目验收、后评估等环节信用信息的记录使用，扩大公共信用信息服务平台开放应用范围；深化公共信用负面清单处罚机制，推动相关职能部门将公共信用负面清单与日常监管和服务结合起来，加强负面清单在政府采购、招投标、资金管理等领域应用，对失信主体采取更为严格监管方式、从严处罚，促进公共资源向信誉好的市场主体集中；完善综合监管协调机制，将信用领域负面清单与产业规划布局、工业区转型升级、生态环境保护等结合起来，构建全面的风险防御和优胜劣汰管理体系；形成区域信用联合监管机制，推动长三角信用服务机构相互合作、备案互认和规范服务，进一步扩大公共信用负面清单联合监管的范围。

（三）努力推动产业经济和信息化创新转型发展、摸索改革之路

以中国（上海）自由贸易试验区作为推动产业经济和信息化创新转型发展的试验田，努力探索可复制、可推广的经验模式。强化产业经济、贸易经济、信息经济叠加带动效应，通过负面清单管理等制度创新试点，为企业发展突破制度性条件限制打开通路；推动制造业提升能级、扩大开放贸易，促进增值电信业务开放，大力发展信息服务、大宗商品交易、文化创意品牌、电子商务等生产性服务业，完善与产业结构调整相适应的配套政策与发展环境。促进自由贸易试验区内外经济联动发展，加快推进临港产业集中监管区等建设，积极培育新技术新产业新模式新业态，促进企业联动、产业链整合，努力为经济发展增添新的动力与活力。

第三节　推进社会信用体系建设
着力构建“诚信上海”

党的十八大对诚信建设提出了具体要求，指出要深入开展道德领域突出问题的教育和治理，加强政务诚信、商务诚信、社会诚信和司法公信建设。上海市委、市政府高度重视推进“诚信上海”建设，上海市社会信用体系建设联席会议各成员单位积极落实《关于进一步加强上海市社会信用体系建设的意见》和《上海市社会信用体系建设2013—2015年行动计划》，以信用制度建设为核心，推动各领域信用信息记录、公开、共享、使用和奖惩，成效逐步显现。

一、2013 年社会信用体系建设工作情况

2013 年社会信用体系建设被列为上海市政府重点工作，在上海市委、市政府领导下，在联席会议各成员单位和社会各方的共同努力下，圆满完成了各项工作目标和任务，主要体现在五个方面。

（一）加强顶层设计，社会信用体系建设推进机制进一步完善

加强立法研究，回应代表、委员普遍关切，开展《上海市社会信用体系建设条例》立法研究，为上海市人大立法做好准备；配合上海市公共信用信息服务平台建设，研究起草公共信用信息归集和使用管理试行办法；发布实施《上海市企业失信信息查询与使用办法》，促进信用信息记录和跨部门共享应用，为各部门和区县使用信用信息提供依据。完善目录标准，编制完成《上海市行政和司法部门企业信用信息公开目录》、《上海市政府部门使用信用报告指南》，以及《上海市公共信用信息目录（2014 版）》，促进信用信息记录、公开和政府部门示范使用。充实联席会议，上海市社会信用体系建设联席会议成员单位增加到 68 个部门和区县；各区县不断建立健全相应的组织推进机制，落实全市工作部署。

（二）推进数据共享，上海市公共信用信息服务平台开通试运行

强化信息归集，与各有关单位沟通协调，加强与上海市法人库、市人口库对接，已确认向平台提供信用信息的单位共 67 家，可提供查询的数据近 3 亿条。推进功能开发，平台初步具备信息查询、异议处理、目录管理、系统管理、用户管理和日志管理六项功能，逐步实现线下和线上服务。培养平台用户，面向联席会议成员单位开展用户培训，已有 43 个政府部门经核准开通了 323 个部门用户查询账户，形成了 18 项平台应用合作意向。加强制度配套，除《上海市公共信用信息归集和使用管理试行办法》外，研究建立 17 项内部管理制度和 14 个工作文件。加快建设进程，合力推进上海市信用平台规划、设计和建设，平台于 2013 年 6 月面向政府部门开通试运行、12 月底面向信息主体（包括法人和自然人）开通查询服务，同步开通试验区服务窗口。

（三）聚焦重点领域，社会信用体系建设试点示范取得重要进展

服务自由贸易试验区制度创新。形成试验区信用体系建设方案，基本完成信用信息目录梳理，设立信用平台自由贸易试验区服务窗口；与上海海关、检验检疫、人民银行等共同应用信用信息加强相对人管理，推动建立事中信用预警、事后联动奖惩制度；利用信用平台对近 4 000 家进出口企业实施信用核查，防范

国际贸易中的系统性风险。

服务政府职能转变。应用信用手段优化管理和服务,工商、税务、食药监、环保、质监、海关等部门和长宁、宝山、金山等区县推出信用分类管理和配套奖惩举措,在提升管理效率的同时形成良好社会影响;上海市统计局强化对政府统计机构、统计调查单位和从业人员的信用管理;部分部门和区县开展行政审批中使用相对人信用记录试点,并取得阶段成果。应用信用信息优化公共资源分配,上海市财政局、市发展改革委、市经济和信息化委等部门以及浦东、杨浦、徐汇等区县,将查询相对人信用信息或使用信用产品作为专项资金分配管理的前置环节,将公共资源向信用良好的主体倾斜。开展诚信核查加强公务员队伍建设,上海市公务员局率先在公务员评优中使用个人信用记录,并拟在公务员考试录用环节使用信用报告。

服务城市运行和民生发展。扎实推进重点领域专项试点,各责任部门完善信用制度安排,在建设市场招投标、交通港航企业和驾驶员管理、安全生产、食品药品安全、制造企业质量管理中发挥重要作用。探索加强特定人群信用管理,上海市司法局发布管理办法,加强对律师等五类法律服务人员信用管理;上海银监局加强银行业高级管理人员信用管理,并促进金融行业内信息共享;上海市人力资源社会保障局在居住证积分管理中,探索将诚信指标列为加减分指标;长宁区探索对"四医联动"帮困人员、群租人员等加强信用核查。支撑网络空间治理,支持上海市公安局网安总队利用信用平台,对互联网企业开展信用核查。

服务经济转型发展。支持信用服务行业协会推进诚信建设示范区、企业信用管理示范基地、电子商务信用服务示范平台等示范试点;支持信用服务机构加强系统建设、促进互联网金融企业信息共享;支持信用平台以专业机构为依托,面向人才市场、会展行业、金融机构等提供信用服务。

(四)促进行业规范,培育发展信用服务市场

促进行业协会自律规范,指导信用服务行业协会组织制订信用服务机构综合排名评价指标体系,落实行业标准、加强行业自律;开展机构备案,已在上海市备案信用服务机构 84 家,业务覆盖商业征信、个人征信、资信评级、企业信用管理等领域。服务产业发展。人民银行上海分行、有关政府部门、上海市中小企业办等,开展信贷市场各类主体评级工作,探索借助能源合同管理为中小企业增信,加大对中小企业融资支持力度;通过信用建设促进信息消费、互联网金融等"四新"经济加快发展。信用服务成效显现。全年业内机构出具企业信用报告 46.6 万份、个人信用报告近 2 500 万份。

（五）营造发展环境，不断夯实社会信用体系建设工作基础

提高专项资金使用效率。支持推进质量、环保、食品餐饮等公共安全领域，电子商务、金融等现代服务业领域，及中小企业发展等领域约20个项目。加强信用培训。开展企业信用管理、从业人员信用能力提升等培训，编写出版《上海市公务员诚信建设知识读本》等，纳入上海市公务员培训课程。促进跨省联动。完成“信用长三角”课题研究，三省一市联合公示长三角地区186家备案信用服务机构，签署信用平台共建共享合作协议。组织重点活动。举办2013年“诚信活动月”，组织委办和区县开展重点领域信用制度建设成果展等120多项活动，逾5万名市民参与。

二、2014年社会信用体系建设重点工作安排

2014年国务院部署加快建设社会信用体系，构筑诚实守信的社会经济环境。2014年也是全面落实上海市社会信用体系建设三年行动计划的关键一年，社会信用体系建设工作将继续以信用制度建设为核心，突出问题导向、需求导向、发展导向和创新导向，着力巩固工作成果、深化工作内容、拓展工作范围、延伸工作链条、创新思路方法、突破应用瓶颈，为服务经济社会发展提供有力的支撑。

（一）强化制度规范

力争在地方立法、政府规章、部门规范性文件和标准指南等方面取得进一步突破。主要是争取《上海市社会信用体系建设条例》立法调研取得成果；发布实施《上海市公共信用信息归集和使用管理试行办法》；各部门、各区县加强信用制度建设，着力健全信用信息、信用产品使用和信用联动奖惩制度性安排；逐步健全政府部门公开信用信息、使用信用报告、依托第三方开展信用评价的工作标准和制度安排。

（二）完善信用平台

加快上海市公共信用信息服务平台建设，推动自然人、法人信用信息的跨领域、跨部门共享和应用。主要是全面完成信用平台（一期）建设并正式开通；深化各部门信用信息的记录和归集工作，拓展信用平台的数据归集范围，健全信息分级分类管理机制；建设和完善重点领域、行业信用信息平台，推动平台间信息共享交换，逐步实现公共信用信息、金融信用信息和社会信用信息的互动共用。

（三）加强信用信息应用

全面总结12个重点领域13个试点专项经验成果，进一步围绕自由贸易试

验区制度创新发展、重点领域突出问题治理等需求，探索建立信用管理长效机制。重点强化政府示范应用，着力探索信用信息和产品在城市管理、市场管理、公共安全管理、特定人群管理以及公共资源分配中的应用，加强事中事后监管；强化市场应用，重点推进信用信息和产品在自由贸易试验区投资、贸易发展中的应用；鼓励市场主体积极应用信用手段防范经营风险，扩大业务范围和经济规模；鼓励社会组织应用信用记录加强自律规范，树立良好市场形象。

（四）发展信用服务市场

推动市场主体加强信用管理，扶持信用服务行业发展，促进经济转型升级。重点研究落实行业促进政策措施，支持信用服务行业与金融等服务业以及制造业协同发展，创新研发信用服务产品，支撑互联网金融、小微企业融资等领域加快发展；总结深化信用管理示范达标试点等工作成果，以行业协会为依托拓展应用范围，提升市场主体信用管理意识和水平；支持信用服务行业加强行业规范和自律，提升从业人员专业素质。

（五）营造诚信环境

积极传播信用管理理念和方法，大力推进“信用长三角”区域合作。主要是总结宣传社会信用体系建设优秀成果，举办“诚信活动周”，广泛开展诚信创建活动，组织开展企业、公务员信用管理培训，引导企业和市民珍惜自身信用、查询信用信息；作为长三角信用合作专题组轮值方，组织落实年度区域合作重点任务，争取在公共信用信息平台对接、信息共享交换、重点应用领域信用联动监管等方面取得突破。

第四节　创新机制　完善方法
推动企业用好用足支持政策

一、服务企业、促进企业
发展取得积极成效

上海市经济和信息化委按照上海市委、市政府的要求，坚持“联手委办、形成合力，依托区县、发展产业，支持中介、服务企业”的工作理念，通过设在市经济和信息化委的“市推进政策落实服务企业办公室”、“减轻企业负担联席会议办公室”和“市促进中小企业发展工作领导小组办公室”，充分发挥现有服务企

业工作机制的作用,创新服务手段,加大服务力度,努力促进各种所有制企业全面健康发展。

(一) 帮助企业解决困难

对重点行业企业开展跟踪监测和走访调研,及时协调解决企业运行中的具体问题。组织召开上海市重点集团、民营企业和外资企业等座谈会,及相关行业的重点企业座谈会;同时发挥市推进政策落实服务企业办公室和企业呼声直通车平台作用,收集企业诉求,并转交主管部门推动实施或留作参考。

(二) 保障企业平稳运行

一是加强生产要素保障,帮助重点企业、战略性新兴产业项目、"专精特新"中小企业优先解决用能要求。二是支持有条件的企业加快发展,为上海市稳增长作出更大贡献。三是帮助企业拓展市场。涉及产业链上下游对接,与市政重大工程、经适房、安居房对接,参加工博会、展销会等多个方面。

(三) 推动企业用好用足政策

一是会同上海市推进政策落实服务企业办公室各成员单位开展惠企政策汇编工作。共收集2009年以来国家和上海市出台的惠企政策近90条,涉及产业政策、税收优惠政策、科技政策、人才就业政策、中小企业政策、其他政策等6个大类。

二是做好政策宣讲,推动各相关扶持政策落实。会同各有关部门、依靠区县,做好相关惠企政策宣贯;如请上海出入境检验检疫局的专家为各区县、各主要集团和近百家出口企业宣讲原产地签证政策,鼓励企业利用国家相关产业优惠政策,加快转型发展。

三是开展政策研究,做好上海市产业政策储备。结合工业经济发展实际情况,会同上海市发展改革委、市财政局、市商务委,从推进政策落实、帮助企业开拓市场、缓解企业融资困难、减轻企业负担等方面提出政策措施。

二、新形势下对服务企业、促进企业发展工作的思考

在新的改革发展形势下,服务企业工作要与稳增长、促转型、推动产业升级发展等各项工作紧密结合,全面加强统筹协调和资源整合,要坚持把提升服务企业水平作为转变政府职能的重要抓手,进一步提升服务企业的水平和效应。

(一) 完善体制机制

根据上海市委、市政府相关工作部署,依托设在市经济和信息化委的"市推

进政策落实服务企业办公室”、“减轻企业负担联席会议办公室”和“市促进中小企业发展工作领导小组办公室”等机构组织，积极承担建立服务全社会企业的工作体系、全面服务各类企业的重要职责。目前已完成相关服务企业职能整合，加强了服务企业工作的统筹协调。下一阶段，继续深化与相关职能部门的战略合作机制，加强与相关部门的协调配合，合力推进服务企业工作，完善企业服务平台和网络体系建设，整合各方资源，联合委办、依靠区县，形成市、区、镇三级服务企业的工作体系。

（二）全面服务各类企业

努力营造服务各类企业的良好氛围及环境，服务全社会各类所有制企业，积极服务民营经济、非公经济，服务央企、地方国企、外企、民企等各类型企业。央企对接服务方面，完善央企服务工作联络沟通平台，探索开展央企与上海市各区县、园区、其他各类企业合资合作和产业链对接等活动。中小企业服务方面，进一步推进形成“1 + 17 + X + N”中小企业服务体系；遴选中小企业公共服务机构，加快推进中小企业服务云项目建设。

（三）创新方式方法

一是整合联动各方资源，打造信息网、关系网、人才网，打造完善的服务网络体系；二是丰富拓展服务功能，协助企业打通研发、投融资、产业链、组织创新、市场拓展等环节，实现全面发展；三是创新招商服务模式，探索平台招商、园区招商、展会招商、产业链招商、联盟式招商等机制；四是在政策、机制上寻求突破。一方面，围绕企业全生命周期的不同阶段不同需求，制定有针对性的政策和服务举措，鼓励企业以商引商、增资扩能、转型升级；另一方面，将研提普惠性政策与专项扶持政策相结合，通过普惠性的政策促进企业轻装上阵、公平竞争；通过继续落实对重点领域的专项扶持政策促进重点企业加快发展。

第五节　加强信用管理促进政府职能转变

一、信用与政府职能转变具有紧密联系

（一）信用是发展市场经济的基础和生命线

社会信用制度是经济和社会发展的内在需求，良好的社会信用制度对经济

发展和社会进步起着巨大的保障和推动作用。我国当前各种信用失范问题相当突出，现有信用制度和信用管理体系远远落后于市场经济的发展要求，许多信用基础设施建设还是空白，同时缺乏有效的失信惩戒机制，也是造成信用失范的重要原因。

（二）信用在政府职能转变中起到促进作用

信用体系建设有助于推进地方政府运作的完善与规范，构建与市场经济和法治社会相适应的政治制度框架：建设理性政府，需要重构政府信用形象；建设有限政府，需要合理界定政府信用责任范围；建设法治政府，需要对政府信用进行非人格化，让全社会树立起对法律的信仰；建设民主政府，需要构建政府信用约束机制；建设责任政府，需要明晰政府信用责任。

二、信用管理在政府职能转变中的重要实现路径

上海市社会信用管理体系应当吸收国内外先进的理念和管理制度，力争形成一种起点较高、特色鲜明、服务市场经济、适用于政府职能转变过程并且能够发挥信用管理能效的创新行政管理模式。

（一）建立信用法律法规体系

立法机构亟待加快信用法律规范体系建设步伐，地方政府则应根据本地区经济、文化、社会等特点因地制宜构建地方信用规章制度。上海信用法律制度体系至少包括关于信用公共记录归集与服务的法律制度、关于信用信息加工活动的法律制度、关于信用信息及产品使用效力的法律制度等方面内容。

（二）建立信用监管体系与奖惩机制

1. 建立政府监管、社会监督、企业自律相结合的信用监管体系。一是政府监管：政府部门要加强信用信息记录、信用等级评价等制度建设，以静态或动态的信用信息为基础，评价市场主体的信用等级，对市场主体信用行为实行有区别政策的分类监管；二是社会监督：在信用信息公开的基础上，拓展社会参与信用监督的通道，鼓励公民及法人依法借助报刊、广播、电视、专线投诉等新闻媒体进行监督，形成全面参与的信用监督环境，为诚信行为提供舆论支持，使失信行为能够得到及时披露；三是企业自律：企业要重视信用形象，加强企业内部信用管理，提高企业信用风险防范能力与社会信用水平，形成对失信企业和机构的市场约束机制，促进企业内部信用管理制度的规范化，合理运用信用调查和信用

产品。

2. 建立以主动出击为主、警示震慑为主、经济惩罚为主的守信激励与失信惩戒机制。一是由政府综合管理部门实施的行政性奖励与惩戒。如有关政府部门公布“黑名单”、“不良信用记录”等;二是由政府专业监管部门实施的监管性奖励与惩戒。如采取记录、警告、处罚、取消市场准入、依法追究责任等行政管理手段,惩罚或制止违法违规或失信行为;三是由金融、商业和社会服务机构实施的市场性惩戒。主要是对信用记录好的企业和个人,给予优惠和便利,对信用记录差的企业和个人,给予严格限制;四是通过信用信息广泛传播形成的社会性惩戒。主要是使失信者在某方面的失信转化为对全社会的失信,让失信者一处失信,处处受制约;五是由司法部门实施的司法性惩戒。主要是依法追究严重失信者的民事或刑事责任。

(三)建立信用服务体系

一是应尽快解决信用信息原材料的渠道瓶颈问题,切实有效改变信用服务机构长期处于“巧妇难为无米之炊”的窘境;二是政府部门带头使用信用产品,明确政府授信领域的范围,对在授信领域使用信用产品及信用奖惩措施作制度性安排,规划部署并开展政府引导、信用服务机构参与、市场受益的信用服务体系试点工作;三是提升信用服务机构的竞争力,可参照律师、会计师、资产评估师等从业资格认定标准,建立上海市信用服务从业人员的资格认定或执业认定体系,并对信用服务机构给予相关优惠和扶持。

(四)建立信用风险管理体系

完善的信用风险管理体系可以形成三股力量防范和化解社会信用风险:一是政府“有形之手”的拉力;二是市场“无形之手”的推力;三是行为人“道德之手”的自我控制力。

三、运用信用管理方法实现行政管理创新的若干举措

(一)市场主体信用标识辅助行政审批制度改革有序推进

加强市场主体信用标识系统的建设,由此整合各部门各系统的信用信息,逐步推动区域信用信息网络管理一体化,逐步实现信用信息资源的跨地区共享。例如,2013 年上海市质量协会医药委员会在上海市食品药品监督管理局的指导下,与第三方信用服务机构协作,启动上海市高风险药品生产企业信用等级评

价，建立高风险药品生产企业信用等级标识，由行业主管部门对信用等级较高的企业简化年检审批程序，对不同信用等级的企业实施分类监管。

（二）利用社会信用资源加强市场活动监管的有效化

积极转变各级部门和人员的管理理念、管理方式、工作作风，利用社会信用资源加强市场活动的有效监管。例如，上海市信息网络安全管理协会携手信用服务机构，于2013年6月起开展上海互联网企业诚信标签信用等级评估工作，评估结果优秀的互联网企业获得各类证照年检、沪ICP备案及沪公网备等优先通过权。

（三）信用绩效考核引领行政管理方式的改革创新

上海有条件且有必要建立政府信用的评价指标，对政府信用进行评价应重点围绕以下四个目标：一是有效反映民众的需求与偏好，提高政府的代表能力和回应能力；二是对政府信用水平进行量化评价，提供绩效考核的可量化依据；三是向政府提供决策参考信息，帮助政府更为理性有效地作判断；四是增强民众对政府的信心。从地方政府信用的内涵和结构要素出发，政府信用评价指标可包含行政管理、公共服务、经济发展和社会发展4个评价领域。

（四）信用在自由贸易试验区建设中的核心价值体现

1. 信用管理在放宽投资准入中发挥的助力。应在自由贸易试验区信用体系建设规划中，制定相关保障交易安全的信用服务支撑体系，如提供经济主体信用信息风险预警功能等，有效保障经济主体权益，扩大投资及交易合作空间。首先信用管理能够规范经济主体行为，自由贸易试验区应着力构建以信用为基石的市场秩序及法则。其次信用管理能够降低市场交易成本，自由贸易试验区可在关键环节嵌入如下信用产品及服务：交易发生前的主体信用信息核查服务；交易过程中的主体信用风险等级评估服务；交易结束后的主体互评服务及信用救济产品服务。

2. 信用管理在形成面向全球的高标准自由贸易区网络中发挥的效力。一是建立自由市场与政府监管相互协调的信用管理机制。信用管理能促进自由贸易试验区行政部门之间相互协调与配合，堵塞管理漏洞，也有助于与各国及相关经济组织加强信息互通与交流，逐步完善跨区域的联动监管体系，使政府管理机构、社会中介服务机构、信用惩戒机构相互衔接；二是拓宽信用信息渠道，完善信息披露制度。目前自由贸易试验区的信用数据主要来源于上海市公共信用信息服务平台，要进一步推动金融服务机构信息开放。与此同时，应设立自由贸易试验区信息披露的专门机构，加强信息披露监管，并通过信息披露制度加强社会公众及媒体舆论的监督；三是提高信用风险监管能力，加强监管的有效性。监管政策要具有有效的约束力，各种监管机构包括中介机构监管能力和水平有待提高，监管机制必须相互配合相互协调，以提高监管的专业性、有效性和及时性。

第三篇

产业转型　结构优化

上海产业经济顺应形势变化和时代要求，在历经适应性调整、战略性调整后，当前已进入创新性调整的新阶段。这一阶段，必然是增速放缓与转型加速期，也是矛盾凸显与突破发展期，要更加注重推动新型工业化、信息化、城镇化的融合，加快提升产业自主创新能力，促进高端制造业和现代服务业“双轮驱动”，并在此基础上寻求产业经济的高端化、国际化、市场化、智能化和集约化发展。于此过程，要尊重和把握产业发展的规律，坚持需求导向、问题导向，认清未来发展的路径、方式和目标；坚持发挥好市场主体作用，服务好央企、地方国企、外资、民营等各类所有制经济发展，积极探索混合所有制的实现形式；要着眼城市的未来可持续发展，注重减与增、进与退、推与拉的结合，促进产业、城市、生态、民生的多重融合。

第一章

把握发展规律
推进转型升级

第一节　应对新产业革命推动上海产业转型发展

伴随全球金融危机的进一步加深，发达国家加快“再工业化”和“制造业回归”，以数字革命以及信息、新能源、新材料等关键技术融合为特征的新产业革命不断酝酿和发酵，已成为当前各国政府和学界热议的话题和关注的焦点。上海正处于创新转型发展的关键时期，必须顺应新产业革命的特征趋势、迎接新产业革命带来的机遇挑战，加快推动产业创新转型发展。

一、新产业革命的发展成因

早在20世纪70年代末，就不断有专家学者提出“新一轮工业革命”、“第三次工业革命”等概念。对其内涵的认识，也有一个逐步发展的过程，“信息和远程通信”、“互联网技术应用”、“纳米技术和新材料应用”、“新能源和生物电子应用”等都曾被作为新产业革命的标志。时至今日，伴随金融危机的深入发展以及技术的持续进步，关于“第三次工业革命”的论述再次成为全球关注的焦点，并形成两种较为代表性的论述。一是以保罗·麦基里（Markillie，《经济学家》编辑）为代表，将“第三次工业革命”界定为“数字化革命”。以“3D打印机”为核心，强调生产方式的变化，重点关注数字化制造和新能源、新材料的应用，并由此改变世界经济格局，改变制造商品的方式乃至人类的生活方式。二是以杰里米·里夫金为代表（《第三次工业革命——新经济模式如何改变世界》一书的作者），认为新产业革命必须包含新能源技术的出现、新通信技术的出现以及新能源和新通信技术的融合“三大要素”，而“第三次工业革命”就是新能源、新材料、互联网、物联网等不断融合出来的一个数字化制造时代。尽管当前热议的新产业革命还有不同的观点和论述，而新产业革命会否成为真正的革命还需要实践的最终验证，但可以看到大的趋势已经形成，世界各国也都给予了广泛的关注，并正在积极采取对策，开始规划新产业革命背景下未来的产业定位，构建自身的持续竞争优势。可以说，新产业革命已经初现端倪，将对未来世界经济发展格局产生重大影响。

新产业革命体现了世界各国在后金融危机时代寻找新经济增长点的期待，

是全球技术升级积累到了一定阶段的必然结果，也是发达国家构建新型经济结构、重塑竞争优势的战略选择。新产业革命的产生有其客观必然性和时代特征。一是后危机时代迫切需要新的经济增长动力支撑。自2008年金融危机以来，世界经济持续低迷，特别是世界主要经济体增速下滑，全球经济复苏的曲折性、艰巨性进一步凸显，不稳定、不确定性增加，增长前景黯淡，世界各国都迫切需要寻找新的经济增长亮点摆脱此次经济危机，而新产业革命成为众多国家的共同期待。二是技术进步是新产业革命的关键推手。自从上一次产业革命之后，人类在技术领域不断取得突破，新科学思想的应用在产业设计和制造流程中扮演着空前重要的角色，驱动新产业革命的技术数量激增，数字、网络、激光、纳米、机器人、先进材料、新能源等高新科技及其分学科技术加快应用，特别是3D打印技术的问世，将大大改变制造业的面貌。长期的技术升级和积累最终会形成突破性的力量，由量变引发质变，推动新一轮产业革命，引领世界经济的增长。三是各国政府相关政策助推新产业革命的产生和发展。以美国为代表的发达国家基于各自国家利益，提出"第三次工业革命"的概念和"再工业化"等战略政策，成为新产业革命的重大推动力。特别是2008年金融危机以来，美英等国重新重视再工业化，制定实施相关重振制造业的政策措施，希望通过新产业革命加快建立以出口、创新和低碳等为支柱的新型经济结构，使生产和创新作为经济增长的新动力；美欧出台加快新能源发展战略并对此加大投入；德国、日本等政府也在寻求确保并提高其制造业竞争优势的新路径，这成为新产业革命深入发展的重大推动力量。

二、新产业革命的趋势特征

新产业革命的核心是现代信息技术的深度应用，以数字制造技术、互联网技术与新能源技术、新材料技术等的重大创新与融合应用为代表，将推动一批新兴产业发展以替代已有产业，并将带动整个产业形态、制造模式、运营组织方式等的深刻变革，从而催生出一系列新业态、新模式和新机会。

具体而言，新产业革命具有五个趋势特征。

（一）制造模式的数字化、个性化

在新产业革命的影响下，"以互联网为支撑的智能化大规模定制"的方式将取代传统的"大规模标准化"的方式，使得生产制造模式呈现数字化和个性化的特征。一是数字化智能制造。智能软件、新型材料、更灵敏的机器人，新型加工

（尤其是三维打印）和一系列基于网络的服务得到普遍应用。以往制造产品是把许多零部件装配或焊接起来，如今可以通过3D打印机制作作品，采用电脑、软件、激光及新材料等技术设计和“打印”出产品及其零部件，而这些产品可按照顾客的奇思妙想个性化定制。二是大规模定制经营。现有大规模生产方式追求的是生产成本的最低化，通过细化的劳动分工和规范化的作业流程，生产大量标准化产品，以获取规模效益，这一生产方式难以满足客户多元化的需求。大规模定制在生产过程中强化产品内部结构的标准化，增加顾客可感知的外部结构的多样性，基于模块化和标准化的方法，将不同系列产品所涉及的零部件进行统一，使原有大规模制造中基于成品的批量生产转化为基于零部件的批量生产，辅之以多样化的外部构造，实现以低成本满足个性化需求的生产方式。三是制造系统个性化重构。传统的制造系统由专用自动化生产设备组成，系统设计在运行后配置固定，因而适应的是单一产品的生产。新产业革命下，制造系统以重排、重复利用和更新系统组态或子系统的方式，实现快速调试以及制造，具有很强的包容性、灵活性以及突出的生产能力，从而使得适应个性化需求量身定制成为制造商的核心经营策略。目前大众公司的横置发动机模块化平台（MQB）就有类似构想，该平台将大量的汽车零部件实现标准化，令它们可以在不同品牌、级别的车型中实现共享，从而极大降低车型开发费用、周期以及生产环节的制造成本。

（二）制造组织的虚拟化、网络化

生产组织方式的变迁是伴随着生产技术的变迁而发生的。第一次工业革命将分散的家庭作坊、手工工场转向纵向一体化的工厂模式，第二次工业革命出现了许多大型企业集团，并因规模经济形成了产业垄断。新产业革命中，为适应全新生产方式，无论是产业内部还是产业之间，都呈现出组织方式的网络化和虚拟化趋势。一是生产组织的虚拟化。从实体工厂化生产转向虚拟社会化生产。前两次工业革命所产生的都是基于工厂范围的集中型生产方式，特别是第二次工业革命，涌现了众多规模庞大的生产企业及厂房。新产业革命中，信息技术的飞跃发展使大量物质流被成功虚拟化而转化为信息流，除必要的实物生产资料和产品外，生产组织中的各环节开始分离，使生产方式呈现出社会化生产的重要特征。借助丰富的产品设计程序和模板，搭配社区网络媒体的扩散效应以及用户之间的互动机制，创新者转变为制造者的成本迅速降低；二是产业组织的网络化。以往产品设计、制造、销售等环节在时空上是分开的，如今网络技术应用将制造业职能和各国紧密相连，通过网络平台、新兴商业模式等形式，形成智慧的网络化的产业链、供应链和创新链，使得供应商、制造商、客户都可以参与产品的开发生产；三是企业组织的扁平化。新产业革命下，由于信息技术的应用和生产模式的变化，使得企业内部结构层次减少，管理幅度增加，组织中的等级制度逐步淡化，从而建立一种紧凑的横向组织，使组织结构变得灵活、敏捷，富有柔性和创造性，更加有利于信息的传递。

（三）制造方式的小型化、绿色化

新产业革命下，产业链条可以无限细分，并通过无数小微型企业在一个智能的网络体系中组织起来，使得制造方式呈现小型化特征。同时，为了化解人类面临的能源资源困境，绿色制造和新能源的有效利用也成为新一轮产业革命的重要特征和发展方向。一是小型"微观跨国公司"异军突起。以往大型企业主导国内外制造业经营，如今网络和新技术使众多小企业在全球制造价值链中占据越来越重要的地位。原有企业将内部链条上的生产过程分离出去，或者说从价值链体系的某些阶段撤离出来，转而依靠外部供应商来供应所需的产品、支持服务或者职能活动。产业链条分离的过程也是小型微观企业不断涌现的过程，其中不乏大量"微观跨国公司"。这些小企业也和大公司一样，在设计、制造和营销等方面进行全球化经营。此外，还有不少小企业开始经营"利基（NICHE）"业务，开发精品或特定产品等狭窄领域及市场，以确保盈利；二是可持续制造的蓬勃发展。以往制造业是全球环境问题的主要来源之一，如今却可能为全球环境问题提供重要解决方案，制造商采取绿色经营管理理念开发、生产和销售产品，以减轻对环境的破坏。随着生物、纳米、新能源、先进材料等技术的应用，制造商能够在制造过程中减少使用常规材料和能源，新材料、可再生能源等产业发展方兴未艾。

（四）制造趋势的融合化、服务化

新产业革命的发展体现了一种多元融合的趋势，新形势下的制造业是与多种技术融合发展的产物，也是制造业与服务业融合发展的产物。一是制造与新技术的多元融合。新一代信息技术、新能源应用技术、快速成型技术、工业机器人技术、新材料技术等关键技术的成熟和产业化，是促使制造业从自动化走向数字化的必要条件，也是各国争夺第三次工业革命先发优势的主战场。新能源技术是新产业革命的核心之一，它将在理念、技术、资源配置、消费习惯、社会组织等诸多方面转型以开发和使用可替代的再生性能源，使人类社会可持续发展。

新一代信息技术能够实现信息的交换、交易,以及协作和生产控制。人工智能化将智慧型计算机嵌入到制造设备中,从而使生产设备能够更快地自我反应、计算判断、分析决策和操作;二是制造与服务的深度融合。由于制造业的生产制造主要由高效率、高智能的新型装备完成,与制造业相关的生产性服务业将成为制造业的主要业态,制造业企业的主要业务将是研发、设计、IT、物流和市场营销等,制造业和服务业深度融合。更为重要的是,为了及时对市场需求迅速作出反应,要求制造业和服务业进行更为深度的融合,包括空间上更为集中,以及二、三产业的界线模糊化。

(五)制造成果的民主化、均等化

以往工业革命主要发生在欧美等发达国家,如第一次工业革命使英国成为头牌经济大国,第二次工业革命使美国经济领先近半个世纪。而在新产业革命中,随着中国、印度、巴西等新兴经济体制造业的崛起,发展中国家将不仅参与新的工业革命,也"可能"分享这一重大变革的成果,但要将可能变为现实,需要在面对挑战的同时把握好机会。一是新兴经济体、发展中国家参与新产业革命机会均等。在全球化和科技进步的背景下,基于数字技术和互联网技术,新产业革命中的技术创新、模式创新、应用领域的创新等都可以从创新发生地迅速传播到所有国家,所有国家将会面临同等创新机会和应用创新的机会。但这一平等也有其局限性,在机会平等的前提下,发达国家和发展中国家具有不同的比较优势,创新更有可能在发达国家产生;二是新兴经济体、发展中国家共享制造业发展成果机会均等。新产业革命目前只是雏形初显,仍存在不确定性,数字化技术应用也是一个逐渐深入的过程。同时,美欧国家重振制造业仍有相当长的路要走。这些都给了发展中国家足够的调整时间,利用自身的基础条件,更加注重自主创新,占据新产业革命的高地,享受制造业创新发展的成果。

三、新产业革命的综合影响

新产业革命将对世界经济产生"颠覆性"重大影响。主要体现在五个方面:

(一)新产业革命将可能带动世界经济迎来新一轮长周期增长

根据康氏"长波论"及两百多年的世界经济发展史,重大科技浪潮和工业革命往往与经济长周期相伴而行,此次新产业革命也可能形成世界经济新一轮长周期的动力支撑。主要体现在三个方面:一是新产业革命引发制造业产量和生产率加快增长,制造业特别是新技术制造业成为世界经济新亮点。据统计,

1800—2010 年,世界制造业产量年均增长 2.6%,而同期全球 GDP 年均增长 2%。近年来美国制造业产量增长高于整体经济增长,成为其经济复苏的引领力量;二是新产业革命引发全产业链效率提升,从而提高整体经济增长率。制造业变革的"红利"将惠及全产业链,制造业之外,服务业、农业、采掘业、建筑业等其他部门,也将采用新的技术成果及经营方式提高生产率,从而提高整体经济增长率;三是新产业革命将使发达国家和发展中国家同时参与并共同得益。新产业革命将迅速从发达国家波及发展中国家,在科技进步和全球化的背景下,将首次出现发达国家与发展中国家同时参与并得益于新产业革命的现象,共同推动世界经济增长。

(二)新产业革命将导致全球制造格局发生重大变化

新产业革命将引发全球制造业的重大变化,全球制造格局也将因此发生重大变化。主要体现在:一是全球制造业比较优势格局的变化。发展中国家低要素成本的比较优势将受到挑战,发达国家技术密集和资本密集的优势将进一步强化。在第三次工业革命的影响下,未来产品的竞争优势主要来自更灵活、更经济地生产出更具个性化的、更高附加值的产品,而不是依托于同质产品的低价格竞争。如果发展中国家在失去传统要素低成本优势时,不能找到新的优势,并在未来"大规模定制"中重新占据一席之地,将失去生产高附加值终端产品的竞争优势;二是全球制造业空间布局的变化。个性化、定制化要求生产者更加贴近消费者与消费市场,过去为追逐劳动力低成本转移到发展中国家的资本,可能会重新回流到发达国家,呈现"本地化"制造的趋势。同时,在新产业革命的影响下,全球制造业的空间布局也正在从单一化向多极化和均衡化方向发展,部分国家可能会凭借其优势成为某一产业或产业链条某一环节的全球制造中心;三是全球制造业综合实力格局的变化。1800 年发展中国家占世界制造业产量比重为 71%,发达国家仅占 29%。前几次工业革命使发达国家实力大增,1900 年提高到 87%;2000 年发达国家比重仍为 73%。21 世纪初以来,双方力量对比发生巨大变化,2010 年发展中国家占比跃至 41%,达到 150 年来的新高。在这一次产业革命中,如果发展中国家能够很好把握机会,将会分享到此次变革的成果。特别是中国,依托于近年来制造业的飞速发展和巨大市场空间,完全有可能通过变革和创新来提振我国经济发展实力,由"世界制造工厂"走向"全球智造中心"。同时,全球制造格局的变化还将带动全球贸易格局的变化。

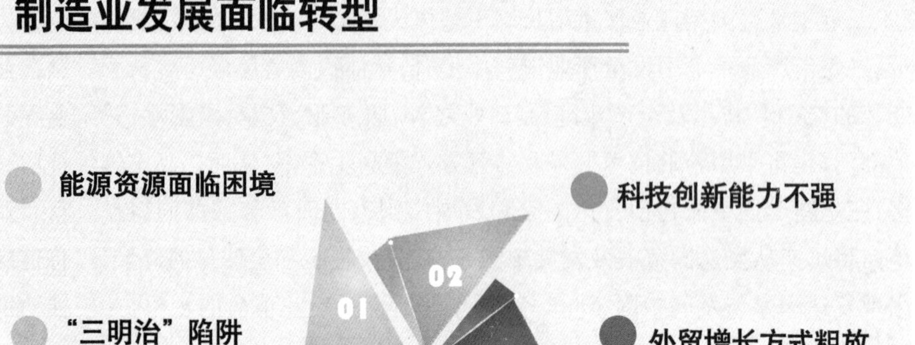

（三）新产业革命是欧美等发达国家实施再工业化和制造业回归的战略支撑

20世纪80年代至今，美国和欧洲经历了去工业化的过程，劳动力迅速从第一、第二产业向第三产业转移，制造业向新兴工业化国家转移，发展中国家尤其是中国的制造业快速崛起。近年来，全球金融危机凸显了世界经济的根本症结，即科技和实体经济创新滞后。发达国家为了走出经济困境，在重新审视去工业化战略的基础上，纷纷提出再工业化战略，形成依靠科技创新和产业创新创造经济新增长点的路径。发达国家再工业化的特征和实施举措主要包括：一是力争依靠新技术重塑制造优势，提振实体经济发展。再工业化不是简单的“制造回流”，而是在继续强化技术优势的基础上实现制造业的全面升级。如美国提出“制造业回归战略”，希望在再工业化的过程中实现技术变革和产业变革，并通过重振制造业来进一步领导全球经济发展；二是突出绿色低碳发展，以低碳、新能源产业为增长点。随着应对全球气候变化日益引起国际社会的高度关注，近年来许多国家都十分重视绿色、可再生能源的发展。一些国家将发展新能源、低碳经济作为重振经济发展的新引擎，提出新能源发展战略。低碳和新能源将是未来美国经济的标志。美国在世界清洁、绿色科技发展中占据领先地位，有 270 万个就业岗位与绿色清洁产业相关，绿色产业的就业规模已是生物技术产业的两倍，创造出比化石能源产业更多的就业机会。欧洲各国也纷纷推出“低碳转型计划”、“绿色产业计划”等使低碳经济成为再工业化的重要特征。

（四）城市将在新产业革命中发挥更加核心和主导作用

新产业革命将引发城市与制造业关系全新重塑，城市将成为推动产业技术变革和实现可持续发展的重要抓手。如美国正在通过制定城市发展计划和建立利用城市网络，促进城市的相互连接和产业发展的集群效应，进而发挥城市的引导力和影响力，使城市成为美国经济增长的重要引擎。新产业革命与城市的关系主要表现为以下几点：一是新产业革命使城市的优势进一步凸显。城市是一个区域经济发展的中心，随着城市的发展，其作为交通中心、研发中心、技术中心、商业服务中心、信息中心以及人才中心的功能越来越强，这些优势在新产业革命下，会进一步显现，成为产业发展的重要依托和优势所在；二是新产业革命将带动城市功能的转型提升。体现高附加值、高技术含量、时尚化、个性化、低碳化的新型制造业将成为城市功能和经济发展的重要支撑，具有柔性、轻型、智能等特征的制造业体系将重新成为城市发展的重点，人们对制造业的定位将有新的认识，将不再是污染和环境问题的主要来源；三是全球城市网络联系更为紧密。在现代信息技术和产业组织方式变革影响下，城市与城市之间基于各自功能结构、地理结构、市场结构和比较优势的基础上，正在进行重构，已经形成了更为密切的协作网络和更为重要的功能体系，将推动城市成为各个国家经济增长的引擎和国际贸易的基石。

（五）新产业革命将引发全球就业结构和态势呈现“创造性”破坏

就业结构总是伴随产业结构的调整而调整，新产业革命的影响主要体现在新就业岗位增加和结构性失业加剧并存。一方面，新技术将催生新产业、新业态、新企业，从而创造许多新的就业岗位，高学历、高技能、熟练工人更容易获得高薪工作机会。当然，这也需要教育、培训体系的全新变革；另一方面，传统产业采用新技术和新工艺，提高劳动生产率，将减少雇工，部分落后企业可能被淘汰出局。20 世纪制造业生产率增长近 15 倍，而制造业工人仅增长 6 倍。

四、上海迎接新产业革命的战略举措

新产业革命目前只是初显雏形，还需要较长时间的深入发展过程。上海创新转型的方向与新产业革命的特征契合，既要看到未来的方向和可能的机会，也要结合现阶段发展转型的要求。上海未来要顺应新产业革命发展态势，依托优势基础，把握战略机遇，加快推动产业创新转型发展。

（一）聚焦智能制造、绿色能源和数字服务，选择性抢占战略性新兴产业发展制高点

顺应新产业革命，上海未来要进一步聚焦重点领域，选择性地发展战略性新兴产业，力争在全球制造新格局中占据一席之地，引领“中国制造”向“中国智造”的转变。可选择攻克发展的领域：一是智能制造产业，主要包括机器人、精密仪器、高端机床等。其中，机器人为上海市的优势领域，它是多学科先进技术相结合的产物，涉及机械、电子、自动控制、计算机、人工智能等，包括工业机器人、服务机器人。上海已经拥有了一定的产业基础，除了瑞典ABB、日本发那科、日本安川、德国库卡等外资在沪企业外，上海市的电气集团所属企业、上海沃迪自动化、上海安乃达、上海未来伙伴机器人，以及上海交大和上海大学等高校都在机器人研发和产业化方面具备一定的基础。未来关键是要加强机器人核心技术研发与攻关；培育优势企业主体，促进重点企业做大做强；推进在重点领域、重点行业应用示范。二是绿色能源产业，主要包括风电、核电、太阳能等。近年来，上海在这三方面都得到了快速发展，太阳能产业集聚了晶澳太阳能、超日太阳能等一批知名企业；风电产业规模进一步扩大，上海电气风电设备公司加快扩大规模，产业链配套进一步完善，上海华锐、华仪风电加快布局，上海核电设备制造在全国处于优势地位，总体市场占有率超过35%。未来关键是要扩大示范应用规模，推进示范电站（特别是工业厂房屋顶、别墅屋顶等）、示范风场的建设，支持新能源并网工作；支持龙头企业发展，帮助其渡过难关；培育和发展第三方检测机构。三是数字服务产业，包括数据的收集、处理、传播、存储、流通、服务以及相关软、硬件研发制造业，主要由数据内容业、数据服务业和数据软硬件研发制造等产业领域构成。上海IT基础设备完备，信息化程度较高；信息产业快速发展，信息产业一直是上海重点发展的产业之一，未来关键是在符合条件的领域、区县和园区，率先自主开展信息服务业、云计算等试点示范，支持新模式、新业态、新服务的发展和应用。

（二）围绕新一代信息技术、新能源技术、绿色低碳技术、新材料和生物技术等关键领域，选择性实现技术突破和应用创新

新产业革命关键在于技术创新，上海未来要选择性地技术创新，重点是要围绕有利于产业转型的关键技术领域实现突破,主要包括:一是新一代信息技术。重点提升集成电路设计水平和市场化能力;加快新一代移动通信技术的研发和产业化;加快物联网技术产业化,突破传感器、控制芯片等核心技术,实施环境监测、智能安防等一批应用示范工程,促进形成物联网产业链。二是新能源和绿色低碳技术。重点发展新能源接入与控制、智能变电站等智能电网领域关键核心技术,同时加快风电机组中发电机、主控制器及系统等关键部件自主化。三是新材料技术。瞄准国家战略性新兴产业和本市先进制造业的需求,重点开展纳米、超导、智能等共性基础材料的研究。四是生物科技。重点加快突破抗体药物、高端疫苗、新型疫苗和诊断试剂、高端化学药物、现代中药等方面的研究和突破。同时,顺应新产业革命和新技术发展的趋势特征,上海还要着重加强产业融合技术交叉领域的技术突破,加强应用技术创新和检测技术创新,加强产业形态和应用模式的跨界组合,注重构建技术转化平台,促进实验技术加速向产业技术的转换。

(三)重点支持在沪跨国公司和市属大企业集团生产、组织及技术模式创新,重视催生"微观跨国公司"集聚

顺应新产业革命发展的趋势特征,以在沪跨国公司和市属大企业集团为重点,推动其生产模式、组织模式和技术模式的创新调整,增强其对全球产业链、创新链、需求链的集聚辐射力。一是生产模式创新。鼓励企业根据产业链条结构、价值链条构成、企业的优势基础和上海的基础条件,将原有内部产业链条上的部分非核心环节进行剥离和细分,剥离出来的小微企业大力发展时尚化、个性化、低碳化,具有较高技术含量的某个细分制造研发领域,以及具体几项有高附加值的设计、营销领域等,鼓励开发精品或特定个性化产品,推动行业发展的专业化、个性化;推动综合集成、柔性生产、精密制造等先进技术融入设计、制造和营销的全过程。二是组织模式创新。深化产业链条各个环节的信息化技术应用,推动企业组织方式的虚拟化和网络化发展,建立涉及产品设计、制造、销售等各个环节的网络平台和互动机制,推动计算机辅助设计等技术及仿真实验、协同研发等新型工业研发模式在汽车、船舶、航空、日用消费品等领域的深化应用。推动电子商务、供应链整理、产品生命周期管理等应用于企业管理;三是技术模式创新。促进知识创新与技术进步成为内生性要素,构建以企业为主体、市场为导向、产学研结合的技术创新体系。积极推动有条件的企业申报设立国家认定的企业技术中心、工程研究(技术)中心、工程实验室、检验检测中心等国家级研发机构和公共服务平台。强化企业在技术创新中的主体地位,引导和鼓励企业加大研发投入,支持企业利用全球科技资源,建立海外研发基地或收购海外科技和研发机构。重点突破产业发展的技术和市场瓶颈,加强高新技术的产业化研究。四是积极培育“微观跨国公司”。重点培育一批基础较好、潜力较大、行业带动性较强的中小微观企业,推动其发展国际业务,推动其在全球范围内的专业化生产、精准化管理、自主化创新、集约化经营和品牌化运作。完善企业创新孵化体系,支持国际化高科技小微企业的创立发展。减轻中小企业和民营经济的社会负担,降低准入门槛,扩大准入范围,增强企业的国际竞争力。构建全市中小企业社会化服务体系和公共服务平台,面向中小企业提供创业、融资、国际交流、技术创新、知识产权、检验检测、市场开拓、管理咨询、法律、信息化等服务。

(四)推动制造业企业实现“两头在沪”发展转型,塑造产业链竞争新优势

“两头在沪”企业是一种新的总部经济形态,是功能性业务机构的集聚,具有整合产业链、创新链、供应链的强大功能。发展研发、销售“两头在沪”的制造业,集群国内外研发、设计机构,以及营销组织、交易机构、采购机构,是上海产业结构调整的重要方向,也是上海未来发展的重要经济增长点。一是聚焦重点领域加快推动“两头在沪”的发展转型。其中,战略性新兴产业领域要加强核心关键技术的研发、产品的市场化推广等,制造基地的布局应严格把握产能与发展规模;先进制造业领域要将发展“两头在沪”企业作为未来转型发展提升的重要方向,重点推进汽车、钢铁、石化等行业研发设计与营销交易这两头的高端服务,如工业设计等,将研发设计成果的生产制造环节,或“产能实现”过程,部分外移到劳动力成本相对合理、要素资源相对丰沛、性价比较为适中的城市,制造环节中具有绿色、低碳、科技、时尚、轻型的环节或领域上海应予以保留并大力发展;传统消费品制造领域,如食品加工、纺织服装等,要加强时尚设计、交易展示等的发展;二是为“两头在沪”企业创造更好的发展环境。充分发挥上海良好的商务环境、雄厚的工业基础、便利的交通条件以及密集的优秀人力资源等优势,进一步注重营造良好的制度环境,形成与产业经济战略相匹配的政策安排,在工业用地二次开发、招商引“智”和招商引“知”、税制改革、金融创新等方面对“两头在沪”企业给予支持;三是研究不同行业“两头在沪”企业的个性化发展需求。充分发挥协会、商会的作用,创造更多的服务研发、销售的公共平台,加强与“智造”品牌质量、水准、含金量相匹配的各类品牌推导、营运与管理机构的集聚,形成“上海智造”的综合品牌服务解决方案中心,为“两头在沪”企业的发展提供便利条件。

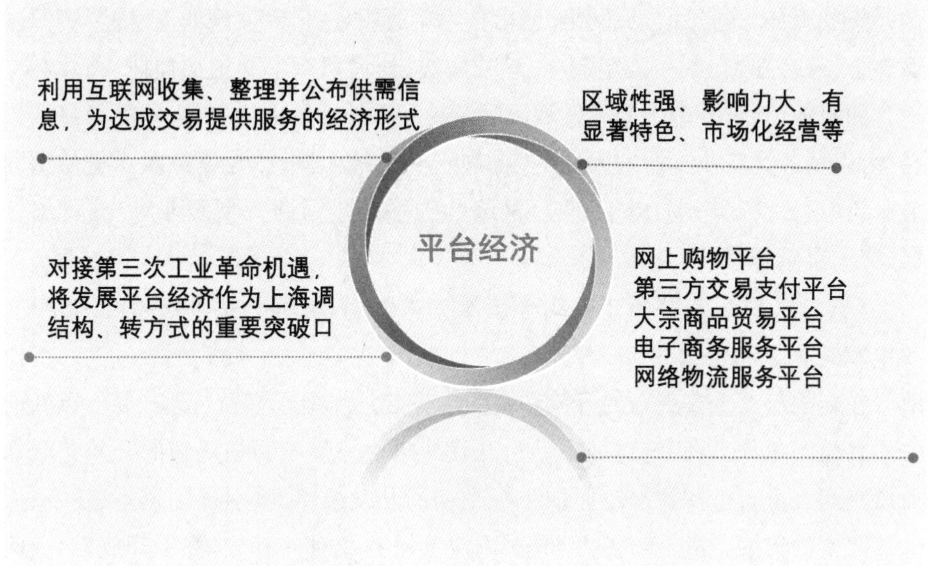

（五）基于信息技术深度应用与广泛渗透，以平台经济引领服务经济新产业、新业态、新模式创新

通过信息技术的深入应用，借助平台经济的迅速发展，大力推进服务经济领域的新产业、新业态、新模式，加快形成服务经济为主的产业结构和“四个中心”核心功能。一是在线服务。加强网络、信息、通信等技术的创新应用和发展，发挥虚拟服务应用计算机和互联网进行会议、展览、贸易和旅游等活动的优势，通过三维虚拟技术实现立体互动，积极推广实时网络交流和电子交易，使服务更加高效率、智能化、个性化，同时产品信息、交易情况、会议内容等通过互联网随时发布更新；二是个性化定制服务。建立功能多元化、使用简单化、服务互动化的个性化服务产品定制平台，实现在电子商务环境下与客户进行实时数字化、互动式交流和信息管理，通过大型数据库、数据挖掘和数据仓库技术对海量客户数据和商业数据进行管理和智能化分析，按照客户需求及时提供个性化产品和服务。同时，注重延伸服务内容，在分析客户原始资料和交易记录的基础上，推断客户的消费习惯、消费心理、消费层次和潜在价值，并据此向客户推荐服务产品信息，提高服务的质量水平、精准性和有效性；三是互动服务。抓住“三网融合”及3G、

4G 技术快速发展机遇,在应用"互动式数字化复合媒体"等互动服务先进技术的基础上,以国际先进的互动感应技术为核心,实现虚拟与现实的实时沟通交流,积极拓展数字电视、移动电视、手机媒体、互动式广告等多领域的互动服务;四是集成服务。通过信息、网络、通信技术集成服务资源,实现线上、线下资源全面整合、综合配置、菜单式定制、一站式解决,让消费者享受更加便捷、高效和专业化的服务;五是平台服务。发展国际贸易和海外营销促进平台、国际信息港平台等,以及各类产业专业型服务平台(物流平台、数据库平台等)、展示交易型服务平台(要素交易市场、电子商务、网络购物等)、生活服务型服务平台(网络社区、交友俱乐部等)。

(六)以更加主动的开放战略融入全球化,参与新产业革命的技术开发、规范制定与战略分工

在新的起点上实现新的开放和新的优势,通过"引进来"、"走出去",以新的方式参与国际分工,实施更加主动的开发战略。一是不断拓展新的开放领域和发展空间。重新审视和制定更加积极主动的开发战略,吸引国际资本、技术、人才等要素的集聚。进一步扩大金融、物流等服务业对外开放,稳步开放教育、医疗、体育等领域,引进优质资源,提高服务业国际化水平。支持有能力的国内企业开展跨国并购,培育本土的全球性跨国公司和著名品牌;二是着眼于增强全球资源配置能力的上海"四个中心"建设。中国经济发展和国际地位需要一个国际化的全球资源配置中心和资源定价中心。建设国际经济中心,就是形成全球资源配置中心,载体就是开放的市场机制和中国公司总部集聚。建设金融中心,就是实现人民币国际化和资本项目最终实现自由兑换前提下,确立全球人民币中心地位。建设国际贸易中心就是要大力发展离岸贸易等新型贸易,推动自由贸易的发展。建设航运中心,就是要形成自由港的功能和制度。这些目标的实现,都要求实行新一轮更高起点上的开放发展。

(七)建设新一代个性化、智能化、网络化、低碳化智慧城市单元,加强信息化与城市化的深度融合

智慧城市建设是以新一代信息技术为基础,用智慧化的手段解决城市发展所面临的各种问题,营造产业更便利、生活更宜居、发展更可持续的现代城市。上海要加快推动智慧城市建设,实施信息化领先发展战略,加快完善信息基础设施,拓展信息技术在经济、社会、城市管理等领域的应用,提高城市的智慧智能程度,实现信息化与城市化的深度融合。一是继续提升信息基础设施建设水平。

通过建设和打造宽带城市、无线城市提升改造基础网络，推动城市光纤宽带建设、无线局域网建设和宽带网络无线化。有序推进“三网融合”，提升互联网国际、省际出口能力，构建亚太信息通信枢纽，建设国际化水平的信息基础设施，构建宽带、泛在、融合、安全的信息基础设施体系，成为国内带宽和服务最具竞争力的地区之一；二是加快建设公共信息平台。扩充互联网数据中心，促进互联网数据中心规模化发展，积极推广云计算等新技术在数据中心的应用；发展高端外包呼叫中心，大力拓展面向离岸外包和专业服务外包领域的高端服务外包模式，提升服务层级和服务水平；引进全球性、集团级运营和服务中心，包括电信运营企业、跨国信息技术企业面向全球和全国的网络管理、业务运营、数据服务、内容开发等；三是深入推进智慧应用体系建设。智慧应用体现了政府、企业和市民应用三个层面的内容，上海应围绕这三个方面，以智慧交通、智慧教育、智慧医疗、智慧社区、智慧城市管理、智慧公共服务、智慧贸易、智慧制造等智慧应用系统为重点，进行系统部署和应用，加快推进智慧城市应用体系建设；四是创新打造新一代智慧城市单元。可以园区、社区、集聚区等载体，试点打造一批具有高度智能化、网络化特征的个性化智慧载体。支持园区信息基础设施集约化建设；促进园区管理信息化，推广地理信息系统（GIS）、建筑节能控制系统、应急响应系统等在产业园区中的建设应用；推进园区公共服务信息化，支持建设园区信息化服务平台。同时，与国家新型工业化产业示范基地建设紧密结合，以临港、漕河泾、张江等制造业基地，现代服务业集聚区和生产性服务业功能区等为重点，组织开展园区信息化评估，打造并认定一批高建设标准、高管理水平、高服务能力的“三高”数字园区。

（八）塑造制度改革创新“红利”，形成适应新产业革命发展的内在机制和外部环境

产业变革需要制度环境的更新，上海应关注新产业和新业态的制度政策需求，先行先试，通过体制机制创新，率先突破制度瓶颈。一是创新关键技术突破和产业化的制度安排。产业政策、创新政策和战略性新兴产业发展专项政策应该向这些领域倾斜，将促进产业转型升级与应对新产业革命结合起来，通过政策支持和政策创新，突破支撑制造业“数字化”的关键技术，为第三次工业革命做好技术准备；二是创新新兴产业发展的投融资机制。鼓励金融机构创新业务，加大对新产业、新模式、新企业的金融支持。支持金融机构开展面向开发区、产业链及科技型、小微企业的金融服务，推进产业与风险投资、股权投资等金融资本的融合；三是建立有效保护知识产权的制度规范。知识产权是影响产业竞争力的核心要素，有效保护知识产权，成为影响产业发展态势的关键性条件。促进知识产权的创造和运用，支持企业形成自主知识产权。完善知识产权资助政策和奖励制度。加大知识产权保护力度，完善司法和行政保护机制。完善知识产权公共服务平台，促进知识产权中介服务业发展，健全知识产权交易体系，加强国内外知识产权合作交流；四是创新人力资本集聚的制度安排。新产业革命不仅要求生产组织方式与其相适应，而且对开发和使用这些新技术的人提出了新的更高要求；不仅要求先进制造技术及其配套服务的研发人员能够站在技术创新的前沿，而且对生产现场的工人提出了由简单劳动向技能型劳动和知识型劳动提升的要求。上海要增强高等教育学科设置调整的灵活度，及时根据未来制造业对设计、IT、营销等专业人才的需求优化人才培养结构，强化应用型人才培育。

第二节　提高认识　尊重规律
为产业转型作更大贡献

一、深入研究思考，重新定位和
认识战略性新兴产业

（一）要从对战略性新兴产业自身的认识，以及它的重要性、必要性和紧迫性上进一步统一思想、提高认识

国民经济的发展按照统计方法通常划分为若干个行业和领域，然后研究它们量的变化、比例的关系和质的提升，所以经济结构的创新问题是从产业分类开始的。目前，第二产业和第三产业的边界不再明晰，有些产业已经出现了双重属性。工业开始出现服务化的趋势，新的技术使得工业的分工进一步细化。以汽车制造为例，工业制造过程进行全球化分工后，除了汽车的总装属于狭义制造业外，大部分已经是服务业，包括零部件的跨采。而在整个国民经济的环节中，交易消费作为最后一个环节，在 GDP 中的占比从变大到再次变小，这是因为当今的网络化进一步缩减了中间过程的交易成本。在整个发展过程中，尽管把国民经济分成很多部门，但其实都是在为国民经济的发展服务。之前提出的先导产业和主导产业，就是要在发展当中添加新的东西，在某些领域里起到先导或是主

导的作用；而新兴产业是要进行鼓励和培育的，使其壮大之后成为支柱产业。

当前培育发展战略性新兴产业，这个概念是由两个部分组成的，一是高新技术产业化，二是产业高新技术化。当今技术翻新非常快，不存在某个单位、企业或地区能够独立成功，如果不放到全世界去比早晚会失败，所以无论做企业、做行业或是管一个地区、一个国家的经济，最担心的就是技术选择失误，最怕的是营业模式的失败。现在创新产品频繁推出，今后4G覆盖以后，我们的生活就更离不开智能终端了，界面、速度、宽带、可拓展的内容都将进一步优化，一个智能终端就能把所有的问题解决。所以信息化的发展不以人的意志为转移，它能把国民经济重新洗牌，影响是颠覆性的。

制造业也在标准化的基础上出现了柔性和个性化制造，出现了解决工程技术、人性化控制等一系列多品种小批量的柔性制造。标准化的前提是大规模生产，现在生产线适应性很强，以汽车组装为例，如果按照订单经济，那么组装成本会很高，组装线很长，工序的节拍也会受影响，不可能进行柔性制造；但物联网及信息技术大量使用，组装实现了模块化架构，整个框架重新设计，流水线缩短，而且满足个性化，实现了完全按订单量的柔性生产。

（二）从高新技术产业提升到战略性新兴产业，首先要了解什么是新兴产业

新兴产业的概念是动态的不是固定的，国家提出的以及上海对应提出的这些行业，其实只是一个方向。真正的细分要进入大类产品，所以搞园区、搞区县的同志要去研究区域或行业，挖掘优势打造配套的产业链，形成产业生态系统，使区域的经济有根植性。战略性新兴产业就是怕朝三暮四的企业，没有根植性，生命期很短。战略性新兴产业不仅要按照国家的要求来做，还要放眼世界、服务全国、不断发展，所以要不断地创新。简单来说，概念是特定的，但其中变化无穷，要求我们用动态的、创新的眼光去审视和思考，既要研究科学本身，还要研究企业的新突破和新发展。实验室转化成产业规模的周期是很长的，很多企业在找到技术平台发展某些服务和产品的时候要担当风险，因为他们之前在人才储备、在管理团队等各方面做了很多前期工作，所以要综合判断一个企业的前景。

我们培育战略性新兴产业最重要的是要考虑发展需要什么、市场有什么、企业有什么，然后用竞争的、开放的、市场的机制加以扶持，优胜劣汰，不能以自己为主角去发展战略产业。所以首先要在认识上有市场的、动态的理念，还要有全球性、开放性眼光。战略性新兴产业对国计民生和国家来说是有战略意义的，其中既有传统行业，又有新技术、新模式，也有新技术进一步形成的新经济、新业态、新发展；第二，战略性新兴产业在做好顶层和全局谋划的同时，一定要有突破口和抓手；第三，我们要有所担当，还要发挥各方的优势；

（三）是战略性新兴产业要做好微分和积分

目前经济形势下行、产能过剩、市场萎缩，加上产业发展的边界条件，上海又有非典型性的发展和典型性的转型这样一种特殊性，不仅要求单位土地产出高，单位劳动力产出也要高，节能减排的指标也要求高，这些因素都决定了必须要走高端路线。二三产业既然是融合发展，就不要去争论工业或是服务业。根据统计数据，郊区的工业仍然高歌猛进，同时郊区也在加快培育服务业。我们应该发挥各方作用把产业发展好，不是追求规模或速度，而是要有质量、有后劲、有技术先进性、能够参与国际竞争、能够担当国家战略。

二、坚持六要素统筹推进，加快发展战略性新兴产业

第一一定要坚持规划引领和正确的定位和导向。做任何事情，方向一旦错了，努力越多，负效应越大，所以要把规划方向定位搞准。做好规划后就可以用各种办法扶持存量企业、淘汰劣势企业、做大优势企业，打造产业链，引进新的载体。每件事情的切入点要小，大而全的事情没有抓手。

第二要确定主体。政府不是市场主体，龙头企业是主体。要关注各类所有制企业，服务好央企、地方国企、外资、民营经济在上海发展。要围绕产业链建设，通过龙头企业引领带动，打造产业链上下游环节相配套的产业生态链。

第三是载体。很多人认为上海缺地，发展没有空间了。其实全世界都是这样的，集聚就是规模、集聚就是品质，上海是一个集聚性很强的特大型城市，区位好、人才优势明显。商业流、信息流、人才流集聚，通过集聚又可产生扩散效应。另外，上海并不是没有地，而是没有增量土地。上海约 1 000 平方公里的存量工业用地，其中最好的四个园区每平方公里产出在 300 亿元。所以工业园区对上海工业产出率和投资的贡献率都在 2/3 以上，但工业向园区集中的任务也只是初步完成。

另一方面，园区平均产出是 68 亿元左右，但是低端园区的产出远远小于 68 亿元。如果通过园区基地化，按照区位该做工业的做成高端工业，该提升生产服务业的提升成生产服务业，让这些园区都达到全市平均水平，那么上海的经济可以

大幅度增加。在确保乡镇、集体和原有企业利益的情况下，通过规划引领，政策聚焦、新的微分和积分，进行园区的再开发，提升容积率。要参照新加坡、中国香港、中国台湾的模式，不能把园区建成城市里另类的地区，要实现三区融合，建成生态园区、和谐社区、现代化城区。比如104以工业为主，适当搞一些研发的展示中心、做些服务。195以服务为主，适当搞一些关键零部件的制造也是可以的。

第四要有项目。项目的谋划来源于企业的谋划、高新技术产业转化的谋划、国际国内合作的谋划，包括推进内资项目的投融资创新和招商引资服务企业的创新，要建立联动机制，包括产业链招商、基地化招商、国家行业协会等。我们通过国家行业协会推进中国工业设计研究院建设，在上海建立工业设计基地，帮助每个园区找到定位、找到抓手、找到生长点。然后就可以主动研究，以机器人为例，机器人必须要有若干有优势的区域分类聚焦，其中还有行业细分，要把人才、研发、核心制造、系统集成、整个应用工程都梳理清楚。这些事情不仅要做细，还要有操作性，不能只是一个口号，既然是战略性的，就要有战略性的思维和举措。

第五是投融资。投融资就是钱从哪里来、事往哪里干。首先，钱从哪里来是制约我们作为与胆略的一个瓶颈。行业里项目之间是有关联度的，要防止在一个领域里面重复培养若干个小企业、重复建设。战略性新兴产业也会重复，要在市场和专家充分认证的基础上，扶优扶强，优胜劣汰。我们要选择一部分好的项目，与产业基金合作共同推进，通过政府投入降低基金的风险，通过基金放大政府的投入效应，最后形成政府支持一块、基金出一块、金融配套融资一块、企业自投一块的局面。

其次，投融资创新要算大账，上海产业整体的投融资要考虑清楚投向哪里，要有科学的论证，最后必须拿出有操作性的意见。我们现在不缺宽度、不缺广度，而是缺深度、缺操作性、缺能够引领大家的事情，比如工业布局调整，104、195要如何下手。只做锦上添花的事情不能解决问题，所以要把上海最差的园区转型做出成效。可以先做试点，比如最近“区区合作”，让发展较好的园区和相对落后的园区合作、品牌输出，之后再加大力度。如果有这样一个大的投入，资金可以通过专项资金加基金和金融来筹集，目前关键是把城市的面貌、经济发展的水平、产业的能级、就业的水平全面提升。

最后是环境。包括市场环境、法制环境、政策环境和人才的环境。政府要做好四个服务，服务“四新”、服务转型、服务企业、服务人才，其中人才是关键。打造战略性新兴产业要把培育好存量、提升服务好现有的、引进新的内容三方面结合起来。这些都是服务于一个大局,即转型和发展。所以发展的后劲来源于企业、来源于转型和创新、来源于人才。现在有些园区的功能还不够完整,比如缺少一些生活配套服务,所以我们要把自己当成是管理人员和服务对象,去体验一下,了解园区的所缺和所需。

三、提升统筹能力,争取战略性新兴产业工作取得新成效

一方面,挖掘上海战略性新兴产业的需求,就要用产业的角度重新梳理。如上海公路运输可以通过物流系统再造,用信息化把车、路、货进行地理信息系统空间的网络化。产业发展了,政府的管理能力才能上去,我们应该"跳开一步",在和其他部门的联手合作中找到突破口。发展战略性新兴产业,也要按照教育实践活动的思路,做好大讨论、大调研、大协作、大转变。

同时,战略新兴产业现有投资管理的方式,要大胆实践,对以往的规则作出优化调整。战略性新兴产业投资对于好项目、大项目,要主动去包装和推进。首要的是技术改造资金要向服务业延伸扩展;其次在现有制度下,在区县匹配方面,对于特别好的项目,要大力支持推进;第三,服务业项目往往不需要工业技改那么大的规模,要把若干个有关联度的小项目打包一起做,而且是产业链打包。

此外,要处理好全局和突破的关系、软和硬的关系。现在过于偏重硬,而不重视软。兄弟省市有一些好的发展模式,比如北京的软件园包括云计算基地,创造了一种基金加基地的模式,一个园区只有一个龙头企业;深圳把新的园区布局规划好,而整体定位以及基本用地结构、比例和总的容积率、具体区域的布局造型都交给企业。我们要解放思想,做一些创新和突破。

第三节　上海产业转型与文化创意产业创新发展的思考

文化创意产业是产业协同的一部分。以前的文化创意产业分散在不同系统,现在需要加以整体规划、目标设定,统筹解决发展中的问题。要了解文化创意产业在上海产业转型发展当中所处的方位,首先要了解上海产业转型发展的历程。

一、关于上海产业的转型发展

上海是座有百年历史积淀的城市，在不同时期，有不同的城市功能、经济功能和产业功能。自改革开放以来，上海一直在转型发展的道路上不断前行。20世纪80年代，面临增长方式转变和产业结构适应性调整时期。当时钢铁厂合并，中心城区“退二进三”，都带来了整个城市的功能大改造，成本拉动等因素决定了上海适应性调整势在必行。20世纪90年代，上海进行了以打造六大产业基地和六大支柱产业为标志的产业结构战略性调整。其中除电子信息产业、高新技术产业以外，更多地仍然是工业发展延续而来的装备和制造领域的一些体量比较大的产业，如钢铁、石油、化工、汽车等，产业结构战略性调整支撑了整个90年代的发展。进入21世纪后，上海将产业发展方向定位为二三产融合发展，建立以现代服务业为主体的产业结构。2009年，上海确定了高新技术产业九大领域，2010年国家提出推进战略性新兴产业，上海形成了与国家战略性新兴产业相一致的重点发展产业。目前，产能过剩的问题倒逼上海的产业结构进入新一轮调整，即创新性调整阶段。

（一）以产业结构创新调整促进工业和服务业融合发展

创新调整并不是解决工业和服务业的关系问题，而是促进工业和服务业融合发展，催生出新经济、新技术、新业态、新模式，走高端化道路。实现创新发展，要满足三个基本指标：人均高产出率、地均高产出率和单位能耗的资源损耗带来的高产值，即要发展高技术含量、高附加值的产业。上海转型发展的关键，是要放弃短期的数量、规模目标，去追求长期的质量和发展后劲。产业结构的创新转型要赋予国际化的视角，这种创新的技术不是单纯从科学技术的角度看，不是实验室的技术，而是要站在产业技术的高度上，在市场机制条件下，能够形成国家和社会发展需要的，能形成规模化生产的产业技术，即先进适用技术。我们现在抓创新转型，从不重视科技到重视科技是一个阶段，从重视科技到重视产业技术创新，是一个新的阶段。我国的产业已经不能独立存在于世界产业分工的体系之外，独立地自我成为系统，我们引进的技术系统有合作期，如果没有自主产权的开发，在30年、50年之后，所有的流水线、母机都不能用。我们在国际分工当中仍处在末端位置，所以国家在新一轮发展当中提出要以扩大内需为主，这里隐藏着巨大的发展需求，从产业结构调整来说，必须要解决好发展自主权和竞争力的问题。

（二）以产业结构创新调整促进产业金融、组织和制度创新

在整个产业结构过程当中，过去注重的是布局调整、行业结构调整和产品结构调整。但在产业结构理论当中，前提是依靠市场经济，更多要关注产业金融创新、产业组织创新、产业制度和政策创新。现在的产业创新存在三个问题，一是过于偏重经济效益和结果，缺乏战略性、长远性的考虑，所以造成了产能过剩；二是缺少产业细分，国际经验已经证明，产业组织方式创新必须细分市场、细分产品，围绕产业链整合，而不是采用扩大统计口径、围绕覆盖面整合的现有方式。同一个技术，业态不同、组织方式不同，结果完全不同，这就是组织方式创新。比如美国在20世纪中叶开始，利用条形码和计算机网络进行的零售商业模式革命，沃尔玛的崛起，通用汽车的产业分工方式，组织模式从垂直分工变成横向分工；三是政府资金不能跨产业统筹使用，在工业经济服务化的阶段，很多小中见大的新技术项目要打造好产业链，加强产业投融资创新；具体要明确规划定位、找到领军企业，开展项目化推动、放大社会资金效应，以及完善政策和服务环境。

二、推动上海文化创意产业的创新发展

上海产业新一轮的创新转型发展，不能仅仅单纯依靠传统业务领域的转型发展，而是要围绕新技术、新产业、新模式、新业态，在信息化技术平台下，催生很多新行业。大数据实现了资源掠夺减量化和再利用、再循环、再制造。物联网的出现注重挖掘数据背后信息价值，使人的生产活动、人类的消费和整个经济的运行更加智慧。工业和服务业的划分逐渐丧失意义，新经济和实体经济相互依存，融合发展成为方向。上海文化创意产业十大领域，包括媒体业、艺术业、广告及会展业，休闲娱乐业、工业设计业、时尚产业、软件业、建筑设计业、网络信息业和咨询服务业。

（一）文化创意产业是高端经济的产业灵魂，是创新的源泉

一个国家的经济振兴，必须要有文化振兴。我国要从制造大国变成制造强国，必须破解工业设计的瓶颈。这方面，上海将把握中国工业设计研究院落户上海的契机，将上海打造成全国工业设计的龙头，吸引相关行业协会，建设人才实训、设计交易和展示基地。我们希望有几个区县能够围绕不同产业领域，成为工业设计的基地。

（二）上海发展文化创意产业有空间、有市场优势

一是建设文化创意产业联盟基地。目前园区基地化在安防领域已经形成了

从创意设计、研发、营销的整个产业链，但在文化创意产业没有类似载体。文化创意产业园区也要实现基地化发展，我们要打造文化创意产业的联盟基地，即同业联盟、异业联盟和产业链联盟，随后吸引若干个领域的核心企业入驻，带动整条产业链入驻并发展。作为园区而言，主要是做好基金配套、产业服务、政策服务、人才服务；二是开展“区区合作”。文化创意产业园区之间着手开展“品牌联动，区区合作”，在已有经验的基础上迅速传帮带，这也是产业转型的一种方法；三是实施二次开发。文化创意产业新一轮的发展会出现从中心城区向郊区迁移的情况，此时则应对中心城区的原有园区进行改造升级和市场化的开发，政府设定管理办法，带动社会投资，循序渐进，若干年以后，上海城市的魅力将既有现代化的楼宇，也有历史文化内涵，会吸引很多立志于创意、智慧工作的文化工作者在上海，使人口由数量型人口红利向质量型人口红利转化。文化创意产业是提升上海就业人口、结构优化一个非常好的载体。

（三）文化创意产业发展的若干措施

一是规划政策引领，有效结合可持续的市场机制。市场经济里，各行业可分成竞争性行业和公共服务业，竞争性行业是取决于市场竞争的，公共服务业是由政府购买服务的。文化创意产业属于半公益半盈利产业，其中的公共文化服务、公共平台建设需要政府投资，研发机构和开发商进行应用型的拓展，要合力推进文化创意产业发展。

二是改革创新思路，完善文化创意产业制度设计。我们有很多领域还游离于市场之外，在行政或者是事业单位里，在政府购买服务里，这为推动服务经济发展提供了广阔可能。结合政府职能转变，我们特别需要一些新思路、一些制度创新。

三是拓展空间载体，实现绿文融合发展。在城市各类公园中实现绿色和文化的融合发展，丰富完善公园的文化功能和旅游功能，也为文化创意产业提供进一步的发展空间。同时以区县为实施主体，把文化送到居民的生活中去，送到社区、送到绿化当中去。

四是注重需求研究，明确文化创意产业发展路径。文化创意产业、战略性新兴产业等，其实最主要的不是研究供给，是研究需求，通过需求反过来找到项目、找到市场主体、找到政府要做什么。目前一些制度性障碍限制了文化创意产业的市场化运用，需要我们在实践中一个一个提出、开题、解题、破题，最后解决。所以我认为上海的文化创意产业在未来还会有比较大的增长空间。

五是弘扬企业家精神，营造文化创意产业发展环境。据调查，上海现在有创业意向的人群比例是最高的,这与文化建设是有关联的。我们要弘扬企业家文化,激发经济发展活力,形成容忍失败的氛围,并且形成在文化创意领域尊重知识、尊重人才的知识保护制度。

六是关注人才培养,形成文化创意产业新优势。文化人才要有国际化的概念,不仅是单纯的专业队伍,而应该形成各类文化人才。教育培训是基础,人才使用的政策和环境是必要条件,文化产业的舞台和产业的投入机制,是人才发展真正的舞台,要全方位地把人才和产业组合起来一起做。下一步,我们将开展更深层次的工作,结合文化创意产业中有突破、有创新点的领域,围绕重点、难点、亮点,制定实施一些人才对接的计划。

第四节　认清形势　加强保障
推进产业结构调整工作

一、2013 年产业结构调整工作情况

(一) 主要目标全面完成

围绕 2013 年实施产业结构调整 500 项的目标,全年启动实施“三高一低”调整项目 680 项,超过目标 36%。调整项目涉及产值约 200 亿元,土地约 1.2 万亩,分流职工约 4.4 万人。这些项目减少能耗量约 60 万吨标准煤,占上海市全年工业节能量的 70% 以上,其中调整了 14 个年耗标准煤 5 000 吨以上的项目,如华谊氯碱化工 F2 烧碱装置、电气重型机器厂铸件分厂;减少化学需氧量、氨氮、二氧化硫、氮氧化物排放分别为 3 182 吨、31 吨、6 896 吨、2 424 吨。启动危险化学品企业布局调整 31 项,完成了全年调整 30 项的目标,一批生产企业关停,共减少危险当量 89 万吨。关停淘汰印染 1 400 万米,提前 2 年完成国家下达上海市“十二五”淘汰落后产能任务。

(二) 主要调整任务有序推进

1. 重点行业调整持续减量。87% 的调整项目分布在以下主要行业:金属加工制品和四大工艺、传统机械、纺织印染和服装、化工、橡胶和塑料制品、普通建材、家具和木材加工、纸品印刷、电子设备、食品医药等行业,其中 40% 的项目分布在乡村。去年专项推动了第一批 33 家烧结黏土砖企业调整。

2. 重点区域转型持续推进。普陀桃浦地区已关停了31家停车场、调整了1001家低端物流企业和399家仓储企业。宝山南大路第三期65家企业专项调整全面启动，部分区域转型已初见成效。吴淞工业区的转型调整体制机制初步明确。青浦华新镇以80家石材加工企业专项调整作为切入点，整体转型试点开始起步。闵行吴泾工业区涉及的185家企业的前期摸底工作基本完成。金山区化工、印染、四大工艺行业105家企业专项调整全面启动，助推新型工业化改革试点。松江车墩镇莘莘学子创业园转型调整已完成近80%，永丰街道玉树路西片区完成50%的企业调整。

（三）相关政策和保障措施不断加强

1. 完善倒逼措施。财政政策方面，按照“晚调整、少支持”的原则，修订颁布了《上海市危险化学品企业调整补助办法》，从2013年起市级补贴标准逐年减少10%。价格机制方面，配合上海市发展改革委等部门，研究形成了《上海市促进产业结构调整差别电价实施管理办法》。

2. 完善堵疏措施。探索启动了对部分控制行业新增工业项目出具产业政策符合性确认试点服务工作，为土地、环保、财税、金融等部门提供产业参考意见。组织开展了钢铁、化工、有色金属、水泥、四大工艺等重点行业现状摸底调查，初步统计104区块外仍有1 100多家企业。对调整项目腾出土地再利用情况进行了调研，会同上海市规土局探索推进195、198土地再利用的支持政策。与上海市政府合作交流办搭建产业转移服务平台，为调整企业向周边省市梯度转移，提供信息服务。

3. 完善监管机制。一是实施了产业结构调整重点项目社会公告制度，2013年完成的调整项目，在上海市经济和信息化委、各区县经委、企业集团门户网站上公告了企业名称、地址和调整内容，发挥社会监督作用；二是加强资金内审，会同市财政局委托专业机构对产业结构调整专项资金使用情况进行内审，加强资金监管；三是跟踪调整后土地的再利用情况。与上海市规土局建立工作对接机制，定期将198土地上完成调整项目的情况纳入市规土局项目库、落到规划图，实现对调整后土地再利用的总体规划。

二、产业结构调整面临的形势

产业结构调整是“创新驱动发展、经济转型提升”的有力抓手。经过2007年以来近7年的调整实践，调整工作逐步从单个企业拔点拓展到全行业、成片区域调整;从单一节能降耗向节能减排并重、区域社会功能整体提升转变;从偏小偏差企业为主向规模偏大效益尚好企业转变。2007—2013 年累计调整“三高一低”项目超过 5 400 项,铁合金、平板玻璃生产、电解铝、皮革鞣制整行业退出,专项调整了铅蓄电池、砖瓦企业,环线内传统纺织印染企业调整完成。水泥生产企业整合到 8 家 800 万吨产能,工业区块外的易燃易爆等危险化学品生产、储存、使用企业累计关停、搬迁 390 家,其中 88% 生产企业调整完成。石化、钢铁行业布局调整深化推进。结合总部经济、生产性服务业、区域生态建设等,实施了嘉定南翔、奉贤南桥、宝山南大路等 12 个成片区域专项调整。七年调整累计共节约标准煤 780 万吨,调整涉及土地约 10 万亩,分流职工 40 多万人。“十二五”前三年累计调整减少化学需氧量 10 491 吨、氨氮 249 吨、二氧化硫 11 914 吨、氮氧化物 6 552 吨。这些工作有力助推了节能减排,减少了城市安全隐患,为产业转型腾出了空间,为深化产业结构调整打下了基础。

三、下一步主要工作考虑

按照上海市委、市政府的要求,用改革创新的精神、思路和办法,在压和减上下功夫,按照“引逼疏堵、调整发展、以区为主、市区联动”的原则,面上铺开,点上突破,以效能和功能提升为重点,着力推进部分行业压减,拓展产业升级新空间,着力推进区域转型,以布局优化推动结构调整,着力推进手段创新,以多措并举调动区县和企业的主动性和积极性。

(一)主要工作目标

继续实施产业结构调整项目 500 项以上,淘汰高能耗、高污染、高风险企业,压减低技术劳动密集型、加工贸易型、低效用地型等一般制造业企业,实现污染排放物、安全隐患点、能源消耗量持续减少,同时不断释放存量资源。继续深化推进桃浦、南大、吴淞、高桥、吴泾等重点区域产业转型,优化钢铁、石化产业布局调整。助推青浦华新镇等一批传统老工业区的转型升级试点和郊野公园建设区域企业调整。合力出台一批政策和标准,综合运用经济、法律、行政等手段推进调整。

(二)重点工作任务

1. 聚焦重点行业,着力推动减量调整。以高能耗、高污染、高风险行业为重点,继续推动化工(危化)、钢铁、印染、有色金属、建材、四大工艺等行业调整力度,指导金山区等重点区县分年度落实三年调整计划。以资源利用效率低的行业为重点,完成上海市烧结黏土砖企业的行业性专项调整,推动奉贤区按计划腾出低效企业的用地，推进宝山集装箱堆场专项整治，减少低技术、低技能劳动密集型就业岗位；以大气污染防治和环境整治行业为重点，按照环保新标准，研究上海市重金属污染企业的集中专项整治方案，加大对挥发性有机物、二氧化硫排放大的重点风险企业的调整。

2. 聚焦重点区域，着力推动转型发展。北部地区以调整促转型，按照桃浦地区的转型发展实施方案，启动实施专项调整方案；结合宝山南大地区环境综合整治，基本完成南大一至三期专项企业关停工作；按照吴淞工业区转型的体制和机制，协调完成结构规划和控制性详规的编制及相关工作实施。南部地区以规划引领调整，深化吴泾地区调整规划，按照先易后难，推进部分企业调整；研究星火开发区调整转型方案。东部地区以新功能区带动老区域调整，结合中国（上海）自由贸易试验区建设，启动研究高桥地区产业定位、规划与调整方案。西部地区以大虹桥开发辐射周边功能提升，推进青浦华新镇镇域经济转型。外环生态经济圈以发展战略规划推动周边企业调整和条件成熟的老工业区转型提升。

3. 聚焦重点企业，着力推动钢铁、石化布局调整。以炼化一体化项目获得国家发展改革委核准为目标，继续平稳有序推进高化调整，协调推进高化新建项目尽快开工，力争“十二五”末高桥老区化工板块全部关停。明确宝钢不锈钢全国布局方案和冷轧薄板厂搬迁方案，会同相关部门研究支持宝钢吴淞工业区调整后土地的再利用，推进罗泾基地云计算、大数据等新产业发展。

4. 聚焦195和198工业用地，着力推进转型与减量。一是对195存量工业用地，通过存量工业用地再利用，研究功能定位、产业业态，确定规模、布局、开发强度，进行政策机制创新，形成工业用地转型发展的规划土地管理意见。二是聚焦集中建设区外低效建设用地减量化，集中加大对198工业用地的减量化力度，对于乡镇零星的工业点实施减量化，重点压减“三高一低”的工业企业数量。

5. 聚焦国家任务，着力推动过剩产能化解。一是推进水泥、钢铁的产能化解。按照《国务院化解产能严重过剩矛盾的指导意见》。按照产业布局要求，研究水泥生产企业产能压缩和企业整合方案。二是强化对钢铁、水泥等重点控制行业新增项目把关。按照试点一年要求，推进总结在部分重点控制行业开展产业项目产业政策符合性确认试点工作的经验，并做好与国家工信部的工作对接。

（三）主要工作措施

为确保全年目标任务的有序推进，2014年将围绕“引逼疏堵”，着重在政策引导、完善目录标准、加大市场化手段运用、建立后续评估与服务，以及加强责任考核体系等方面，实施以下工作措施。

1. 更新两个引导性文件。按照上海产业转型、布局优化和工业节能降耗的要求，颁布更新“本市产业转型升级指导目录和产业布局指南（2014 版）”和《上海产业能效指南》，做好产业调整转型政策引导工作。

2. 完善两类约束性标准。一是实施“负面清单”目录管理。结合《上海市实施〈中华人民共和国大气污染防治法〉办法》，从 2014 年开始，滚动分批颁布高于国家标准的“本市部分行业限制类、淘汰类产品、工艺和装备目录”。列入淘汰目录的企业，限期调整；列入限制类的，要通过技改提升或者列入调整计划。研究一般制造业调整的标准、范围、条件，并纳入限制类范围；二是严格新增项目准入条件。部门形成合力，研究出台一批重点控制行业准入的产业、能耗、环保、安全、用地等标准，2014 年计划首批制定环保标准 10 项、能耗标准 15 项，并结合上海实际分批分类公告重点控制行业的准入条件。

3. 拓展三种市场化调整机制。一是发挥差别化价格机制。在上海市推动实施《本市促进产业结构调整差别电价管理办法》，对淘汰目录内企业限期未完成调整的，区县作为实施主体按程序征收差别电价；启动差别水价政策研究；二是探索产能减量置换机制。按照国家化解产能过剩工作的要求，结合上海市实际，对各区县、企业集团范围内的部分重点控制行业，试点实施产能减量置换管理，新增产能同时倍减同行业存量产能；三是完善土地要素的调节机制。配合规土等部门研究出台工业土地利用的细化政策，通过城乡建设用地增减挂钩、用地规划调整、增加低效用地企业成本、调整后腾出土地再利用激励等措施，疏堵结合，提高区县调整淘汰落后产能的主动性和积极性。

4. 健全评估与服务体系。一是会同有关部门将产业结构调整定期绩效评估与阶段性后评估相结合，对调整效果明显、存量土地高效利用的区县加大相关政策支持力度，对淘汰不力、存量土地利用低或无计划利用的给予相关支持政策的限制；二是建立产业结构调整信息服务平台，做到对项目调整前、调整中、调整后的信息动态跟踪监管，并与国家工信部产业转移信息服务平台对接，与兄弟省市的产业合作对接；三是通过新闻、报纸、网站等媒介，加强舆论引导，形成产业结构调整良好的社会氛围。

5. 加强监督与考核。各区县对于推进的调整项目，在门户网站上向社会公告，接受社会监督；将产业结构调整工作完成情况作为绩效考核内容之一。

第五节　关于上海实施绿色制造战略的思考

党的十八大报告把生态文明建设放在突出地位，将其纳入全面建设小康社会“五位一体”的总体布局，要求着力推进绿色发展、循环发展、低碳发展，形成节约资源和保护环境的空间格局、产业结构、生产方式和生活方式，为我国制造业的下一步发展指明了方向。制造业必须改变“高投入、高消耗、高污染、低水平、低效益”的增长方式，走一条科技含量高、经济效益好、资源消耗低、环境污染少的新型工业化道路。美国、欧洲、日本都提出了以创新、节能、绿色制造等为重点的先进制造业发展战略。我们认为，绿色制造必将成为21世纪先进制造业发展的主要趋势之一。

一、绿色制造的概念和内涵

（一）绿色制造的概念

绿色制造由美国制造工程师学会（SME）在1996年发表的绿色制造蓝皮书中首次提出，是指综合考虑环境影响和资源效率的现代制造模式，使产品从设计、制造、包装、运输、使用到报废处理的整个产品生命周期中，对环境的负影响最小，资源能源效率最高。

（二）绿色制造的内涵

一是节约资源和能源，实现资源利用率最高、能源消耗最低，即通过资源综合利用、短缺资源的替代、可再生资源和二次能源的利用以及节能降耗措施，实现持续利用；二是环境友好，实现整个产品生命周期环境污染最小化，即提高工业产品在生产和消费过程中与环境的相容程度，降低生产活动给人类和环境带来的风险，最终实现经济效益和环境效益的最优化。

绿色制造由产品全生命周期的制造问题、环境影响问题以及资源优化问题三方面交叉和集成，体现了现代制造科学的“大制造、大过程、学科交叉”的特点。近年提出的绿色设计、绿色工艺规划、清洁生产、绿色包装等都是绿色制造的重要组成部分。绿色制造实质上是可持续发展战略和生态文明建设在现代制造业的集中体现。绿色化为先进制造业提供了持续发展的动力，绿色化、数字化、智能化,正成为21世纪先进制造业发展的主要趋势。

(三)绿色制造关键技术

以产品生命周期为主线,绿色制造技术可划分为绿色设计技术、绿色工艺技术、绿色包装技术、绿色回收处理技术以及绿色再制造技术等五类关键技术。

(四)绿色制造带来的变革

绿色制造将给21世纪制造业带来一系列重要变革和创新,表现在:一是制造企业的追求目标从单一的经济效益优化变革到经济效益和社会效益协调优化。二是制造系统决策属性从4个(产品的市场响应时间T、质量Q、成本C和服务S)增至6个(T、Q、C、S以及环境影响E、资源消耗R)。三是出现产品多生命周期工程,不仅考虑本代产品生命周期的环境影响、资源综合利用和产品寿命等问题,还将回用时间(指本代产品报废或停止使用后,产品或其有关零部件在换代产品中的循环使用时间)内的相关问题纳入整体考虑和设计。四是促进新产业的形成,主要包括开发绿色产品工艺取代资源环境影响较大的产品工艺,比如再制造产业;推进企业绿色设计、绿色工艺规划、绿色制造决策支撑的新兴软件产业。

二、国内外绿色制造现状及趋势

(一)国外绿色制造现状

欧洲、日本、美国等世界主要经济体积极推进绿色计划,绿色制造成为各国重振传统制造业、培育和发展新兴产业的发力点。同时,绿色消费逐渐成为一种全球性的现代消费浪潮。在欧盟和美国购买过绿色产品的消费者中,认为绿色产品比普通产品质量要好的消费者分别占41%和43%。

美国提出了可持续制造促进计划(Sustainable Manufacturing Initiative,SMI),提出在未来20年将原材料和复合能源消耗及污染物排放减少30%并研发相关绿色技术,出台了可持续制造度量标准。欧盟第7框架计划设立了“未来工厂(The Factories of the Future)”重大项目,开展新型生态工厂模型(New Eco-Factory Model)和绿色产品研发是其中的重要内容。日本公布了《绿色革命与社会变革》的政策草案,提出到2015年将环境产业打造成日本重要的支柱产业和经济增长核心驱动力量。建立环境导向的替代性新过程、新工艺、污染预防系统和资源循环系统。

为研究开发绿色产品,世界各国通常建立绿色产品认证和绿色标志制度,如德国“蓝色天使”、美国“能源之星”、日本“环境友好产品”等。许多跨国企业都制定了绿色制造实施目标和措施，开展节能降耗、产品生命周期评估（LCA）、环境审核、绿色产品开发等工作，如本田公司提出“实现全面绿色制造”计划；大众汽车提出了“Think Blue Factory”理念，要求提高生产能效、显著减少排放和提高资源利用率。

（二）国内绿色制造发展现状

当前，中国作为制造业大国的地位已经确立，但与美国、日本、德国等制造业强国相比，在绿色制造方面仍存在较大差距：一是能源和原材料利用效率较低，能源综合利用效率与发达国家相比低10%以上；二是环境保护意识淡薄，部分企业存在较重环境污染；三是设备回收和再利用率低，废旧设备回收再利用潜力巨大；四是绿色设计、节能减排工艺、绿色回收资源化与再制造、绿色制造技术标准等关键共性技术仍有待突破，产业和技术、标准需协同发展。

（三）绿色制造的发展趋势

一是全球化，绿色制造的研究和应用将愈来愈体现全球化的特征和趋势；二是社会化，绿色制造的研究和实施需要全社会的共同努力和参与，以建立绿色制造所必需的社会支撑系统；三是集成化，绿色制造是一个复杂的系统工程，必须从系统的角度和集成的角度来考虑和研究绿色制造中的有关问题；四是并行化，绿色设计今后仍将是绿色制造中的关键技术，通过与并行工程的结合，形成一种新的产品设计和开发模式——绿色并行工程；五是智能化，制造系统决策目标体系增加（T、Q、C、S、E、R），复杂的多目标优化问题需人工智能来支撑处理。

三、上海实施绿色制造战略的发展思路和原则

（一）发展思路

以具有带动性、示范性的典型产品与行业为对象，以推动产业链整体解决方案为主线，坚持“产品导向、技术发展、重点突破、推广应用、产业集聚”的总体思路，围绕“能源结构要变绿、产业结构要变清、行业结构要变优、产品结构要变精”的目标，重点突破绿色设计、绿色工艺、绿色回收资源化与再制造、绿色制造技术规范与标准等关键共性技术，开展绿色制造技术和绿色制造装备的推广应用，推动制造业绿色化改造，培育发展节能环保等绿色新兴产业，促进绿色发展、循环发展、低碳发展，提升城市生态文明水平。

（二）主要原则

坚持能源资源节约与污染减排相结合。把节能与综合利用作为工业绿色制造发展的重点方向，推进资源综合利用，减少污染物排放，探索建立节能、清洁、循环、低碳的新型生产方式。提高能效和产业化发展结合。实施能效提升工程，聚焦高载能行业节能降耗，整体提升上海市工业综合能源利用效率。培育发展节能环保产业，推广应用高端、高效、高附加值节能环保装备、产品和技术，创新发展节能环保服务业。重点突破与示范应用相结合。面向具有带动作用的典型产品、行业与区域，通过产、学、研相结合，集中攻克一批制约产业发展的关键核心技术，通过应用工程实施与产业示范，提高绿色制造竞争力。机制创新与行业提升相结合。开展绿色制造咨询与服务，构建绿色制造应用技术体系、产业创新体系和普及推广体系。以产业结构优化升级的技术需求为导向，培育和发展废旧产品拆解与资源化、装备产品再制造等新兴产业。

（三）主要目标

到2015年，规模以上企业清洁生产审核比例达到30%；重点监控企业污染物排放稳定达标率达到95%左右；单位工业增加值碳排放强度下降率达到23%；工业能源综合利用效率提高5个百分点；规模以上工业单位增加值能耗下降22%；节能环保产业总产值年均增速15%左右；能效提升工程实现节能量500万吨标煤；工业固体废弃物利用率97%左右；工业用水重复利用率83%以上。

四、下一步推进的若干重点专项工作

（一）绿色设计重点工作

工业产品生态设计。积极参与工信部等组织的产品生态设计试点，将污染防治从消费终端前移至产品的开发设计阶段。制定一批产品的地方生态设计标准，推广应用一批无毒无害或低毒低害原材料（产品）以及工艺技术；在基础较好的电子产品制造等领域，探索建立生态设计产品评价和监督管理机制，发布生态设计产品目录。

（二）绿色工艺重点工作

清洁生产全覆盖。在钢铁、石化、电力等12个重点行业、2 500家工业企业全面推进清洁生产审核；建设5个清洁生产示范园区，推进医药、钢铁、涂料等行业50个清洁生产示范项目，推广应用25项重点行业清洁生产共性技术。

工业能效整体提升。制定45项节能技术和管理标准、30项产品单耗限额标准,培育50家能效对标示范企业,加强单位产品能耗限额标准执行情况专项监察。落实重点用能单位能源审计,推进600多家企业电能平衡工作,建成上海市用电设备管理信息平台。完善工业能效监控平台,重点推进5家企业建立能源管理中心试点。推进3 300台锅炉清洁能源替代,推广800万千瓦高效电机。

节能环保服务业培育。依托花园坊节能环保产业园、宝山国际节能环保产业园、杨浦环保科技产业园等服务业集聚区,大力推行合同能源管理机制及相关的能源审计、节能量审核,组织开展碳排放交易相关的碳排放计量、认证和核查,推进重点用能企业能源管理中心和大型公共建筑、商业楼宇能源在线计量体系建设。到2015年节能服务业总产值力争达到80亿元,累计实现节能能力85万吨标煤。

(三)绿色包装重点工作

商品包装减量化。商品包装在满足正常功能需求的前提下,其材质、结构、成本应当与内装商品的特性、规格和成本相适应,减少包装废弃物的产生。从生产环节规范商品包装行为,进行源头管控。国家已出台限制过度包装标准的商品,必须符合强制性规定。对于未指定国家标准的商品,推动制订地方商品包装指导性规范。

(四)绿色产品重点工作

污染治理技术装备及产品产业化。围绕大气可吸入颗粒物(PM2.5)治理工作,提升燃煤电厂、工业炉窑、垃圾焚烧炉等设施的烟气脱硫脱硝除尘技术集成和成套服务能力。围绕海水淡化、高(难)浓度废水处理、水质在线实时监测等重点领域,重点发展城镇污水深度脱氮除磷一体化技术及成套装备、膜生物反应器、先进排污过滤工艺设备和受污染水体生态修复技术;到2015年污染治理装备产品制造业产值超过120亿元,形成2—3个产业集聚区。

重大节能技术装备应用。围绕应用面广、节能潜力大的重点领域,重点推进非晶合金变压器、永磁变频控制、高压变频控制、高压节能三相异步电动机、稀土永磁电机、低温位热能回收、高效换热器等节能装备技术的规模化应用。组织实施半导体照明应用示范工程,推广LED等高效照明产品;到2015年,上海市高效节能装备产品市场占有率提高到40%左右,产值达到200亿元。

(五)资源循环利用重点工作

再制造产业化。依托上海临港产业区、嘉定汽车城等重点园区,大力推进汽车零部件和机电产品再制造。通过引进卡特彼勒等一批国内外领先的再制造企业，推进一批重大示范项目建设。到 2015 年，实现再制造汽车发动机 5 万台、再制造高效电机 240 万千瓦、工程机械等 2 万台套，再制造产品产值达到 50 亿元。

“城市矿产”示范。支持“城市矿产”资源回收体系建设、再生利用产业化项目建设，推动废弃机电设备、电线电缆、家电、汽车、手机、铅酸电池、塑料、橡胶等再生资源的循环利用、规模利用和高值利用。形成一批产值达到 10 亿元的骨干企业，争取建成 2 个以上国家“城市矿产”示范基地。

大宗固废深度利用工程。持续推进钢渣矿渣、粉煤灰、脱硫石膏等大宗固体废弃物深度、高附加值利用，重点建设白龙港水厂综合利用产业基地，老港固体废弃物静脉产业园区和宝钢大宗固废综合利用示范基地，推进超细化、复合化中高档矿渣微粉产品，钢渣微粉、石膏速成墙板等产品的研发。到 2015 年，综合利用工业固体废弃物 2 500 万吨左右，实现固体废弃物综合利用率 97% 以上。

五、相关保障措施

（一）建立绿色技术体系

鼓励高等院校、科研院所、企业建立一批国家级、市级节能环保重点实验室、工程（技术）研究中心和公共技术平台。构建一批由企业主导、高校和科研院所参与的技术创新战略联盟，集中力量攻克绿色制造关键性的技术和工艺，加速绿色制造科技成果的转化。

（二）完善财税激励政策

对符合条件的节能、环保、资源循环利用产业化项目，可按照上海市有关规定纳入战略性新兴产业范畴给予扶持。结合增值税改革试点，落实节能环保服务企业纳入改革试点范围，加大税收优惠力度。

（三）加大绿色制造理念宣传

推广工业生态学和绿色制造方面的教育，推进绿色设计、绿色工艺和废旧产品资源化及再制造等培训，培养和引进专业人才。鼓励企业建立绿色制造工程教育基地，建立公益性平台提供绿色制造咨询服务和环境保护宣传。

（四）完善绿色制造技术标准

开展绿色制造标准的研究和制定，加快国外先进标准向国内标准的转化，形成应对国际贸易壁垒能力；针对制造企业产品的设计、制造、使用、回收及再制造等全生命周期的绿色化,建立统一的标准基础数据及信息平台。

(五)加强与战略性新兴产业衔接

绿色制造与战略性新兴产业中节能环保、高端装备、新能源、新能源汽车等多个领域关系紧密,互为支撑。在推进绿色制造过程中,注重智能化技术和制造服务模式的应用;而在推进战略性新兴产业过程中,始终贯彻绿色的理念和原则,可在基础、研发、应用等层次设立跨领域项目或课题。

第六节 持续推进军民结合产业体系建设

一、近年来上海推进军民结合发展工作情况

新中国成立以来,上海一直是全国军工资源较为丰富地区,尤其是在航天、船舶、航空、电子等领域拥有突出的科研实力和生产能力。同时,上海也是全国军工民口配套单位较为集中的地区。近年来,上海积极探索实践推进军民结合的有效途径,着力体制机制和政策创新,在谋划重大工程立项、推进项目落地实施、强化配套保障等方面切实加大工作力度,有力推动企业创新活力和经营效益进一步提升。具体表现在:

(一)突出"一技两用",技术转化成果丰硕

近年来,上海市军工单位积极对接培育战略性新兴产业,在新能源、智慧城市、电子信息、卫星应用、高端装备制造、船舶与海洋工程装备等领域不断加大技术转化力度。如外高桥造船公司承担建造的3 000 米半潜式钻井平台"海洋石油981"顺利交付使用,推动我国海洋石油工业的"深水战略"迈出了实质性一步。

(二)依托基础优势,配套体系基本形成

充分发挥上海拥有扎实的工业基础、门类齐全的科研生产体系等优势,上海市各类企事业单位、高校和民营企业等,紧紧围绕武器装备科研生产"大协作"配套能力建设,承担单机设备、仪器仪表、电子器件、先进材料等各项配套科研生产任务。

(三)注重产学研用,协同创新显现成效

坚持以龙头企业为核心,以重大项目为载体,以提升自主创新能力为目标,

积极探索创新产学研用联合发展模式。如上海航天八院和上海交通大学出资成立上海航天联合研究中心,在基础应用等若干领域进行强强联合攻关并取得显著成绩;上海轴承研究所以项目为纽带,组建了联合研发团队,攻克了关节轴承关键技术,填补了国内空白。

(四)发挥集聚效应,基地建设初具规模

围绕上海市创建国家新型工业化产业示范基地建设,积极推进军民结合产业集聚发展。如上海航天八院发挥航天科技优势,推进建设航天产业园,积极发展新能源、新材料、现代装备、高端汽配等军民结合产业,被国家工信部授予创建上海首批国家级军民结合产业发展示范基地。同时,加快推进长兴岛二期造船基地、临港船舶和海工配套基地建设。

(五)促进寓军于民,经营实力不断提升

一批军工单位坚持两条腿走路方针,着力改善军民品结构比例,逐步扩大民品经营规模,不断壮大企业经营实力。

二、下阶段推进军民结合工作的主要考虑

上海市军民结合发展的总体要求是:按照国家军民结合发展总体部署,结合上海市“十二五”发展规划的实施,以增强武器装备科研生产能力为主题,以“开放、共享、互动、创新、发展”为主线,坚持政府引导、企业为主体、市场为导向,突出配套、产业、技术、制度、保障、人才等要素。根据这一思路,下阶段上海市军民结合工作的核心内容是:在转型发展、制度创新、军民互动上下功夫,在提升能力、增强动力、形成合力上做文章,努力创建军民结合、寓军于民的新体系。

(一)在转型发展上下功夫,提升军民结合发展能力

紧紧围绕转型发展这条主线,强化产业、技术和配套等要素建设,从宏观、中观、微观三个不同层面夯实体系基础,提升发展能力。

1. 大力夯实产业宏观基础

充分发挥上海区位、资源和产业优势,聚焦战略性新兴产业、聚焦重点领域,加快构建军民结合产业体系。

一是坚持高端引领,强化产业支撑。做好军民结合产业发展战略与发展规划,并将其与战略性新兴产业规划有机对接;制定产业项目指南,聚焦智能制造

装备、船用动力及船电系统、卫星导航及应用等领域，谋划布局一批牵引性强、带动性大的战略性项目，加快培育一批行业带动效应明显的大集团、大公司，进一步提升引领产业发展能力。

二是加快园区建设，优化产业布局。优化产业链布局，继续推进航天、航空、船舶、电子等军民两用基地园区建设，依托重点项目延伸产业链，培育和引进龙头企业，推动重大军民两用产业化项目向产业基地园区集聚，同时，不断完善基地公共服务能力，研究军民结合发展扶持对策，大力培育和发展一批军民共生的产业集群和企业集群。

三是促进深度融合，强化发展支撑。制定相关产业政策，支持军工单位利用技术和品牌优势，组建产业联盟，实现跨行业、跨专业的多元化发展，形成军民产业相互促进、协同发展的良性循环新局面。

2. 大力夯实技术中观基础

发挥企业创新主体作用，畅通军民转化渠道，大力开展产学研用协同创新，着力提升军民结合产业自主创新能力。

一是进一步清除民营高新技术企业进入障碍。充分发挥军民原始创新成果积累的群聚效应，在一些基础性、战略性领域吸收全社会优质资源服务武器装备科研生产。

二是加快发展军民两用技术。制定出台推动技术转化的相关配套措施和管理办法，组织编制核心技术转化目录，推进军民技术融合，努力促进创新成果转化应用。三是促进军民科技资源共享。促进军工和民口单位之间技术、人才、信息和成果等要素流动，推动建立一批战略联盟、联合研发攻关合作团队，支持建立军民两用技术开发中心、重点实验室和中试基地等共性研发与应用平台建设。

3. 大力夯实配套微观基础

以开放打破封闭，吸收社会优势资源，扎实推动“军转民”、“民参军”的转化，促进军民的融合发展、协同发展，形成“小核心、大协作”的开放式武器装备科研生产体系。

一是统筹推进“军转民”和“民参军”。在继续推动“军转民”工作的同时，下更大力气做好“民参军”工作，充分释放民口单位的积极性、技术创新和新品开发能力，支持有实力的民口单位发挥好自身优势。

二是加强配套能力体系建设。认真梳理“小核心、大协作”现有体系配套能力，深入研究加强配套能力体系建设的有关措施和管理办法，充分发挥市场配置资源的优势，吸收社会优势资源，以开放促转型，强化配套支撑，切实夯实微观基础，提高武器装备科研生产水平。

（二）在改革创新上下功夫，增强军民结合发展动力

正确处理好政府与市场的关系，努力推动制度创新，强化企业主体地位，切实提高自主创新能力，为产业融合、资源共享、优化配置创造条件，提升上海产业发展的活力。

一是深化企业改制，着力培育市场主体。吸引和推动军工集团公司在沪布局发展总部经济、建设龙头项目，实施跨地区、跨行业的专业化整合。

二是深化机制改革，着力增加内生动力。在激励机制方面，要探索建立管理、技术要素等参与分配的激励机制，试行期权、股权等分配方式，支持符合条件的企业享受“张江国家自主创新示范区激励政策”。

三是创新资源共享模式，着力推进协同发展。一方面，要探索建立技术转化、能力转移、资源共享等管理方式，促进企业内部资源共享。在组织层面、管理体系上，军品和民品既相对独立又相互交叉，要促进产业发展体系融合、人力资源共享、相互支撑发展。另一方面，要鼓励军地单位采取不同模式促进外部资源共享，如以项目为载体、以资本为纽带，建立多元化的项目公司、产业集团或产业战略联盟，使产业链相关方成为利益共同体。

（三）在军民互动上下功夫，形成军民结合发展合力

进一步加强部门间的沟通协调，统筹全上海军民结合资源，形成工作合力，共同推进上海军民结合发展取得新的突破。

一是加强统筹规划引导。加强顶层设计，从战略层面加强对融合工作的引导，把军民结合产业发展纳入区域发展规划，做好军工集团的产业发展规划与地方产业规划对接工作，把区域经济与国防科技工业经济的发展纳入地方发展统筹规划。

二是加强综合配套保障。在总结国家军民结合产业示范基地建设经验的基础上，继续推进军民结合基地“示范工程”建设，促进产业链上下游协同发展，实现军地资源在空间上的互动和共享；坚持以人为本，完善军民结合发展人才政策，将军民结合发展人才纳入“上海重点领域人才开发目录”，引进和培育一批创新型、复合型人才。

三是加强服务平台建设。推进各类服务平台建设，发挥好服务平台的引导、推动和保障作用。要搭建合作交流、综合信息服务以及重大专项推进协调等专项平台，为军民结合发展提供综合保障。

第二章

坚持市场主体
营造良好环境

第一节　引导企业　营造环境
推进上海品牌建设

一、以品牌经济作为城市经济转型升级的重要方向

上海将经济结构调整作为“创新驱动发展、经济转型升级”的重要内容，通过调整经济结构，打造高端化、国际化、市场化、智能化、集约化的新型产业体系，要为打造中国经济升级版发挥示范作用。要注重调整经济结构，提高发展质量和效益。调整经济结构只是手段，提高发展质量和效益才是目的。

上海产业经济未来发展方向

制造业与服务业融合发展
创新驱动发展
经济转型升级
工业化与信息化与融合发展
高端化
国际化
市场化
智能化
集约化

转型升级源动力来自十个要素，包括创意、设计、品牌、软件、创新、智造、创业、业态、技术、模式等。而现在有一种认识上的误区，简单地认为结构调整和转型升级就是二产转三产，理由是产能过剩。实际情况是，产能过剩不仅在一般的

传统制造业和服务业，甚至在一些新兴产业领域也出现，说明我们的产业经济结构调整，还没有从提高发展质量和效益这一关键因素入手。

结构调整、经济转型是否有效，可以通过劳动生产率这一指标来衡量。只有当所转向的第三产业的劳动生产率高于原先的第二产业时，这种转型才有意义和价值。无论制造业还是服务业，结构调整更为重要的是产业内部调整，促进产业能级的提升。要不断加大创新力度，提高产品和服务附加值，以达到提升劳动生产率、提高发展质量和效益的目的。

品牌是消费者心中的烙印和联想，产品品牌、企业品牌都是如此，这种品牌烙印来自产品和服务、质量和价值等方面的承诺等。品牌建设在提升产业能级和促进城市经济转型方面具有纲举目张的作用。上海要率先从产品经济向品牌经济转型升级，实现从注重数量和规模向追求品质和价值的转变，为经济发展增添新的源动力。

品牌是具有溢价的资本，品牌建设是一个系统工程。国务院和工信部关于推进品牌建设和实施品牌培育管理体系的有关部署要求，指明了规范化、系统性、实战型的品牌建设方向。我们要抓住机遇，加快推进品牌经济发展，包括高端制造业、现代服务业、文化创意产业等领域，都要争取培育出一批知名品牌。

加强品牌建设也是培育世界一流企业的战略选择，一个企业如果真正注重品牌建设，那么其质量管理、诚信建设、技术创新等各方面都会随之发展，品牌价值还是推进信息化与工业化融合的关键要素之一。将来的上海，应该要有一批具有国际影响力的自主品牌以及跨国企业集聚，真正体现城市转型升级提升的实际效果。

二、以品牌经济支撑“四个中心”和国际大都市建设

（一）品牌经济是国际经济中心破题的一把钥匙

如果国际经济、金融、贸易和航运中心建成，将标志着上海在资源配置领域成为全球分工体系中的重要节点。国际航运中心的概念比较清晰，国际金融中心和贸易中心也相继破题，但国际经济中心的内涵、外延、定位到底是什么，最近我们正在研究、尝试破题，品牌经济或许能成为我们破题的一把钥匙。在经济全球化背景下，国际经济中心不能单一讲增长中心，而应该是创新中心、品牌中心、资源配置中心、人才集聚中心、市场中心、投资中心和服务中心。为此必须把眼光放大到长三角，从长三角都市圈的整体定位来看问题。

（二）以品牌经济集聚辐射重要生产要素和经济资源

品牌经济是以品牌为载体，承担和发挥地区经济资源集聚、配置和整合功能的经济发展形态。在要素全球流动的时代，品牌已经成为吸引国际人才、资本、信息等资源的重要核心，也是有效应对劳动、土地、环境等资源硬约束的重要手段。当前，已经有很多国内外知名企业将研发设计、品牌营销等功能性机构落户上海，以品牌经济带动生产要素的流入，从而吸引总部经济的集聚；以品牌经济引导平台经济的构建，从而促进高端产业的发展。到 2013 年底，在上海落户的跨国公司地区总部 445 家、投资性公司 283 家、外资研发中心 366 家，合计超过 1 000 家。

（三）上海要坚持综合统筹、分类推进品牌经济建设

从城市竞争的角度看，品牌形态的演变有一个从产品品牌到产业品牌，再到城市品牌的发展过程。上海坚持综合统筹、分类推进品牌建设，一是强化企业（产品）品牌建设，以品牌掌门人培训为抓手，推进企业导入品牌培育管理体系，强化多层级品牌人才队伍建设；二是探索区域（园区）品牌试点，组织申报工信部区域品牌试点，探索以产业集群带动区域品牌和产业品牌的发展；三是提升上海城市品牌，对标国际标杆、加强城市品牌整体宣传，不断提升城市的国内外影响力。

三、以品牌经济促进上海城市软实力不断提升

城市品牌的营造已经成为诸多国际化城市的重要战略选择。上海要建设“四个中心”和现代化国际大都市，就要用心打造具有国际影响力的城市品牌。

（一）整合品牌元素，彰显城市发展魅力

企业、事件、人物、地标等元素都能为提升城市品牌注入活力。上海在各领域、各层次都有很多知名的品牌，比如上汽、张江、世博会、姚明、东方明珠、外滩等。透过这些品牌，世界各地民众得以从各个角度了解上海这个城市品牌，上海的城市影响力得以释放，形成在品牌塑造与城市发展之间的良性互动。

（二）注重创新驱动，激发品牌经济活力

创新是品牌经济的重要内涵之一。国际知名品牌背后都有大量的技术创新、设计创新和商业模式创新支撑。反过来，品牌的成功也催动这些企业持续、自发地追求创新。我们要将品牌经济与上海新技术、新产业、新模式、新业态的培育发展结合起来。比如张江通过打造产业集群区域品牌，成功孕育了大批高新技术企业，已经具有较高的国际知名度。2013 年，上海 R&D 投入占 GDP 比重约 2.3%，但在 R&D

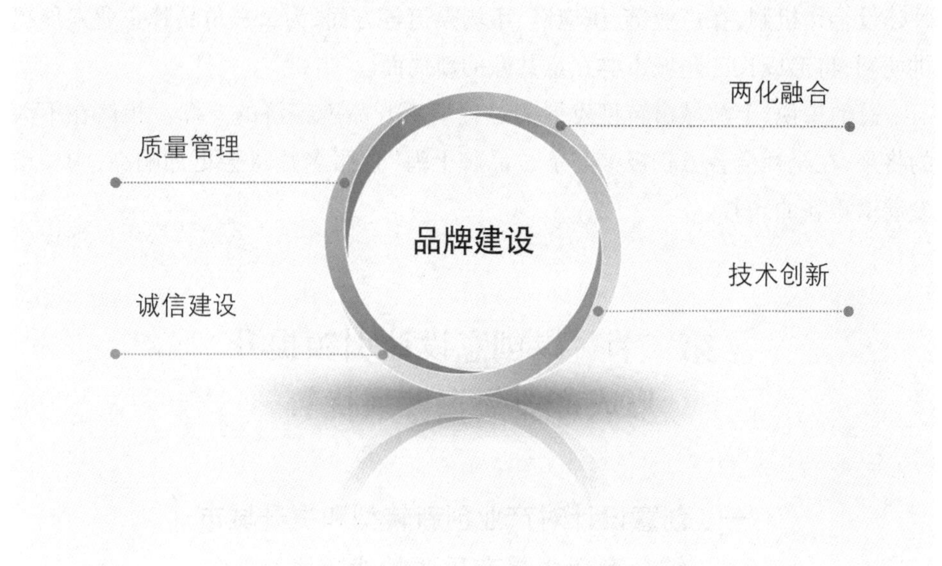

产出效益上与发达国家比差距还不小，下一步仍需持续努力。

（三）推进创意产业发展提高品牌经济影响力

在浓厚的海派文化影响下，上海品牌曾经是品质和时尚的代名词，“上海制造”无形中已经形成了一个品牌。虽然如今这个品牌的影响力不及以往，但其效应仍然存在，有待我们去重新挖掘。我们要大力促进文化创意、设计服务与相关产业融合发展，推动时尚品牌、文化品牌和创意设计品牌的繁衍融合，提升城市品质和文化内涵，使讲求时尚和创意的生活品质、文化内涵在每一个街头巷尾渗透开来，处处体现上海这座全球城市的文化活力、原创力和感染力。2013 年，上海文化创意产业增加值占全市 GDP 的 11.5%，全市涌现了江南智造、SVA 越界、国际工业设计中心等 100 多家文化创意产业园区，加快推进中国工业设计研究院等重大项目建设。

（四）积极打造上海品牌经济发展的良好环境

品牌的基础是诚信，让守信者得益、失信者惩戒，将为上海推进品牌建设创造良好的外部环境。上海非常重视“诚信上海”的构建，建立了上海市公共信用信息服务平台，企业、公民和第三方社会机构都可以从平台查询和使用信用信息，还开通了中国（上海）自由贸易试验区服务窗口。同时，品牌数据库也是上海品牌建设的一项重点工作，通过深化体制改革，实现“数据信息共享”，为上海品牌运行分析和政府决策提供重要依据。另外，我们还将进一步深化长三角品牌建设合作机制，在产业链、供应链、市场渠道等方面，为长三角品牌企业发展提供便利，将形成长三角城市群互惠共赢的新局面。

总的来说，上海城市转型发展的过程离不开品牌经济的支撑。相信在不久的将来，在全社会各方积极参与下，“品牌上海”这张名片将会更加响亮，为城市发展增添新的光彩。

第二节 以创意设计引领提升形成产业集聚发展优势

一、创意设计对产业创新转型和提升城市综合竞争力具有重要的战略意义

推动文化创意产业发展是优化产业结构、提升城市软实力和综合竞争力的重要抓手与举措。上海在加快推进创新驱动发展、经济转型升级的过程中，把文化创意产业放到重要的战略地位，提出要以设计作为文化创意产业发展的重点，将上海打造成为创意创业创新持续涌动、创意设计研发活跃的国际大都市。

（一）以创意设计加快推动产业创新转型发展

相对全国其他地区而言，上海当前已进入“非典型发展、最典型转型”的阶段，在现有资源、空间、能源、环保等刚性约束条件下，在人均、地均和单位能耗产出率等方面已高于全国标准，仍需向世界先进标准靠拢。因此，我们积极探索走全生产要素统筹、全生命周期管理、全产业链协同、全所有制服务、全价值链导向的创新发展新路。以创意设计提升制造业、服务业的核心环节，借助创意设计来整合科技、制造、商业、文化等资源，同时将创新、品牌、软件、新技术、新业态、新模式等融入制造与服务环节，促进传统产业改造和新兴产业培育，进而促进二三产业融合发展趋势下共同实现高端化、国际化、市场化、智能化和集约化发展。

（二）以创意设计提高企业竞争力和品牌软实力

从设计、技术和制造的关系看，“技术能力是骨骼，制造能力是肌肉，设计是

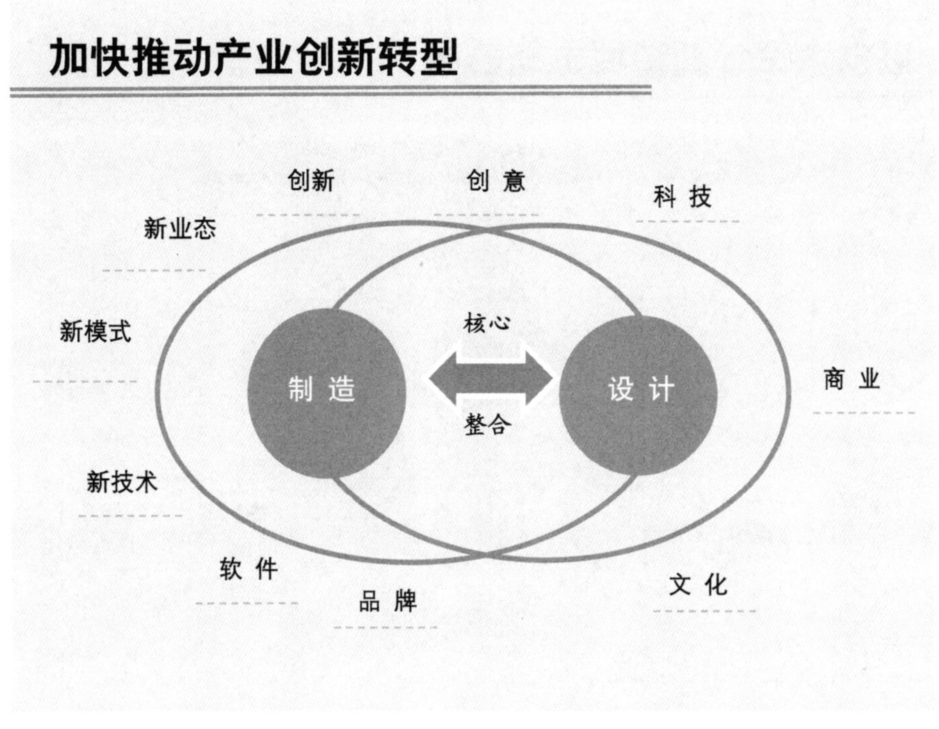

给躯体注入灵魂，设计是产品、品牌的 DNA”。当前，集成电路设计、软件设计、品牌设计等与生产制造产业链之间联系日趋紧密，资本、创意、技术、产业之间紧密融合。上海注重发挥企业在创意设计产业发展中的主体地位，结合新技术、新产业、新模式、新业态“四新”经济发展，鼓励企业通过创新设计激发内生动力，创新品牌模式；推动创意设计企业专业化发展，吸引创意型企业总部集聚。到 2013 年底，上海文化创意产业从业人员约 130 万人，实现增加值 2 500 亿元，同比增长 10%，占全市 GDP 的比重为 11.5%，呈现出设计与科技、设计与实体经济深度融合、创意创业创新相辅相成的良好发展态势。

（三）以创意设计塑造城市发展新形象

在上海加快推进“四个中心”和现代化国际大都市建设的进程中，依托文化创意产业发展，吸引国内外高端生产要素集聚，加强产学研合作与协同创新，建立与创意设计对接的服务和成果转化平台，积极打造设计创新体系。按照 Redesign、Reuse、Reduce、Recycle、Remanufacture、Reengineering、Restructuring、Reconsumption 的 8R 原则推动产业内涵式发展，加强绿色设计、创新设计导向，促进创意产业化以及产业创意化，不仅有助于塑造城市绿色、智慧、环保、宜居的新形象，也有助于

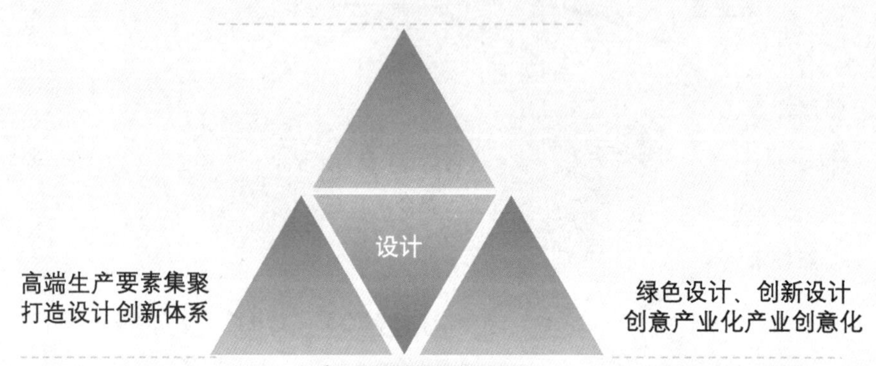

引领人们的生活方式,实现可持续发展。

二、上海推进“设计之都”建设的创新实践

上海是一个东西方文化交汇融合的国际大都市,历史沟沉,形成了上海独特的以多元性、包容性和开放性为主要特征的海派文化。经过各方努力,2010 年 2 月上海正式加入联合国教科文组织创意城市网络,成为“设计之都”。2014 年在习近平总书记访问联合国教科文组织期间,我们成功举办了“这一刻,在上海——设计之都展”和相关论坛活动。同期在欧洲文艺复兴诞生地意大利佛罗伦萨市中心正式启用“上海创意设计基地”。

(一)注重加强总体规划和顶层设计

为落实“设计之都”建设任务,先后成立了联合国教科文组织“创意城市”(上海)推进工作办公室、上海“设计之都”促进中心,协调推进全市创意设计产业发展和“设计之都”建设。近年来,上海先后发布了《关于促进创意设计业发展的若干意见》、《上海设计之都建设三年行动计划》等文件,着力推动产业创新体系、公共服务体系、社会环境体系和保障体系等建设。目前,上海文化创意产业发展形成了“一轴(延安路城市发展轴)、两河(黄浦江和苏州河文化创意产业集聚带)、多圈(区域文化创意产业集聚地)”的产业空间布局;工业设计、时尚设计、建筑设计等领域的实力水平不断提升,数字出版、网络文化、动漫游戏等新兴领域实现突破发展,努力将文化创意产业打造成为引领和支撑上海新一轮发展的重要支柱产业。

(二)注重推进创意产业基地和新载体建设

充分利用工业老厂房、老仓库等改造形成创意办公的氛围,目前上海市共有87个创意产业集聚区,总面积336万平方米,集聚了Frog、IDEO等来自世界各国的众多创意设计企业;其中全球排名前10位的广告公司都落户上海,全球排名前100名的建筑设计事务所中有60家公司已落户上海。江南智造创意产业集聚区、环同济建筑设计基地、田子坊、M50等优秀的创意产业示范园区发展经验得到广泛推广,目前我们正在积极探索园区、社区、街区融合发展的新模式。2014年,中国工业设计研究院作为大陆创意设计资源的重量级重要基地落户上海,整合汇聚国内外优秀工业设计产业链资源,建设设计创新能力领先、服务体系完备、综合咨询实力雄厚的领军机构和服务平台,努力打造工业设计研究新高地。

(三)注重营造支撑创意设计产业发展的良好氛围

上海注重加强设计创新人才培养,近年来发布了文化创意产业紧缺人才目录,选拔了一批青年高端创意人才、优秀女设计师等;注重加强企业创新能力建设,鼓励企业开展设计创新,评选了一批设计创新示范企业。持续加强公共服务平台建设,已有37家专业服务平台纳入上海“设计之都”公共服务平台体系,形成信息服务、展览展示、产业研究、人才服务、产业合作交流、投融资服务等核心功能,同时还开通了“设计之都”官方网站。每年秋天上海都举办“设计之都活动周”,成为上海创意设计业的品牌活动;2013年吸引了全球15个国家、国内29个省市的代表超过10万人次的关注和参与;2014年还将首次举办“中国国际工业博览会——工业设计展”,将充分体现上海在工业设计领域的引领作用。

三、进一步加强台沪两地在文化创意领域的深化合作

台北是台湾文化创意产业发展的核心城市,既有法蓝瓷、琉璃工房、诚品书店等国际品牌文创企业,街道巷弄也有许多特色文创小店,让台北更加充满魅力

和风情。台北市为文化创意产业提供便捷的公共服务,搭建各种展示平台,强调“原创”价值,以文化创意引导生活方式、提升城市品质等方面的成效,为上海发展文化创意产业提供了宝贵的经验。

上海与台北在发展文化创意产业方面已开展了丰富多彩的互动交流活动,双方市长曾多次率团交流考察两地文创产业。2010 年上海世博会期间举办了“上海台北双城文化创意产业博览会”,共有 116 家台湾厂商参加,两地业者互相切磋和交流经验。2012 年上海市政府代表团参观考察了台北文化创意产业。目前琉璃工房在田子坊开设的琉璃博物馆,已成为两岸文创合作的成功案例;吉富文创创业投资与台湾文化创意产业联盟合作,在上海世博园 B 片区打造文化产业园;在沪知名台资儿童用品品牌巴布豆,打造的同名动漫《巴布豆》在央视播出,得到业内高度认可。

上海当前正在大力推进国际文化大都市建设,将进一步加快工业老厂房、老工业园区向创意产业集聚区转型,一批新的载体与平台将呈现,其中蕴藏着诸多发展空间和新的机遇。我们期望和台北之间建立互动合作机制,尤其是在基地园区建设管理、创意设计团队和人才培育、文创产品互动推广等领域加强紧密合作,发挥两地优势,增强文化认同,提升中华文化融合力。我们热忱欢迎更多优秀的文化创意和设计服务企业参与到上海文化创意产业的新一轮发展进程中。上海市经济和信息化委员会将尽最大的努力,为来上海发展的企业和朋友们提供帮助和支持。

集新以远,汇精求盛;蜕变擢升,再开新局。让我们携手前行,共同谱写文化创意产业互动发展的新篇章。

第三节　转变思路　完善政策
全力支持企业发展

一、把握面临形势,转变经济发展思路

(一)当前产业经济面临的发展形势

目前上海在发展上是最不典型的,但在转型上是最典型的,碰到了其他省市没有碰到过的问题,比如上海的用工成本、保障缴纳水平都是最高的;同时上海

的环境承载能力、资源强约束没有新的增量,要通过结构调整来获得新的土地空间,通过节能改造促进新项目的发展。开展新项目要有一个能耗的空间,既要求有总量的削减,也有单位能耗产出率的要求。上海早在20世纪80年代就开始了产业结构第一次调整,纺织、钢铁大调整,中心城市百万人动迁。后来又发展六大支柱产业、六大产业基地,使得上海在装备工业和资金密集、技术密集产业当中形成了一个新的板块。进入21世纪后,提出二三产并举,以服务经济为主体。在此次发展过程中,正好遇上全球经济危机和几次大调整,随着绿色环保的要求越来越高,以及商业成本、物流成本、资金成本、能源成本、劳动力成本全部挤压,造成实体经济提前进入下降阶段。

(二)重新认识梳理经济发展的新思路

我们需要对经济发展的思路重新界定和梳理,这种梳理必须从根本上再认识,产业结构决定了一个地区产业的竞争力,决定了经济效率,决定了经济发展的后劲以及投入产出。所谓创新转型发展,核心是调好结构,调好结构要用改革、创新、开放的办法,用制度创新的办法去解决。所以在这个过程中,需要我们再思考。教育实践活动要求我们开展“四大四新”,所谓“四大”就是大调研、大讨论、大协作、大转变,要转变职能、转变作风;“四新”就是开展新技术、新产业、新模式、新业态的研究推进。通过教育实践活动,我们形成了完整体系,特别是十八届三中全会提出要发挥市场配置资源的决定性作用,同时要更好地发挥好政府的职能和作用。

自由贸易区不能单独理解为一个外贸体制和国际贸易的关系问题,从本质来说,是一个新的游戏规则。欧美的管理体制是一致的,政府管理采用负面清单的模式。而我们原来采用的是正面清单,规定好能够做的事,这种方式在经济结构变化小、市场波动小的时候很有效,当经济市场化强,特别是过剩经济状态下,又是在企业有开有关、发生海量变化、市场竞争激烈的情况下,这种管理跟不上新技术、新经济层出不穷的时代。现在自由贸易试验区面积尽管小,但最后会对整个上海的改革开放、对国家的改革开放提供可复制的经验。也就是说,从根本上来说这是一种经济管理制度的调整、政府职能的转变,就是要把市场配置资源的决定性作用落到实处。所以在准入的时候要采用负面清单,用新业态、新经济、新模式和新方法。中国发生的互联网重新洗牌的局面在美国已经走完了;互联网思维和互联网规律是不可抗的,所以原来的管理方式也产生了颠覆性的变化。未来互联网给城市带来的挑战是从“中心化”到“去中心化”。

经济发展中坚化,就是经济发展过程中不断产生很多中坚力量。工业经济出现了服务化趋势,服务和工业出现融合的趋势,界限不再明晰。比如汽车产业仅整车的装配线属于严格意义上的工业,从零部件的跨国采购,到物流配送系统、整车销售,包括车贷、车联网和后面一系列的延伸服务全都属于服务业。尤其是上海工业经济最终会越来越注重品牌、研发、设计,以及营销和后面的服务,中间制造部分抓住一部分关键零部件和系统。工业经济出现了轻资产化,日本也提出过一套思路,即对工业经济进行再定义,在互联网新经济背景下,企业主要是为消费者提供服务功能。

(三)找准产业发展的新方向

产业结构的调整起源于产业的划分,在20世纪60、70年代,以及80年代的前期,各类报告都是国民经济趋于合理,农轻重比例协调。改革开放三十多年来,不再提农轻重比例,因为已经退出了历史舞台。之后开始提一二三产协调发展,到上海农业比例小了,就变成二三产协调发展。实际上一产是从自然界索取资源的产业,二产是制造业加建筑业,三产是服务和消费,然后用产值结构和人口结构来分类。但是这种分法今天已经没有意义了,并不是二三产比例高就一定好,二产有低端产业,三产也有低端产业。上海产业高度化发展,产业结构形成二三产融合互动,经济价值、附加值、技术含量都要提升,人力资源要从依靠一般劳动力向高知识、高技能的劳动力发展,这就是产业高端化,要实现高端制造业和现代服务业“双轮驱动”。如果仅仅是二产比例下降,产业结构没有调整,人均GDP的水平仍会下降,由于失去了制造业的基础,服务业也会缺失一大部分。服务业分两类,一类是生活性服务业,主要指经济领域里的商品流通,即商业、餐饮等生活服务,也包括一部分住宅、养老和医疗;另一类是生产性服务业,包括金融业、批发、大宗商品交易、物流产业等。在GDP的构成当中,生产性服务业是生活性服务业的6倍,社会生产按照循环的过程,基础制造业的投入必会大于最终消费,只有一部分产品转化成我们最终消费,大部分用于再生产。所以上海这座城市,按照为2 400万人生活服务的产业,只能带来上海1/6的增长空间,还有5/6的增长空间需要产业实体经济的发展,因而任何时候都不能忽视实体经济。

其次要看国际市场。眼光要放长远,不能再拿过去十年欧洲、美国去工业化的数据作为今天决策的依据。发达国家出现金融危机、信用危机和债务危机,根源就是去工业化。德国却能一如既往发展得很好,因为德国始终把制造业当成立国之本牢牢抓住。在这种情况下,我们要紧紧盯住美国和欧洲的再工业化以及德国增强型4.0版的工业化。中国制造业总产值尽管在2010年超过了美国,成为世界第一大制造大国,但是按照当年联合国的数据看,我们创造的工业产值在工业结构的低端,产品附加值也是低端的。很多领域里关键性的设备仍然依靠进口,而且在过去的5年里,我国劳动成本的增长比美国快好几倍,物流成本是美国的一倍,金融成本也高于美国。

(四)集中力量抓好"四新"经济发展

"四新"指的是新技术、新产业、新模式、新业态。尽管看上去很抽象,但是内涵极其丰富,需要我们更关注企业发展和市场机制。从战略性新兴产业来看,上海高能耗、低产出的都不能搞,上海只有靠头脑、靠知识、靠创新来发展,提出"四新"不是简单发展七大战略性新兴产业,而是围绕"四新",在经济、制度、改革创新方面出台一系列的政策。

政府部门如果把审批放掉,大家担心事中、事后管理失控。我们已经建立了很严密的法规和制度,但管理水平仍然有待提升。西方管理方式很简单,用负面清单的方式规定了不能做的事,如果违法违纪就用法律制度进行处罚,就是我们现在采用产业负面清单再加上公共信用负面清单的管理方式。在经济社会发展当中,建立了社会信用制度,然后在此基础上建立法规和处罚条例,用诚信数据来约束企业和个人行为。

在经济发展当中,在技术创新的背景下,每个行业都有可能面临技术的更新换代,技术更新换代带来的新业态、新模式是颠覆性的、革命性的,传统的优势可能一夜之间荡然无存。所以商业模式转换就是把中间流程都省去,建立商业综合体。随着网络的发展,有三个方面是最重要的,第一是安全,不安全网络就不能发展;第二是便捷;第三是让消费者受益。信息化的领域是有渗透性的,中国工业化必须走两化融合道路,用信息化来提升制造业和服务业水平。互联网在美国已经很成熟了,现在美国转向物联网,就是物和物的连接、物和人的连接。按照科学家的分析,现在物物连接程度只占可以连接的1%,还有很长的路要走。

科技发展速度很快,一旦产品方向、技术方向选错了后果很严重。现在的创新是软硬一体化的发展,云计算发展到最后,所有台式电脑和手提电脑以及各种终端本身的储存量已经不重要了,所有的数据库都在云里面随时可以下载。现在发展到4G,也就是有海量的速度和空间以后,就使得视频成为下一个互联网产业的主攻方向。到5G时代,最后的模式就会演化成每个人都有一个身份账号,社会信用账号和手机账号捆在一起,下载的速度非常快,不仅有共有云,每个人也都有一个私有云,只要设计一个账号,每个人都可以拥有一个上海图书馆,可以把生活中感兴趣的东西下载下来随时随地看,不用考虑存储量。将来信息化水平很高,从早上睁开眼睛到晚上睡觉前都是信息化当中完成的,所以对经济、社会、生活是颠覆性的。

除了技术的颠覆性,还需要找到一个好的商业模式。比如苹果,颠覆了传统的发展专业化的模式,以前台式机电脑能满足各行各业以及科技工作者使用,很多功能对普通人来说是从来都用不到的。苹果根据消费者的时尚和需求,把功能性简化,设计了一个平台,非常互动、亲和、时尚,然后用市场的力量战胜传统的科技型产品,所以苹果是科技消费产品,消费是关键,市场的力量是第一力量。然后它的软件采取众包、外包、分包,小软件都可以叠加进去。所以未来的发展,一定要抓住技术和商业模式。

二、放眼世界,提升自身发展和合作能力

(一)认清美国再工业化道路的实质

当前,美国再工业化进程中大力发展机器人,用机器替代人。世界机器人数量预测今后十年、二十年会超速发展。其次,目前自动化生产的水平,产生了很多新的模式,比如美国将 2 700 兆到 3 700 兆的空间拿出来专门用于机器跟机器的连接,这将带来经济发展方式又一个质的提升,将来的制造业就是机器跟机器的自动对话;在这一发展过程中,美国对机器制造业做了生命周期的分析。反思传统的经济增长方式,从投入、产出到报废,不断扩大自然界资源利用,不断制造垃圾;然后生产规模不断放大,人均财富不断放大,GDP 不断增加,这就是线性发展。所以绿色新型制造业、智能制造业是一个环境友好的制造业,它是产品生命周期的循环闭环,总结为 8 个 R:再设计、再利用、再减量、再循环、再制造、再组建、再架构和再消费。如果通过这 8 个 R 从经济制度到技术和生产体系实现闭环的生产,人类对地球的破坏就会达到最小化。

今天说的再制造是在数字化、智能化的背景下,还有是在新材料基础上实现新科技发展,如 3D 打印。人类原来的制造是减量制造,元件通过生产过程消耗大量的能源,最后做出来一个机器零部件,然后再组装,等机器磨损后就报废了。现在的增量制造,是把磨损的部分回收再制造,把设计的尺度重新恢复,恢复的表面材料的强度和精度都超过原件的质量,所以国外再制造的零部件是很受欢

迎的。美国已经完成了可以完成再制造工业产品的80%，我们才刚开始。现在临港也推进了再制造基地建设，关键的飞机零部件、工程机械、工作母机、汽轮机的轴承、发动机等很多领域的产品都可以再制造。

美国人还发明了再制造设计，把再制造的要求在原来的设计里面提前做进去。比如知道一个轴承某个地方要磨损，在生产轴承的时候做一个反转的套，当磨损到一定程度的时候装上套，零件又是新的，这就是局部再制造。所以发展工业不是环境杀手，工业照样可以在绿色的情况下为人类做贡献。我们必须用全新的思维来重新审视上海的产业，引进“四新”，调整传统产业，实现高端制造业和服务业的新格局。但要走这个路，主要是对落后的产能进行压和减，在“四新”上下功夫，关注重点区域。把制造业转型升级和关心重大项目全面抓好，把信息化、工业化和服务业现代化组合起来，把握上海经济结构改革、创新、转型、提升的主线，用这个思路发展高端制造业和现代服务业。

（二）寻找新产业发展之路

在互联网经济的影响下，我们提出科学技术导向转向创新导向。有了企业家精神科技才能变成生产力，必须要尊重这个规律。产业发展仅靠企业也解决不了问题，必须从产业政策上入手，加强体制机制调整，激发发展的动力与活力。

在“四新”的发展当中，应该如何推进，做工作最怕的是有想法没有办法，有办法没有行动。现在“四新”看不见摸不着，真正的“四新”在美国。比如纺织行业是传统行业，以前叫夕阳行业，现在用信息化和文化创意进行改造，结果就是欧洲国家最盈利的奢侈品，只是在纺织和服装上包装了概念，然后精细化制作。可是中国做的却是低端化，比的是成本。每个企业做服务或是产品，都应该强调功效，进行成本效益分析，并不是成本越低就越好。

（三）统筹推进“六要素”发展

在这个发展过程中，我们提出政府职能正确发挥作用，要统筹推进“六要素”发展。第一是要行业分析，第二是要清楚企业，第三是要有项目。所以首先要精准定位，站在国际、国内的角度找到自身发展的定位，这个定位一定要具体化，里面还要再细分，分到统计的四类目录，然后研究研发过程、龙头企业和创新企业，把园区进行微积分，最后形成一个产业链。在这个新的发展里面，我们要聚焦细分。原来在传统工业经济发展阶段实行的是垂直分工，现在世界经济由垂直分工变成水平分工。

其实上海是很有潜力的，产业组织结构的调整、企业模式的调整没有学美国的方法。之后的发展，以导航产业为例，上海这座城市如果每个车都有导航装置，就可以给上海提高交通能力100%，使上海有了一个可持续的交通发展。导航的功能也有很多，比如可以预知前方的道路，选不同的路径，即时信息告知路况，定位停车场的位置，最后就是自动驾驶。要把标准不统一的产业在顶层设计设计好以后，用市场体制实现整体最优化，以最好的性价比满足消费者。

大数据时代后，人类就进入了智慧文明。过去的物质文明，是增加人均的物质消耗水平、人均居住面积、人均拥有的财富量；未来的智慧增值过程是享受最好的咨询和服务、最便捷的信息。现在的消费，不同的地方用不同的卡，而信用设施就是只要用手机扫一下密码就可以享受折扣，简化了很多程序。再往后发展，这个卡就会从芯片变成大数据的识别卡，在手指取样的时候取的是大数据，具有生命特征指标。

（四）支持企业创新发展

就企业发展来讲，一是要围绕自身的主业，结合国家和社会的发展有序拓展。一个企业的发展，围绕产业关联度进行拓展是最安全的。一定要看市场的机会，要审时度势地做。有了规划以后，就要始终突出市场的主体是企业，还要抓好载体，抓好关键项目，搞好投融资的创新，寻求最好的发展环境。

企业在下一步发展中，要围绕社会领域里面的公益性和市场化兼容的领域，比如养老领域，在智慧社区、智慧商圈、智慧园区、智慧新城、智慧乡村建设当中有很大的机遇。现在比较棘手的是商业综合体，商业综合体在全国已经过剩，超市服务对象不断减少，上海的发展对特大城市来说实际上面临着进退两难的局面。所以把智慧社区、智慧商圈、智慧园区、智慧新城、智慧乡村作为智慧城市建设的重点。其中智慧社区2013年做了15个试点，2014年拓展到50个试点，又选了四个区做区级的整合试点，把一个区所有的乡镇、街道都上升做成区级的平台，下面只是线下服务，做到信息资源共享。如果能用一两年时间做到区级统筹的话，之后就可以做到全市统筹。所以信息化过程当中，我们不光是一个规划者、协调者，也是一个积极的推动者。

现在讲的未来经济学、空间经济学、平衡经济学，其中很多新的概念跟航天和导航产业有关。地理信息系统可以看到地图的各个细节，卫星技术发达到能捕捉地球上任一细微变化。科技发展带来福音的时候，实际上世界上的事物都在发生变化。作为政府部门，一定要提高所有发展的正能量，防止侵害和危机，比如信息安全问题。当今世界的信息安全可分为国家信息安全、公共信息安全、企业信息安全和个人信息安全问题，我们在信息安全方面要积极用信息化和高技术的手段做好各方面的工作，今后的发展任务很重，仍需付出很多努力。

第四节　不断优化上海中小企业服务体系

一、上海中小企业十年发展轨迹

过去十年，上海中小企业的发展规模逐步扩大，发展结构趋于优化，发展质量有所提升，为上海的经济发展、市场繁荣、和谐稳定作出了重要贡献。

经济贡献。企业户数持续增加，占比始终保持在99%以上；吸纳就业总体平稳，占比基本保持在80%以上；实收资本和营业收入占比分别保持在70%以上和60%左右；民营和外资企业构成中小企业的主体。

行业发展。中小企业主要集中在批发业、工业、商务服务业、零售业等8大行业，数量占比达85%以上。近几年商务、信息、科技等现代服务业占比逐步增加。批发业和工业贡献了全部营业收入的2/3以上。

发展特征。上海进入经济社会转型期以后，中小企业发展空间更加广阔，呈现出明显的“以服务业为主，工业发展质量提高，以科技型企业、专精特新企业为引领，产业集聚和国际化趋势明显”的发展特征。但同时，大量中小企业长期以来粗放型的发展模式未得到根本改变，还要面对本地商务成本不断攀升、外部经济形势错综复杂等困难，经营发展面临挑战。中小企业总体发展速度较慢，企业活力尚未得到充分释放，具有行业细分市场龙头地位和国际影响力的中小企业数量不多。

二、上海中小企业发展案例剖析

目前，上海已认定“专精特新”中小企业1 000余家，主要分布在工业、信息传输、计算机服务和软件业、科研技术服务业等行业。据统计，这些企业吸纳了近20万人的从业人员，实收资本约330亿元。除营业收入取得快速增长外，这些企业在发展过程中还表现出“专业化、精细化、特色化、新颖化”的突出特征。

（一）“专”：专注于某一领域，持续进行研发投入

中小企业由于经营规模小，内部积累的经营资源相对较少，企业的持续发

展，不仅取决于其资源整合能力，还取决于其和上下游企业之间、和同行之间的协作能力。如至正道化、公元建材等企业专注于自身的生产领域，通过持续的研发投入，生产出符合市场需求的产品，同时致力于提高专业化生产和协作配套能力，为国内著名的重大工程项目提供配套产品，大大提高了市场占有率。

（二）“精”：以品质精良、性能优越的产品占领市场

华新合金过去只生产空调压缩机铸件，受行业影响较大，通过精细化生产拓展了产品品种和应用领域；凯兰达、新傲科技依托自主研发技术，不断提高产品性能和品质，提供满足市场需求的产品和服务，在所在的细分市场中占据了优势；古鳌公司不断创新产品，推出的第二代扎把机荣获国际素有设计界“奥斯卡”之称的IF设计大奖，也反映出它对产品品质的追求。这些企业还具有一些共同特点，如一般都拥有若干项发明专利、软件著作权、集成电路布图设计或专有技术，并十分重视对知识产权的保护，每年投入研发的资金保持在营业收入的一定比例。

（三）“特”：利用特色资源，提供特色化的产品或服务

特色资源，可以是具有地方特色的原材料，如必须在特殊环境中生长的农产品、旅游资源等；也可以是企业独有的技术或客户资源等，如专有技术、通过特殊途径获得的客户资源等。有特色的产品，是指企业利用掌握的特色资源，或采用独特的工艺、技术、配方而提供的具有独特性、独有性的产品或服务。如赫腾公司利用其自主研发的高新技术产品，依托国际技术市场平台资源，成功找到了一条高新成果转化的有效途径。杰之能立足于铁路系统的独特客户资源，展开自身的转型实践。特色化提高了这些企业的竞争力。

（四）“新”：通过各种创新方式，培育新的增长点

创新方式，包括技术创新、工艺创新、产品创新、销售模式创新、制度创新等。通过创新，快速应对市场变化，帮助企业立于不败之地。如安科瑞通过多种创新方式的结合，形成了企业的竞争优势，取得快速发展。新傲科技通过创新融资渠道，实现了当年提出生产线建设项目动议当年就建成投产的佳绩。新跃物流通过现代信息技术与传统物流行业的交叉融合形成了第四方物流的新业态。

三、国内外中小企业转型发展的经验

（一）德国——“隐形冠军”战略

德国的很多中小企业虽然规模不大、名不见经传，却是所在领域的全球领袖,被称为“隐形冠军”。随着世界制造业向低成本国家转移,这些企业也面临着转型的挑战,即把自己从欧美企业转型为欧亚企业。在此过程中,相当一部分企业仍然保持着最高的市场占有率,并且创造了更多就业,成为德国经济的核心。它们通常具有以下特点:一是大力关注能占据统治地位并在高成本的德国继续生产的细分市场;二是拥有开拓新市场的全球战略;三是拥有快速应对外界变化的创新方式;四是这些企业通常是家族企业或私营企业,具有经营管理的连贯性。企业创业阶段,德国政府一般不会给予任何直接优待,企业成长阶段,政府及相关社会团体承担着辅助性、但不可或缺的“疏通渠道”的职责。如德国各地工商业协会为其中小企业会员出谋划策;德国联邦、联邦州以及各城市地区都会设立经贸促进机构为企业投资提供咨询,帮助中小企业与海外市场建立联系。

(二)日本——高度专注、注重特色战略

日本很多小企业数十年如一日,只生产一种产品,专攻一门技艺。在一个领域内长时间专注,使其更容易形成特色,成为各自领域中的佼佼者,并造就了“日本制造”在全球的地位。其成功因素可归纳为:一是产业链形态和竞争结构。中小企业配套能力强大,导致产业链上下游企业间的交易关系十分稳定,市场上终端产品的竞争主要在大企业之间展开;下游的配套企业便可专注于技术研发、提高品质等价格之外的环节;二是市场需求。日本消费者以中产阶级为绝对主体,对高质量商品的需求远远超过廉价商品;三是企业家的“职人气质”。日本中小企业家多为工人出身,他们精益求精、以掌握高超的技艺为荣,并把这种技艺看作企业的核心竞争力;四是独特的管理理念。如充分重视员工的创造性,定期和员工深入沟通,鼓励员工开发尖端技术。

(三)美国——创新战略

美国实行典型的自主创新战略,中小企业凭借快速的市场反应能力、灵活的创新机制,在自主创新方面发挥着不容忽视的作用。硅谷的成功便是得益于以地缘为基础的工业网络形成的集聚效应、企业家的创新精神、与大学等研发机构保持密切合作、风险资金支持以及地区网络化管理机制等因素。美国政府一贯重视中小企业在技术创新中发挥的重要作用。“启动美国伙伴关系”计划、扩大对小企业贷款支持和税收减免、“负担得起的医疗法案”、“21 世纪大挑战”计划等一系列举措均涉及对创新和创业的支持。

(四)中国台湾——集群发展和名品战略

产业集群的核心是企业间通过群聚或网络汇集生产要素,对内降低交易成本,对外形成竞争优势。中国台湾集群发展状态指标在全球居首。凭借空间分布上的集聚、深远的文化基础、紧密的合作关系以及在细分领域做专做精的特点,台湾中小企业形成了能够适应外在经营环境变化的高度弹性化的组织,并在竞争中取得优势。重视倾听企业需求,协助企业排除障碍、引入创新元素并提升竞争力。近几年,其“经济部国际贸易局”和“对外贸易发展协会”连续召集特色产业厂商在大陆主要城市举办台湾名品系列展,设有各种专业展区和产业形象专区。

综上所述,我们发现,发达国家和地区的中小企业在转型发展中实际上也不约而同地在走“专精特新”道路。德国“隐形冠军”不仅赢在其低调的全球战略和快速应对外界变化的创新方式,更在于它们始终坚持对细分市场的大力关注(“专业化”);日本的中小企业长期专注于某一领域,往往更易形成自己的特色,发展成为各自领域的佼佼者(“专业化”、“特色化”);美国实行典型的自主创新战略(“新颖化”);中国台湾中小企业利用集群优势和名品战略,通过举办各种名品会抱团取暖,取得了竞争优势(“精细化”、“特色化”)。很多中小企业逐渐成长为具有国际化视野、优秀企业文化、先进管理水平的全球领袖,从实践来看,它们是真正具有持久生命力的企业。

四、上海中小企业的发展路径和政策建议

无论是上海“专精特新”企业的发展实践,还是发达国家和地区中小企业的发展经验,都支持上海中小企业走“专业化、精细化、特色化、新颖化”的发展道路。上海在推动经济转型的过程中,需要一批适应新形势要求的企业家发挥积极作用,还要解决技术、市场和品牌等关键问题。在新形势下,政府部门要贯彻“完善服务功能,培育服务组织”的工作思路,重点开展“聚焦小微企业,发展专精特新”的服务工作。

(一)完善中小企业服务体系

完善中小企业服务体系并正常运行,通过“中小企业服务云”等信息化手段和12345市民服务热线,提升服务能力,努力做到中小企业服务全覆盖,充分发挥中小企业服务“主渠道”作用,维护中小企业合法权益。一是转变政府职能,完善服务体系。创建服务型政府,围绕为中小企业提供更有利的发展环境,重点加强中小企业公共信息服务。聚焦小微企业,重点建立一支小微企业服务志愿者队伍。推动规范运作全覆盖的中小企业服务体系。鼓励发展第三方服务机

构,培育中小企业专业服务市场。设立中小企业园区,提供专业化服务;二是加强中小企业运行监测,做好综合分析;三是加强中小企业权益保护,做好12345热线等渠道反馈的各类诉求处理工作,研究相应工作机制。

(二)引导企业走“专精特新”发展道路

深化“专精特新”中小企业培育工程。通过政策和服务聚焦,提升企业家素质,帮助企业品牌和市场推广,引导中小企业聚焦“新技术、新产业、新模式、新业态”,走专业化、精细化、特色化、新颖化发展道路,培育一批“隐形冠军”企业,发挥创新转型示范引领作用。具体来说,一要实施企业家和领军人才培养工程,二要帮助中小企业拓展市场,提高企业知名度,三要推动中小企业建立创新持续投入机制,四要做好中小企业融资服务,五要积极争取国家层面的专项支持。

第五节　全力办好工博会
搭建展示交流平台

第16届中国国际工业博览会将于2014年11月4日至8日在上海新国际博览中心隆重举行。在总结第15届工博会的基础上,我们将站在新的起点,全力做好第16届工博会的筹备工作。

一、统筹做好前期工作

(一)转变角色,调动各方形成合力

工博会组委会的角色地位要逐渐调整,要从主办单位转变成牵头协调的单位,调动各方积极性,整合各类资源,逐渐做到“牵头不包办”,做好组织协调工作。参办、承办单位跟组织协调的政府责任部门之间要明确职责界定。要加强部市合作,对接行业协会,增强调动资源的能力,提高参展水平。

(二)关口前移,建立展览奖惩制度

要积极会同相关部门一起设计制度,事先定好考核方法和游戏规则,比如可采用加减分制度,确定参展单位和展品。要掌握好主动权,比如可通过建立奖惩制度控制好展览品质,对促进展览品质提升的单位和展品进行相应奖励。

(三)明确定位,打造“中国工博会”品牌

目前工博会所评出奖项的含金量与世界顶级的展览会相比还有差距,因此工博会的主要作用是搭建平台宣传推广我国制造业的产品。我们既要重视产品展,更需要有耐心和比较长的过程积累。要进一步提升工博会的内涵,注重营造“中国工博会”品牌概念。

二、在稳步提高的基础上拓展创新

(一)遵循办展规律,创新办展模式

工博会要办好取决于办展模式的创新,在质量可控、风险可控的基础上,要进一步创新合作,使办展更有弹性。我们希望通过工博会做可持续发展的展示,通过主观努力、创新服务,实现更加精细化和专业化,扩大工博会的影响力。新的领域板块要拓展,要加强与一些创新型行业协会、国际国内主体的合作,采用开放式分包、外包、众包等模式,开拓新的领域板块,在展会上分享贴近市场的新资源、新事物。

(二)学习先进经验,主动提升国际化水平

汉诺威展会每年都会替换20%—30%的展品,以便与世界新热点保持同步。我们要学习汉诺威工博会等国际化、市场化、专业化的办展理念和方式,同时也要结合中国特色,在展会之中多展示一些社会关注、市民关注的热点,又不影响展品主体的专业化。除了专业的展示之外,还可以搭建交流平台,开展高层次的交流对话。

(三)进一步探索服务模式

要使参展更便捷,办展收费服务更透明,服务流程更高效,需要相关政府职能部门转变工作作风、转变服务方式。以市场为主体,企业、市场可以解决的就自己解决,按市场规律办事;行业协会要真正贴近行业,为企业整体发展找到共性问题,增加行业正能量。要建立展览后评估机制,分析受众反应,公布反馈结果。

三、落实展会的组织、评奖等相关工作

(一)循序渐进做好展会组织工作

要把以前已经形成的经验和做法保持好,针对存在的问题,要求主办方、承办方逐项改进。对大家提出的创新思路,能做到的落实到本届工博会,不能做到的列入今后的目标,改革要抓住关键环节进行调整。

(二)保证评奖含金量和国际水准

从实际效果出发,第16届工博会还是以展品和产品的奖励为核心,努力改

善颁奖方式，在展会期间结合活动开展，可以采取叠加奖励的方式，比如连续拿了几年的奖以后，可以叠加一个奖励，形成一种吸引力，但要确保奖项的含金量。可以为获奖的单位和产品提供宣传、展览会免费进入等额外奖励，有利于资源聚焦。

（三）做好展会宣传

妥善处理好专业展和公众参观的关系，可在布展之后搞试运行，组织新闻界、工商界的同志看，扩大展会的影响力，实现增值；可在布展过程中提前介入评奖，建立专业化的讲解队伍；运用信息化手段，展示参展单位的相关信息；应用大数据和信用平台评价制造业服务业企业。此外，除体现技术性、专业性，也要注重市场化元素，引起市场关注，通过工博会扩大宣传影响。

第六节　坚持科学规划引领 加强产业合作交流

一、上海注重加强与遵义等沟通合作

上海和遵义源远流长，血浓于水。早在50年多前，根据国家“一、二、三线”的战略布局和建设“大三线”的指示，一批上海企业开赴遵义。这批企业不仅大力推动了遵义的经济发展，还在遵义与上海之间架起了沟通交流的桥梁。

2013年，国家明确上海对口帮扶贵州遵义后，上海市委、市政府高度重视，韩正书记率党政代表团到遵义市学习考察，提出了“民生为本、教育为先、产业为重、人才为要”的对口帮扶基本方针。此后，两地共同建立了对口帮扶工作联席会议机制，形成区县结对帮扶关系，编制了三年工作计划，印发上海市对口帮扶贵州省遵义市项目管理暂行办法，对口帮扶各项任务有序推进、初见成效。

上海市经济和信息化委初步建立与贵州省经信委产业对接的合作机制，积极推进上海对口帮扶遵义工作，编制了《沪遵产业合作交流（2014—2016年）规划》；5位班子领导先后带队前往贵州开展对接工作，委内相关处室与遵义市工业和能源委员会等具体对接合作，双方共32批约800人次开展对接交流活动。一是合作举办了“上海优强企业助推遵义发展投资座谈会”、“遵义（上海）投资

推介会暨合作项目签约仪式”等活动;协助遵义市代表团赴上海招商,委托培训机构赴遵义开展园区管理和投资促进系统干部培训;二是上海市工商联、嘉定区经委、漕河泾开发区、上海市科技合作交流中心、中船九院设计研究院等先后组团赴遵义考察洽谈、推进合作;三是组织上海电气、国盛、宝钢、光明、华谊、建材,复星、月星、延华智能等企业,及新材料协会、开发区协会等到遵义开展经贸合作和项目洽谈。

二、下一步相关工作

下一步,贯彻落实党中央和国务院关于开展对口帮扶贵州的战略部署,发挥对口帮扶双方的积极性和资源互补优势,以提升遵义产业自我发展能力为宗旨,以助推遵义产业转型升级为核心,坚持政府引导、企业主体、市场运作,着力促进双方经贸合作,支持遵义构建具有自身特色和比较优势的产业体系;着力加强人才培养与交流,强化科技、人才支撑能力;着力建立健全对口帮扶长效机制,形成共谋发展、共同进步的对口帮扶工作新格局,推动遵义走出一条符合自身实际和时代要求的产业发展之路,助力打造遵义产业经济升级版。

我们将在上海市委、市政府的领导下,继续按照中央要求、当地需求、上海所能,建立健全产业对接的长效机制,探索创新工作模式,带着感情、带着责任、带着智慧,稳步推进沪遵产业对接工作。

(一)形成产业对接合作新机制

在产业合作交流规划的基础上,围绕产业对接能力建设加强互动,创新市场化招商机制,形成上海提供招商信息、项目主体,遵义提供配套条件、资源和政策的格局,扩大两地产业部门、园区、企业、行业协会等对接交流,包装推进和突破一批产业合作交流项目。通过产业转移、联合招商、销售渠道拓展等多种方式,实现产业双向联动、融合发展,探索形成基础共建、产业共育、利益共享、环保共担的产业协作发展机制。

(二)形成沪遵产业对接新模式

着力促进两地经贸合作,帮助遵义依托资源优势,因地制宜提出项目需求、产品定位、建设载体、企业主体等,鼓励当地企业家组团对接上海合作项目,实现两地经济优势互补、合作共赢。通过“政府搭台、企业唱戏、园区对接”聚焦突破,构建沪遵产业交流合作综合信息平台,共同探索产业基地+投资基金+实训基地的园区开发管理新方式,构建优势资源共同开发、产业园区共同建设、发展利益共同享有的产业协作新模式。

（三）形成遵义产业发展新局面

围绕遵义“提速赶超、转型跨越”的主基调，聚焦特色轻工、钢铁、新材料三大核心产业，助力遵义产业链延伸拓展，推动产业结构和布局优化；助力培育电子信息、机电装备、生产性服务等新兴产业，推动资源深加工、文化创意等项目建设，促进产业提升发展。在沪遵两地共同努力下，使遵义的特色优势产业体系和配套体系进一步优化，经济发展质量和效益明显提高，努力将遵义新蒲新区上海产业园建成“东西部经济技术合作示范区”。

第四篇

智慧城市　跨越发展

都说信息化是把“双刃剑”，如何认识信息化、用好信息化，是每一位城市建设的管理者和参与者必须认真思考的问题。而作为信息社会具象载体的智慧城市，正潜移默化地影响和改变着我们身边的一切。经过多年努力，上海的信息化和智慧城市建设已处于全国领先水平。下一步要根据城市建设发展及社会应用需求实际，加强信息化和智慧城市的顶层设计，在信息化规划、建设、管理等方面加强统筹；进一步夯实宽带城市、无线城市等信息基础设施，突出以应用为核心，围绕政府、企业和市民等应用主体，大力推动电子政务、电子商务、电子社区等建设，深化两化融合；促进信息公开和数据资源开放共享，优化信息内容服务，促进信息消费，带动信息产业发展，确保国家、公共、企业和个人信息安全。

第一章

夯实基础设施
深化智能应用

第一节　加快推进宽带城市无线城市建设

一、上海市信息基础设施建设取得积极成效

信息基础设施建设工作是智慧城市建设的重要组成部分。上海市委、市政府高度重视，要求以提升网络宽带化和应用智能化水平为主线，着力构建国际水平的信息基础设施体系。

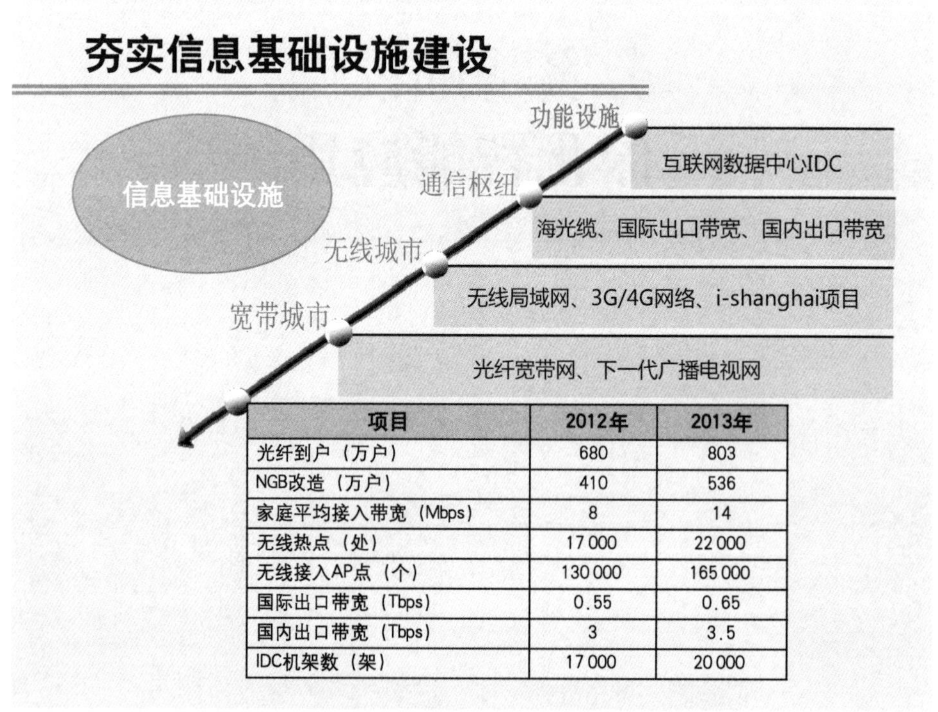

项目	2012年	2013年
光纤到户（万户）	680	803
NGB改造（万户）	410	536
家庭平均接入带宽（Mbps）	8	14
无线热点（处）	17 000	22 000
无线接入AP点（个）	130 000	165 000
国际出口带宽（Tbps）	0.55	0.65
国内出口带宽（Tbps）	3	3.5
IDC机架数（架）	17 000	20 000

（一）信息基础设施建设加快推进，处于全国领先水平

在宽带城市建设方面，上海市光纤到户覆盖 830 万户，实际使用用户约 400 万户，家庭宽带普及率超过 66%。全市家庭宽带用户平均接入带宽超过 14 M，其中光纤接入用户平均带宽超过 17 M。下一代广播电视网（NGB）覆盖 550 万户，成为国内最大的 NGB 网络。在无线城市建设方面，3G 网络实现全市域覆

盖,手机用户达到3 200万户,其中3G用户约1 200万户。累计建成WLAN接入场所2.2万余处,AP数达16.5万个。加快推进以TD－LTE为重点的4G网络建设,已建成基站7 300个,基本实现内环内区域连续覆盖,郊区中心城镇和重要数据业务热点区域实现4G网络覆盖。在通信枢纽及功能设施建设方面,互联网国际和省际出口带宽分别达650 G、3 600 G,各类互联网数据中心(IDC)机架总量达3.4万个。在三网融合方面,目前IPTV用户超过200万户、数字电视用户约540万户,高清IPTV用户和高清电视用户共230万户,成为国内"高清第一城"。

(二)坚持建管并举,制度规范不断健全,显著改善信息通信建设环境

一是共同制定布局规划和标准规范,上海市经济和信息化委、建设交通、规划土地等部门结合职责分工,牵头做好相关规划和建设标准的制定发布工作。如在国内率先启动编制城市信息基础设施布局专项规划;出台《既有住宅建筑光纤到户改造工程技术规范》,即将发布《公共建筑通信配套设施设计规范》。二是联合出台相关配套政策,出台《关于规范本市商务楼宇信息基础设施建设和运营若干行为意见的通知》,印发《公共场所WLAN覆盖检测规范》等政策性文件。三是探索创新工作机制,在国内率先探索开展新建住宅建筑通信配套设施第三方运维,已使13万用户实现对电信业务经营者的自由选择。依托第三方评估机构,对网速进行动态监测分析,开展与国内同类城市宽带资费的比较;启动区域信息基础设施综合服务能级评标体系研究,已初步形成指标体系及评估模型设计。四是充分发挥组织保障协作机制,召开相关委办局、区县政府、企业等协调推进会,进一步固化市区联动、多方参与的信息基础设施建设管理协作机制。五是各区县加大信息基础设施建设推进力度。如长宁区在支持推进"i－Shanghai"建设的同时,还开展对区内78处公共场所公益WLAN覆盖;虹口区组织电信企业优化全区重要场所的信息基础设施;青浦区推进公用基站站址资源共享和集约化建设等。

(三)上海市政府"i－Shanghai"实事项目有序推进,各项工作进展顺利

一是全力推进,完成网络建设任务。目前450处公共场所已全部开通了"i－Shanghai"免费服务试运行,南京东路商业街、新天地、上海科技馆等区域"i－Shanghai"的使用流量超过商业WLAN流量。二是动态监测,不断提升服务质量。组织制定"i－Shanghai"服务检测规范,通过公开招投标选定第三方检测机构,已完成300余处场所质量检测;协调运营商通过调整上联出口带宽、缩短密码等手段提升用户感受。三是加强宣传,做好市民服务。对“i－Shanghai”进展进行跟踪报道,在上海发布、经济和信息化在线等政务微博发布相关信息,编制知识手册,开发“i－Shanghai”在线查询系统,组织运营商建立舆情跟踪机制及时解答市民疑问。

回顾近年来的工作,上海市信息基础设施建设成效显著,智慧城市三年行动计划中的绝大多数指标超额完成,“宽带中国”战略第一阶段(全面提速阶段:至2013年底)的各项发展目标均已实现。根据市智慧城市促进中心测评比较,目前全市家庭宽带用户平均接入带宽提升了25%,家庭主流宽带用户平均资费同比下降25.2%,中小企业主流宽带资费同比下降18.4%,总体接近国内同类城市平均资费水平。根据蓝汛公司发布的全国互联网感知网速报告,上海是目前全国唯一感知网速超过5M的地区。

二、下一步工作

上海市信息基础设施建设工作将对标国家宽带中国第二阶段目标和上海市信息化“十二五”规划,坚持“建管并举”,突出问题导向和需求导向,围绕“聚焦重点,提升服务”,统筹推进有线、无线等宽带网络建设。

(一)聚焦4G网络建设,全面提升上海市宽带网络能级

大力推进4G网络覆盖,2014年建成室外4G基站约1.2万个(含存量站址利用),基本实现本市中心城区连续覆盖,郊区覆盖主要城镇中心热点区域,同步推进自由贸易试验区、国际旅游度假区、虹桥商务区等重点园区的4G网络覆盖。逐步推进农村地区宽带网络建设,在农村地区综合开展有线、无线等多种形式的宽带网络建设。2014年全市FTTH使用用户增加100万户,达到460万;下一代广播电视网(NGB)覆盖用户新增80万户,达到620万。完善无线局域网(WLAN)覆盖,优化450处场所的“i－Shanghai”服务质量,探索“i－Shanghai”可持续发展的运维模式,鼓励和引导区县开展对区内社区服务、行政办事等公共场所的公益WLAN覆盖。加强通信枢纽及功能设施建设,推动上海市传输网升级及网间优化,推进上海市第七条国际通信海光缆系统(APG)建设,以及绿色互联网数据中心(IDC)建设,新增5 000个机架,以提升服务能力。

(二)提升建设管理能力,优化信息基础设施发展环境

落实本市无线城市建设联席会议精神,已发布《关于加快推进本市第四代移动通信网络建设实施意见》,修订完成《上海市公用移动通信基站设置管理办

法实施细则》,强化基站设置的规范管理,加紧研究相关4G频段的释放及储备工作,推进基于4G的应用示范和宣传普及等。推动信息基础设施布局专项规划实施,发布《上海市信息基础设施布局专项规划(2012—2020)》,推动《上海市公用移动通信基站站址布局专项规划(2012—2020)》有效落地。实现布局专项规划与城乡规划有效衔接,促进信息基础设施资源集约利用。提升重点区域信息基础设施配套服务能力,跟踪虹桥商务区等重点区域开发进度,确保信息基础设施配套建设与区域建设同步规划、同步实施、同步验收。编制自由贸易试验区信息基础设施优化方案并推动落实,全面启动本市14条高速公路沿线移动通信网络的优化建设。完善宽带网络对标监测机制,依托第三方机构对宽带网速和WLAN访问速度等感知指标,加强定期动态跟踪和监测分析。开展与国际、国内同类城市的宽带资费比较研究。编制本市信息基础设施能级地图,建立来自运营商、第三方测速机构、用户感知数据"三位一体"的能级评价体系。

第二节　以创新应用为核心推进信息化建设

一、认清当前形势,把握信息化发展方向

工信部专门发布的2013年度中国信息化发展水平评估报告中,上海综合评分第一,网络就绪度、信息通信技术应用两个单项指标也位列全国第一,信息化应用效益指数位居全国第三。上海市制定了三个三年行动计划:第一个三年计划"走进智慧城市",到2013年圆满划上句号;第二个三年是从2014年到2016年,"迈向智慧城市";2017年到2019年是"拥抱智慧城市"。中国(上海)自由贸易试验区八项增值电信服务除IDC不开放外,其余全部开放。在互联网发展过程中,电信服务率先跟国际接轨和转型,要抓住跟国际合作的机会,同时要做好"两个负面清单"的管理。自由贸易试验区不是比面积、不是搞新一轮的传统开放,而是新的开放,是制度性开放。制度性开放和创新,要按国际规则来做,无论是经济领域、社会领域或是城市管理领域,所有管理走的都是一种关卡的方式,即准入制度。如今世界的发展千变万化,以前的正面清单,已经开始阻碍创新,很多国家早就实行了负面清单管理,宽进严出、宽进严管。上海正在推进公

共信用负面清单管理,这个负面清单可以和处罚制度、法规结合,任何法人和个人的违法违规行为直接警告、罚款,增加违法的成本,达到了事前放开,事中、事后管好的目的。所以上海“两个负面清单”将成为自由贸易试验区探索的一个可复制的经验。

二、创新工作方法,推动信息化建设和发展

(一)要抓住发展的机遇,了解国际背景

美国推行再工业化,即互联网+物联网+云计算+频谱经济,从2 700 M—3 700 M中拿出1 000 M的频段,用于物联网,未来靠制造业的大数据进行发展。产业划分是随着人类的进步而产生的,当农业第一颗种子下去,便进入农业社会;当有了工具,制造手工业就开始了;当蒸汽机发明之后,就进入现代工业;当电子信息、计算机产生了,人们进入信息产业时代。今天后工业社会就是新一轮产业革命,本质是智能化、数字化、绿色制造。而服务业实际上是从工业发展当中进行业态调整、模式创新、组织创新的一种产物,并不是独立于工业之外的,所有的服务业都是在工业基础上的,人为划分出来是为了推动服务化和专业化。

国家提出要推动工业和服务业融合发展。若仍考虑结构调整,降低工业比例,提升服务业比例,按照老思路去统计,就完全落后了。增量制造、3D打印提供了一个颠覆性的结果,不需要制造零部件,只要做功能件、做架构,整件就出来了,只要有一个数据库,直接打印出来就是一个零件。在新经济面前,我们又站到了同一个起跑线。在这个领域里,我们要吸取美国在再制造、再工业化里面的思路,把顶层设计做好。

(二)在新一轮的三年计划里面,要更加注重应用

第一阶段处于打基础的阶段。但现在如果只做4G,没有应用的拓展,前进的脚步就会放慢,竞争力、利润率都会下降。所以企业家、政府官员和专家都需要再学习、再探索,用新模式去研究工作,创新工作方法。我们要在惠民与兴业中,实现信息化的快速发展。兴业是指各行各业用无线通信、信息智能技术带动创新发展;而信息惠民,应用是关键,大型制造业有生产资料的生产、模机的制造、零部件制造、整机制造,底座是大工业、矿山、石油,但是要实现价值,就要有最终消费者使用。服务业信息化发展到最后,如果在社会服务、经济服务领域没有消费者应用,就没有最终消费,一定阶段后会阻碍发展。今天的信息化程度,

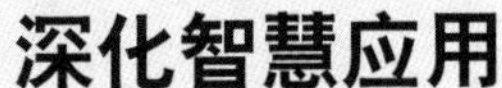

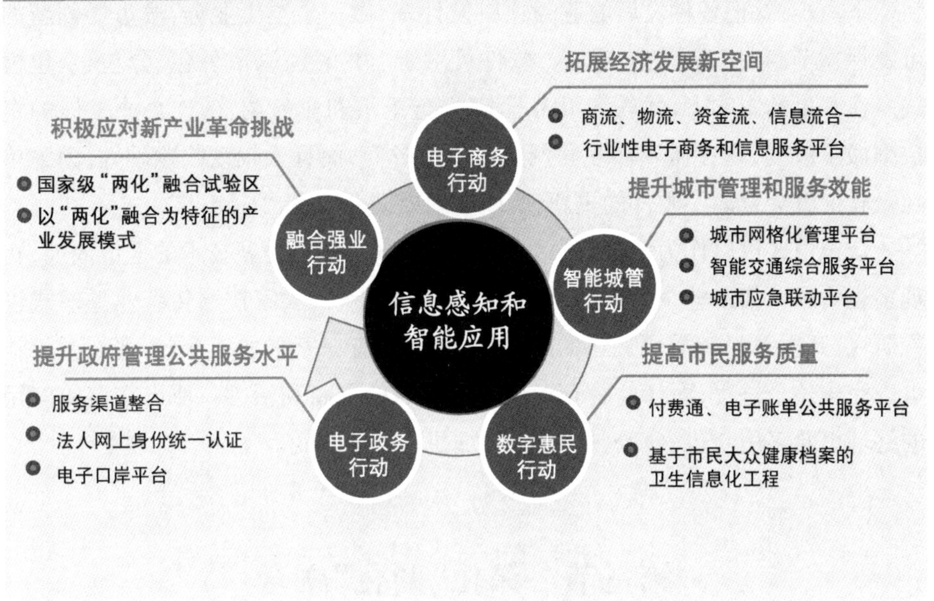

20 年前绝对想象不到，但仍属于初步发展阶段，之后要实现三个连接，即人和人的连接、人和物的连接，然后是物和物的连接。现在物和物的连接突破很大，从理论上来说，目前的信息化水平只连接了可连接的 1%。

产业组织创新比技术创新还要重要，中国不缺技术，而是缺产业创新、缺组织创新。所以企业最怕两件事情，第一是技术选错，不是产品技术，而是产业技术，是一种现代性、颠覆性的技术。第二是商业模式，即使技术选对了，商业模式一旦错了也同样发展不好。比如商业模式的核心一定要坚持第三方模式。经济互联网和互联网经济是两个故事，所有传统经济部门用互联网是经济互联网，而互联网经济是在互联网平台上向各个经济领域进军，主动去改变各经济部门。

美国发展互联网的时候也没有出现传统优质企业成为新霸主，即使重视新技术、成立事业部，最后都没能成功。市场上的现象以三角形作喻，一是企业大小，5% 的龙头企业是垄断企业，15% 是中间的骨干企业，80% 是中小企业；但市场份额是倒三角，15% 的企业占据了 40% 的市场，中间占据了 40%，最后 20% 是由 80% 的小企业来分享。互联网三家巨头是竞争关系，不可能联合起来。但是市场销售中有大量小的互联网元素在碎片整合，所以当网络的穿透性、渗透性、连接性给消费者带来便捷、安全和免费的时候，颠覆性的变化就发生了。

（三）要推进商业模式的创新

下一步，要把各种发展的业务顶层设计好，做一个主干业务，按市场创新的可能性做节点，实现硬件可置入，软件可融合、可拓展，采取外包、分包、众包模式。在苹果的影响下，微软和 IBM 全部进行重组和业务调整，连企业发展的定位都做了改变，现在微软做互联网信息的服务商，而且大幅度收购硬件，因为单纯做软件就会背离了硬件的更新，所以软硬要结合起来。

众包模式可以作为一种解决办法，众包模式可以缩短新技术的上市周期，实现多赢格局。如果整个未来的市场空间是一个蛋糕，大家按照传统业务模式进行研究、开发、运作，需要五年的时间，但是如果有一家采取了众包，那么一年就可以完成整个过程，而且背后有大量中小企业的创新和活力。所以在需求应用的终端里要多用众包、分包、外包模式，加快业务的转变。

第三节　深化“两化”融合 提升应用效能

当前，要把握上海后工业化时期服务经济、知识经济发展特点，充分发挥市场主体地位，全面深化改革发展，聚焦推进“两化”深度融合，以技术创新促结构优化，推动信息技术在工业各领域的集成应用，着力提高上海市制造业数字化、网络化、智能化水平；以模式创新促转型升级，加快信息技术支撑下的二三产业融合发展，加快新一代信息技术在生产性服务业的创新应用，助力上海服务经济发展。

一、认识“两化”深度融合的重要作用

推进信息化与工业化深度融合，是加快经济转型发展、促进产业结构升级的重要举措和战略部署。

（一）增强产业创新发展能力

一是推进战略性新兴产业重点专项发展。按照有舍有取的要求，上海市集聚各方资源，重点实施 15 个专项，其中大规模集成电路、高端软件、云计算、物联网、下一代网络、新型显示、卫星导航、汽车电子均属于新一代信息技术产业；智

能电网、智能制造、民用航空、新能源高端装备和新能源汽车等属于“两化”深度融合产业。二是提升产业自主创新能力。随着“两化”深度融合的推进，计算机辅助设计应用逐步从计算机辅助设计（CAD）、计算机辅助制造（CAM）向计算机辅助工程（CAE）、虚拟仿真、数字模型方向发展，研发设计模式不断创新，创新能力不断提高，创新成本不断下降。如上汽集团围绕自主荣威品牌建设，开发建成国内首个集成和支持柔性生产的汽车制造执行系统，平均减少45%的制造周期。

（二）加快制造业改造提升

一是技术改造投资重点投向生产装备智能化和生产过程自动化。推动生产设备的数字化、智能化、网络化改造，提升了重大技术装备自动化成套水平，提高先进制造业的精准制造、高端制造、敏捷制造能力。二是加快建立现代经营管理体系。推进以质量、计划、财务、供应链、人力资源、安全等环节为重点的企业管理信息化，加强系统整合与业务协同，实现产品开发、生产制造、经营管理等过程的信息共享和业务协同，促进企业决策科学化，提高决策效率，建立现代经营管理体系。

（三）促进二三产业融合发展

一是促进生产性服务业快速发展。“两化”深度融合使得工业研发设计、检验检测等与先进制造业密切相关的生产性服务业专业化、社会化、规模化发展成为可能，加快生产性服务业务从制造业领域剥离。二是推动电子商务跨越发展。随着网上交易、物流配送、信用支付等信息系统的日益完善，电子商务应用不断扩大，2013年上海电子商务交易额超过1万亿元。三是促进信息服务业新业态、新模式发展。“两化”深度融合加快制造业营销体系的变革，催生出一批以信息化创新为手段，智能化、高端化和服务化的信息服务业新业态、新模式。

（四）推进产业绿色发展

通过对钢铁、石化等高载能行业主要耗能设备和工艺流程的智能化改造，加强对能源资源的实时监测、精确控制和集约利用，为完成节能减排和工业固体废弃物综合利用目标作出重要的贡献，推进上海产业可持续、低碳化、绿色化发展。

二、聚焦推进重点领域“两化”深度融合

（一）开展“两化”融合管理体系推广

落实国家工信部“两化”融合管理体系试点贯标工作，联合上海市国资委、

行业协会和园区等，在全市范围内进行广泛动员和宣贯；对上海市"两化"融合管理体系贯标33家试点企业和若干家服务机构开展各种形式的培训和跟踪服务；按照工业和信息化部统一部署，指导上海市10家左右试点企业完成达标认定。

（二）推动重点领域装备智能化

实施智能制造装备发展专项。面向重点行业智能化制造需求，提高重大成套设备及自动化生产线的系统集成水平，加快工业机器人、增材制造（3D打印）等先进制造技术在生产过程中应用，培育数字化车间、智能工厂，推广智能制造生产模式。实施"数控一代"装备创新工程；做好"高档数控机床与基础制造装备"科技重大专项的组织实施，支持数控技术开发与推广服务平台建设。

（三）推进新兴信息技术与工业融合创新

1. 推进物联网应用。重点开展上海市化工领域物联网产业化及应用推广调研，梳理化工生产、物流、使用等各环节的重点企业、园区和区县应用需求，形成推进工作思路，确定一批重点推进项目和载体。推动物联网在汽车、钢铁等重点行业的应用推广，促进相关行业降本增效、提升安全健康和节能环保水平。支持一批基于物联网的产品在线服务、设备远程维护等制造业服务化项目。

2. 发展网络制造新型生产方式。落实工业和信息化部工业云创新行动试点工作要求，以试点单位为依托整合区域、行业内相关服务资源，提供工业软件租用、工业设计资源共享、产业链商务合作等在线服务，实现年内500家工业企业和2 000个工业用户注册服务。以C2B大规模个性化定制为目标，聚焦个性化定制、众包众创、移动O2O等方面，支持若干互联网制造典型企业，发掘一批商业企业利用网络技术转型升级的新模式。

3. 推进移动互联网应用。鼓励基于自主知识产权的移动操作系统研发，发展具有高集成度、多模、跨操作系统的移动终端整体解决方案；推动移动互联技术在钢铁、石化、交通、物流等行业的应用创新，在移动传感数据采集传输、远程测试诊断、在线监控维护、专业资讯服务、应急处置等方面丰富服务内容，提升服务水平；提高智能移动终端与先进传感设备的连接能力，促进可穿戴设备、工业探测器、智能感应器等的软硬件技术融合，形成基于云计算服务模式的专业移动APP产品。

4. 推进大数据技术应用。推动面向钢铁、汽车、造船等工业领域的数据深加工服务，建立基于不同行业领域的专业数据库。推动传统企业和大数据研发企业深入合作，提供深度数据挖掘、分析等增值服务，培育一批面向工业领域的专业数据服务商。围绕开源和开放系统，打造平等、开放的产业交流合作平台，聚集一批有特色的中小互联网信息服务企业。

（四）深化实施电子商务集成应用

深化实施电子商务"双推"工程，重点聚焦"双推"平台移动电子商务应用、跨境电子商务营销等服务产品的应用推广，激励创新型电子商务服务平台加速发展。推动电子商务集成创新试点，促进电子商务与物流服务、供应链金融、电子支付等的集成应用。开展自由贸易试验区环境下跨境电子商务发展相关课题研究。

（五）文创产业和消费品工业信息化提升

1. 文创产业信息化提升。完善上海设计之都公共服务平台体系，应用信息技术加强上海文创公共服务平台建设，促进各类信息服务、产业要素服务、专业技术服务平台发展，鼓励以云计算服务等方式提升企业设计创新的软硬件设施水平。加强上海设计之都网站功能建设，建立创意产业集聚区"i"系统。推动数字化技术、网络协同设计、3D 打印、虚拟现实等先进技术在企业设计创新过程中的运用，促进企业设计创新能力提升。

2. 消费品工业信息化提升。通过信息化管理系统和新型信息控制装置的运用，提升消费品工业企业的生产经营能力，有效降低管理成本、人工成本和能源消耗，从单纯生产制造向生产、服务齐头并进的各类创新营销模式发展。运用大数据技术，支持消费品工业企业向用户提供精准化的营销，提高企业产品服务的满意度和品牌价值。借助信息化手段，以婴幼儿配方乳粉行业可追溯系统建设为重点，推进食品工业企业诚信体系建设。

（六）加强"两化"融合信息安全保障

推进统一身份认证和法人数字证书"一证通"建设项目，满足多层次电子签名和认证服务需求。加强工业控制系统安全评估和监督检查，在石化、钢铁、轨道交通等相关重点领域开展工业控制系统信息安全管理试点示范工作，切实提升重点领域工业控制系统信息安全保障能力。围绕工业控制系统安全加固、隔离、监控等方面的保障需求，推动相关产品研发及产业化。

（七）提升产业载体智慧化发展水平

1. 推进智慧园区建设发展。依托上海市智慧园区发展促进会等行业组织，开展园区运营商、IT 服务商、金融服务商等产业链企业供需调研，编制上海市智慧园区建设指南。开展智慧园区建设试点,推进一批智慧招商、产业服务(园区云)、智慧生活、智慧能源等应用项目。开展智慧园区发展水平分类评估课题研究。

2. 推进智慧商圈建设发展。开展智慧商圈课题研究,编制智慧商圈建设导则。推进智慧商圈建设试点,围绕信息基础设施优化升级、信息服务平台建设、商业数据挖掘与共享等重点工作,有效提升商圈的信息化管理、便民服务和大数据精准营销水平。

三、下一步工作

(一)坚持统筹规划与分类推进并举

具体来说,就是要"大处着眼、小处着手"。所谓大处着眼,就是要对"两化"融合的大局有统筹的考虑,做好融合的顶层设计。要对"两化"融合的产业布局、区域布局有一个整体的考虑,结合上海产业发展的特点,有针对性地形成若干个"两化"融合示范行业、示范区域。如结合民用大飞机项目建设,大力推进航空产业的"两化"融合。所谓小处着手,就是要深入"两化"融合的一线,从各行业实际需求出发分类推进。善于在工作中发现对于全局工作具有推广意义的典型实例、经验和模式,举一反三地推进"两化"融合。

(二)坚持企业主体与政府引导并举

"两化"融合的主体在于企业,一定要避免出现"一头热"的局面。政府部门要树立起服务的宗旨,通过制定配套政策、完善信息基础设施、搭建合作交流平台,着力营造有利于"两化"融合的综合环境,通过间接手段引导企业推进"两化"融合。企业应从自身规模和业务需求实际出发,制定适合自身的"两化"融合方案,切实通过"两化"融合提升核心竞争力。如大型企业可以实施制造执行系统(MES)、决策支持系统等先进信息系统,中小企业可以依托信息化公共服务平台实施两化融合。

(三)坚持提升制造业与发展服务业并重

一是要把发展先进制造业作为核心内容。以重点行业的骨干企业为主体,促进信息技术在工业各行业的深入应用;以工业生产流程各主要环节为切入点,加快信息化对工业生产的全方位渗透和支撑;以工业产品的功能完善为着力点,进一步提高工业产品的信息化含量。二是要积极推进信息化在服务业重点领域的应用推广。围绕加快建设"四个中心",以促进信息资源的开发共享为主线,以发展生产性服务业为重点，深入推广信息技术在重点服务行业的应用，促进信息流与物流、资金流的整合互动，实现制造业与服务业的融合发展。

第四节　加快智慧城市建设促进养老事业发展

一、如何认识人口老龄化、养老信息化给我们带来的机遇和挑战

从我国的人口老龄化发展历程看，与发达国家有着明显不同的特点。一是进入老龄化社会时间短及“未富先老”的特征，二战后全球人口老龄化趋势加快，发达国家由成年型人口结构转向老年型人口结构，用了25年（日本）到100多年（法国）不等，而我国向老年社会转型仅用了20年，进入老龄化社会才十多年。同时，呈现出“未富先老”的特征，一般发达国家进入老龄化社会时，人均GDP多在2万到3万美元，而中国只有5 000多美元，将长期面临养老与社会保障的双重压力，对经济基础持续发展提出了更高的要求。二是当前处于人口周期和技术发展周期的交叉点。据统计，我国的劳动年龄人口2011年达到峰值，此后呈下降趋势，进入劳动力供给格局发生转变的历史拐点。同时，从技术创新及其产业化的角度讲，当前正处于从第二次工业革命向第三次工业革命的转变期。劳动力人口的拐点期及技术创新的转变期，正是以机器替代劳动力的重要契机，可以将人从简单的重复劳动中解脱出来，从事更有价值、附加值更高的劳动。三是养老服务市场需求广阔，目前我国60岁以上老龄人口接近两亿，上海老龄人口占总人口的比重超过1/4；待1960年后出生的人退休的时候，老龄化达到最高点，这是一个潜在的养老服务的巨大市场。据统计，我国养老服务市场空间超过3万亿元，而目前有效供给仅1万亿元，养老设施和服务等市场供给明显不足。

从养老信息化和产业化发展的角度看，国内外有一批专注于养老信息化服务的IT及相关配套企业，持续推动服务产品和服务模式的创新。一是信息化手段发挥着越来越重要的作用，如围绕上海的养老服务，不仅有专门为老年人生产制造智能产品的终端制造商，也有软件设计、信息服务、系统集成等供应商（万

达信息、金仕达卫宁),以及一批物联网应用、电子商务等服务企业(诺诚、老小孩网站),支撑着养老服务信息化事业。二是养老服务产业综合性强,养老产业覆盖领域广、产业链长、经济社会效益显著,既包括生活性的服务业,也包括相关制造业及延伸的生产性服务业,横跨农业、日常用品、医疗保健、家政服务、文教、房地产、保险、金融等十多个行业及相关配套产业。三是养老信息化服务模式不断创新,从国内外的发展实践看,主要有综合性网络服务平台、虚拟养老院、社区服务信息化等发展模式;随着物联网、云计算、大数据、移动互联网等技术创新应用日新月异,可以预见,包括养老服务在内的经济社会生活各领域,将催生一批新经济、新业态和新的商业服务模式。

二、如何充分发挥智慧城市建设对养老事业的促进作用

上海从20世纪90年代中期以来,抓住全球信息化发展机遇,持续推进信息化建设。在此过程中,我们从加强顶层设计入手,把养老信息化纳入信息化建设全局,在上海市信息化“十二五”规划中明确提出,支持运用信息技术提高社区为老服务工作水平和服务效能,已经取得了初步成效。

(一)在智慧城市建设中形成“智慧养老”基本架构

在编制和推进智慧城市建设2011—2013年行动计划过程中,充分考虑了老年人这一特殊群体的需求,通过电子健康档案、城市和社区生活等领域信息化建设,让老年人更加广泛、深入地共享信息化发展成果。通过推进信息基础设施建设,提供“智慧养老”的基础网络支撑。通过电子信息产业发展,提供多元化、多样性的养老服务信息产品。比如,利用物联网技术开展“智慧医疗”,对老年居民的血压、血糖等7项体征指标进行日常监护和智能管理;通过在部分社区的试点表明,居民健康管理成本降低了60%以上。

(二)聚焦重点领域推进“智慧养老”建设工程,有三个现实的案例

一是“安康通”项目:上海从2001年起,探索推进“为老服务紧急援助系统”(即“安康通”)工作;当年成立了金秋安泰呼叫服务系统公司,从2002年起采取政府购买服务的形式,为特定对象免费安装紧急呼叫装置工作;截至目前,已为近10万户老年人免费安装了紧急呼叫装置。二是居家养老信息化的示范应用:支持上海科技助老服务中心在徐汇区开展居家养老服务信息化示范应用,通过电脑、IPTV、电话终端等多种渠道,为老年人提供居家养老信息和服务,让老年人

生活更加方便、安心和舒适。三是网站无障碍改造：针对老年人等视力障碍人群上网不便的问题，我们在前期试点推进"中国上海"政府门户网站以及市民政局等部门网站改造的基础上，选定10个区县政府门户网站、30家市级委办局网站，作为新一轮政府网站无障碍改造对象；列入计划的网站将增加浏览辅助工具条（可以对网站字体、颜色、行间距等进行调整）和网站语音服务功能，方便老年人等人群访问和获取相关信息。

（三）加强养老信息化综合服务保障

开展信息化应用培训，为增强市民对智慧城市的应用体验，缩小中老年人群与青年人群之间的"数字差距"，我们在推进"百万家庭网上行"、"千村万户"农村信息化培训普及工程的基础上，启动移动互联网应用培训工作；以上海市中老年社区居民为主要培训对象，向社区居民普及无线网络知识，培训移动终端操作技能，介绍与市民衣食住行密切相关的信息化应用。学员通过培训达到通过移动终端会联网、会搜索、会下载、会安装、会使用"五个会"，目前已有近2万人参加培训并通过统一的考核。加强社会信用体系建设，依托上海市公共信用信息服务平台，加强相关养老、医疗机构，及药品、保健品生产销售企业等信息归集和使用，加大联动惩戒力度，指导推进相关行业开展诚信建设，形成安全、便捷、诚信的老年消费服务环境。

三、下阶段以信息化建设促进养老事业发展的若干设想

在上海大力推进"四个中心"建设以及创新驱动发展、经济转型升级的背景下，我们将加快智慧城市建设进程，大力推进"智慧养老"事业发展；在智慧城市建设新一轮三年行动计划（2014—2016年）中，将"智慧养老"作为重点内容，聚焦一批重点示范应用项目，推动养老信息化服务成为新的经济增长点。主要推进三方面工作：

（一）构建养老信息化的载体服务平台

加强与上海市民政、社保、教育、文广等部门合作，整合相关部门、企业、社会组织等养老服务资源，考虑采用虚实结合的推进方式，构建一批"养老信息化公共服务平台"、推进一批"智慧养老社区"建设。其中"养老信息化公共服务平台"考虑采取市区结合方式，依托区县、社区等力量共同推进，联动呼叫中心、智能终端、远程医疗、后台服务等资源，提供家政预约、健康咨询、电子商务、服务缴

费等为老服务，推动供求对接、产业链对接，实现“一站服务、一键求助、安全便捷”。“智慧养老社区”基于网络层、平台层和应用层，搭建为老服务的现实载体，涵盖智慧医疗、智慧安防、智慧生活等内容；可以无缝接入相关部门、各区县为老服务和科技助老项目，实现市、区县、街镇、居村委的联动合作，也为社会化、市场化的为老服务资源提供接入端口；“十二五”期间，在相关区县试点推进10个左右“智慧养老社区”建设。

（二）加快推进养老服务新技术应用、新模式发展

紧跟信息技术创新应用发展趋势，坚持需求导向、市场导向，围绕“养老信息化公共服务平台”和“智慧养老社区”试点建设，打通硬件制造商、软件开发商、系统集成商等产业链上下游资源。推广应用物联网、云计算、大数据、移动互联网等信息技术，鼓励企业研发各类适合老年人使用的智能终端，开发符合市场需求的创意产品和APP应用（如可视对讲系统、指纹智能识别系统、宠物机器人）；利用物联网、移动互联网等技术，对老年人的血压、血糖等体征指标进行日常监护和智能管理，促进远程健康监护和医疗、智能感知（如动作探测感应器、离床感应器），以及北斗导航定位等应用。推进服务模式创新，加强养老机构信息化建设，推进介护系统、健康保健信息化应用；发展居家网络信息化服务，逐步推广具备烟雾、气体泄漏报警等功能的居家安防系统，开通老年数字电视频道等，让老年人获得“触手可及”的服务保障。

（三）加强养老信息化相关配套服务支持

借鉴发达国家养老事业建设经验，坚持走社会化、产业化发展之路。推动养老信息化的示范应用，采取政府、企业、社会各出1/3的方式，支持推进“养老信息化公共服务平台”、“智慧养老社区”、“养老物联网应用”等一批试点项目建设，形成典型应用经验后向全市推广；深化与国内外IT企业和养老服务机构的交流合作，加强品牌建设，提升综合服务能力。完善相关配套保障，完善养老服务信息化标准规范，进一步扩大政府和公益网站无障碍建设覆盖范围；完善电子账单公共服务平台的功能，方便老年人上网查询和缴付公用事业费账单；推动打造养老服务同业联盟、异业联盟和产业链联盟，比如医疗旅游就是异业联盟的概念，通过业务链接，打造了一个全新的网络经济服务平台。

让我们共同努力，加快推进信息技术创新及与养老事业的融合发展，从“老吾老以及人之老”走向“老有所养、老有所医、老有所为”，让老年人享受智慧、便捷、安全、快乐的晚年生活！

第五节　完善新形势下的信息化推进机制

完善的管理体制和建设机制是信息化建设的支撑和保障。在新技术革命步伐不断加快、上海不断加快创新转型发展的背景下，上海的信息化管理体制和建设机制需要不断改革创新。

一、上海信息化体制机制创新面临的形势

以转变政府职能为核心的行政管理体制改革，为上海信息化体制机制创新指明了新方向。一是要发挥市场在信息资源配置中的决定性作用，激发各类市场主体的活力，建立协同共治的新型信息化推进体系；二是通过信息化加快建设服务型政府，更好地发挥电子政务在提升政府服务水平中的作用，创新公共服务信息化应用以满足群众不断增长的需求，完善信息化与工业化融合的公共服务体系。

以平台经济为代表的模式创新成为创新的重要方向，需要信息化体制机制进行新调整。一是加快平台经济培育和发展，建设金融、航运、贸易等基础信息平台，发展电子商务等平台型企业，建设电子政务公共平台；二是破解长期困扰平台发展和模式创新的体制障碍，促进部门间、条线间的信息共享和业务协同。

以“大云物移”为标志的新兴技术推动信息化进入新发展周期，信息化体制机制的重心应发生新转换。未来上海的信息化建设，一方面要抓住信息技术和信息产业创新发展的契机，加快新技术和新应用的导入和推广；另一方面，新技术新产业具有发展速度快、渗透力强等新特点，信息基础设施、信息化应用和信息产业发展之间呈现有机互动和内在关联，需要信息化推进的体制机制更具有整体性和协同性。同时新兴信息技术的泛在、虚拟、融合等特征，也为低成本、高效率地实现信息设施、信息化应用和信息资源的共享共用提供了技术环境。

以智慧城市为支撑的新型城市运行模式，对信息化的管理体制和推进机制提出了新要求。智慧城市具有数字化、网络化、智能化特征，涉及城市运行各个

方面，建设智慧城市一是需要有顶层设计和总体规划，形成协同推进合力；二是需要有所侧重，加快智慧城市应用落地；三是要加快移动设施和智能技术普及应用，加快各类智能系统的开发和推广。

二、国内外信息化体制机制建设的经验

研究分析欧美日等发达国家以及国内部分省市推进信息化建设的体制和机制，可以归纳出“四个注重”的特点：

在管理体制上，注重信息化建设的统一管理和整体推进。根据信息化协同推进和集中管理的需要，加强机构调整和力量整合，强化专业性信息化部门的统一协调作用和集中建设职能。如新加坡建立了电子政务的统一建设机制，所有政府部门的 IT 人员都由资讯通信发展管理局（IDA）派出，运用人员、经费和工作评估等杠杆，IDA 树立了集中指导权威，为实现电子政务的集中建设和系统整合提供了有力保障。

在推进内容上，注重新技术应用和机构制度变革的同步推进。一是紧跟新兴信息技术发展潮流、加快普及应用。仅以大数据为例，美国 2012 年以来已启动了两轮大数据合作项目，日本自 2007 年以来已启动三轮大数据发展计划。二是重视通过信息化手段加快业务整合、流程再造和产业创新。如欧洲国家强调以信息化推进政府的业务整合与流程再造，建立以市民为中心的新型电子政务体系；美国在推进“再工业化”时重在发展以新技术为支撑的新型制造业体系，而不是将以前转移出去的低端制造业再移回美国。

在推进主体上，注重引导和整合全社会力量参与信息化建设。一是注重政府和市场的紧密协作，以美国为例，传统由政府主导的电子政务领域，通过电子政务外包和政府信息商业化开发来引入社会力量，而传统由市场主导的企业信息化领域，通过推出先进制造业战略计划（AMI）来加强政府指导。二是借助云计算等手段来提高协作效率，例如欧洲建立“制造业务网络”（MWB），美国建立“先进制造业国家门户网站”，以云平台来整合政府、大学、制造企业、IT 企业等方面力量。

在推进机制上，注重信息化建设的效果导向和利益激励。建立效果导向的评估机制，并将评估结果与部门利益相联系，增加压力、激活动力。例如美国在推进政府信息公开时，由预算管理局（OMB）主导建立一套各部门信息的公开及利用情况评估体系，将评估结果与部门预算挂钩。

三、上海信息化体制机制创新的有关考虑

在多年的信息化建设实践中，上海已建立了比较完善的信息化体制机制，但还存在对社会力量参与信息化建设的引导不够、对新型信息化技术应用和模式创新的支持不足等问题。

在总体思路上，新型信息化体制机制应突出四个特征：一是系统化，加强顶层设计，发挥专业信息化管理推进部门的总体规划、业务协调、归口管理和整体推进作用；二是协同化，打破部门和条线障碍，促进电子政务、公共服务信息化和企业信息化系统中的信息集成和业务协同；三是平台化，促进政府部门之间、政府与社会之间充分共享共用技术、平台、人才、数据等各类信息化资源，降低成本、提高效率；四是开放化，加强政府引导，整合社会力量，激发市场活力，形成“官产学研用”合力推进信息化建设的新格局。

在电子政务领域，通过“制度＋科技”的双轮驱动，促进电子政务的协同化、集约化以及政府信息资源开发利用的社会化。一是建设上海电子政务公共平台，实现信息基础设施、支撑软件平台、信息化应用、信息数据库等各类资源的集

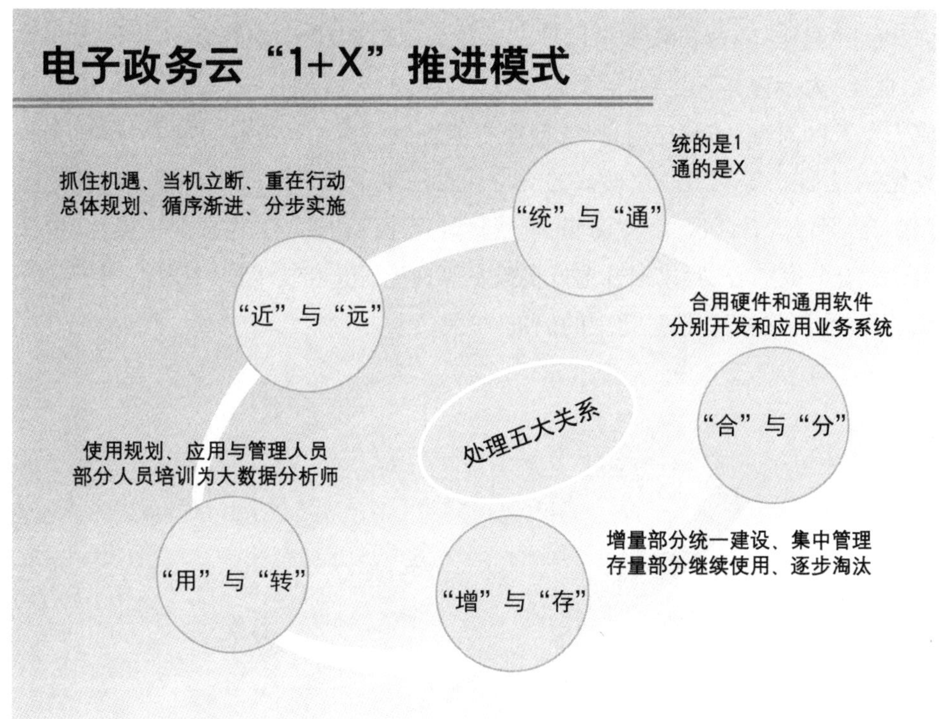

约建设和共享利用,各部门间不再分散建设。二是完善电子政务建设体制,建立上海市统一的电子政务建设机构,探索实施 CIO 派驻制度。三是推进政府信息资源的免费公开与商业化利用,一方面通过建立政府信息资源目录,进一步推进政府信息资源对外开放,充实“数据上海”的信息量,完善网站应用;另一方面,对于涉及个人隐私和企业机密的政府信息,加快发展专业性信息开发机构,探索政府及公共服务部门与专业机构的合作模式。

在社会公共服务信息化领域,以满足社会公共服务需求、提升公众服务体验为目标,加快社会公共服务系统的整合,吸引各类市场主体参与提供公共服务,促进公共服务智慧化。一是推进贴近市民实际需求的公共信息服务,关注健康、教育、交通、养老、环保、食品安全领域,加快现有信息化服务的深化和个性化,充分引导社会和企业参与公共服务,提高服务质量。二是推进全程化的公共信息服务,推动各领域相关服务的整合集成,优化面向市民的信息服务渠道与入口,形成“一体化”信息服务模式。在“两化”融合领域,调整政府的推进职能、推进重点和推进方式,形成服务完善、多方协作、重点明确的新型“两化”融合推进机制。一是完善政府的“两化”融合公共服务职能,加快企业“两化”融合管理体系标准的推广,加强“两化”融合典型案例的遴选和宣传,完善“两化”融合人才培训,继续“两化”融合发展水平评估。二是加强对新技术、新应用和新模式的支持,促进“大云物移”等新兴信息技术在企业中的应用,加强对智能制造、信息集成与业务协同、集团管控信息化、商业智能等新型应用的支持,加强对制造业服务化、平台经济等新型商业模式的支持。三是集聚和引导社会力量协同推进两化融合,通过智慧园区、智慧商圈、智慧新城等建设调动相关主体的积极性,发挥两化融合研究中心、两化融合重点实验室等理论研究和技术推广作用,引导和发挥各行业协会在行业信息化中的促进作用。

第二章

提升信息产业
加强安全保障

第一节　以信息消费扩内需促经济增长

随着全球信息技术创新步伐不断加快,大规模生产、分享和应用信息的新技术、新产业、新模式、新业态不断涌现,催生了新的消费需求和消费热点。上海正处于创新转型发展的关键时期,大力促进信息消费,有利于扩大内需、加快转变经济发展方式、促进智慧城市建设。上海促进信息消费应聚焦激发消费、深化应用、增强供给、提升设施、完善环境,力争使上海成为全国信息消费最具吸引力、辐射力和竞争力的城市之一。

一、促进上海信息消费发展的总体思路

(一) 指导思想

进一步激发消费潜力,深化信息技术应用,高水平建设智慧城市;增强供给能力,培育发展新兴业态,加快信息产业优化升级;改善消费环境,提升信息基础设施能级,加强个人信息保护和信息安全保障,建立促进信息消费稳定增长的长效机制,为上海加快建设"四个中心"和现代化国际大都市发挥更大作用。

(二) 发展目标

信息消费能级稳步提升,信息消费意愿持续增强,信息产品和服务更加丰富,信息消费对经济和社会发展的促进作用充分显现,使上海成为全国信息消费最具吸引力、辐射力和竞争力的城市之一。

一是信息消费规模和供给能力持续提升。到2017年,电子商务交易额力争达到21 000亿元,新一代信息技术产业规模达到11 000亿元,网络零售交易额快速增长,电子信息产品制造业实现高端发展,信息服务业能级不断提升,保持国内领先水平。

二是信息消费支撑和环境保障明显改善。到2017年,上海基本建成具有国际水平的宽带、泛在、融合、安全的下一代信息基础设施体系,家庭光纤用户普及率达到60%,家庭光纤用户平均互联网接入带宽接近50 Mbps,3G和TD－LTE用户普及率超过70%,TD－LTE网络基本覆盖全市域,全面进入4G时代。

二、务实推进重点行动,激发信息消费需求潜力

（一）电子商务行动。推进国家电子商务示范城市建设,发展交易体量大、行业影响力强的大宗商品电子商务服务平台

鼓励生活消费类电子商务平台发展。打造中国(上海)国际网络购物交易会平台,探索建设跨境电子商务园区。深入实施电子商务“双推”工程,支持制造业和物流业联动领域新一轮电子商务应用优化与提升。加快推动移动电子商务、跨境电子商务发展,完善电子商务物流配送体系。支持建立第三方网络交易平台,加快推进可信交易、电子发票试点,加快电子合同、电子签名推广应用。

（二）数字文化行动。提升游戏引擎、集群渲染应用水平,鼓励互动娱乐产业的原创和多元化发展

研发推广数字水印、数字指纹等数字出版关键技术,加快传统出版资源和公共文化内容的数字化进程,培育发展数字出版分销商,提升终端用户的规模。创新视听服务商业模式,在网络剧和微电影领域形成千万级用户规模,鼓励建设第三方海量数字音乐等内容分发和流通服务平台。支持建设国家数字出版、网络视听等产业基地和面向全国的数字内容开发服务平台。

（三）智能交通行动

组织推进从出发地到目的地全程交通信息服务应用示范工程。创建国家级“公交都市”,聚焦公交领域的客流实时信息采集、智能集群调度和公交电子站牌建设,提升城市公共交通运营管理能力和公交出行的信息服务水平;完善市交通信息服务应用平台。推进车联网与车载信息服务示范应用,建设汽车智能化应用及信息服务系统。

（四）数字教育行动

推进数字教育资源共建共享和数字化课程环境建设。建立数字教育资源公共服务平台。建设覆盖上海全市学生的成长信息记录平台,建立中小学生成长档案。发展各级各类终身教育资源,提供在线学习、终身学习档案等全方位、个性化服务,探索建立学历教育和非学历教育的学分互认机制。支持建设网络服务平台,形成具有规模影响力和领域带动力的教育信息消费业态。

（五）数字健康行动

推进市民电子健康档案库、诊疗档案库等大数据应用。促进市民电子健康

档案信息在公共卫生机构、医疗机构、家庭医生和市民之间共享应用；促进诊疗档案信息在医疗机构间的共享应用。优化就医一站式付费、医疗预约等便民措施，开展远程医疗服务，推进数字医院建设。鼓励社会力量参与智能健康管理。

（六）智能家居行动

鼓励开展智能家居技术和产品研发，推进智能家居应用规模化发展。以特殊人群为重点，推广应用防盗、烟雾及气体泄漏自动报警和紧急呼叫等服务；以老式小区为重点，推广应用智能门禁；在有条件的住宅小区试点开展家电设备智能化管理和监控，推广水、电、气远程抄表。推广家庭高清影院、体感游戏、可视电话等应用。

（七）智慧社区行动

统筹各类公共服务信息，通过互联网、移动互联网和IPTV、数字电视等渠道，借助各种载体，面向不同群体发布和推送个性化公共服务信息。推进以网站无障碍改造为重点的信息无障碍工作。引导鼓励房地产开发商、物业服务企业开展智能小区建设。

（八）互联网金融创新行动

发展与国际接轨的财经、证券、保险等大型信息资讯平台。鼓励促进第三方支付在相关单位和公共服务机构中规模化应用；培育发展新型支付方式。构建各类借贷信息交互平台。鼓励建立特色鲜明的互联网金融集聚区。

（九）智能卡应用推广行动

推动各类智能IC卡的广泛应用和多卡集成。加快金融IC卡受理环境建设，鼓励发行集成公共服务的金融IC卡。加快IC卡的模式创新和应用集成，鼓励发行面向社区便民支付的金融IC卡。

（十）“两化”融合行动

深入开展企业信息化应用提升工程，支持面向行业、中小企业的信息化服务平台发展。加快智慧园区建设，加强推广智慧园区建设与管理通用规范。促进互联网环境下的企业生产组织、管理服务和商业模式创新。开展“两化”融合发展水平评估，推动企业“两化”融合管理体系建设。

三、聚焦发展重大专项，增强信息消费供给能力

（一）高端软件专项

增强基础软件的成熟度、可靠性和安全性，推进新一代基础软件应用。形成

智能化、集成化工业软件解决方案。支持建设基于分布式架构、分布式存储、集成一站式的大型应用软件和服务平台。突破安全软件关键技术，发展安全可靠的信息安全产品。

（二）集成电路专项

推进关键芯片与器件等产品的技术水平提升和产业化应用推广。紧跟国际主流水平，推动集成电路设计、制造、装备和材料业取得突破。

（三）移动互联网专项

推动制造业领域移动应用产品与解决方案的研发。鼓励开发个人消费领域移动应用产品与解决方案。支持基于 LBS 的数据内容整合、定位平台建设以及商业模式创新，发展综合性 LBS 应用。

（四）云计算与大数据专项

建设国家云计算创新服务试点城市，支持在云计算和大数据技术上取得关键突破，研发具有国际竞争力的产品和解决方案。支持综合云计算服务平台建设，以及面向专业领域的大数据示范应用。建设云计算促进机构和大数据产业联盟，加强标准规范研究。统筹推进上海市 IDC 建设。

（五）物联网专项

面向重点行业和民生需求，开展物联网应用示范，组织开展规模化应用示范工程建设。聚焦支持关键技术研发和产业化，支持发展具有可持续运营模式的物联网应用平台。

（六）智能终端专项

推进研发各类新型信息消费电子产品，推进行业智能终端产业发展，支持数字家庭智能终端产品研发与产业化。

（七）新型显示专项

推进 AM－OLED 生产线建设，突破 TFT－LCD 产业新技术研发。促进 LED 与智能控制和照明设计的结合，加快培育 LED 应用市场，积极推动激光显示核心部件的研发和激光电视市场突破。

（八）卫星导航专项

加快发展 GNSS 智能导航应用系统解决方案。支持融合性芯片及相应模块研发，突破融合应用、融合定位和 GIS 应用技术，推进卫星导航在重点领域的应用。

四、全面构建支撑工程，完善信息消费基础条件

（一）宽带城市深化工程

全面推进宽带网络升级改造。加快推进农村地区的光纤到户覆盖，进一步提高全市光纤宽带用户普及率，加快推进郊区城镇化地区 NGB 覆盖。加快三网融合推广，积极促进融合性业务的发展。推动上海市传输网升级及网间优化，推进新亚太国际通信海光缆系统建设。

（二）无线城市提升工程

加快构建无线宽带网络，优化 3G 网络，实现全市域深度覆盖；加快 4G 网络建设，实施基站集约化建设和景观化设置。推进上海市 WLAN 布局优化，提升"i－Shanghai"服务质量。优化部署新一代无线电监测网络，编制发布重点区域频率资源分布地图。

（三）下一代互联网示范工程

聚焦公众访问量较高的政府门户网站以及商业影响力较大的网络应用服务商，实施 IPv6 升级改造。开展 IPv6 应用示范工程建设，加快 IPv6 核心设备的技术升级和产业化。

（四）公共信息资源开发利用工程

深化政府信息公开，推动公共服务资源向社会开放。完善上海政府数据服务门户，建立"一站式"数据服务渠道和开放式信息资源服务应用平台。鼓励各类社会主体创新信息服务产品，构建综合型信息服务系统。支持和规范政府部门以政府采购、服务外包等方式获取社会主体提供的信息产品和服务。

（五）网络空间综合治理工程

推进官方网站实名认证、假冒网站发现和阻断等公共服务平台建设。推广身份认证、电子签名等网络信任服务，试点远程数字证书签发与服务，构建互联网统一个人身份认证平台。推进网络与信息安全应急基础平台等基础设施建设，构建信息安全综合服务平台。

五、强化政策创新，完善信息消费发展环境

（一）加大投融资支持力度

创新财政资金支持的方式方法，由支持生产供给端向支持消费需求端转变。支持设立促进信息消费发展的各类基金，鼓励股权投资基金和风险投资基金加

大对信息消费领域的投资力度。鼓励金融机构创新发展符合信息消费特点的金融产品和服务。

（二）保障信息基础设施建设和使用

加快编制发布全市信息基础设施布局专项规划，并纳入城乡建设和土地利用规划。坚持信息基础设施集约建设和资源共享，推动市政及公共设施资源向信息基础设施开放。探索对农村地区提供信息基础设施普遍服务的补偿机制。进一步加强住宅建筑通信设施第三方专业维护，满足电信企业的平等接入，实现用户对电信业务经营者的自主选择。加强资费监管，优化资费结构，实现通信资费合理下降和透明收费。建设“宽带上海”地图工程。

（三）加强法律法规和标准体系建设

开展信息消费相关法律法规的研究制定。建立健全信息消费重点领域和新兴领域的产品及服务标准体系，鼓励上海市企业和行业组织参与国内外信息消费相关标准的制修订。加大信息消费相关知识产权的保护力度，支持企业申请国内外专利、在国内外注册商标和登记软件著作权等。

（四）改善网络信息安全和消费市场环境

落实信息安全基本制度，加强对重要网络与信息系统的安全监管。加强个人信息保护，拓宽和健全信息消费维权渠道，完善网络消费投诉举报平台和查处机制，加强对网络交易行为、产品及服务质量的监管和行业自律，严厉打击网络欺诈等信息消费领域的违法犯罪行为。开展“信息消费日”等宣传活动。

（五）健全信息消费信用机制

鼓励信息消费相关主体加强信用信息记录、披露和使用，支持电子商务平台健全信用评价功能，支持相关行业信用平台发展，支持电子商务信用服务示范平台建设，健全政府、司法、市场、社会的信用联动奖惩机制。支持以信用为基础的消费金融产品和服务创新，支持发展适应信息消费特点的信用支付工具，支持信息消费提供商加强信用管理。

（六）扩大开放增值电信业务

发挥中国（上海）自由贸易试验区增值电信服务业务开放的政策优势，支持外资信息消费产品和服务供应商，在试验区内按照“试验区外商投资准入特别管理措施”经营增值电信业务。放宽外商投资增值电信企业的准入限制，建立以事中、事后监管为核心的动态监管机制，营造统一开放、公平诚信、竞争有序的市场环境。鼓励经营类电子商务平台、应用商店等新型增值电信业务在自由贸易试验区内发展。

（七）开展信息消费统计监测

制定信息消费统计分类和标准，在国家标准的基础上，新增细化各类指标，建设信息消费统计平台，开展信息消费统计和监测，加强经济运行分析，定期向社会发布相关信息，积极引导信息消费。

第二节　集聚力量推动上海光伏产业发展

国家和上海都高度重视产业结构调整和经济转型工作，部署推进新能源产业发展，促进产业能级提升及资源节约型、环境友好型社会建设。我们积极关注国内外光伏产业态势，会同有关部门和单位共同推进光伏产业发展，并取得初步成效，同时主动谋划下一步工作推进思路和举措。

一、国内外光伏产业发展环境及前景分析

太阳能光伏发电是新能源产业的重要领域，20 世纪以来，美日欧等国家加大光伏产业推进力度，2000—2008 年全球光伏市场年均增长 50%，2008 年后特别是 2012 年来，全球光伏产业进入调整期。国内外光伏产业发展主要特点有：

（一）发达国家加强光伏产业规划和政策支持

美国自 1974 年起陆续颁布推动能源可持续发展的法令，1997 年起实施“百万太阳能屋顶”计划；2010 年奥巴马政府对绿色能源制造业提供 23 亿美元税收优惠，发放给 132 家企业的 183 个绿色能源制造项目。日本 1993 年制定“新阳光计划”，2003 年出台可再生能源配额制法；2006 年颁布“新国家能源战略”，提出到 2030 年的能源结构规划。德国 1990 年、1998 年分别提出“千屋顶计划”、“十万屋顶计划”，2004 年《新可再生能源法》规定了光伏发电上网电价，推动光伏产业快速发展。瑞士、法国、意大利、西班牙、芬兰等国也纷纷制定光伏产业发展计划，并投入巨资加强技术开发，加速产业化进程。

（二）全球光伏市场波动和竞争加剧

由于各国光伏产能迅速扩张导致供过于求，以及受到国际金融危机等影响，2008 年后光伏市场产品价格逐步下滑，太阳能组件制造企业普遍亏损。2011 年

美国对中国光伏企业发动“双反调查”,2012 年美国商务部终裁对中国光伏企业征收反倾销税、反补贴税;2013 年 6 月,欧盟开展“双反调查”,后就中国输欧光伏产品贸易争端达成承诺安排;印度也对来自中国、美国等太阳能电池组件发起反倾销调查。

(三)国内光伏产业发展面临困境

我国光伏产业 2004 年后快速发展,从无到有、从小到大,从粗放发展到技术提升、结构优化发展,2007 年至今光伏电池产量居世界首位,产能占全球 60%,成为全球最大光伏产品输出地。我国光伏产业最大挑战在于“两头在外”:原材料约 70% 从国外进口,光伏电池生产设备主要依靠进口;光伏电池产品 80% 出口国外,其中 60% 出口欧盟。受美国“双反”影响,我国对美光伏产品出口下降八成,欧盟市场对国内光伏企业影响更大。在国外市场低迷及国内市场未启动的背景下,我国光伏产业出现严重产能过剩,2011 年四季度以来半数以上电池组件企业停产,2012 年以来制造环节亏损,企业普遍融资困难,当务之急是调整产业结构、淘汰落后产能、开发国内市场。

(四)光伏产业发展前景分析

据欧洲光伏工业协会 EPIA 预测,太阳能光伏发电在 21 世纪将成为能源供应主体,预计 2030 年、2040 年占世界总电力供应比重分别达到 10%、20% 以上,21 世纪末占比达到 60% 以上。根据各国光伏发电技术路线和装机容量规划,美日欧 2020 年装机量将是 2010 年的 4 倍左右,2030 年装机量是 2020 年的 6 倍左右。同时,随着节能要求及环境约束收紧,火力发电成本将呈上升趋势;而光伏组件出货量每翻一番平均售价下降约 20%,能源转换率可望提升至 30% 以上,光伏发电设备成本尚有 30% 下降空间。预计全球光伏市场过剩产能经整合重组将重拾升势,可再生能源将逐渐发挥对传统能源的替代作用。

二、下一步推进光伏产业发展的有关考虑

上海发展光伏产业具有技术研发、服务集成、金融资源等优势,但人力、土地和商务运行成本较高,我们坚持有所为有所不为,聚焦发展高附加值的产业链高端环节,走出一条适合上海特点的光伏产业发展之路。2009 年发布《上海推进新能源高新技术产业化行动方案》,大力推进太阳能光伏等新能源产业发展,形成产业链集聚态势。其中电池组件领域集聚了晶澳、中电、神舟、超日等企业,生产装备领域有理想能源、空间电源所、汉虹、森松等企业,集成服务领域主要有航

天机电太阳能科技公司，检测认证平台领域有太阳能工程技术研究中心、上海微系统所等。目前上海晶硅电池及组件产能超过4 GW，在薄膜电池及装备领域形成技术研发领先团队，全市光伏应用规模达到200 MW以上。

根据国内外光伏产业发展格局及上海产业链整体情况，上海必须在把握技术升级规律、成本结构、产业链细分和价值分析的基础上，确立融入世界、服务全国、发展自身的定位。坚持核心高端引领，发挥核心技术研发、高端装备制造、集成配套服务等优势，形成在全国的产业龙头地位和引领作用；坚持引进开发并举，把握发展空间、载体和资源，一手抓结构调整优胜劣汰，一手谋市场可持续发展；坚持创新发展模式，推动建立行业联盟，加强国内外合作，提升产业链优势，努力打造上海光伏产业核心竞争力。发展目标是到2015年，形成3—5家有较强市场竞争力的龙头企业，光伏产业链核心装备技术水平和产业规模保持国内领先，进一步提升光伏总集成、总承包等现代服务业发展优势，推动能源结构转型，促进经济社会可持续发展。

（一）研究制定城市能源发展路线图

2010年5月国际能源署（IEA）发布太阳能光伏路线图报告，描述了光伏技术发展现状及到2050年的发展前景。国内相关机构和省市也开展了光伏产业发展路线图的研究和制定工作，分阶段明确光伏技术发展路线、产业格局及政策措施等。上海在资源能源缺乏、环境约束趋紧的背景下，更需从长远发展的角度，规划制定包括太阳能光伏在内的能源发展路线图，明确新能源替代的总体部署、领域空间、阶段步骤、载体主体和资金支持政策等，加快建设资源节约型、环境友好型城市。

（二）加强核心技术和高端装备研发

根据未来技术升级发展路线，加强超前谋划和技术装备研发。如在卷对卷薄膜太阳能电池领域，空间电源所已建成柔性薄膜电池卷对卷中试生产线；多层非晶硅—微晶硅领域，理想能源开发的PECVD和LPCVD设备性能达到国外一流进口设备水平，售价仅为进口设备一半。下一步，上海将依托承担的国家重大专项及本市战略性新兴产业重点专项，支持N型晶硅电池、异质结、离子注入等新一代光伏技术发展，加强产业链配套，扩大首台套应用；通过引进消化吸收再创新，促进从生产技术到产业技术的跨越，推动技术产业化、生产规模化发展。

（三）鼓励推进光伏发电项目建设应用

据测算，微网分布式新能源储能系统可使楼宇每年节电30%—40%。下一步,上海将围绕建设低碳、节能城市,推动大型电站、光伏建筑一体化(BIPV)、分布式发电等项目建设,依托基地园区挂牌建设分布式发电示范区;在世博最佳实践区、新兴产业馆、工博馆等,组织推进一批太阳能光伏示范应用项目;探索建设新能源充电站,实现能耗自我平衡和余电并网,发展城市 BIPV 产业。

(四)推进检测认证平台、产业联盟等建设

进一步加强产业对接合作,发挥上海在光伏产业领域的龙头和引领作用。如在光伏检测认证平台方面,依托太阳能工程中心和微系统所,采用部市合作、市区合作方式,建设国家级光伏检测认证平台,与国际标准接轨,为长三角乃至全国服务。加强与国家光伏行业协会等对接,建立光伏产业联盟,探索建设经营模式创新,推进生产制造和终端安装服务专业化分工,加强与国际领先企业合作,促进产业价值链再造。

(五)加大对光伏产业发展的政策支持力度

落实国家发展改革委及能源局、财政部、工业和信息化部、住房和城乡建设部、科技部等支持光伏产业发展的相关政策。加大对光伏研发制造、集成服务等重点项目的财政税收、土地、人才等支持力度,探索通过融资租赁、光伏资产证券化、引入产业发展基金等方式加强金融支持。协调上海市发展改革委、电力公司、行业协会等,明确光伏发电并网接入技术标准及电价补贴等,加强高端人才培养和引进,开展公众节能环保活动。

第三节 优化环境 强化示范 打造大数据高地

当前,上海改革开放进入了全新的发展阶段。前三十年的开放以浦东开发开放为代表,当前以创建中国(上海)自由贸易试验区为标志翻开了新的篇章。其突破口是接轨世界,更加遵循国际化、市场化的规则,从法律、技术、制度及经济等各个层面,全面对接国际发展的惯例、规律和趋势,为经济社会持续发展打开了一个时间天窗、机会天窗。虽然自由贸易试验区只有 28 平方公里,但它的意义重大。我们也面临着很多任务,在国家工信部的直接支持下,在保证国家安全、公共安全的前提下来推动进一步开放和扩大国际交流与合作,对大数据产业发展也带来新的机遇。

一、对"大数据"发展的认识

"大数据"不是一个简单的学术概念,而是一种新的思维,预示着一种全球经济和社会发展新的变革,也预示着新的发展周期的到来。人类从农业社会进入工业社会,从计算机的发明到今天的互联网时代,从技术经济向知识经济转变。过去的发展是一种物质属性的发展,主要解决人类的资源、财富及各种物质的生产问题。但是在物质极大丰富以后,人与自然的关系,即经济社会层面和伦理层面的各种矛盾冲突显现出来,包括能源问题、环境问题、安全问题等。基于知识属性的"大数据"时代的到来,让我们在人脑和信息充分发掘利用、增值服务到位的情况下重新思考当今讨论的"产能过剩"、"发展雷同"等问题。站在宏观的层面上讲,这是打开了地球的另一个宝盒,即从物质属性的发展转到知识属性的发展。

在科学发展及全国工业化、信息化背景下,上海进入非典型性的发展与典型性的转型阶段。科学发展即土地产出率、单位能耗产出率达到最大化,以及发展环境的代价最小化,如何从物质增长到人的全面发展,商务成本和人力资源成本

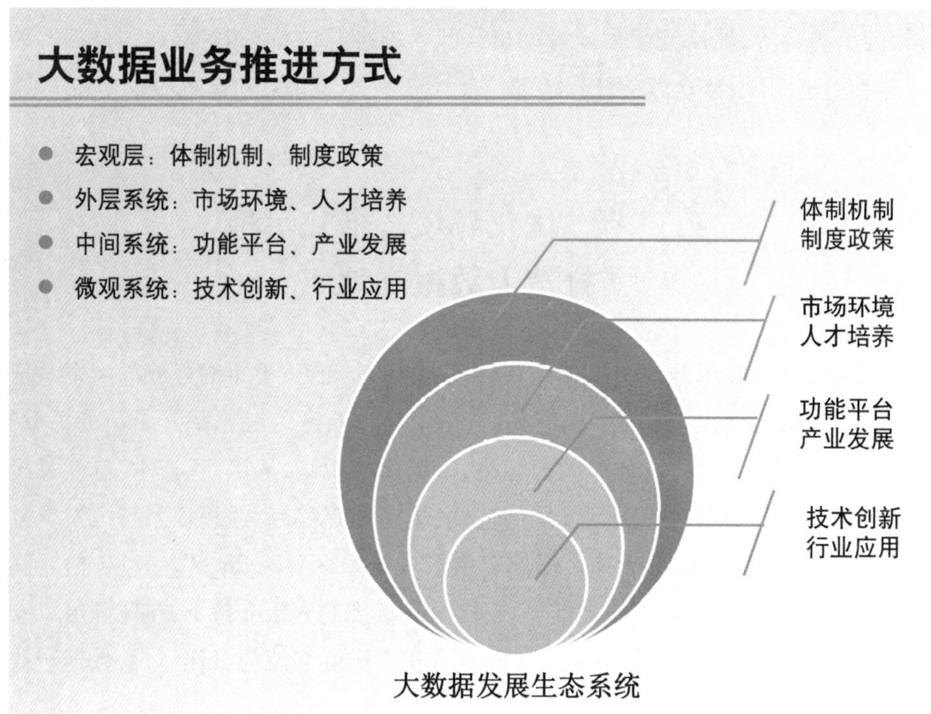

如何承受并且实现人类的可持续发展。这就要求我们加快推进创新转型，既要保持当前的发展，又要为长远的发展创造机会和后劲。

尽管互联网经济和经济互联网都在快速发展，但是以物联网为例，按照最终实现人和物、物和物的连接，目前仅完成了1%，还有99%没有连接。也就是说“大数据”时代已经来了，但是真正的汪洋大海还在未来，有很长的路要走，任重而道远。同时，“大数据”真正的价值在于科学收集数据，突破现有数据信息孤岛及在经济、社会和公共领域出现的信息障碍，这些问题解决后互联网经济才能发展。大家已经充分看到了“大数据”发展的趋势，对我们产生了积极的影响，有极大的吸引力。以车联网为例，专家认为一座城市如果把“车和车、车和人”充分联系到位，从理论上可以使城市道路通行能力提高一倍。也就是说上海这样一座城市，如果车联网真正发展到位了，即使车辆翻一倍、不增加道路面积，车况、路况还会有好转。智慧交通是一个重要的话题，所以我们有足够的理由对这个领域予以极大的关注。

移动互联网、信息高速公路的发展越来越快，但是从用户的角度来说，希望越便捷越好，而从服务供应商来说希望要有利用率，所以要解决在安全、规范的前提下保护好各方利益。既要保证信息通信提供者有加快发展的决心，又要帮助他们解决硬件建设之后有足够的车在信息高速公路上走，所以要发展内容产业。同时发展过程中的不均衡、城乡之间的差别、领域区域的差别造成了局部通信的拥堵，服务质量就成了社会公众投诉的对象。所以越发展，我们就越需要从法规、政策、服务、管理各个方面理顺关系，使整个行业能够持续健康地发展。当然，每个阶段会碰到不同的瓶颈和障碍。内容产业的发展，包括“三屏合一”等，现在排上了议事日程。很多新技术、新产业、新模式、新业态如雨后春笋、日新月异，包括精准营销、精准广告、智慧学习等。“大数据”背景下的教育可能将是颠覆性的，现在年轻人可能不太喜欢枯燥的背诵，而是从海量信息里面分析、享用知识，读书的方式正在发生变化，而且只是刚刚开始，这里面会有一些新的发展。

二、关于上海“大数据”产业发展的思考

上海“大数据”产业结合上海发展的特点，重点在抓好“先行先试”，要推动一部分企业在“大数据”背景下开拓发展。上海已经有一些这种类型的企业，一些互联网媒体也处于行业的领先水平。“大数据”对学科建设、培养模式都要重新再造，要关注数据资源优势怎样逐步实现突破。数据采集无处不在、无时不

有，目前上海发行 4 000 万张交通卡，拥有 3 200 万的手机用户；中国银联有 35 亿张银行卡，海量数据资源总部在上海，这个领域可以说还是“小荷才露尖尖角”，未来趋势会更大。从产业发展上来说，行业应用、系统的研发和服务，上海已经占据了一定优势。大智慧、东方财富等企业面向全国提供金融服务的数据；华腾、亚太计算机、银联商务面向金融石化行业提供交易支持；电科智能等企业在交通出行领域也处于全国领先。

“大数据”的背景下必须从大处着眼，要有顶层设计，但是还要从具体之处和小处着手，让大家看到并且享受到发展的成果。上海人才荟萃，科研基础和资源都比较雄厚，科学研究领域的优势非常突出，上海担当着一些专项任务。特别是国家提出培育发展战略性新兴产业后，上海承担大飞机领域专项任务，相关配套的高等科研院所、研发设计中心、规模研发和公共产学研平台等，都在加快发展。所以从科研领域来讲，“大数据”的应用前景也很好。

在公共服务和社会领域，上海历来就是社会管理比较精细的地区，目前所有的中心区实现了城市网格化全覆盖。如长宁是全国社会创新管理试点区，做到实有居住、户籍、单位等管理全覆盖，而且是动态可持续的系统管理。城市管理网格化全覆盖已经向嘉定、松江等区拓展。社会治安、公共安全领域，教育、工商管理等各领域都出现了“大数据”深化应用的发展趋势。

目前，上海在政府信息资源开发共享方面走在全国的前列，推动了公安、工商等试点单位的资源开放，同时建立了上海市公共信用信息服务平台，将正面清单、负面清单进行信息的整合和共享，打破了信息孤岛。摆在我们面前的任务是：如何用好公共信用平台，变事前监管为事中、事后监管，为建立与自由贸易试验区相适应、相配套的政府管理方式闯出一条新路。

第四节　信息安全进入全民时代
构筑城市信息安全基础防线

信息安全是国家安全的重要组成部分，城市信息安全保障体系要与国家信息安全体系对接，与城市应急管理体系对接。伴随着信息化建设的持续深入，更多领域的数字化、更大范围的网络化和更高层次的智能化，推动着国民经济快速发展和社会领域不断革新。

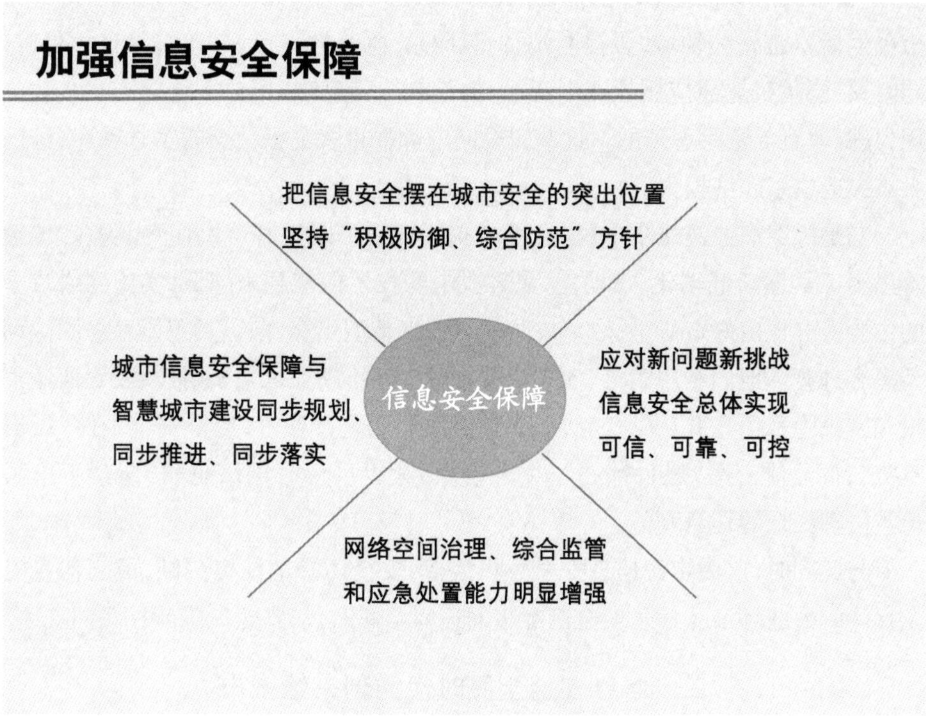

加强信息安全保障

把信息安全摆在城市安全的突出位置
坚持“积极防御、综合防范”方针

城市信息安全保障与
智慧城市建设同步规划、
同步推进、同步落实

信息安全保障

应对新问题新挑战
信息安全总体实现
可信、可靠、可控

网络空间治理、综合监管
和应急处置能力明显增强

一、信息安全已成为关系市民切身利益重要问题

随着信息化的发展演进,信息安全问题日益突出,它不仅关系到国家安全、经济安全、社会安全,而且关系到普通民众的生活安全,信息安全已经进入了全民时代。

（一）信息化的深度应用使得信息安全问题渗透到了城市运行和社会生活方方面面

伴随着智慧城市建设的不断推进,信息感知和智能应用在城市建设和运行管理、社会事业和公共服务以及电子政务等领域得到广泛应用;同时,金融、交通、供电、供水、供气等城市功能和社会服务也高度依赖网络和信息系统的安全可靠运行。它们一旦发生信息安全问题,将对城市运行、社会稳定和市民生活造成严重影响。

（二）网络社会与传统社会的交织衍生出新的社会生活形态,引发新的信息安全问题

微博、微信、电子商务、移动互联网的应用普及,不断改变着传统的社会形

态，丰富市民的日常生活。然而在网络购物、搬场运输、家电维修、物流快递等与市民生活紧密相关领域，假冒网站、钓鱼网站、网络欺诈、信息泄露等日益猖獗；同时，智能手机恶意应用也逐渐泛滥，据检测统计发现，用户平均每下载 9 款应用，其中就有 1 款是恶意的。这些安全问题都严重扰乱了社会的正常秩序，给广大市民造成了经济损失。

三是黑客产业链逐步平民化，网络犯罪行为不断侵害市民切身利益。伴随着黑客工具逐渐低端化、自动化，黑客攻击的技术门槛越来越低，实施网络攻击的主要人群也由好奇心重、炫耀攻防能力的兴趣型黑客，向更具犯罪思想的盈利型黑客过渡。他们利用病毒、木马以及恶意应用不断盗取电子财产、贩卖商业情报和网民隐私信息并从中获利，形成了巨大的黑色产业链，使得安全事件“层出不穷”，商业泄密案“触目惊心”，个人信息“唾手可得”，网络犯罪“屡禁不止”，严重侵害民众的切身利益。

与此同时，广大市民信息安全意识淡薄，安全防护的能力欠缺，成为信息安全保障的薄弱环节。信息安全已经全面迈入全民时代，安全风险就在我们身边。

二、信息安全全民时代的到来给城市信息安全保障提出新的挑战

上海在推进城市信息化建设过程中，始终高度重视信息安全。“十二五”以来，上海在国家有关部门的指导和支持下，以城市基础网络、重要信息系统、关键工业控制系统等运行安全为重点保障目标，充分依托综合监控、网络信任、灾难备份等基础设施，落实风险评估、等级保护、应急管理等监管要求，开展安全测评、电子认证等社会化服务，不断完善法规标准、人才、技术产业、全民意识等配套环境，初步构建了城市信息安全保障体系。

随着国家“宽带中国”和促进信息消费等重大战略部署实施，以及上海“四个中心”建设的逐步推进，信息安全工作的内涵和外延不断丰富。与此同时，网络攻击手段的隐蔽性、网络欺骗行为的弥散性、攻击源和攻击目标的不确定性等，都使当前上海城市信息安全保障面临严峻形势。主要表现在：一是银行、证券、保险、通信以及城市基础设施关键系统和设备高度依赖国外厂商，其中存在的漏洞与后门底数不清，深层次、系统性安全问题无法掌握，安全隐患严重。二是信息技术的应用渗透到市民衣食住行的方方面面，垃圾短信、垃圾信息扰乱市民正常生活，网络钓鱼及欺诈使消费者利益受到损失，极易引发社会问题，影响

全社会信息消费的信心。三是网络社会化趋势日趋显著，尤其是微信、微博等网络社交和移动智能应用快速普及，我们对网络空间还缺乏行之有效的监管手段，网络社会管理日趋复杂。四是对云计算、物联网、移动互联网、大数据等新技术、新应用快速发展所带来的新安全风险，前瞻性研究不足，有待加强。这些风险和问题让我们所处的环境日益严峻，工作对象也愈加复杂，对城市信息安全保障提出了新的挑战。

三、构筑城市信息安全的基础防线，共同应对信息安全新挑战

攻击和防御之间的博弈是信息安全永恒的话题。面对信息安全全民时代的新挑战，上海市信息安全保障工作要开拓视野、创新思路，政府、企业和市民共同携手，构建全社会参与和全过程监管的运作机制，围绕国家信息安全、城市运行公共信息安全、企业法人信息安全和市民个人信息安全四个重点领域，构筑新形势下城市信息安全基础防线。

（一）加强统筹协调，强化基础支撑

要不断完善信息安全综合协调机制，加强与职能部门、重点行业和区县的协同配合以及跨地区协作。同时，完善信息安全法律法规体系，加快上海市民服务安全门户网站和信息安全综合服务平台建设，加强云计算、移动互联网、大数据等安全问题的前瞻性研究和战略部署，比如大数据对于信息安全而言是一把双刃剑，一方面可以利用大数据技术提升安全保障的能力；另一方面大数据技术增加了信息泄露的风险。加大对信息安全关键技术的研发和产业化资金支持，并按照“技术先进、安全可靠、自主可控”的总体要求，打造安全可控的信息安全产业链。

（二）加强对与市民生活密切相关重要信息系统的安全监管

要建立公共信息系统安全责任体系，强化风险评估、安全测评、应急管理、电子认证等基本制度的落实，在关键岗位推行人员持证上岗，加强信息系统安全防护和监管。同时，要规范信息安全产品和技术服务的采购，加强对信息技术服务外包的安全管理，开展云计算服务安全审查试点，强化重点领域信息安全检查，完善社会化的应急保障机制建设。

（三）建立全民参与的网络可信空间治理机制

要强化信息资源和个人信息保护，在金融、证券、电子商务等领域推行个人

信息保护第三方评估机制，加强行业自律；积极完善安全可信信息消费环境建设，推动官网认证、假冒网站发现与阻断等业务的应用部署；依托行业协会和社会化组织完善信息消费举报平台和投诉处理机制，规范信息消费市场秩序，加强网络空间综合治理；推进绿色上网在上海市中小学的推广普及，为广大青少年提供健康安全的上网环境。

（四）加强全社会信息安全意识和防范能力的普及提升

要加强信息安全宣传教育和意识普及，将信息安全活动周的举办作为一项长期性的制度安排，把信息安全意识培育持续化、常态化，采用市民喜闻乐见的方式进行宣传普及，扩大社会知晓度和参与度。同时，要加快信息安全专业技术人才的培养选拔，为国家和上海市信息安全工作提供专业人才保障。

第五节　加强大数据环境下的信息安全保障

一、大数据背景及趋势

大数据指的是所涉及的数据量规模巨大到无法通过目前主流软件工具，在合理时间内撷取、管理、处理并整理成为帮助企业经营决策的信息，具有四方面特性，业界将其归纳为 4 个“V”（Volume，Variety，Value，Velocity）：一是数据体量巨大；二是数据类型繁多；三是价值密度低，商业价值高；四是处理速度快。

大数据是信息化发展的一个必然阶段。大数据技术本身并非根本性的变革，然而大数据对信息化应用发展、对业务流程再造、对企业决策制定等产生了深远的影响。

大数据将对传统产业发展产生“破坏性革新”。大数据将促进产业结构调整，促使各行业提高生产效率、改变经营模式。大数据技术衍生出的业务创新将进一步促进产业间的渗透与融合，改变传统产业格局。

上海具备大数据产业发展的基础，但仍存在不足。上海具备大量优质的数据资源，庞大的信息消费市场，完备的信息基础设施，坚实的技术、产品及服务环境，以及人才、资金等保障措施。然而，未来大型互联网企业将是大数据产业的引领者，目前上海仍然缺乏相应的互联网龙头企业。

二、大数据对信息安全的挑战

大数据的脆弱性加大了被攻击及信息泄露风险。大数据平台本身存在脆弱性,大数据核心技术缺乏内生性安全保障机制,且传统的安全手段在大数据面前往往失效,导致其易受攻击。同时数据的大量聚集降低了黑客攻击成本。

大数据为黑客攻击提供了更多机会和手段。大数据技术的使用使得黑客攻击更精准,大数据平台可以放大黑客攻击效果。同时,黑客攻击相关痕迹埋藏在海量数据中,使得攻击行为更隐蔽。

大数据加大了网络舆情的管控难度。信息数据本身在传播、处理过程中可能被扭曲,随着掌握的数据越来越多,数据间的相互关系也越为复杂,加上网络恶意炒作,导致网络舆情管控难度将比以往更大。

三、大数据给信息安全带来的机遇

大数据将提升系统信息安全防护水平。利用大数据相关技术,可以实现对海量数据的分析、关联、对比,通过自动化的分析及深度挖掘手段,能够提前发现潜在的安全隐患和漏洞。

大数据有利于信息安全宏观态势的监测预警。大数据技术的应用,扩大了安全分析的深度和广度,为信息安全提供强大的监测、分析和预测支持,将极大地提升上海城市运行安全的监测预警能力。

大数据将催生新的安全产业链,促进技术创新。当前的大数据标志性技术普遍缺乏内生性的安全机制,且相当一部分大数据技术是开源的,给信息安全企业提供了发展机遇,也为信息安全技术创新提供了广阔空间。

大数据将有助于舆情分析,防止关键信息泄露。可以利用大数据技术针对网络上公开的数据信息进行监测和分析挖掘,预测可能产生的网络舆情态势,并提前加以部署和应对。

四、加强大数据环境下的信息安全保障相关考虑

(一)优化信息安全监管体系,提升信息安全保障能级

推进信息安全监管机制的调整完善,在原有管理制度基础上加入大数据的安全保障要求,适应大数据安全发展需要。同时,充分利用大数据相关技术工

具,对上海已有的信息安全基础设施进行升级改造,加强城域网预警监测能力,提升安全保障能级。

(二)加强上海重要数据资源的管理与安全保障

应当对上海重要的信息数据资源及平台进行系统化梳理,确定大数据安全保障的重点范围,有针对性地制定上海大数据安全防护策略,加强管理和技术措施的落实,强化安全防护与保障。

(三)加快大数据技术的研发及产业化,推动大数据应用安全示范工程

一是研究适用于大数据的信息安全理论和模型。应该在传统的网络层、系统层、应用层安全基础上,发展相对独立、跨应用的数据层安全,形成以数据为中心的安全模型和理论。研究涉及访问主体、访问数据敏感度,以及分析结果敏感度的非确定性安全模型和理论,并研究开放场景下的协同安全防御体系。二是研发与大数据配套的新安全技术与产品。针对主流的大数据技术发展趋势,研究与之相配套的安全技术和产品,包括大数据安全分析技术,适用于 Hadoop 等标志型大数据技术的安全产品,大数据安全监测、防护类产品以及个人隐私保护相关产品等。

(四)加强相关法律制度及标准建设,规范大数据市场

加强对大数据及安全产业相关政策法规的研究,提出数据资源权益、隐私保护等方面的法规细则建议,制定大数据相关安全标准。在保护数据资源的同时,促进数据资源合理有序地开发利用。在人才、财税、科技金融等方面设计有利于数据人才和数据产业发展的政策,逐步建立有利于上海大数据研究与发展的制度法规体系。

第五篇

潜心求索　克难奋进

当前,全球信息技术革命的浪潮方兴未艾,新一轮产业革命又初露端倪,两者的交融对接,激活了经济、政治、社会、生活的每一个创新因子,同时各种挑战和问题也迎面而来。在信息化环境下,无论是生产力、生产资料还是生产方式,都将发生巨大的变化。随着发达国家推行再工业化、德国提出工业4.0版,物联网、云计算、大数据、移动互联网、3D打印等全球范围内的信息技术创新日新月异,并与制造、服务等产业链各环节紧密融合,这对我国的产业转型方向、经济发展方式和综合竞争力提升等,都提出了新的挑战。与此同时,上海在推进数字、绿色、智能制造的过程中,亟需提升信息基础设施和安全保障的自主性,充分发挥信息化对经济增长的带动和促进效应。我们在工作推进中,注重借鉴和汲取国内外先进发展经验,结合上海的实际情况,努力探寻科学发展之路,路漫漫其修远兮,吾将上下而求索!

第一章

深入调查研究
加强学习借鉴

第一节　纽约推进数字城市建设对上海智慧城市建设的启示

近年来，随着人口大量涌入，发达国家曾经经历的各种城市病也日益在上海显现，交通拥堵、污染加重，城市发展与环境、资源能源承载能力的矛盾日益突出，而纽约以数字城市建设促进城市创新发展，使城市的竞争力在全球处于领先地位。据英国《经济学家》信息部公布的全球最具竞争力城市调查报告，美国纽约荣登榜首。这表明近几年来，纽约以数字城市建设为突破口，推动城市创新发展取得了新的成效。纽约经验对上海如何建设智慧城市，运用信息技术提高城市管理水平、产业发展水平等都具有重要的启示。

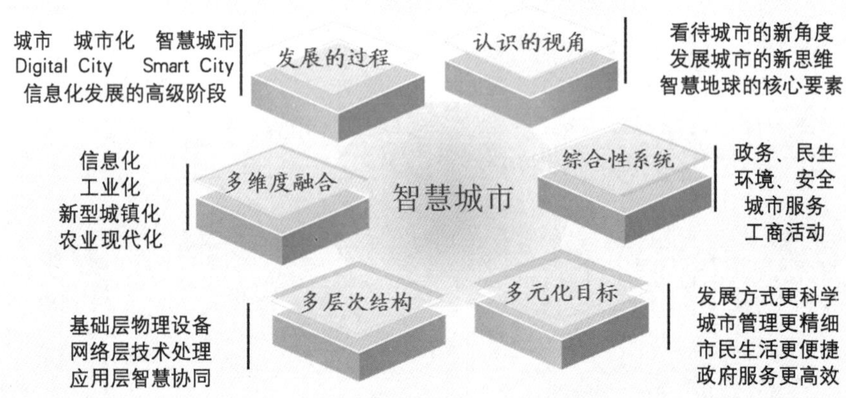

一、纽约市推进数字城市建设的主要做法和经验

2000 年以来,纽约市政府持续加强数字化创新,每年访问市政府网站(NYC. gov)达 2 500 万人次。2011 年 1 月,纽约进一步提出建设世界领先的数字城市目标。为此,纽约采取了一系列措施。

(一) 加强统筹领导,制定“数字城市路线图”

通过对纽约市公私部门利益相关方和居民的调研,制定了“数字城市路线图”,从科技、教育、政务公开、参与和产业五个方面提出具体举措,强调纽约的数字城市建设要注重政府与企业、居民的互动,使信息化真正惠及企业发展、居民生活和创新创业。

(二) 优化基础设施,方便企业和居民使用信息网络

纽约市政府推动信息服务企业在地铁月台设置 WiFi 热点,与 AT&T 等电信运营商合作,逐步在全市所有公园设置 WiFi 热点,游客只需通过自备的移动装置即可享用免费 WiFi,且不会植入广告。同时,纽约市还推动在全市安装公共付费电话的场所提供免费公共 WiFi,让纽约市民和游客的智能手机等带无线功能的设备都能免费连接使用互联网。

(三) 开放信息数据,与企业合作共建数字城市

为促进政府透明,纽约市专门立法开放政府数据资源,发布数百个实时的数据集。通过举办城市应用程序开发大赛,鼓励人们创新,一些从竞赛当中脱颖而出的应用程序已投入使用。纽约市政府还与 Facebook、Twitter、Foursquare 和 Tumblr 等企业展开合作,努力使政府与市民的交流更加现代化、广泛化。与 Facebook 的合作包括首个城市 Facebook 流水页,建立与 311 热线的联系,并为纽约市民发表观点、询问问题和参与投票创造条件。纽约市还通过 Twitter 为市民提供一站式的新闻和及时更新服务。纽约市和 Foursquare 合作,鼓励市民在有 Foursquare 标志的公共场所消费,如公园、文化中心等,为当地商户创造商机。

(四) 依靠信息技术,提高城市治理水平

纽约市政府与微软结成合作关系,开发一种名为 Domain Awareness System 的新软件,能将广泛的摄像头和感应器网络数据聚合,防范更多普通的罪案。全市拥有一个由大约 3 000 个摄像头组成的网络,覆盖纽约每一座办公楼、零售中心和住宅楼。

（五）帮助小企业应用信息技术，吸引更多客户以增加收入和创造就业机会

纽约市小商业服务局专门推出一套免费工具，即小型企业数字工具包，帮助小企业使用数字技术和社会化媒体，开拓网上业务和市场。纽约市小商业服务局专门为小企业开展免费培训，辅导小企业寻求建立自己的数字存在，包括建立企业网站，运用数码和移动支付系统，开展电子商务，优化搜索引擎，以及如何向市场推出数字广告和社交媒体业务。

（六）引风险投资，投资科技型创业企业，为信息服务企业等发展营造良好环境

纽约市经济发展局设立 2 250 万美元的新兴企业投资基金，支持 10 家企业孵化器，吸引数据和科技企业在市中心办公；纽约已成为与硅谷一样风险投资集中的地区之一，且在近年来打造了短期表现优于硅谷的投资环境，是 2007 年以来全美风险投资额唯一实现正增长的地区。为推动科技产业发展，纽约不断推出各种便利措施，如“纽约制造”企业用人需求电子地图，能实时显示纽约市科技产业的用人需求，让创业者方便地找到所需人才，也为相关领域的求职者提供指导和参考。

二、上海智慧城市建设必须坚持以应用为导向

纽约数字城市建设给我们的深刻启示是，智慧城市建设重在应用，必须加强统筹规划，充分运用信息和通信技术手段改善民生，强化公共安全、城市服务，大力促进创业企业的发展。上海必须借鉴纽约等城市的经验，坚持以应用为导向，坚持需求拉动推进智慧城市建设，否则智慧城市建设就容易流于口号、形式，无法带动产业、满足市民和企业的需要，难以形成可持续的发展模式。

智慧城市的应用可以有不同分类，从应用主体来看，主要有居民需求拉动应用、企业需求拉动应用、政府需求拉动应用。居民需求应用包括智能家居、数字教育和数字娱乐等；企业需求应用包括电子商务、智能制造、智慧管理等；政府需求应用包含市容管理、应急管理、电子政务、智能交通、食品安全等。智慧城市应用从涵盖领域又可分为智能交通、智慧医疗、智慧物流、智慧制造、智慧贸易、智慧能源、智慧公共服务、智慧社会管理、智慧健康保障、智慧安居服务和智慧文化服务等。

智慧城市建设应在大力推进基础设施建设的同时，更加注重信息平台建设，更加注重推进创新应用，鼓励政府、企业和个人在智慧基础设施之上进行科技和业务的创新应用，促进政府开放透明，优化创业创新环境，促进各类风险投资、天使投资集聚发展，为中小企业发展壮大提供良好的土壤，为居民生活幸福安康提供更多的便利，使智慧城市建设成为推动城市持续发展的持久内生动力，智慧城市建设自身也能找到可持续的发展模式。

三、上海以应用为导向建设智慧城市的政策措施

上海推进以应用为导向的智慧城市建设，重点应减成本、除障碍、降门槛、拓市场，重点加强以下几方面工作：

（一）加强组织领导，强化完善推进体制机制

智慧城市建设涉及面广，推进应用需要多个部门、各方主体的参与，要进一步完善"高层决策、中层推进、基层执行"的工作机制。设置 CIO 首席信息官是纽约等发达国家和地区推进数字城市或智慧城市建设的重要经验。雷切尔·斯特恩作为纽约市的"首席数字官"，在推动编制纽约市数字城市建设路线图、协调落实数字城市建设战略与规划等方面发挥了难以替代的作用。如以往纽约各政府部门均建立独立主页，市民想查找信息就得进入不同的页面，这导致跨部门合作交流非常困难，雷切尔·斯特恩组织了一个特别行动小组，培训政府人员更高效地使用社交网络，并推动统一管理各政府部门信息。

（二）坚持遵循市场规律和智慧城市建设规律，循序渐进加以推进

智慧城市作为城市信息化的高级阶段，需要数字城市的基础和物联网的支撑。纽约作为最为发达的国际化大都市之一，并没有提出时下最流行的智慧城市建设目标，而是把数字城市作为近期的努力方向，量力而行，按阶段有序推进，不急于求成。同时，发挥市场的基础性作用，引导、鼓励企业积极参与，市政府主要制定规划、确定方向，合理配置公共资源，完善法规和政策，创造良好政策、体制和法治环境，通过财政杠杆等利益引导促进社会资本加大对智慧城市建设的投入，采用各种创新模式充分利用社会资金。

（三）注重智慧产业和智慧应用，扩大信息服务消费能力和发展信息服务业

要加强对政府工作人员的培训，充分利用信息化手段提高社会公共服务质

量和扩大服务覆盖面，提高服务市民和企业水平；要依托智慧社区建设、社区信息苑等，营造良好的信息生活环境，采取有效措施帮扶弱势群体利用信息技术，带动城市居民信息技术应用能力的提高。要借鉴纽约经验，多渠道、多方式推动中小企业信息公共服务平台建设，加强中小企业信息化方面的培训、指导等，鼓励中小企业运用互联网开拓市场渠道、提升企业影响力等。要突出优势产业智慧化提升和培育新兴智慧产业，以智慧应用带动智慧产业，以智慧产业促进智慧应用，重点促进平台型企业的发展，切实增强智慧产业的自主创新能力和核心竞争力，大幅提升智慧产业对城市经济发展的贡献率。

（四）注重解决现实问题，提高城市治理水平

要大力推进各部门、市和区县的数据融合，通过数据融合真正实现信息与智慧决策的融合，从根本上促进实现政府部门的协同共享、行业的互动协调、城市的精细化运行管理、人与自然的和谐相处。要运用信息技术手段解决城市安全运行中的重点难点问题，如加强传感网和物联网建设，逐步实现对基础设施与基础资源的实时监测和高效利用；建设高效低碳的智能交通系统，营造“智慧交通、低碳出行”的绿色交通环境；推动生态环境信息采集传输网络化、智能化，建立生态环境管理保护新模式等。

第二节　以产业结构调整促进土地二次开发利用

伴随着全球金融危机的进一步加深，发达国家产业发展也纷纷由去工业化的发展阶段进入了再工业化发展阶段，以数字化革命和新能源技术和信息技术融合发展为代表的第三次工业革命成了全球关注的焦点。上海正处在产业结构调整的重要时期，迫切需要研究如何应对第三次工业革命带来的机遇与挑战。深入推进产业结构调整，通过腾笼换鸟、去旧立新从而推进产业转型升级正是上海积极应对新形势新背景下发展要求的应有之举。

一、2010 年到 2012 年产业结构调整基本情况

2010—2012 年实施上海市重点产业结构调整项目 322 项（不包含危险化学

品企业调整项目),调整共涉及工业总产值约377亿元,年主营业务收入约449亿元,年税收约11亿元,分流安置职工约5万人,涉及调整用地约1.42万亩(平均单幅调整用地约40亩)。

从调整方式看,全厂关闭企业有240家,占比75%;生产线调整项目82个,占比25%,多为企业集团。其中,搬迁外省市的41家,主要搬迁的省份有江苏、江西、浙江、安徽等地。

从调整企业的属性构成看,民营企业占比最高,为45%,共140家;三资企业占28%,共92家;国有企业占20%,为67家,集体企业占比最低,为7%,共23家。

从调整项目的来源看,区县共254项,涉及调整土地面积10 886亩,产值182亿,职工35 688人;企业集团共68项,涉及调整面积3 323亩,产值195亿。

从104、195、198地块调整项目的分布情况看,104区块内的调整项目135项,占地8 024亩;195区域内的调整项目92项,占地2 950亩;198区域内的调整项目95项,占地3 234亩,其中有3家调整企业位于黄浦江上游水源保护区内。

二、调整后土地再利用情况

将2010—2012年上海市重点调整项目322项的调整地块分为三类:一是已调整已利用地块,共127项,面积约4 222亩,占调查总面积的30%;二是在调整尚未利用地块,即调整未结束地块(多为2012年调整项目),共21项,面积约1 557亩,占总面积的11%;三是已调整未利用地块,共174项,面积约8 430亩,占总面积的59%。

(一)再利用土地情况

规划产业区块内(104区块):已再利用地块2 044亩,占全部已再利用土地面积的48%。其中,85%的土地二次开发为工业用地,13%的土地转型为商业或商务办公用地,2%为绿化、道路等市政建设用地。规划产业区块外(195和198区域):已利用地块2 178亩,占全部已利用土地面积的52%。其中195区域已利用地块1 381亩,占全部已再利用土地面积的33%;198区域已利用地块797亩,占全部已利用土地面积的19%。规划产业区块外56%的土地二次开发为工业用地,31%的土地转型为商业或商务办公用地,2%为绿化、道路等市政建

推动土地集约利用方式创新

建设用地面积超过3 000 km²，占陆域面积45%左右

工业仓储用地952 km²，占建设用地比重1/3左右

工业用地约760 km²，占建设用地比重25%左右

“两规合一”后到2020年全市可新增工业用地仅120 km²

- 全市人均土地面积不足0.5亩，不到全国平均水平1/20，仅相当于世界平均水平1/60
- 接近城市生态环境和居住环境允许的建设用地极限

设用地。

（二）未利用土地情况

322 项上海市重点调整项目中有 195 项尚未开始进行土地二次开发，包括在调整尚未利用地块和已调整未利用地块。面积约 9 987 亩，占总面积的 70%。

1. 调整未利用土地空间分布情况

104 区块：未再利用地块共 79 幅，占地 5 980 亩，占全部未再利用土地面积的 60%。其中，通过租赁方式取得用地的有 23 幅，占地 2 578 亩。

195 区域：未再利用地块共 54 幅，占地 1 569 亩，占全部未再利用土地面积的 16%。其中，通过租赁方式取得用地的有 33 幅，占地 634 亩。

198 区域：未再利用地块共 62 幅，占地 2 438 亩，占全部未再利用土地面积的 24%。其中，通过租赁方式取得用地的有 49 幅，占地 1 881 亩。

2. 未利用土地原因分析

一是再利用方案正在计划中：共 113 幅，面积 6 412 亩，占全部未再利用土地面积的 64%。该部分土地未再利用的原因多为等待招商过程中。二是规划或政策限制：共 39 幅，面积 1 586 亩，占全部未再利用土地面积的 17%。该部分土地多为 198 地块，及部分 195 地块。三是调整尚未结束：共 21 幅，面积 1 557 亩，占全部未再利用土地面积的 15%。多为 2012 年调整项目。四是其他原因（如进入储备阶段）：共 22 幅，面积 433 亩，占全部未再利用土地面积的 4%。

3. 再利用土地存在的主要问题

一是规划控制或政策受限。部分调整企业的厂房、土地受新市镇规划、新城规划等管控，由于缺乏相应的土地再利用机制，很难进行土地改性或工业用地的指标平移，这些企业腾出的土地和厂房，除了部分用于城建、绿化外，以再招租为主。而目前对产业区块外的厂房改、扩建均有政策限制，无法满足新企业要求，这对新项目的引进存在一定困难，直接导致腾出的厂房或土地闲置。198 地块由于在规划中属于未来复垦或调整为其他建设用地的对象，目前各乡镇的 198 地块或临时利用，或闲置待拆迁；195 地块虽然属于规划建设区域内，但由于现行政策只允许保留现状，不允许进行改扩建或新引进工业企业。

二是二次开发受资金约束。由于调整涉及的土地补偿、员工安置、停产损失、债务处理等成本压力很大，导致土地再利用过程中资金平衡较为困难，时间成本也因此增加，土地在此过程中闲置。而且区县因财力所限，难以大量从企业回购土地进行统一产业规划。

三是土地供需矛盾仍较突出。在推动符合产业发展导向项目落地、工业区块外项目向园区集中等工作中，仍面临土地供应、指标落实等问题。同时，各开发区、镇的动拆迁工作难度加大，也延缓了相关项目的推进。

三、土地再利用的思路和方向

对于 104 地块：以工业为主，特定区域适当发展总部和研发项目。根据园区产业导向及相关政策，明确新项目准入条件，尽快启动调整地块的再开发利用，主要用于引进制造业项目；可以通过厂房租赁、股权并购、整体拆除，及按照新项目要求重建等方式进行再利用。符合产业导向的也可结合《关于增设研发总部类用地相关工作的试点意见》建设企业总部或研发基地。

对于 195 地块：部分保持原建筑形态，调整为生产性服务业、创意产业。另一部分要对地块周边区域进行整体分析，进行控制性详规修编，根据规划转型转性，集中整片进行开发。此外允许对于列入“产业区块外重点企业支持目录”的企业进行改造升级。

对于198 地块：采取多种手段，结合区域土地整治规划、增减挂钩规划、郊野公园规划的编制，确定纳入复垦的近期、中期和远期名单，对于不可复垦的或列入中、远期复垦的地块，在不改变形态的前提下，可考虑短期利用。

四、相关政策建议及保障措施

（一）调整与土地再利用相结合

区县推进调整与规划、招商相结合，在制定调整计划时充分考虑调整腾出土地的再利用问题，提前规划调整地块未来用途。

（二）建立存量土地管理信息平台

各区县梳理汇总腾出土地的存量资源，全面掌握腾出土地的现状规模总量、区域分布及规划情况，尤其对15 亩以上的空置土地建立统一的管理平台，分批次重点推动腾出土地的盘活再利用。

（三）明确腾出土地再利用责任制度

将产业结构调整腾出的存量土地再利用情况列入区县、街道（镇）、园区年度考核指标。区县要统筹考虑各街道（镇）、园区土地利用情况，制定差别化的考核政策，对于198 地块多的地区要通过财政转移支付等机制提高复垦的可操作性。

（四）盘活存量中注重培育优质产业

对租赁厂房调整后的再利用设置门槛，如规定租赁期限、业态内容等；鼓励利用腾出的土地和厂房培育战略性新兴产业、引进先进制造业和现代服务业，使产业结构调整工作在腾出发展空间、促进产业升级方面真正发挥实效。

（五）积极探索创新模式盘活存量

通过建造标准厂房等方式盘活存量低效用地。引入战略投资者等融资机构，使其参与到腾出土地再利用过程中，例如在调整环节，引导企业与融资机构以“产权招商”等方式开展后续的二次开发合作。

（六）研究土地再利用的开发模式

关于调整腾出土地的开发模式，建议以下三种模式：一是企业自主转型发展；二是企业以土地入股，合作开发；三是企业退出，政府或开发公司开发。

第三节　加大产业结构调整
推动就业人口结构优化

一、对未来几年上海产业
就业结构趋势的判断

通过对近年来上海市工业从业人员数量及劳动生产率的变化分析，对未来几年上海产业人口结构趋势有以下判断：

到“十二五”末期，短期内上海市常住人口总量增长态势仍将持续，预计上海市总从业人员 1 100 万人左右，其中第三产业 660 万人，第二产业 400 万人，其中工业从业人员将由目前的 342 万人稳步减少。

基本判断：一是未来新增就业集中在服务业，且短期内传统服务业和劳动密集型工业从业人员占相当比重。服务业仍将占就业人口 60% 以上，其中一半左右为生产性服务业，另外 40% 为传统服务业（2012 年批发零售、餐饮、快递等传统服务业就业人数超过总就业人数 1/4），其余 10% 为金融、航运、软件信息服务等现代服务业，而电子代工、轻工纺织、家用电器等劳动密集型行业将加快调整。二是工业从业人员规模将稳步下降，2013 年占上海市就业人口比重为 31%—32%。通过加强各类技能培训，增加创新型、应用型和复合型从业人员比重。三是郊区新城和杭州湾北岸区域成为未来新增人口和就业导入的重点区域。目前城乡结合部和乡镇老工业区是低知识技能就业人口集聚的主要区域，也是外来人口严控的热点区域，七个郊区新城和杭州湾北岸区域将成为承担中心城区人口导入并承载工业行业就业的重点区域。

二、产业结构调整未有效
带动就业结构优化的原因

（一）调整淘汰落后产能对人口结构优化未起到预期带动效果

原因是调整淘汰落后产能与人口因素挂钩不紧密，缺少针对低技能从业人员的调控手段。在结构调整内容上主要针对“三高一低”企业，未将人口因素纳入；在政策导向上对整体行业和成片区域调整仅以企业分流职工人数为依据，且

无法掌控分流职工去向,对控制职工回流缺少手段。调整淘汰企业腾出的工业土地后续开发利用未及时跟进,影响区域就业人口结构改善。目前存量工业用地二次开发存在主体责权利不匹配、利益平衡机制不完善、后续规划受限和相应配套不足等问题,部分厂房被层层转租形成“城中村”、“厂中村”,解决了生产污染,增加了生活污染。

(二)重点区域调整转型升级难度较大,影响从业人员结构提升

原因是城乡结合部、区划交界处等区域缺少规划管控,低技能和灰色就业等流动人口集聚。如外环沿线及周边地区已成为外来流动人口集中的热点区和社会综合治理的重点区。部分乡镇老工业区转型升级难度较大。2012 年,104 产业区块中乡镇开发建设管理的有 60 个,占比 56%;已建设工业用地面积占比 38%(部分产出率仅 20 亿—30 亿元/平方公里),产值占比 21%。郊区新城尚未承担起中心城区人口导入的功能。仅嘉定、松江、青浦淀山湖、奉贤南桥四个新城常住人口与 2020 年规划人口规模就存在 140 万的缺口,且就业人口学历和素质偏低。长三角接壤区域等远郊乡镇逐渐成为城市和人口洼地。

三、以产业结构调整促进就业结构优化的有关考虑

按照城市产业发展的定位,针对上海市人口现状特点,要“既重视增量,又关注存量”,坚持“降低端、控中端、引高端”的原则,以信息化、网络化应用为助推,以自动化、智能化手段为突破,以淘汰落后、控制低端为根本,以技能提升、职业培训为提升,推进产业结构调整“以业控人”,实现就业人口的稳控和结构优化。“降低端”:以加快产业结构调整为根本,减少存量人口中的低知识技能劳动力、灰色就业人员,降低增量人口中低端人口的增速和比例,合理调控外来就业人口的规模和结构;“控中端”:通过产业政策、社会保障及公共服务的引导,改造与提升传统服务业和劳动密集型制造业,鼓励企业大量使用机器人等新技术替代部分传统劳动力,控制中端劳动力数量;“引高端”:通过合理的人才政策,吸引上海“四个中心”建设所需要的高素质人才和高技能劳动者,营造多渠道、全方位培养和吸引人才的环境。

(一)抓住“两个关键”

一是调控劳动密集型产业。尽快发布产业导向目录和布局指南,探索将部分低端电子代工、四大工艺等低端劳动密集型产业纳入限制类目录,减少不符合

功能定位的产业对流动人口的需求；在汽车生产线、电子代工、集成电路、空调压缩机制造、物流搬运堆垛等领域，大量使用工业机器人和自动化生产线。二是改造提升外环沿线城乡结合部重点区域，打造外环沿线生态经济圈，按照“加绿、减重、强基、融合”的要求，引导处于城乡结合部的大量低技能和灰色就业人群分流，实现外环线区域城市规划、生态环境建设、产业结构与能级、基础设施改造、土地开发机制、城市与产业融合等提升。

（二）突出“两大区域”

一是成片调整重点区域，重点是桃浦、南大、吴淞、高桥等列入上海市区域功能和产业转型的重点调整区域，完善区域规划、配套基础设施和产业定位，在土地弹性出让条件中，纳入产业和人口等政策，促进区域人口素质的提升。二是推进郊区新城和杭州湾北岸区域产城融合发展，增强其对中心城区人口的疏解能力，通过环境配套建设先行，实现城市、产业、就业和人口的协调匹配。

（三）实现“两个升级”

一是转型升级乡镇老工业区，以普陀桃浦工业区、奉贤星火开发区、青浦华新工业区和凤北工业区、徐汇关港工业区、闵行众欣工业区等乡镇工业区作为首批转型升级试点，推进 104 区块动态管理，195 区域重点转型发展与新城建设相融合、与产业链相配套的生产性服务业，198 区域重点实施生态修复和整理复垦，推动品牌开发区与乡镇工业区联动发展，实现产业能级提升和就业结构改善。二是联动提升发展沿长三角乡镇，依托虹桥商务区开发，主动对接昆山花桥、嘉兴等发展较为迅速的地区，推进白鹤、枫泾等紧临长三角部分乡镇整体转型，提升产业能级，使之成为上海促进就业结构优化的新承载区。

第四节　加快推进“两头在沪”企业发展

加快研发、销售“两头在沪”企业发展，是上海产业转型升级的内在要求和发展方向。上海正处在制造业提升发展、服务业加快发展的关键时期，推进“两头在沪”发展战略，不仅是上海放大“营改增”政策试点效应的重要突破口，也为延伸产业链、提升价值链，大力发展生产性服务业指明了方向。

一、“两头在沪”企业发展现状

（一）“两头在沪”企业的含义

“两头在沪”企业是指企业为提高经济效益、扩大市场份额、提升服务能级和降低制造成本，把制造过程在物理空间上分开，把研发、销售等环节放在上海的企业，其中既包括上海本地企业，也包括把研发、销售总部迁到上海的国内外企业。国家发展战略的部署和上海城市功能定位的转变，加速了生产企业组织结构和产业链布局的优化。

（二）“两头在沪”企业的总体规模

据估算，上海市从事研发和技术服务、年销售额在500万元以上的“营改增”试点企业已达近1.15万户；在上海市统计行业分类中，已纳入市统计局统计范畴的机械电子产品批发销售类规模企业达7 648户（其中年主营业务收入达到1 000万元及以上的280户）；此外，还有各类总部型企业3 000多户。根据以上情况粗略统计，上海市现有从事研发、销售类企业约2.2万户左右。从发展趋势看，研发、销售“两头”落沪的企业正逐年增加。

（三）“两头在沪”企业主要发展模式

目前，“两头在沪”企业主要有四种类型的发展模式：

1. 以品牌建设为引领的生产组织型发展模式。主要有两类：一是传统轻工制造行业，以品牌建设为引领，逐步将生产制造向外转移，实现企业自身由制造商向品牌商的华丽转身，由制造业向生产组织型生产性服务业成功转型的发展模式，如恒源祥（集团）有限公司、老凤祥股份有限公司等。二是以品牌技术为纽带，组合优质社会资源带动加盟制造企业的技术创新、质量控制与产业链发展，形成一体化研发、销售服务体系的生产组织型发展模式，如专业从事运动鞋及各类鞋产品研发、制造和销售的品牌——“回力”。

2. 以“总集成总承包”为引领的产业链集成服务型发展模式。这类企业大多是在原有制造业业务流程重组实现从母体分离、专业化分工的基础上，发展社会化协作，以“总集成总承包”为引领形成产业链集成服务发展起来的。如宝钢工程技术集团有限公司，现已发展成为集工程总承包、项目管理和工程咨询、工程设计、设备设计与制造、施工管理、运行维护、产品检验于一体的现代化工程技术企业；上海华谊工程有限公司从华谊集团分离转制后，以研发设计为引领，延伸集成产业链服务，发展总包工程业务；明凯照明整合转移原有24家照明灯具生产企业，梳理集成产业链服务功能，形成照明快车产业服务平台（一个主平台）加工程设计、检验检测、施工安装等6大产业链服务功能的“1＋6”企业组织架构，并整合社会化资源提供全产业链服务解决方案，由制造向生产性服务转型升级。

3. 以“两头”总部落沪型的发展模式。受上海人才、地理等优势吸引，不少专业领域的研发、营销服务企业纷纷选择在上海创业起步。如上海药明康德新药开发有限公司将集团总部设在上海，全面负责集团服务外包业务的订单管理、资金结算、客户服务、运营决策、商业拓展和人才培训。也有不少跨国企业、央企及外省市企业将技术研发、产品营销等区域总部设立或搬到上海，形成集聚效应。如罗莱家纺将研发设计和营销总部设在上海；中纺新天龙在创办设计师集成平台的同时把设计和销售总部设在上海；美国厨卫第一品牌科勒公司在上海设立地区总部和设计中心等。

4. 以电子商务为引领的平台应用型发展模式。电子商务具有突破地域、时间、空间的局限和约束的特点，以及降低交易成本、提高业务运作效率的优势，通过搭建诸如供应链管理、产品营销、在线交易、金融服务等平台，为相关中小企业提供服务。当前电子商务已在上海生产性服务业和众多“两头在沪”企业中得到了广泛应用。如在物流供应链领域，上海新跃物流企业管理有限公司通过“中小型物流企业公共服务与管理平台”，以第四方物流的形式面向国内中小型陆运物流企业提供物流管理全程服务；在农产品质量管理领域，国兴农现代农业发展股份有限公司通过建立“农业云”平台，实现农业种植业产销一体化，将农产品种植生产源头管理住，真正实现农产品的溯源管理，以信息化助推农业现代化发展；在先进制造业领域，上海爱姆意供应链管理有限公司在提供优势机电产品的基础上，通过365me平台实现与各地资源供应商的资源共享，为全国大型制造业厂商提供机电产品供应链解决方案以及专业服务；在建筑工程领域，上海筑想信息科技有限公司通过“筑想网”搭建地产开发项目选材信息平台，面向全国开发商提供建筑工程信息集成及决策综合解决方案等。

（四）各类产业园区吸引“两头在沪”企业集聚

上海市开发区、生产性服务业功能区等各类园区集聚了一大批上海“两头在沪”企业，成效明显。一是初步形成一批产业特色明显集聚区。如张江集电港功能区有“两头在沪”企业129家；市北功能区形成以科勒、乐购、和通汽车等为代表的企业总部，以神达电脑、晶澳太阳能为代表的研发中心。二是建设完善一批公共服务平台。生产性服务业功能区内建有高质量、服务特色明显的公共服务平台70多个,如漕河泾浦江功能区双创园孵化器平台、南汇工业园的茂德传动机械产业技术创新服务平台、张江集电港功能区的张江集成电路产业创新服务平台、康桥功能区的国家医疗器械检测和信息服务平台等。三是吸引国内外知名企业集聚。宝山智力产业园内集聚了发网、物流汇等知名企业;漕河泾松江功能区集聚了大唐移动、佳豪船舶、中交三航、法国必维检测等一批优秀企业;金桥功能区引入了LG全球研发中心。

二、实施“两头在沪”发展战略需要关注的主要问题

(一)从企业组织机构看,研发、销售独立出来的企业数量不够,还未形成规模

主要反映出三方面问题:一是从制造企业内部分立出来的少,专业化程度不高。由于受到体制、税制等方面的阻碍,影响了为制造业服务的“两头”企业的专业化市场发展。如从“营改增”试点情况看,试点实施之初在研发与技术服务的试点一般纳税人中,86%的企业是原一般纳税人,也就意味着它们大多还在制造企业内部,主要为母体服务,而且基本都处于非主营业务地位,在企业营收中所占比例较小,专业化程度偏低,社会服务面不广,难以做专做强做大。二是为母体企业服务的多,社会化服务业务量小。多数从母体分离出来的“两头”生产性服务企业还处于主要为母体企业服务的阶段,社会化服务业务量还比较小,社会化服务市场有待进一步拓展。三是服务模式相对单一,形成产业集成服务链的少。研发设计、销售等单体服务的模式较为普遍,能提供以“两头”为引领的产业链集成服务的企业或企业联盟还比较少。对于外资企业,也不同程度存在着自我循环的问题。可见,不少企业还在自己固有的所有制(国有、非国有或外资)圈子内发展,缺乏互动与合作,服务市场没有完全放开,社会化服务程度不高,服务模式和服务对象单一,造成产业集中度和集聚度偏低。亟需加强产业引导,构建公共的服务平台和联结纽带,冲破所有制界限束缚,实现优势互补、强强联合,发展以“两头”为引领的产业链集成服务,加快促进不同所有制企业间的联动、互动发展。

二是研发、销售企业相对独立,和整个生产性服务业互动的生态产业链不完善。虽然目前“两头在沪”企业正不断涌现,但研发、销售企业相对孤立,缺少真

正相互融合发展的平台，整个产业链融合度不够。在如何打造企业发展的社会环境、促进“两头在沪”企业发展的问题上有待改进。

三是区域间错位、互补、联动发展不够。各区县、产业园区、集聚区等都在积极推动，但差异化错位发展不够，特别是在部分已有产业集聚区内，企业规模不大、缺乏差异性、互补性，产业关联度不强、集聚质量不高等问题比较突出，对“两头在沪”企业集聚后实现服务集成、拉长产业服务价值链的引导作用尚未充分发挥。亟需加强统筹规划和引导。

三、下一步重点工作考虑

（一）进一步放大“营改增”政策效应

“营改增”前由于二、三产业税收抵扣链的断裂，阻碍了专业化服务业务从母体的分离；“营改增”促进了企业业务流程的再造，催生“两头”服务业务的脱胎重组，在为母体企业服务的同时，赢得为社会服务的发展空间。要加速推动“两头在沪”企业加快流程再造、专业化分工的步伐。

（二）加快推动促进专业化分工的产业扶持政策出台

专业化分工是社会进步、企业发展的表现，为进一步突破阻碍主辅分离的体制、管制、机制问题，建议在原主辅分离财政扶持政策的基础上，加快研究出台进一步扶持的政策，完善制造业重组生产性服务业务中有关资产转移变更引起的税负增加、母体企业的高新技术企业所得税政策的共享等方面试点扶持办法，并争取实现试点范围覆盖“两头在沪”生产性服务业重点领域及各类所有制企业。从而加快引导企业进行组织架构优化与流程再造，通过内部生产性服务业务的剥离及市场化的购并重组，实现“两头在沪”企业的专业化、社会化发展。

（三）进一步聚焦“两头在沪”企业，用好用足现有政策

在进一步梳理研究现有政策的基础上，从落实“两头在沪”企业发展战略角度，用好用足自主品牌建设、总集成总承包专项、现代服务业引导资金、自主创新和高新技术产业发展重大项目、科技创新行动计划、知识产权示范等现有政策，进一步发挥财政资金引导效应和政策叠加效应，优先支持“两头在沪”企业及为其提供服务支撑的公共服务平台加快发展。

（四）实施“两头在沪”示范工程，以空间与功能的集聚带动产业链的聚合与互动

结合上海生产性服务业功能区的建设完善和上海产业发展总体布局的

要求，加快推进功能区的公共服务功能提升，将促进集聚与调整集聚结构相结合，为“两头在沪”企业筑巢，将产业集聚转化为发展动力，以合理的空间与功能集聚带动产业链的聚合与互动。一是挖掘和培育一批“两头在沪”特色鲜明、服务全国的龙头示范企业，聚焦重点行业，依托产业链打造集成服务链，创建一批生产性服务业领域全国领先、具有国际影响力的上海服务品牌；二是培育和推动一批公共示范服务平台的应用发展，促进不同所有制服务企业的融合与互动，通过公共服务功能的逐步完善吸引更多“两头”企业来沪发展；三是加强区县、功能区的产业引导，树立典型，以点带面加强引导和推进。在此基础上适时开展“两头在沪”典型示范区县、园区等的创建工作。

（五）探索有利于研发总部等“两头在沪”企业的用地管理政策试点，在一定程度上降低“两头在沪”企业用地成本

目前市规土局已联合有关部门就细化完善研发总部类用地管理政策进行深入研究，计划开展相关试点工作，建议在“两头在沪”企业相对集聚的 M4 地块先行开展试点工作。

（六）在充分调研的基础上，形成区域发展的指导性意见

引导区县结合本区域产业发展定位，充分发挥自身发展优势，形成功能互补，错位竞争、联动发展的新局面。鼓励区县制定有针对性政策举措，在推动企业“引进来”和“转出去”的过程中，做好配套的服务保障与衔接落实工作。

（七）加强宣传引导，促进与周边区域特别是长三角地区产业的互动协调发展

企业的分布式组织与一体化运作是产业转型发展的必然趋势，上海应加强宣传引导，体现上海以开放的姿态，将独特的地缘、环境优势开放给全国各地优秀企业共享，加强与周边区域的产业对接与合作，实现区域共赢发展的良好愿望。

（八）充分考虑“两头在沪”企业的新特点，有针对性优化政策扶持环境

如根据“两头在沪、中间在外”企业的新特点、新业态，加快研究解决高新技术企业、出口退税等有关认定标准、扶持政策等适应性调整的问题。从适应“两头在沪”企业的发展需要出发，重新审视和研究原有的一些考核制度与支持办法，为“两头在沪”企业营造良好的发展环境。

第五节　促进区域产业经济和信息化发展

一、把握产业经济和信息化发展方向

今后的发展，首先要把信息化、智慧城市融入城市建设和发展中。上海智慧城市建设要经历三个三年发展计划，到 2013 年为止完成了“走进智慧城市”计划，在宽带城市、无线网络的建设当中，已经走在了全国前列。之后要经历“迈向智慧城市”和“拥抱智慧城市”。接下来要迎接 4G 时代的到来，把无线和宽带城市进一步推向国际化的水平。要坚持应用为王，把智慧社区、智慧商圈、智慧园区、智慧新城、智慧乡村建设好。

从 2014 年开始，建设用地的供应量和新增量减半。如果淘汰落后产能不能减和压，好项目也不能落地。上海在工业规划的 104 地块里面，有 56% 的土地在乡镇工业园区，所以要举上海全市之力助推乡镇工业园区转型升级，即在保护集体和农民利益，以及尊重法律和市场经济规律的前提下，对落后和低端产能进行全面调整。调整的土地进行统筹规划，可以空间平移，放到适合产业发展、规模相对集中、便于集中治理、与居民区相对分割的地方。这样，未来的发展不会再像以前一样反复地进行改造、浪费资源。

乡镇工业园区的开发，责任主体是区政府，但市里要对项目、对土地、对规划进行统筹。需要市、区两级政府共同来推动园区改造。首先要引进优质的开发主体，园区要走基地化的发展道路。对于产业发展，要做好产业定位。产业定位不能喊口号，要精准定位、产业细分，拉长产业链，打造生态经济圈。要对行业的国际、国内竞争充分研究后，找到行业的龙头企业，培育一批产业链的服务配套企业，建立基地加基金的发展模式。一个园区有好多基地，要一一梳理清楚，模式效能才能达到最高。上海的工业园区平均产出 60 多亿，如果能够把 300 多平方公里的乡镇工业园区全部实现转型，引进高端制造业和现代生产性服务业，将会实现巨大的产出总量，但结构调整的难度非常大。

二、用科学统筹的观点对待产业发展中的困惑点

（一）产业结构调整并不是要降低工业比重

国家也提出要推动产业融合式发展，要推动高端制造业和现代服务业融合发展，目前土地使用就是严格区分的六类用地，其实并不适合城市经济发展和以人为本的服务。我们应该向新加坡、中国台湾、中国香港那样的园区学习，以制造功能为主，兼有研发、营销服务功能，同时生活服务要有一定的比例。在这个方面我们都在转型调整，园区也应该成为城市化的有机组成部分。

（二）要从关注能力转向关注市场

对于产业发展过程，从全球范围看，人均收入水平达到后工业化阶段的时候，结构调整会带来发展速度的减缓、工业的调整，但现在人均收入水平还没达到那么高就提前碰到了调整期，其实现在缺的并不是资源能力，而是市场和需求。所以我们要关注市场和消费，关注需求者。转型的关键取决于改革，我们生活当中，经济发展、社会管理、城市建设和管理当中，存在大量满足不了需求的问题，但同时在产业发展领域里又感觉到需求不足。其问题在于，我们用传统的政府管理模式，把经济、社会、城市一体化的东西分门别类地细分管理限制。若不

调整政府的管理方式,社会短缺和生产能力过剩两者之间就找不到对接。结合中心区的治理,物流基地并不是简单地搬迁,要变成智能化的物流区和陆陆交通的转接,要进行无线网络的连接,把配置工作做好;一旦上海的布局调整好,中心区可以用信息化的手段,按照时间段、地理位置建立时空管理和收费机制。

（三）产业转型要跟金融发展开展一系列合作,一起联动转型

金融转型有两条路,其中之一是互联网金融,有三大特点:安全、便捷、惠民。大数据背景下,大量的知识资源没有被发掘,以前的经济发展阶段,要做大产业就要垄断资源、垄断市场。互联网就是打破这个垄断,让资本、资产、资源流动,然后实现消费者最大化受益。发展互联网,各部门一定要用新思维,第三方独立的互联网不要用传统行业管理方式去限制,不能用计划经济和传统的方法去管新经济。

三、完善产业和信息化推进机制及综合环境

下一步工作,一是以改革创新、转型发展作为主线;二是制造业高端化和服务业现代化"双轮驱动";三是坚持四个导向,从技术导向转向创新导向,政府导向转向市场导向,目标导向转向问题导向,能力导向转向应用导向。以前过于强调技术导向,实际上应该是以产业经济为主体,要突出应用。比如美国把3D打印作为未来的发展方向,在这方面我们需要明确应用现状、研发能力、核心企业和国际差距。政府要做的是关注并引入一两家优势企业,然后再建立一个创新服务企业的平台即可。要做好四个服务,即服务"四新"、服务转型、服务企业、服务人才,尝试建立板块式的乡镇联动机制,按照功能分区分成板块,再组合起来服务这些企业,要跟服务挂钩,不要跟招商引资指标挂钩,提供信息统一平台。要跟市里做好对接,把资源调整好,低端产业调整得越多,发展空间就越大。社会、经济、城市管理当中很多矛盾通过发展都可以消化掉,但发展经济头脑不能发热,要一步一步走踏实。

政府部门服务发展转型。一是要把非经济部门纳入服务企业、服务发展、服务营造环境中。比如改造医疗环境,以服务替代企业返税等。把财政的补贴方法转成服务,使整个区域有归顺感,使企业家融入区域发展,形成千家万户加上千万企业的凝聚力。二是既要注重效能的提高,也要关注公平,要高度重视人力资源培育。三是在市场不能解决的问题方面,需要政府部门正确引导,发展是解

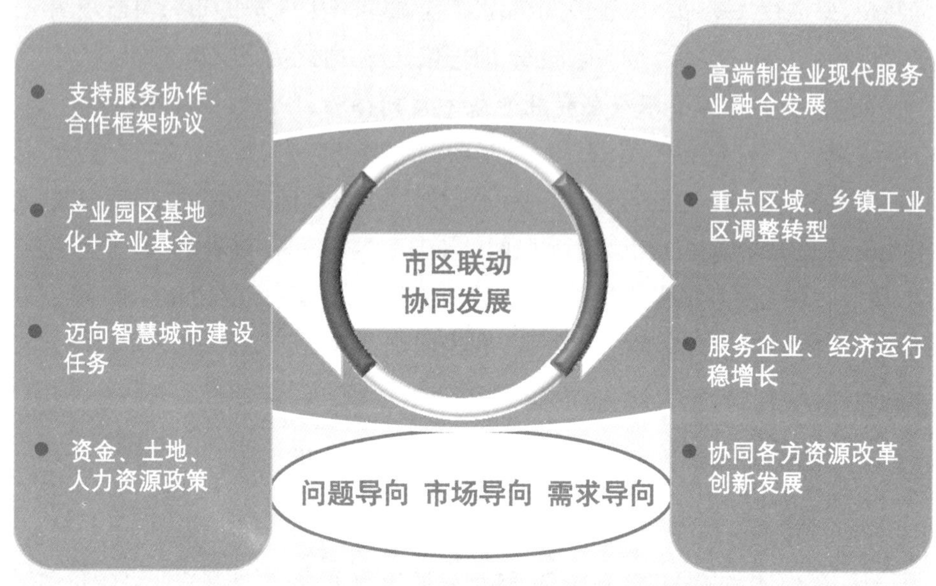

决一切问题的唯一出路。

在新型工业化和智慧城市、信息化发展当中，要站高看远，能够高起点地引进高质量的项目，能够走出新的一条路子，让我们看到工业化不再是傻大黑粗，不再是破坏环境，而是充满着希望，充满美好未来的新的经济体系！

第二章

破解难点问题
探索发展之路

第一节　坚持问题导向
主动攻坚克难

一、立足大局，放宽视野，做好“四个一步”

要立足大局，放眼世界，面向全国，联系自身实际，结合学习贯彻落实十八届三中全会一系列的改革新举措去加以思考。一方面机遇与挑战并存，另一方面我们责任重大。如果我们运用新的思想、新的方法、新的作为并有所贡献的话，那么对于整个上海的转型发展将非常重要。所以我们要做到四个“一步”，一是“站高一步”，要站在全球经济和全国经济的发展层面，从服务全国、融入世界的角度去看我们的产业经济和信息化的工作。二是要“看远一步”，一方面是新一轮城市整体规划的修编，另一方面是启动冷班子，即由研究部门来做。另外，启动“十三五”的前期工作，这也需要我们“看远一步”。三是“跨前一步”，从全委和每个处室来说，都应该围绕中心大局，做好主动服务。四是“深入一步”，就是把每个处室的职能跟我们联系的企业基层情况，联系的区县和园区情况，以及项目的实际、行业的实际想清楚、想明白。

二、推进产业经济和信息化
工作要坚持以问题为导向

对于下一步工作思路，要按照十八届三中全会精神进行深化和细化，将各方面内容整合好。在这个过程中，首先还是要坚持问题导向，现阶段，我们主要面临的就是104、195和198的问题。对于104，首先要回答它到底怎么样，要清楚104的工业用地属性里面有多少已经不是工业了，之后才能再考虑质量好的如何保持优势、差的如何进行调整和提高。

对于195，就要回答怎么办，我们集中研究了几件事情。第一是转型当中重点突出外环地区。我们要高度关注外环地区发展在上海转型当中的重要性，从就业结构、环境保护、产业提升、城市公用基础设施水平、群众满意度，以及生态建设等进行统筹、聚焦和提升。到具体操作方案时，要想打造外环生态经济圈，就一定要解决这几个问题。在存量建设里面，通过土地二次开发和调整，还可以

增加绿化，防止摊大饼；在有限有效的用地里面提高容积率，推进高端服务业的落地，把“脏乱差”治理掉。

第二是土地利用和规划的优化。工业花了很多努力进行调整，实际上给上海腾出了很多土地，不仅对土地指标很有贡献，对节能减排贡献也很大。其实上海并不是没有空间了，而是大量的空间被低水平地利用。在规划用地上，要对转型用地给予更多的支持。目前供地的生命周期与项目生命周期不匹配，新项目新产业的生命周期很短，更新得很快，而老的产业与环保的要求、地均产出、人均产出不符合。在上海产业结构调整的过程中，资源的配置无法真正实现优质资源优质率，调整结构的障碍就在用地结构调整的刚性化。

所以，在新项目推进方面，要尽量防止再出现供地刚性化。上海现有的土地本就很缺乏，所以可以鼓励集中开发的方式。首先，单纯招标会引起优质产业和供地方间的矛盾，和供地产业项目核批的周期过长的矛盾。所以有一个设想就是进行分段供地，项目成功了可以同等条件延长。此外，鼓励国有企业和开发区建立统一的土地平台，统一收租以后租用，价格可以优惠，租税可以联动。我们处于转型期，相关这些制度性的障碍不解决，就难以下手。

第三，要关注产业的投资融资创新。我们要认清楚上海经济和信息化委的历史方位和责任，机遇和挑战就在这里，不是取决于我们批了几个项目，而是取决于转型升级的路径和方向。方向没有问题，关键是怎么实现，钱哪里来、事往哪里干。如果不深入考虑面上的政策突破和创新，我们就无法带来上海产业新一轮的振兴和发展。

三、要进一步掌握工作的主动性

在工作当中，要抓住一些重点难点问题，同时也要发挥主动性。主动性，就是首先找准问题、看准方向，认清趋势、把握规律，做好顶层、突出重点。这是我们工作的基本方法，突出的共性问题和关键性的瓶颈要解决，否则就不能做到“四两拨千斤”，不能借力发力，不能放大效能。

主动权就是工作的责任心，希望大家磨刀不误砍柴事、砍柴不负磨刀工，专业部门不能光砍柴，也要磨磨刀，要注意学习思考，善于从批项目当中、联系企业当中的具体问题上升到宏观、上升到面上。

此外，工作的方法也不要原地打转，一个工作已经聚焦到明确的要求了，不能回去以后扩大范围再研究，提交报告后再聚焦。工作不可能把全世界的东西都研究透再做，所以试点是好办法，突出矛盾先解决也是好办法，所以砍柴不负磨刀工，务虚务实要结合。

四、关于下一步工作思路的设想

（一）把握发展方向，提升经济活力

对于下一步工作思路再思考几个问题。回归到原点看，在发达国家再工业化的背景下，全球信息化的背景下，中国推进新型工业化道路上，上海处于创新转型的阶段，对于回答好经济和信息化这样一个命题，我们要不断反思什么叫工业，什么叫制造业。全世界的所有创新来源于概念和原点，工业的概念在变化。西方走过的一段路就是上海目前面临的路，西方从工业化鼎盛时期进入全球经济转型过程中，发达国家从工业地位的下降、竞争力的下降到工业投资的外移，最后就是去工业化。经过这个过程以后发现，脱离了实体经济的服务经济最后造成泡沫经济，反而阻碍了服务的创新。创新一开始是分类创新，最后进入一个新的融合创新阶段，特别是信息化使创新从技术的创新转向业态创新、商业模式创新。所以在这个情况下，在当今发展过程中，所有的传统行业都在进行新技术的装备和改造，都在一个新的起跑线上。因此，不存在绝对的夕阳工业，归根到底，取决于怎么做。

上海工业发展过程中要把一些产业、关键技术中心放到基地里面，每个基地就变成一个全新的、有活力的细胞，这个基地里面有龙头企业的引领作用，有关联企业、创新性企业的产业链集聚，有产业投资基金，要实现让这些项目服务全国、参与世界的竞争。

在发展过程中我们需要把一些矛盾，把别人对我们误解的地方优先放在我们工作中加以考虑，如有人认为产业结构调整就是工业比例下去、服务业比例上升，这会造成形象错位。工业比重下降，但要有底线，所以要有冷思考。但是对底线加以思考以后，就要有办法有措施跟进，即要有新项目进来。十八届三中全会上，提到了加大实体经济发展的重要性，一方面是抓产能过剩的调整，一方面鼓励实体经济的发展。

（二）加强统筹协调，增进部门合作

我们解决问题，其实工夫并不在工业系统自身，而是在系统之外。我们要思考各行各业各个部门，怎么用相关政策营造有利于产业和信息化发展的环境。比如提出上海在各种产业基地里叠加人才实训基地，要在工作层面建立机制。

在就业结构调整的问题上，要通过人才培养和就业培训，加快传统产业的调整和技术进步。

最近也要尽快启动198区域的方案设计。现在既要做生态，还要把生态跟公益性进行对接，比如说绿化与文化结合叫绿文结合，绿化与旅游结合叫绿旅结合，绿化与养老结合叫绿老结合。可以设想1/3做城市公共服务功能，一些不应该放在中心区的公共服务功能外移出去，这样中心区交通状况、停车、PM2.5都会得到改善。

（三）加强学习借鉴，促进分工合作

以智慧城市为例，我们可以学习香港和新加坡的办法，但不能照搬。所有公共资源优先使用，凡是政府部门和国家机构，楼顶优先建设基站，不够的时候再开发周边空白点，这样就减少扰民，费用降低，难度也就减轻了。这种重大问题，按各部门推进工作中设定的目标去做，对于可操作性和障碍要看清楚想明白。

分工是有利有弊的，分工有利于我们的干部跨领域多学习点东西，但有时候责任集中在某一个人身上，一旦人员变动任务就得重新划分。无论怎么分工都可以，分工不分家，要有责任链传递。有时候也要进行综合考虑和均衡，冷班子先冷思考，把体制机制、解决方案做好，再转到具体操作实践。

第二节　加快推动上海二三产业融合发展

随着国际金融危机后发达国家战略调整的进一步深入，以及新技术突破引发产业变革趋势的逐步显现，二三产业融合发展成为国际产业发展格局演变的重要方向。发达国家在二三产业融合中推进再工业化战略，实现实体经济的回归；发展中国家在制造业服务化发展中推进产业转型升级，建立现代新型产业体系，二三产业融合发展成为推进经济全球化的重要力量。

从上海的情况看，目前具有发展优势、占据重要地位的装备、汽车、钢铁、石化等重点产业在服务化发展中实现转型升级；新一代信息技术、智能制造、新能源、新材料等新兴产业以服务化作为确立产业发展优势的重点方向；纺织、轻工等传统优势产业把服务化作为推进调整转型、重塑竞争优势的重要思路。推进二三产业融合发展，已成为上海产业创新转型的重要战略方向。

在新的发展背景下,新技术新产业的发展趋势,以及新产业变革导致的产业发展形态和模式转变,进一步强化了二三产业融合的重要性,同时也使二三产业融合发展呈现新的趋势性特征,智能制造形成的服务型制造业发展,及产业链分工特征的变化,使服务业与制造业从分离走向新的整合;新一代信息技术的发展,使工业化与信息化深度融合,形成二三产业融合发展新的模式特征,在这种形势下,上海需要立足新的开放背景,针对产业发展的基础条件,加快二三产业融合发展,推进产业创新转型面临新的机遇和挑战。

一、上海二三产业融合发展的基本态势

(一)生产性服务业快速增长

生产性服务业是二三产业融合发展的主要领域,近年来,上海以发展生产性服务业为重要突破口,把发展生产性服务业作为推进二三产业融合的重要体现,作为工业转型升级的必然要求,作为促进服务经济发展的重要组成部分,坚持发展生产性服务业与制造业改造升级、产城融合发展、城市功能再造等相结合,推动生产性服务业向规模化、集聚化、高端化方向发展。

(二)加快推进服务化发展成为上海产业创新转型的重要方向

服务化转型推进上海重点产业能级提升。在装备、汽车、钢铁、石化等上海重点产业领域,服务化发展已成为产业转型升级的重要方向,重点企业通过盈利模式和运行模式的调整转变,提升研发设计、营销服务等环节的地位,实现从制造企业向服务型企业的转型;通过积极推进营销、物流环节的能级提升,形成服务型的新业态和新模式。

服务化引领上海新兴产业快速成长。在新一代信息技术、智能制造、新能源、新材料领域,生产性服务环节已成为引领新兴产业发展的关键环节,根据新兴产业发展的趋势特征,把新技术开发以及推进新技术市场化拓展的模式创新,作为产业发展的重要战略思路。服务化拓展推进上海传统产业重塑产业竞争优势。随着上海进入新的发展阶段,劳动力、土地等要素成本上升,纺织、轻工等传统产业出现竞争优势减弱趋势。近年来,上海以服务化作为传统产业转型升级的重要方向,加快推进品牌建设,构建“两头在沪、中间在外”产业链分工,推进传统产业重新确立产业竞争优势。

(三)生产性服务业功能区建设成为二三产业融合发展的重要载体

生产性服务业功能区是指主要以生产性服务业的集聚为发展重点,突出产

业转型、产业升级以及产业链延伸,建设形成空间布局合理、产业特色明晰、配套功能完善的功能区域。生产性服务业功能区主要发展为制造业配套服务的生产性服务业、产业公共服务平台等,推进总集成总承包服务、供应链管理与服务、电子商务与信息化服务、研发与设计服务、检验检测服务、节能与环保服务、专业维修服务、非银行金融服务、专业中介服务、培训教育服务等重点生产性服务业的集聚发展。生产性服务业功能区是上海促进生产性服务业集聚发展、推进二三产业融合发展的重要载体,近年来生产性服务业功能区进一步加快产业转型,同时吸引行业内具有引领作用的企业向功能区集聚,形成特色鲜明、错位竞争的态势,做到立足上海、服务全国、辐射全球。

上海生产性服务业功能区按照服务企业的要求,提供了优良的环境和配套设施,吸引了各行业相关企业向功能区集聚。如金桥引进通用汽车亚太总部和运营中心等全球五百强总部项目,建设独具创意的碧云国际社区,为周边企业的中高级白领提供全方位的延伸服务。市北功能区经过转型形成了低碳环保、绿色节能的高新技术研发、低碳环保产业集聚的园区,同时精心推进景观和现代化的配套设施建设,显著改善了园区及周边环境。

(四)“营改增”在推动上海二三产业融合发展中发挥重要作用

2012 年 1 月,上海在全国率先实行了《营业税改征增值税试点方案》,“营改增”突破了现代服务业发展的机制、税制瓶颈,细化了社会专业化分工,从税制上解决了企业长期存在的“大而全”、“小而全”问题;不少企业主动将生产性服务业务外包,加速了生产性服务业从制造业分离,通过企业结构重组有效地实现了产业链的延伸,为促进制造业与生产性服务业的融合发展起到了积极作用。

“营改增”打通了制造业和服务业的税收抵扣链,结构性减税效果明显,对降低制造业企业税负、保持稳增长起到了重要支撑作用。同时为加快适应新的税制环境,用好用足试点政策,部分企业在“营改增”试点的触动下,加快调整优化组织结构,转变经营模式,加快市场拓展,“营改增”对促进企业转型和产业发展的积极影响也已初步显现。

目前,上海在“鼓励制造业分离生产性服务业若干财政扶持政策”及“营改增”政策的带动下,在促进产业化分工,加快二三产业融合发展,促进产业链流程中相关企业互动提供劳务和货物等方面已初见成效,宝钢集团、上海振华重工、上海电气等大型制造企业纷纷加快生产性服务业剥离步伐,走社会协作、精细分工和专业化发展道路。

二、上海二三产业融合发展的基本特征

（一）重点制造企业的服务化转型

上海一些重点制造业企业加快发展研发设计、财务、营销、客户管理、公共关系等生产性服务环节，推进盈利模式和运行模式的转型，企业发展重点从制造领域向服务领域转变，企业的经济活动已由以制造为中心逐步转向以服务为中心，呈现制造企业的服务化发展趋势。

如上海振华重工（集团）股份有限公司作为世界知名起重机和大型钢结构制造商，全球市场份额超过70%，已从单一制造商成为具有设计、制造、安装、调试、整机运输、售后服务和新产品研发等“嵌入式”生产服务系统的生产性服务业企业，而且是世界上唯一具有自备整机运输船的集团企业。宝钢工程技术集团积极调整产业结构、优化资源配置，不断向产业两端延伸，构建形成包括“科研开发、工程咨询、设计制造”等核心业务链。

（二）总集成总承包服务引领制造企业战略转变

从“出产品”到“交钥匙”。总集成总承包服务从过去“拿订单、出产品”到现在“拿工程、交钥匙”，发生了质的飞跃，对提高产业附加值和市场竞争力起到了举足轻重的作用。如上海振华重工集团承接建造的美国旧金山—奥克兰海湾大桥建造项目，“撼动”了世界。从“出产品”到“交钥匙”，从提供项目建造的人力资源和资质服务到结合产学研的技术服务，从承担钢桥高难度的运输服务到提供钢桥安装设备配套服务，为振华重工打开了进军世界钢桥市场的大门。上海工程化学设计院有限公司依托母体企业上海华谊（集团）公司平台开展较大型的“交钥匙”总承包服务项目，承担中等以上规模的工程咨询、设计、项目管理、总承包（EPCM/EPC）等服务。

（三）“两头在沪、中间在外”推动企业服务化发展

“两头在内、中间在外”是上海一些企业在服务化发展中实现转型升级的重要途径。一些企业根据不同区域的资源要素差异，把高端要素密集的研发设计和营销服务环节布局在中心城市，而把中间的加工制造环节转移到更具有低端要素比较优势的区域，形成“两头在内、中间在外”企业，比如上海一些大型企业都在外地建立生产基地。如资本技术密集型的汽车、钢铁、石化等企业，在外地建立加工制造基地，上海重点发展研发设计和营销服务等生产性服务环节，构建“两头在沪”的产业链分工，成为产业创新转型的重要方向。

（四）新兴物流平台建设助推企业服务化转型

供应链管理与服务，从简单仓储物流到全供应链管理。供应链管理与服务正通过产业集聚，打造专业化服务，进而形成具有国际竞争优势的区域经济系统。如上海化学工业区在金山建立化学工业区物流产业园，集聚化学专业物流资源，实现化学工业物流传输一体化；吴淞国际物流园区目前集聚了近600家钢铁物流企业，成为上海钢铁物流的主要枢纽；国际汽车城内已建成70万平方米、100个汽车物流仓库，通过安吉汽车物流信息平台，为上海大众等制造企业提供网上全程监控、业务查询等物流增值服务。

（五）总部经济加快推进

信息技术与制造业的融合发展，改变了企业内部不同部门之间的交易费用结构，推动了企业战略性决策和经营性决策的分离，形成了“总部 + 生产基地”的企业组织特征。由于发展水平差异比较大的不同区域之间资源的禀赋差异很大，导致企业总部在中心城市集聚发展，形成体现制造业服务化发展特征的总部经济。总部经济具有高控制力和高附加值的发展特征，在现代产业体系中占据重要地位，目前上海集聚了一批提供总集成总承包、研发设计、检验检测、数据处理、品牌运营、咨询培训等一体化解决方案服务的生产性服务企业总部，上海总部经济发展迈入“千时代”。

（六）制造企业与网络化平台企业的融合

以电商为代表的网络化平台企业快速发展，与制造企业的融合互动进一步增强。制造企业建立网络交易平台，与电商企业建立合作关系，制造企业与网络化平台企业的融合互动正在开拓新的发展空间。电子商务平台突破地域、时间、空间的局限和约束，通过降低买卖双方的交易成本，显著提高业务的运作效率，其效用在融合发展过程日益显现。如“爱姆意在线”发展成由分布在华东地区的多家连锁站所组成的庞大的机电产品分销体系，积聚了数亿在线库存资源，实现了“即时配送、集成供应、零库存管理”；上海商派、火速等企业利用IT系统，为企业提供包括企业建站、网站维护等相关的电子商务技术解决方案；上海艾瑞等第三方市场调研咨询类平台，通过市场调研及市场咨询等，帮助企业了解目前的市场情况等，完成前期的市场规划。

（七）研发设计和专业维修服务等环节的独立化、社会化发展

研发设计服务是企业在制造业与生产性服务业融合发展的大背景下，转变经营理念的一项重大举措，是将比较优势转为竞争优势，立足市场、赢得竞争的

一条发展之路。如上海贝尔软件有限公司通过拓展软件自主研发和专业化服务的业务,成功实现从“制造商”到“服务商”、从制造业到生产性服务业的华丽蜕变。

专业维修服务走向社会化、专业化外包。随着企业生产组织结构的改革与完善,较多企业对设备维修的管理模式和组织体系进行了优化与整合。如宝钢、石化等企业的设备检验维修基本实现社会化,上海通用汽车、上海外高桥造船公司及上海化工区入驻的外资、国资企业,其设备等专业维修也全部外包。

(八)服务外包、战略联盟等新兴服务型业态快速发展

制造业与生产性服务业的融合发展,有效促进了产业链的延伸及价值链的提升。如从仓储运输到如今集采购、配送、库存管理、包装等于一身的供应链管理服务;从研发设计到集设计、咨询、研发、维护和运营服务为一体的总集成总承包服务等,进一步扩大了服务半径,提高产业贡献率,促进生产性服务业实现快速发展。这些产业链的延伸催生了诸多新的业态,如外包型企业、平台性企业和企业内部新的运作机制。

在外包型企业方面,制造业企业将一些不擅长的环节通过生产外包或服务外包、战略联盟等形式,交由其他制造企业或服务企业完成,从而保证产业链中的价值链增值,产业链的运转更多依靠生产性服务业。这种趋势为中小型企业发展带来机遇。如上海新跃物流企业管理有限公司,企业自身就是中小企业,通过开发一站式第三方电子商务服务平台,发展成为以“中小型物流企业公共服务与管理平台”为基础的第四方物流企业,为上海乃至全国小微型物流企业提供高效服务。在平台经济方面,包括上海钢之源电子交易中心为代表的钢铁电子商务平台,以宝钢工程技术集团为代表的总集成总承包平台,以及为钢铁行业提供法律服务的钢铁法律仲裁平台等。

在企业间联盟方面,上海贝尔阿尔卡特股份有限公司与上海建工集团强强联合,签署了战略合作协议,实现了互利和共同发展;上海佳豪船舶科技发展有限公司与安吉汽车物流有限公司签订了《800PCC 内河商品汽车滚装船建造工程总承包合同》;上海电气集团联手西门子公司建立中国风电战略联盟;中建八局与上海筑想信息科技有限公司、上海工程化学设计院与宝钢工程等企业也进行联手,实现优势互补,为企业发展开辟了新航道。

在制造企业内部的运作机制转型方面,制造企业进入产业价值链的不同环节,进行价值链的重新整合,打破企业固有的管理方式,代之以业务流程为中心,

追求全局最优。如宝钢工程技术集团通过合并重组，成立钢铁技术服务公司，构建基于核心业务链的事业部运营体系，将物流业务进行一体化整合，以应对市场变化，实现生产经营目标；上海电气电站集团集中专业工程团队，统一承担国内外项目，通过流程再造整合服务资源、创新服务内容，促进服务"半径"迅速扩大，把零敲碎打的"小服务"，变成提供解决方案的"大服务"。

三、推进二三产业融合发展的政策建议

（一）根据二三产业融合发展趋势推进土地管理改革

上海推进二三产业融合发展，需要突破土地资源的刚性制约，首先需要在土地政策方面取得重要突破。二三产业融合发展既需要新增用地的支持，更需要开发利用现有工业园区的存量土地资源，需要在政策层面作出调整转变。

对于需要通过用地性质转变来发展生产性服务业、推动转型升级的工业区，需要在土地"转性"程序上作出政策调整，进一步规范利益主体的权利，平衡各方利益，鼓励用地主体转型升级的积极性。

上海基本的发展导向是制造业向郊区转移，中心城区集聚发展服务业，在制造业与服务业的融合发展中，一些需要与制造业一体化发展相关的服务业，也需要在中心城区发展，需要为这些一体化发展产业提供必要的政策支持。

（二）加快建立有利于二三产业融合发展的产业管理体制

目前二三产业在产业发展规划、推进措施，包括人才、土地等方面的产业发展政策相互独立，缺乏融合互动和协调。二三产业新的融合发展趋势已经不仅仅是相互之间的互动，而是深度融合，一个产业、一个项目、一个企业很难界定为服务业或者制造业，服务型制造业或者制造型服务业将成为一种重要的产业形态，需要形成一体化的产业管理体制。

（三）加快形成有利于二三产业融合发展的金融体系

金融支持实体经济发展是目前重要的发展方向，二三产业融合发展，对金融体系提出新的要求，特别是对于网络技术与制造技术融合形成的新业态和新模式，需要形成新兴的金融支持体系。应该积极探索新型的网络金融发展模式，发展以网络化投融资支持新兴实体经济发展的新路径，扩大投融资渠道，提高投融资效率，以网络化金融推进二三产业融合发展。

（四）形成新的产业发展模式

在二三产业融合发展背景下，资本已不是决定产业发展水平的主导因素，服

务型制造业需要从人才、知识积累等方面提升发展水平。在具有服务型发展特征的新型产业发展中，市场拓展、需求培育更为重要，政府部门需要从需求方面培育扶持新兴产业，在新技术产品市场推广中提供服务支持。

（五）人才政策方面的调整转变

在二三产业融合发展中，高端人才特征将出现变化，创意、设计及营销服务等方面的高端人才更需要获得相关的政策支持，需要在高端人才界定方面作出调整。在人才培养方面，现有高等院校制造业人才和服务业人才是分别独立培养的，分属于不同的院系，技术人才缺乏对管理技能和知识的学习，管理人才缺乏对工程技术的了解，下一步要大力培养适应二三产业融合发展需要的复合型人才。

第三节　大力推进金融与实体经济紧密结合

一、产业经济及金融发展共同面临转型压力

当前，中国经济正处在增速换挡和转变发展方式的阶段，既有结构调整的阵痛，也渐显调整和改革所激发的活力。综合各方面因素看，未来一段时期中国经济有望继续保持平稳运行。但也要看到，全球经济复苏进程中仍面临风险和不确定性，中国经济内生增长动力尚待增强，部分行业产能过剩问题依然严重，资源环境约束进一步凸显，结构调整和转变发展方式的任务还很艰巨。

一方面，产业结构调整和转型升级压力不断增大。

从全国看，随着产业经济的持续发展，相关的资源、环境压力越来越凸显，无法继续支撑相对低效的传统产业发展模式，同时部分行业产能过剩问题依然严重，一些企业大量占用资源而又低效运转，持续拖累社会总体经济健康运行。2013 年底，国务院发布了《关于化解产能严重过剩矛盾的指导意见》，指出化解产能严重过剩矛盾是当前和今后一个时期推进产业结构调整的工作重点。2014 年 5 月，央行发布了《2014 年第一季度中国货币政策执行报告》，指出下一阶段将坚持“总量稳定、结构优化”的取向，保持定力，主动作为，统筹稳增长、促改革、调结构、惠民生和防风险，继续为结构调整和转型升级创造稳定的环境。

从上海看，经历2000年来的高速产业发展期后，产业经济已进入深度调整转型阶段。2014年上海将继续实施500项以上产业结构调整项目，淘汰高能耗、高污染、高风险企业，压减劳动密集型、加工贸易型、低效用地型等一般制造业企业，实现污染排放物、安全隐患点、能源消耗量持续减少，并不断释放存量资源，拓展产业升级新空间。同时，"四新"经济初露端倪，迫切需要金融创新服务支持。当前，以"新技术、新产业、新模式、新业态"为特征的"四新"经济加快发展，3D打印、物联网、云计算、大数据、互联网金融等新兴产业迅速壮大。这些新兴产业和新兴企业的发展，将在上海市产业经济中扮演越来越重要的角色。新兴产业虽然大多具备核心知识产权、商业模式新颖等明显优势，却往往是轻资产型企业，也决定了"四新"企业在传统银行信贷体系内很难获取发展所需的足够资金支持；同时，这些企业创办初期普遍规模较小，在直接融资市场上同样面临种种困难。这就需要银行等金融机构，针对"四新"企业的发展特点，创新金融服务，推出灵活、高效、有针对性的专属信贷产品，满足"四新"企业发展的资金需求。

另一方面，金融业正面临互联网带来的冲击和结构优化升级的压力。

从政策层面看，国家非常重视推动金融行业的改革创新。银监会正式公布首批试点成立的5家民营银行，虽然民营银行的经营模式被严格限制，包括"小存小贷"（限定存款上限，设定财富下限）；"大存小贷"（存款限定下限，贷款限定上限）；"公存公贷"（只对法人不对个人）；"特定区域存贷款"（限定业务和区域范围），但民营银行的发起无疑会对整个传统金融业，尤其是传统银行业会有不小的冲击。2014年5月9日，国务院发布了《关于进一步促进资本市场健康发展的若干意见》，明确提出了紧紧围绕促进实体经济发展，激发市场创新活力，促进直接融资与间接融资协调发展，提高直接融资比重，防范和分散金融风险。"金融脱媒"现象开始日益显现，间接融资比重呈现下降趋势。

二、推动新时期产业经济与金融服务深度融合

随着经济社会的不断发展，金融资本与产业资本的结合越来越紧密，呈现出"你中有我、我中有你"的局面。在新时期共同的转型升级压力下，产业与金融应该深度融合，共同创新，共谋发展。只有扎扎实实地发展实体经济，推动金融与实体经济相互融合，才能使经济发展保持应有的动力和活力，实现经济社会的

稳定发展，同时金融业也要以实体经济为依托，通过服务实体经济发展赢得更大的发展空间。

按照十八届三中全会关于市场对资源配置起决定性作用的精神，在进一步深化改革的背景下，我们希望以更加市场化的手段推动相关产业政策的落地和实施，真正让市场活力成为产业经济的发展动力。与此同时，包括“四新”经济在内新时期的产业发展，离不开银行等金融部门的支持和配合。

（一）银政对接，准确把握产业转型发展的资金需求

通过银政合作，共同构建产业金融大数据中心。目前，上海市经济和信息化委已开始着手打造产业金融综合服务平台，以各类产业项目资源为基础，建立起企业融资需求汇总信息平台，定期与银行等金融机构交流；以提升“四新”产业发展为目标，以提高企业融资效率、降低融资成本和信贷担保风险为目的，建立高效规范的投融资综合服务平台。共同打造财政投资项目和银行贷款项目相互跟投、相互促进的良性发展局面。梳理重点推进的重大产业项目情况，推动财政专项资金、银行贷款、产业投资基金等多渠道资金对接，确保项目建设资金需求。

（二）银政协作，谋划新时期投融资体制机制创新

一是创新发展“产业金融”模式。对接和推动相关产业基金的发展，引导风险投资、私募基金等投资产业发展。要积极鼓励和引导金融机构参与本市重大产业项目建设和重点领域的产业发展，在产业发展基金等方面有所作为。通过政府导入部分资金，加上社会募集的资金，形成产业投资的放大效应和叠加效应。

二是创新服务企业模式。针对“四新”经济的特点，建立面向“四新”发展的投融资机制，银行等金融机构可有针对性地推出创新金融产品，并利用银行相关部门的专业优势，通过专题培训、信息发布、主题论坛等形式向企业推广信息，拓宽企业融资渠道，帮助和鼓励企业充分利用多层次资本市场，以新三板上市、发行企业债、公司债、可转换债券、短期融资券等方式筹措发展资金。

（三）银政合力，聚焦支持上海市制造业转型升级和产业结构调整

金融机构应更加关注制造业转型升级的金融服务需求，坚持聚焦重点，不断优化信贷结构；聚焦支持战略性新兴产业培育、传统制造业改造提升、生产性服务业发展以及信息消费等。加大对工业园区调整转型、高端发展的支持力度，上海市 104、195、198 工业区块的调整提升，以及打造外环生态经济圈，

需要探索土地开发投融资的新模式,其中产业用地的二次开发孕育着大量机会。同时,结合上海市产业结构调整的实际,要加强对节能减排和自主创新等项目的信贷支持,限制对落后产能企业和项目的授信和贷款,促进资源节约和环境保护。

第四节 推动中国(上海)自由贸易试验区产业转型发展

一、中国(上海)自由贸易试验区产业功能特性及带动机理分析

从功能特性来看,其四大特性决定了自由贸易试验区必将对上海产业创新转型升级形成强大的影响力和带动效应。一是高度开放性,推动上海产业在更广的范围内参与国际竞争。二是改革突破性,通过改革释放服务业和新兴产业被桎梏的发展活力。三是功能引领性,带动上海产业能级的提升,形成产业发展的引领示范。四是延伸拓展性,经验可复制、模式可推广、功能可辐射、产业可带动。

从带动机理来看,自由贸易试验区对不同产业发展的作用机理和表现形式不同。一是管制放松型产业的规模增长效应。自由贸易试验区扩大服务业开放领域以及推行"负面清单"管理,使得外资大规模进入当前受较大管制和体制约束的相关产业领域成为可能,诸如金融、保险、商贸、旅游、文化、专业服务、社会服务、战略性新兴产业等部门在外资驱动下将呈现出加速发展势头。同时,外资进入推动"以开放促改革",将进一步减少相关约束,为民营企业进入创造良好的条件,从而进一步推进相关产业市场竞争格局的变动以及市场规模的扩张。二是外向型产业的价值链升级拓展效应。自由贸易试验区金融创新、保税政策、对外投资促进等服务将进一步吸引外向型产业的国内外企业地区总部、研发中心、营销中心、财务中心等功能性机构集聚,将带来研发、设计、营销、供应链管理等价值链高端环节的重点突破,进而推动相关产业链条由短变长(由加工装配环节向研发设计、创立品牌、生产制造、营销服务的产业价值链两端延伸),在上海市乃至长三角形成新的产业分工布局,形成更加完整的产业集群式发展。三是服务业与制造业的协同发展效应。自由贸易试验区将带来金融、贸易、航运及

生产性服务业等现代服务业能级提升和空间集聚，按照辐射外溢效应理论和“制造业—服务业协同发展”原理，自由贸易试验区现代服务业功能的提升，将会带动周边区域制造业的协同发展，形成更加精细的分工格局。

从带动产业领域来看，主要体现在三个层面。一是服务“四个中心”的功能性产业。主要是贸易服务领域的模式业态创新、金融服务领域的业态创新和航运服务业领域的能级提升。在空间上表现为相关产业向自由贸易试验区、陆家嘴金融城、虹桥商务区等高能级功能集聚区集中。二是服务经济的快速发展。主要是商务服务、信息服务、专业服务、社会服务等产业规模的增长。在空间上表现为相关产业在中心城区、郊区新城及部分现代服务业集聚区的集聚。三是先进制造业两端延伸领域。一方面，制造领域向高端升级，更加体现智能化、网络化、低碳化、高附加值等特征。另一方面，制造业向两端延伸，带动研发设计等生产性服务业发展。其中，汽车、钢铁等先进制造业将由单一的生产加工环节向研发设计和生产性服务产业链延伸；新一代信息技术、高端装备制造、生物、新能源、新材料等战略性新兴产业将呈现产业链完备的集群发展；纺织、服装、食品等传统制造业领域将向时尚、设计、交易、展示环节延伸。

二、中国(上海)自由贸易试验区带动重点新兴产业领域的趋势分析

扩展自由贸易试验区溢出效应，推动上海市若干重点新兴产业领域的提升突破发展，主要包括高端制造、生产性服务业、再制造、融资租赁等领域。

高端制造。高端制造区别于传统加工制造，处于产业链的高端环节，在产品设计、生产、物流、销售整个过程中体现智能化、网络化、低碳化、高附加值等特征。自由贸易试验区对高端制造业的带动主要体现在五个方面：一是依托“境内关外”条件而产生的出口加工型和利用高端进口设备生产的相关产业领域，这类产业主要集聚在自由贸易试验区内部。二是管制放宽而带动的相关制造产业，自由贸易试验区进一步推进负面清单管理，未来新兴制造领域有望进一步放开，从而吸引外资和民资进入相关领域。三是投资环境优化而产生的带动效应，自由贸易试验区将推动国际化环境、投资环境、政府服务进一步优化，从而吸引战略性新兴产业和先进制造业企业在上海集聚。四是产业链条完善而产生的带动效应，总部和研发机构大量集聚，带来上下游链条拓展。五是服务功能完善带动相关制造业发展，自由贸易试验区贸易服务、金融服务、航运服务的发展将使

之服务于实体经济的功能更加完善，从而带动相关制造业领域的发展。六是全球化业务的增多带动制造企业走出去，通过股权投资并购等开展国际业务。上海未来发展应重点关注智能制造、新能源、新材料、电子信息制造、高端医疗设备等战略性新兴产业领域。

信息服务。信息服务是自由贸易试验区重点的开放领域之一。自由贸易试验区适度开放增值电信服务业，包括信息传输、软件和信息技术服务业、其他电信业务、互联网信息服务、数据处理和存储服务、呼叫中心等。自由贸易试验区的金融制度创新、贸易功能创新，将加速跨境电子商务、移动互联网、数字内容服务、第三方公共信息服务等新业态集聚。上海应进一步拓展信息服务集聚的基础优势，重点发展增值电信、大数据、信息消费、电子商务等领域。

生产性服务业。生产性服务业为自由贸易试验区发展的重点产业领域之一，自由贸易试验区制度方面的改革创新突破将带动上海生产性服务业业态模式创新和效率提升，促进生产性服务业与制造业更有效地融合发展。同时，通过“总部＋制造基地”模式的发展将进一步形成相关产业领域的研发创新和营运控制中心功能。

再制造。中国（上海）自由贸易试验区总体方案中提出，“试点开展境内外高技术、高附加值的维修业务”。自由贸易试验区的建立有助于再制造企业打通国内外市场。未来上海应重点发展再制造、高端维修等产业领域。

融资租赁。总体方案中四处提到“融资租赁”行业，凸显了在此方面的改革力度。一方面，自由贸易试验区将通过放低准入门槛及实行税收优惠鼓励融资租赁公司开展境外租赁服务，使得区内融资租赁更加国际化；另一方面，自由贸易试验区进一步扩大区内融资租赁公司可经营的业务范围，并有针对性地鼓励融资租赁部分业务。目前，自由贸易试验区融资租赁业务已经大量涌现，并有望形成有规模的融资租赁企业群。

三、以中国（上海）自由贸易试验区建设促进产业创新转型发展

（一）优化拓展负面清单开放领域

根据先行先试推进情况以及产业发展和辐射带动需要，结合我国服务业进一步扩大开放的要求，梳理未来可开放的产业领域，动态修订完善负面清单，推进新一轮开放在自由贸易试验区先行先试。

（二）深化投资管理改革

自由贸易试验区建立更加高效规范的投资管理制度，特别是外资项目备案管理可由自由贸易试验区逐步推广至全市工业企业，进一步提高政府投资服务效率，激发市场活力。

（三）加强自由贸易试验区内外产业联动发展

建立区域联动发展机制，探索区域联动模式创新，重点推进与临港地区的联动发展，加强规划联动、产业联动、载体联动和功能联动。研究探索与上海其他重点功能区、中心城区、产业园区的联动领域、联动机制与联动模式。

（四）发挥自由贸易试验区金融创新对实体经济服务的溢出效应

进一步推进创新，增强金融服务实体经济的针对性和有效性，区内实体经济的成功实践，可以外延至区外上海市整个产业经济领域。

（五）发挥自由贸易试验区新模式新业态的溢出效应

培育亚太地区运营中心和营运总部，集聚具有全球业务拓展需求的各类主体和融入全球创新链的创新型企业主体。引进依托信息技术和互联网发展的线上线下融合、制造服务融合、虚拟实体融合、技术创新与商业模式创新的新产业、新业态和新模式。引进服务业扩大开放带来的新产业、新业态，加快出台相关产业发展配套细则。

（六）加强自由贸易试验区内总部型功能性机构与区外制造业企业的联动发展

自由贸易试验区内空间有限，不利于发展大规模生产制造企业，但制造企业可选择在自由贸易试验区内建立总部或功能性机构（营运中心、订单中心、结算中心等）的方式，享受自由贸易试验区的政策优势，成为国内制造企业“走出去”的重要平台。

（七）复制推广自由贸易试验区的产业发展政策

自由贸易试验区在促进产业发展方面的政策在试验之后，形成可复制、可推广的经验，将扩展到上海乃至全国，进而发挥示范带动、服务全国的积极作用，促进各地区产业经济的共同发展。

（八）研究制定一系列配套支持政策

创新土地政策，创新提高土地利用效率的方式方法，积极探索土地混合使用和建筑复合利用的新模式。创新规划政策，建立弹性规划制度，并赋予自由贸易试验区及相关功能区更大的规划自主权。创新投融资政策，支持相关开发主体利用自由贸易试验区金融开放体制，设立财务公司，创新投融资手段，拓展投融资渠道。

第五节　积极探索以信息技术革命推动产业优化提升之路

从信息技术革命和产业变革的演变过程看，20 世纪中后期产生的信息技术革命是引发新产业变革的重要因素。目前，基于信息技术革命而产生的制造方式、组织方式变化，以及大量新业态和新模式，已逐步成为产业创新转型的重要路径。从上海的情况看，正确把握信息技术革命的内涵特征和演变规律，培育形成有利于产业变革的体制机制，对于有效把握上海产业转型升级的方向和路径，加快推进创新驱动、转型发展具有重要意义。

一、技术革命引发产业变革的传导机制

单纯的技术突破和创新并不一定引发产业革命，只有在技术创新和突破导致生产方式革命性变化、产业分工和产业组织特征出现重大变化情况下，才会引发产业革命。

18 世纪后期英国发生工业革命以来，几次产业变革都是在生产方式导致产业分工和产业组织特征变化中，通过产业形态和模式创新实现的。第一次工业革命中，基于蒸汽机技术革命，在生产方式上实现了机器生产对手工生产的替代，形成了基于比较优势的纵向产业间分工。20 世纪早期的电力技术革命，形成了大规模批量化的生产方式，在所有权和控制权分离基础上形成的现代意义上的大规模工厂大量出现，基于规模经济的产业内分工替代产业间分工成为主要的产业分工方式。

目前，信息技术革命引发生产方式的变化进一步扩展和深化，信息技术和制造技术的融合，导致产业分工和产业组织特征的重要变化，信息技术已成为产业创新的推动力量，在推进产业升级中发挥重要作用。同时，以数字化制造和能源互联网为主导的第三次工业革命已出现端倪，大规模生产、柔性生产和个性化定制并存，对产业分工和产业组织特征变化的影响逐步显现，产业形态和模式创新将出现新的趋势。

技术革命引发产业革命的演变历程

	时间和国家	技术与产业	生产方式	产业分工	产业组织
第一次工业革命	18世纪晚期，英国	纺织、铁路和蒸汽机	机器替代手工生产	产业间纵向分工	工厂替代手工作坊
第二次工业革命	20世纪早期，德国和美国	电力、汽车和燃油内燃机	大规模批量化生产	产业内分工	现代工厂、纵向一体化
新产业革命	20世纪中后期，全球信息技术革命	计算机和互联网技术	模块化、大规模制造	产品链不同环节分工	供应链整合重组、企业内部职能部门分离
	21世纪，洲际化、全球化互动融合	智能制造、能源互联网、3D打印	分散式生产、个性化定制	产品链整合、生产过程分离	中小数字制造企业、网络化平台型大企业

二、信息技术革命引发产业变革的基本路径和发展趋势

（一）制造方式变化

1. 数字化制造。数字化制造是制造技术、计算机技术、网络技术与管理科学的交叉、融合、发展和应用结果。CAD/CAM/CAPP、数字化制造装备得到广泛应用，实现生产过程重组与市场快速响应。如商飞通过飞机全生命周期的集成数字化环境平台，使C919的配套供应商、设计单位及客户等各环节实现协同研制、并行工程、异地工艺检查等功能，提升产业链协作效率。

2. 智能化制造。智能化制造（IMT）是将人工智能融入制造过程的各环节，自动监测制造系统运行状态，以达到最佳状态和具备自组织能力，包括智能设计、智能加工装配、机器人操作、智能测量与诊断、智能组织等诸多方面。如，通过企业资源计划（ERP）和制造执行系统（MES），自动协调和加强企业内部各部门之间的协作。

3. 绿色化制造。绿色制造是一个综合考虑环境影响和资源效率的现代制

造模式，其目标是使得产品从设计、制造、包装、运输、使用到报废处理的整个产品生命周期中，对环境的影响为零或者极小，资源消耗尽可能小，并使企业经济效益和社会效益协调优化。绿色制造包括绿色设计、绿色材料、绿色能源和绿色处理，其中绿色设计是关键。

（二）分工方式变化

1. 产业发展形态变化。主要是制造业服务化，信息技术与产业链两端的融合，使生产性服务业与制造过程分离，形成以生产性服务业为主导的制造业服务化发展形态。一些大型制造企业集中资源发展高控制力、高附加值的研发设计和营销服务等生产性服务环节，把低附加值的加工制造环节外包给中小企业，实现了制造企业的服务化转型。随着新一代信息技术在加工制造环节的应用，使制造过程与生产性服务业从分离走向整合，制造业与服务业将融为一体，制造过程就是服务过程，服务业和制造业将成为同一产业形态中包含的两方面特征。

2. 产品链特征变化。主要包括两种类型：一是“两头在内”企业，企业根据资源要素差异，把高端要素密集的研发设计和营销服务环节布局在中心城市，把加工制造环节转移到具有低端要素比较优势的区域。二是代工企业，以“两头在外”的加工贸易为主要特征，在国内外向型经济发展中占据重要地位。研发设计、营销服务与加工制造环节将形成新的一体化整合，使产品链环节的纵向整合成为重要的发展方向。

3. 产业链特征变化。一是产业链细分，最具代表性的是集成电路行业从IDM模式（集成电路制造商）走向Fabless模式（无工厂芯片设计）+Foundry模式（代工厂）、Chipless模式（无芯片IP核设计）。二是产业链纵向整合，苹果公司推出iPod、iPhone、iPad等产品，率先实现了“智能终端+内容分发渠道+应用软件与数字内容服务”的纵向整合，锁定了消费者、聚集了开发者，赢得了竞争的优势。三是产业链横向整合，如IBM将并购业务分析、云计算、智慧城市、电子商务等领域，努力转型成为全业务综合集成服务提供商。纵向产业链将从分离走向整合，横向产业链从规模化整合转为分散化生产，形成个性化产品分散化生产。

（二）组织方式变化

1. 企业之间组织关系特征变化。一是以消费服务性为核心的品牌企业推动的供应链整合。依赖强大的销售实力、独有的营销流通渠道和顾客忠诚度与整体品牌效应，带动供应商、制造商、分销商共同协调发展，使得自身的产业供应链整合能力不断增强。二是以电子商务为核心的网络平台型企业供应链整合。随着电子信息技术的发展，特别是互联网技术发展及其功能特征不断开发，电子商务企业在推动供应链的整合重组中发挥越来越重要的作用。市场将以网络化和平台化方式连接，不同类型和不同地区的生产过程在网络空间实现相互关联，物理空间的集聚将转变为网络空间集聚。

2. 企业内部组织结构变化。信息技术与制造业的融合发展，推动企业战略性决策和经营性决策的分离，形成了"总部 + 生产基地"的企业组织特征变化。由于不同区域之间资源的禀赋差异很大，导致企业总部在中心城市的集聚发展，形成总部经济。企业将呈现扁平式组织结构，及分散化、扁平式的市场组织方式，将出现在某个特定领域内从事专业化生产、进行全球资源整合的微观跨国公司。

三、上海依托信息技术革命推进产业创新转型发展的相关考虑

（一）打造服务型制造城市

要快速提升生产服务环节的控制力和附加值，使生产性服务业的专业化发展水平不断提高，推动高端专业服务业的快速发展和在上海集聚，使城市的经济中心功能从制造为主导，转变为以制造型服务为主导，形成以生产性服务业为主的新的制造中心产业体系。

（二）聚焦重点产业领域

在培育发展高端新兴产业的同时，要更加注重培育发展高端产业链环节。要把握信息技术革命背景下产业形态和模式的特征与规律，超前谋划下一步产业形态和模式发展，如3D打印、能源互联网、大数据等重点方向，有效利用新产业革命的发展机遇，使上海在新的发展阶段加快推动产业创新转型发展。

（三）发挥中小微企业的作用

要适应产业链环节细分、个性化分散化生产等特征，专注于产业链某一环节，做精做专做细；支持中小微企业通过网络平台进行全球资源配置，打造微观跨国公司，成为某一细分领域的龙头企业。支持创业基地和创新服务平台建设，加大技术改造力度，重点支持创新型、创业型和劳动密集型小微企业，推进中小微企业"专精特新"和产业集群发展。

（四）完善产业协调管理机制

要形成和完善与新产业变革相适应的产业管理体制，如按不同的行业部门

进行管理,难以适应制造业和服务业不断融合发展的趋势;制造业和信息产业之间的融合进一步深化,也需要实现一体化的管理。如何从基于不同类型产业的管理体制转变为基于不同业态和模式的管理体制,将是目前需要关注研究的重要问题。

(五)推动实施信息消费激励政策

要健全网络信任体系,改善网络消费环境,积极发展移动互联网、IPTV、手机电视等新应用,引导智能手机、智能电视等终端消费,加快网络购物、网络支付、电子商务等信息服务业发展,推进数字家庭产业基地建设,使信息消费成为新的经济增长点。

附：

“四新”感悟

【上海创新转型将带来“六大红利”】1. 改革红利;2. 开放红利;3. 创新红利;4. 人才红利;5. 转型红利;6. 发展红利。“六大红利”将更多关注民生、回归民生、造福民生。

（2013 –4 –2）

【上海产业结构调整将遵循“五个保证”、“五个匹配”的发展方针】1. “五个保证”:保证安全、保证就业、保证升级、保证收入、保证效益;2. “五个匹配”:与人口匹配、与能源匹配、与资源匹配、与环境匹配、与市场匹配。

（2013 –4 –2）

【产业新革命:从生产资本化向消费资本化转变】工业革命以来人类已习惯:生产有利息刺激,消费没利息刺激,结果不断刺激生产,并拉动消费增长;但时至今日,刺激生产到了极限,生产自然过剩。消费资本化这场新革命,将超越人们想象力,带来工业与服务业融合、协同、互动发展,带来根本改变。

（2013 –4 –2）

【智慧城市:基础设施建设】据悉上海公共 WiFi 建设以电信、移动、联通三大基础电信运营商为主力军,已覆盖了 17000 处公共场所,布设 AP 数超过 13 万,成为国内覆盖密度最高城市之一。有了规模,下一步应关注网络质量,切实提高 WiFi 速度,改善用户体验。

(2013 -4 -11)

【新一轮工业模式创新】新一轮工业模式创新 = 物质科学创新 + 生命科学创新 + 信息技术创新 + 新能源技术创新。特征:绿色、智能、可持续。

(2013 -4 -16)

【大数据 & 云计算】一个大规模生产、分享、应用数据的时代,以“PB”(1024TB)为单位的结构与非结构数据信息时代正在开启之中。以云计算为基础的信息存储、分享和挖掘手段,可以有效存储、分析、计算、预测,令决策更精准,释放巨大隐藏价值。数据正成为巨大经济资产,成为新时代的“宝藏”,带来全新的方向、模式与机会。

(2013 -4 -21)

【大数据 = 潜能巨大的新商业资本】1. 大数据是人类获得新认知、创造新价值的源泉;2. 大数据是改变市场、组织机构以及政府、企业、公众关系的新方法;3. 大数据为人类经济、社会带来质变,展现巨大科学价值、经济价值和社会价值;4. 大数据正撼动方方面面,包括商业、科技、医疗、政府、教育、经济、人文及社会的各个领域。

(2013 -4 -22)

【大数据带来大变革】相对于可获性、流动性、拥有权、隐私性保护等大数据发展障碍而言,大数据变革的价值与意义要远远大于面临的问题。大数据时代带来产业升级、效率提升的巨大空间,会对实现“中国制造”转向“中国创造”产生巨大推动力!大数据时代将令人类的价值体系、知识体系、产业体系、生活方式发生深刻变革。

(2013 -4 -22)

【中小企业集群】中小企业集群(aggregation):1. 市场式中小企业集群;2. 中心式中小企业集群;3. 网络式中小企业集群。中小企业集群产生动因在于:地域分工需要、外部经济需要(市场规模扩大外部性、劳动力市场供给、信息交流与扩散），交易费用降低、合作效率提高、社会文化等。

（2013－5－1）

【新工业革命特征】以智能制造、互联制造、定制制造、绿色制造为重点的新工业革命将呈现一系列新特征：1. 信息化；2. 科技化；3. 全球化；4. 互联化；5. 外包化；6. 服务化；7. 绿色化；8. 定制化；9. 利基化；10. 细分化；11. 网络化；12. 平台化；13. 联盟化；14. 智能化；15. 聚合化；16. 循环化；17. 生态化；18. 融合化。

（2013－5－14）

【信息消费将成为国民经济发展的新火车头】互联网日新月异，物联网风生水起。世上万事万物必将皆与网络联接。目前世界上99%的事物尚未与网络相连。万物互联，无所不在；大数据时代，信息消费空间巨大，势必蕴含无限商机。目前一切貌似神奇，但绝非遥不可及，未来超乎想象！

（2013－5－22）

【低碳上海】1. 能源结构要变绿；2. 产业结构要变清；3. 行业结构要变优；4. 产品结构要变精；5. 经济结构要变轻。

（2013－5－24）

【上海大数据产业将步入发展快车道】作为战略性新兴产业的重点专项之一，上海大数据产业将加快发展，重点是：1. 发展大数据科学，加大大数据基础技术、分析决策技术、应用推广技术开发；2. 发展大数据技术，推进文件存储、数据挖掘、智能决策等关键技术的进步；3. 发展大数据应用；4. 培养引进大数据人才。

（2013－5－24）

【上海物联网产业飞速发展】目前，上海物联网产业规模已超过千亿元级，在物联网标准、技术开发与应用等方面处于国内领先地位。随着智慧城市建设和物联网技术的应用推广，市民将可享用便捷的出行网、安全网和健康网的服务，市民生活品质必将得到切实提升。

（2013－5－24）

【智慧城市:智慧医疗和智慧健康】依托物联网、互联网技术和大数据技术,可以实现量化自我,带来医疗革命、健康革命:足不出户可完成体征指标日常监护与健康管理,降低60%以上的居民健康管理成本,足不出户享受专业健康监护服务。本市启动国内最大个人健康数据库建设,600家公立医院海量医疗数据联网。

(2013-5-24)

【智慧城市:智慧交通】智慧城市带来未来的智慧生活令人期待:借助智能手机,预知出行交通情况,给出最佳出行线路图、就近停车指示;借助公共交通运行信息发布系统,在公交站台上可查看公交车运行情况;借助手机,扫描公交站二维码、查看“掌上公交”可知实时信息。智慧城市惠民有为、便民有方。

(2013-5-24)

【云计算】基于互联网服务的计算、使用和交付模式,通常涉及通过互联网来提供动态易扩展且经常是虚拟化的服务。这些服务既包括IT、软件及与互联网相关的服务,也包括其他服务。这意味着计算能力也可作为一种商品通过互联网进行流通。

(2013-5-25)

【物联网】通过射频识别(RFID)、红外感应器、全球定位系统、激光扫描器等信息传感设备,按约定协议,把任何物品与互联网相连接,进行信息交换和通信,以实现对物品的智能化识别、定位、跟踪、监控和管理的一种网络。

(2013-5-25)

【网络安全与信息保护至关重要】互联网由于其自身特点,导致隐私容易被侵犯,具有侵犯频率高、方式多样、影响范围广等特点,单单靠原则性立法并不能解决问题,网络信息保护应管理与服务并重。

(2013-5-26)

【车联网】车联网(Telematics),即车载信息服务。其产业链主要包括:TSP(车联网服务提供商)、汽车制造商、内容提供商、移动网络运营商、软件提供商、硬件提供商、呼叫中心服务提供商等众多环节。

(2013－5－29)

【云管理】云管理是借助云计算技术和其他相关技术,通过集中式管理系统建立完善的数据体系和信息共享机制,其中集中式管理系统集中安装在云计算平台上,通过严密的权限管理和安全机制来实现的数据和信息管理系统与过程。

(2013－6－11)

【企业云】作为新式的企业工作空间,应用云管理的企业具有多种应用程序,以及大量第三方接口,甚至可以与传统 ERP 产品集成,来保证这个工作空间沟通与协作的广泛性。更重要的是,移动互联的特性,让这个“家”得以无处不在。

(2013－6－11)

【大数据的5V 特点】1. VOLUME:数量大,全球存储的数字化数据将达1.2泽字节,把这些数据印成书平铺,可覆盖52 个美国;若刻成光盘垒成五堆,可形成5 根光盘“通天柱”直达月球。2. VELOCITY:速度快,人类数字数据储量每3年翻1 倍,速度是经济增长的4 倍;3. VARIETY:种类多;4. VERACITY:准确;5. VALUE:价值高。

(2013－6－14)

【车联网:引领汽车与交通未来发展的关键技术】专家认为:假若所有车辆都实现车与车、车与路的互联,则道路容量将会提升270%! 换句话说,采用车联网技术,可以承受汽车保有量翻番而交通状况毫无压力。

(2013－6－14)

【车联网正让汽车成为“互联网＋物联网”的移动终端】汽车装上传感器、雷达,可感知预警交通事故;安装 GPS、北斗等定位系统,可实现路径优化;结合道路监控传感器,可直观了解交通流量;汽车与远程控制中心信息交互,可实现远程启动或锁死,防止被抢被盗;通过车载通信系统,车辆可在事故后自动告知远程服务中心及时处理。

（2013－6－14）

【成长潜力大的新兴产业】1. 气候友好产业：小到 LED 产业，大到发电设备，航空发动机产业；2. 环境友好产业：从节能减排的小发明到污染防治技术产业；3. 生物产业；4. 健康产业；5. 智能产业：电信与通讯业，智能电网，物联网，车联网，云计算与大数据产业，导航产业等；6. 文化创意与设计、研发产业；7. 机器人产业。

（2013－6－22）

【新技术、新经济、新业态、新模式催生智慧物流产业】现代物流业＋互联网经济＋车联网＋多式联运＋铁公水集疏运体系＝智慧物流。

（2013－6－24）

【商业模式创新】新技术、新经济条件下，商业模式的失误是最大的失误，商业模式的失败是最大的失败。

（2013－7－20）

【产业转型发展】传统产业＋互联网＋新商业模式＝转型发展。

（2013－7－20）

【微政务让政府“耳聪目明”】微信主要用来为公众解答实际问题，与微博形成优势互补、功能迭加效应。尽管公众在网上提意见大多属于事后监督，但也可通过梳理，从中发现规律性问题、普遍性要求，把工作做在前面。网络问政有助于增强工作前瞻性，倒逼职能部门更加主动、更为自觉、更为有效地为公众服务。

（2013－7－31）

【智慧城市：大数据】智慧城市必须要有大数据的支持，实时、全面、系统的大数据采集、智慧处理与应用是智慧城市的基础与本质。成熟的智慧城市包含：1. 大数据；2. 信息公共安全；3. 信息的公众采集与服务；4. 信息公共管理与服务;5. 智慧城市的整体运行。

(2013 - 8 - 3)

【智慧城市建设之要】1. 信息基础设施建设;2. 信息化与工业化融合发展;3. 互联网经济与经济互联网(互联网金融与金融互联网等);4. 数字城管与数字惠民;5. 电子政务与公共信用信息服务平台建设;6. 软件和信息产业发展;7. 信息安全与信息化立法及政策;8. 信息消费;9. 信息化应用(大数据、云计算、车联网、物联网、导航产业等)。

(2013 - 8 - 14)

【工业布局优化之路】上海工业区布局优化的必由之路:把存量当变量,把变量变增量!做到人均、地均、资均三个产出率的倍增!实现创新、转型、发展!

(2013 - 8 - 22)

【企业创新】企业创新并非传统意义上的开发新品或采用新技术,而是产生新概念、新模式,增强企业核心竞争力对中国企业尤为重要。中国企业面临的巨大竞争压力实际上是核心竞争力的竞争。准确定位企业核心竞争力是企业创造竞争优势的前提。对中国企业而言,概念上、模式上、产业上的创新应优先于技术创新!

(2013 - 9 - 5)

【企业核心竞争力】和最终产品不同,核心产品是企业最基本的核心硬件和核心软件,而核心竞争力是隐含在核心产品中的知识和技能。核心竞争力是企业保持竞争优势的源泉。企业必须打破旧有思想框架,以积极开放的胸怀去思考,接受不同的经营架构,把握未来趋势,建立战略架构,组织核心能力,在创新中掌握竞争优势。

(2013 - 9 - 5)

【互联网金融 & 金融互联网】互联网金融借助大数据、移动互联网等为资金供求各方提供低成本、高效率服务模式,也为传统银行业提供了全新发展思路,倒逼金融互联网加速展,最终实现互联网金融与金融互联网无缝对接、融合发展。

(2013 -9 -12)

【金融业与互联网趋向融合发展的演进步骤】1st step,金融互联网 vs 互联网金融;2nd step,金融互联网 + 互联网金融;3rd step,金融互联网 x 互联网金融。

(2013 -9 -12)

【互联网经济】互联网经济及互联网金融健康持续发展的关键在于:安全可靠、便捷高效、价廉物美!只有解决好信息安全、资金安全、产品与服务质量保障、监管与风险防范缺失、物流配送能力与水准不足不高等隐忧,互联网经济、互联网金融才能突破重围、大踏步前进!野蛮生长不是出路,健康发展才能壮大!

(2013 -9 -13)

【促进产业转型的政策新导向】促进各类产业政策的创新:从过于偏向供给侧政策扶持转向更加注重需求侧扶持政策,努力实施扩大消费、扩大需求、扩大应用的“三个扩大”创新政策。

(2013 -10 -8)

【经济发展新生长点何在?】在于不断扩大五大消费:1. 新型消费;2. 信息消费;3. 绿色消费;4. 联动消费;5. 信用消费。

(2013 -10 -8)

【规范政府工作机制,提高行政服务效率之要】1. 三优化:优化审批速度,优化服务态度,优化服务举措;2. 五公开:服务内容、办事程序、申报材料、承诺时限、收费标准;3. 七办件:即办件、承诺件、联办件、报批件、特办件、补办件、退回件。

(2013 -10 -9)

【互联网催生协同消费】协同消费理念是以互联网为基础发展起来的,互联网平台成为协同消费模式不可替代的加速器。在信息消费成为中国新一轮拉动内需的新引擎之际,协同消费之前景也会随之明朗。

(2013 -10 -21)

【协同消费的主要方式】1. 商品服务形式:主要采取租借方式,消费者需支付一定报酬享受商品使用权,不拥有商品所有权;2. 重新分配市场方式:所有权、使用权一并转移,可免费获取,也可相互交换;3. 协同生活方式:基于同样需求兴趣而交换时间、空间、技能等无形资源。

(2013 - 10 - 21)

【协同消费创新趋势】未来协同消费模式将会朝网络实名制方向发展,或通过线下活动进行实名认证,以使信息安全、身份安全、信用环境得以保证;在项目运营过程中,消费者和消费者团体之间的互联、有序组织、协调,必然成为推动协同消费发展之重点。

(2013 - 10 - 21)

【产业金融】产业金融 = 实体经济型金融业务 + 一级市场金融业务 + 集成化金融业务 + 产业主题化金融业务 + 产业金融配置 + 适合各种不同行业金融业务。

(2013 - 10 - 26)

【产业金融 VS 企业金融】产业金融与企业金融相比,有着明显的功能优势与发展优势,令金融机构对企业的金融服务建立在更为理性、更为系统化、更符合企业发展的本质需求基础上;会大大提升金融业在产业型服务平台获得更有效的系统化收益,规避了产业转型的许多系统化风险。

(2013 - 10 - 27)

【从企业金融到产业金融是一种思想、理念和模式上的转型与创新】商业银行对企业的服务应从企业式转为产业式金融服务,并对特定企业在产业链中的地位、角色、功能作出更有价值和前瞻性判断。企业的需求仅是股东和管理者的需求,与产业发展、转型升级无关,甚至可能是错误的,不符合产业发展规律与转型升级的。

(2013 - 10 - 27)

【上海步入非典型发展阶段】80 年代壮士断腕,产业结构适应性调整;90 年代发展六大支柱产业、六大产业基地,产业结构战略性调整;现阶段产业结构步入转型升级调整。工业各行业单位产出能耗标准、能源产出率均履行国内最高标准;土地成本、商务成本、人力资源成本及城市市安全、生态环境、社会稳定等均呈更高约束。

(2013 - 11 - 12)

【上海步入典型转型阶段】1. 制造业转型升级,提高能级与淘汰落后产能并重;2. 优化产业布局,提升园区地均、人均、能均、资均产出水平与提升产业功能和能级并举;3. 重点区域改造转型与城乡结合部综合治理、统筹发展并行;4. 加快培育壮大新技术、新经济、新业态、新模式与营造改革、开放和创新的新活力、新优势并进。

(2013 - 11 - 12)

【上海工业设计行业步入发展快车道】2012 年工业设计业总产出 527.3 亿元,增加值 196.5 亿元,同比增长 15.3%;市级创意产业集聚区 87 家,总面积 336 万平方米,入驻企业 9298 家,同比增长 10.8%,总营业收入 1105 亿元,同比增长 23%;设计企业 1.1 万户,设计从业人员 50 万人(20 万人在专业设计企业,30 万人在制造企业从事设计)。

(2013 - 11 - 14)

【云计算的五大本质特征】1. 按需自我服务;2. 无处不在的网络连接;3. 区域独立的资源池;4. 快速的可伸缩性;5. 可度量的服务。

(2013 - 11 - 16)

【云部署】1. 私有云:为一个特定机构展开运行;2. 社区云:被若干个组织所共享;3. 公共云:向普通大众或大量企业、组织开放;4. 混合云:同一个数据中心中包含了公共云和私有云。不同的云部署方式决定了云计算运作方式的不同,成功节约的幅度也存在差异。

(2013 - 11 - 17)

【云计算服务类型】1. 商业性应用:包括资产管理、业务流程、数据仪表盘、数据管理、地理信息、调查管理、出差安排等;2. 能效型应用:包括视频会议、办公工具软件、项目日程管理、工作流程管理等;3. 社交媒体应用:包括搜索引擎、博客、视频、网络评选(contests)。

(2013－11－17)

【云计算的安全错觉】公众对云计算存在 Safety Image Dislocation,甚至许多领导者未真正了解云计算就误认为云计算不安全。事实上无论在什么平台上,所有电子信息设备均存在严重安全隐患,而云计算服务对服务器采用的安全防护措施比广大消费者、政府官员用简单密码保护的台式机、笔记本、手机等更严肃、更专业。

(2013－11－17)

【云迁移的好处多多】1. 云迁移可节约 IT 运作成本;2. 提高计算能力和存储空间使用效率;3. 大幅削减服务器数量;4. 使数据中心(IDC)使用率从平均12%提高到 60%;5. 云迁移可减少机构人员规模,从而降低费用支出,节约15%人力成本。

(2013－11－17)

【新一代车联网发展路径】1. 从特例实验走向应用场景,通信协议标准制定,建立车路协作系统的体系框架;2. 从单一模式走向多种通信手段的互补与融合,实现多模式车路/车车通信;3. 从单目标控制向多目标控制集成转变,实现车载终端一体化;4. 以典型场景形成相关技术体系,并通过典型场景应用带来技术创新。

(2013－11－30)

【车联网】以车内网,车际网和车载移动互联网为基础,按约定通信协议和数据交互标准,在车—车、车—路、车—人、人—路、车与互联网之间,进行无线通讯和信息交换,以实现智能交通管理、车辆智能化控制和智能动态信息服务的一体化网络,是互联网技术、物联网技术、地理信息技术和导航产业技术在智能交通领域的延伸。

(2013－11－30)

【车内网】通过应用成熟的总线技术,建立一个标准化的整本网络,实现电器间控制信号及状态信息在整车网络上的传递,实现车载电器的控制、状态监控及故障诊断等功能。

(2013 - 11 - 30)

【车外网】用无线通信技术把车载终端与外部网络连接起来,实现车辆间、车辆和固定基站之间的信息交换。

(2013 - 11 - 30)

【Telematics:车联网的初级阶段】目前主要是提供定位导航、安防、娱乐、通信等服务为主,通过 CDMA/3G 等通信技术,使车载终端与互联网连接,从而实现基于呼叫中心的信息服务。

(2013 - 11 - 30)

【第三代 Telematics 基本特征】1. 通信采用 3G 技术;2. 具备网络功能,网络运行商主要为移动、电信和联通,属于增值电信服务;3. 由专业的 TSP (Telematics Service Provider)服务商,向注册用户提供服务。商业模式发展瓶颈:绑定品牌,跨品牌难度大,难于实现第三方服务。

(2013 - 11 - 30)

【营运车联网:车联网升级版】营运车联网令车联网升级为中级发展阶段,提供:车辆安全预警、节能驾驶服务、基于设计的性能参数优化、出行诱导服务、车辆运行监控、远程诊断服务、增值服务,并成为应急车联网,实现救援路线优化、应急物流调配、肇事车辆追逃等。

(2013 - 11 - 30)

【车联网高级阶段:车路协同】1. 嵌入式系统;2. 一体化集成技术;3 车载总线接入技术;3. 板载设备驱动技术;4. DSRC、WiFi、WiMax、4G 相对应的通信协议;5. 数据广播、路由技术;6. 数据安全、隐私保密技术;7. 导航定位技术;8. 数据采集技术;9. 安全预防技术;10. 电子支付技术。

(2013 - 11 - 30)

【上海智慧城市建设方略】以4G为引领的新一轮信息基础设施建设为重点，瞄准国际一流无线城市、宽带城市，扩大应用领域与水平，坚持应用为王，提升信息产业竞争力和数字惠民水平，促进工化和信息化融合发展，促进信息消费扩大内需，扎实推进智慧社区、智慧园区、智慧商圈、智慧新城、智慧乡村建设。

（2013－12－17）

【机器人助推经济转型】全球现有工业机器人超过140万台，美国约有12万台。上海将大力发展从研发、制造到营销、运用的全产业链机器人产业，加快制造业转型升级。

（2013－12－18）

【互联网金融优势何在?】与传统金融业相比，互联网金融在理念、观念、形态、体系、制度、产品、创新、服务、人才、培训、模式方面具有革命性天然优势。伴随互联网技术、大数据、云计算提升，客户信息、交易信息、产品信息价值倍增，构成互联网金融技术优势。

（2013－12－25）

【金融创新】金融互联网＋互联网金融＝金融创新！让金融业由量变到质变，也让互联网金融从不可能走向可能、从不受关注到备受关注、从不完备走向日臻完善。形成P2P、众筹融资、小贷、金融咨询、投资理财、第三方支付等巨大电商蓝海!

（2013－12－25）

【金融互联网vs互联网金融】金融互联网:金融机构依靠互联网技术和思维自我变革，将越来越多金融业务搭载在互联网平台上。互联网金融:互联网企业以互联网技术、第三方平台、模式业态创新为优势，不断搭载金融业务，突破传统金融格局。

（2013－12－25）

【互联网金融亟待建立健全信用体系】互联网金融的核心优势在于信息流，

但其信息具有随机性,最核心信息是已有交易信息及用户行为习惯信息,问题在于如何将用户行为习惯数据与个人信用记录建立明确关联,并作出科学信用评价。这些评价需时间检验,经多年验证,才能令风险评估模型变得完善。

(2013-12-25)

【互联网金融服务具有成本优势】1. 能降低网上银行、证券、保险、基金等业务的直接成本;2. 电子货币的出现,能降低整体交易成本;3. 通过互联网、大数据和云计算技术,实现金融机构、金融产品、金融市场的实时化金融风险计量与控制降低监管成本。

(2013-12-25)

【互联网金融具有参与优势和支付优势】1. 突破营业网点和地理空间限制,可无限扩展服务空间;2. 可不断丰富服务工具和服务手段,如自助化理财工具、移动金融服务终端等;3. 降低参与门槛、总量和单笔规模小,由大众消费和小微业务入局,积小成大;4. 移动支付和第三方支付会大大提高支付效率。

(2013-12-25)

【互联网金融具有不可替代的属性优势】互联网具有交互性、关联性、网络性、平台性、选择性、平等性、跨业性、跨界性等多重属性,互联网金融与传统金融相比,在前端更贴近客户,易于从消费者需求出发,设计出更贴近客户需求的金融服务产品,从而有别于传统金融业。

(2013-12-25)

【互联网金融“蓝海”何在?】主攻方向:为资金短缺、难以从传统融资渠道获得资金的草根企业提供金融服务,激活普通百姓投融资需求。互联网金融依托其自身优势,十分适合担当草根金融服务商。

(2013-12-27)

【互联网金融期待社会公众信任度和自身产品开发能力的断提升】传统金融机构凭借其掌控的资金端及资金和风险管理能力,让公众有信任感,而这正是互联网金融本身欠缺之处。互联网金融创新伊始,在满足需求上尚待发掘、梳理,通过大数据挖掘,提供更便捷通道、更有效金融产品。

(2013－12－27)

【互联网经济】互联网正在改变这个世界的一切,世界由此重新起跑。开放的互联网正孕育着无穷无尽的新机遇。只要拥有发现机会的眼光、创造机会的智慧,以及抢抓机会的决心和快捷有效的行动,你将实现“后者超越”,跑在时代前列、世界前列!

(2013－12－30)

【互联网平台经济】互联网平台企业开放其信息接口,供第三方贴近用户和商业需求,创新应用与功能,形成多赢格局,是实现互联网平台经济高速成长的助推器。

(2014－1－4)

【工业4.0的要害何在?】通过物联网和服务网,把机器人、加工中心、流水线、物流系统、存储系统、生产设施和智能控制系统等融入到虚拟网络与CPS(实体物理系统),实现制造、工程、材料、供应链的数字化、智能化工业流程再造。核心是基于频谱经济的M2M,用信息化、智能化系统取代低效体力和脑力劳动。

(2014－1－4)

【开放API是互联网平台企业加快成功之捷径】通过开放API,互联网平台企业与众多开发者建立并发展协同发展商业关系,并由此演化出更多创新性商业模式。其实质是:互联网平台企业放弃即期回报而选择未来的回报,建立开放共赢生态系。其做法是:平台企业只提供非常简单的功能,将其他功能交由第三方完成。

(2014－1－4)

【建立开放共赢生态系统:互联网平台企业模式创新必由之路】开放API是互联网平台企业融合创意提高自身产品深度的有效手段,有助于获得更多技术和创意支持,丰富网站功能与结构,当今全球互联网正经历商业开发模式2.0趋势:突破标准商业模式对收费和驱动流量的局限性,通过开放API平台,协同发展商业关系。

（2014－1－4）

【智能交通】城市管理者可根据反馈对交通服务作出调整。城市公交系统可从目前定时分配变为按需分配。若能提前掌握市民出行动向，则可对交通流量进行合理分配，定会为市民提供巨大便利。若某一场大型文化演出或体育赛事历时两小时，在活动结束前可在相应的站点增派公交车或地铁列车。智慧交通＝车联网＋大数据。

（2014－1－8）

【无线智能工业体系平台行动】1. 开展涵盖智能设计、研发、制造于一体的软件开发、系统集成、设备制造、生产管理与服务的通用标准化体系建设；2. 通过建立计划、描述和说明模型为产品研发、设计、制造复杂系统提供管理基础；3. 通过提升现有通信网络，建立更大容量、更高质量的数据交换宽带基础设施。

（2014－1－12）

【推进频谱共享意义重大】无线电频谱是稀缺的国家战略资料，加快推进频谱共享可有效缓解频谱资源供需矛盾，充分挖掘频谱资源潜在价值。频谱共享是实现频谱资源精细化管理的有效手段。频谱共享工作，应顺应 M2M 发展的大趋势、工业化与信息化深度融合发展而加大力度。

（2014－1－12）

【频谱经济潜能巨大】如何运用更高效的频谱利用技术，实现多个无线电系统共享同一频谱，整体提高频谱利用率，是两化深度融合发展的关键领域与核心基础。高效频谱利用技术不但是无线电业务发展的新引擎，也是释放频谱经济巨大潜能、优化公共频谱政策的重要基础。

（2014－1－12）

【3D 打印】专业界称其为增材制造（Additive Manufacturing，AM），是利用计算机设计数据，采用材料逐层堆积方法制造实体物品的技术。依据材料输送方式不同，分为两大类：1. 选择性沉积技术；2. 选择性黏合技术。因工艺、材料、装

备日益成熟,3D 打印应用范围由原型与模具制造扩展到零部件、集成件、功能架构的直接制造。

(2014－1－12)

【全球工业机器人产业发展态势】全球工业机器人产业呈飞速扩张态势,但竞争日趋激烈。到 2025 年全球工业机器人装机量将达到 1500～2500 万台,年均增速可达 25%～30%。美、欧、日、韩等纷纷对工业机器人产业进行战略部署,并举全力加快发展。

(2014－1－12)

【中国工业机器人依赖进口被动局面亟待扭转】中国成为工业机器人最大需求国,但超过 70% 依赖进口。我国工业机器人产业尚处产业化初级阶段,整体技术水平相当于发达国家上世纪 90 年代中期水平,关键与核心技术亟待突破,伺服电机、精密减速器、伺服驱动器、控制器等依然受制于人。

(2014－1－12)

【智能终端演进路径何在?】智能终端演进路径在于:融合与细分并存,并间接推动各行各业商业模式的创新。网络智能化、泛在化持续推动智能终端融合发展;需求个性化、多样化促使智能终端应用领域细分,并不断催生信息消费新热点、新模式。

(2014－1－12)

【智能终端助燃信息消息】以智能手机、平板电脑、智能电视、多功能导航终端等为代表的智能终端呈现爆发式增长,并成为扩大信息消息范围、丰富信息消费内容、提升信息消费层次的重要载体。

(2014－1－12)

【我国 3D 打印产业:敢问路在何方?】应以实现设计、制造过程数字化和智能化为目标,以突破关键技术为支撑,以推进 3D 打印装备研发和产业化为核心,以提升 3D 打印装备与应用集成创新能力为重点,依靠市场、企业、政府、社会协同努力,实现 3D 打印产业在研发与设计、关键部件与装备、应用与推广、政策与环境上的跨越发展。

（2014－1－13）

【人类正迈入大数据时代】未来数据流量将呈指数级增长，互联网＋物联网＋云计算＋智能设计与制造＋增材制造＋频谱经济，将带新一轮创新发展浪潮！特别是M2M无线应用，将展现新的巨大发展潜力，带来全球5万亿美元的直接经济效益，外加1万亿美元的相关服务收入。

（2014－1－14）

【美国再工业化战略值得上海借鉴】上海和美国都曾是制造业之强者，都走过去工业化道路。美国已从去工业化衰退中觉醒。奥巴马在"互联网＋物联网＋增材制造＋智能绿色制造＋频谱经济"基础上重构美国制造、美国能源、美国劳动技能、美国价值观，以复兴经济，奥巴马的"四个美国"是这个蓝图的核心。

（2014－1－14）

【商业模式的演进式创新】商业模式由外包模式（outsourcing），到开源模式（opensourcing），再到众包模式（crowdsourcing）的演进，是信息技术飞速发展的结果，现代信息通信技术令知识编码化、标准化、数字化和智能化，使服务产品被细分，并以数字形式储存、传输、加工、分享、交流、交换。

（2014－1－15）

【众包】Crowdsouring，是指企事业单位、机构把过去由员工完成的工作任务，利用互联网上大众创意智慧，以自愿方式外包给社会大众群体来担当的做法；众包既是提高效率的做法，又是加快业务创新、业务拓展、业务推广的新型商业模式。

（2014－1－15）

【众包商业模式】众包这一创新模式，得益于社会差异化、多样化带来的社会创新潜力，把业务通过网络包给大众，恰恰迎合了日益个性化的社会需求。从Getty Images的iStockphoto，John Fluevog开源鞋类网站、Ducati新型摩托车设计网站、小米手机MIUI操作系统设计等成功案例中可解读其中奥秘。

（2014－1－15）

【频谱经济价值何在?】世界银行研究表明:宽带容量每提升 10%,将带来经济总量 1.3% 的增长。无线网络可在低密度区域提供低成本网络连接,避免了网络配置改变时重新布线的麻烦。如今,大部分宽带的社会经济价值均来自无线媒介。

(2014-1-16)

【频谱高速公路创建具有战略意义】频谱高速公路建设、频谱经济创新发展,会带来一大批新产业、新技术、新模式、新业态和新增长点的形成,并大幅提升高端制造业和现代服务业的效率与效能。到 2020 年,全球频谱经济收入将达 5 万亿美元,并带来相关效益 1 万亿美元。

(2014-1-16)

【频谱经济价值凸显】全球移动数据流量正以每年翻一番的速度增长。据联合国经济合作与发展组织分析,目前全球无线连接设备数已超过 50 亿台,估计到 2020 年将升至 500 亿台。

(2014-1-16)

【负面清单管理制度的核心是“宽进严管”】负面清单管理不是完全不要审批,而是变“行业准入”为“行业禁入”,变“指导目录”为“禁止目录”;通过投资准入执行负面清单管理降低前端门槛,同时运用公共信用管理的第二个负面清单与之对接,守信受益、失信惩戒,建立失信联动惩戒机制,做到事中事后监管到位。

(2014-1-17)

【智慧地球】智慧地球 = 功能化 + 相互连接 + 智能化。

(2014-1-19)

【物联网发展潜力巨大】到 2020 年,相连的物品与设备将达 500 亿件,市场容量将达 1 万亿欧元,是当今市值的 7 倍。万物相连时代离我们越来越近!

(2014-1-19)

【大数据时代商机何在?】大数据 = 人类新资源;用新经济“项链”串各行业“珍珠”;管理与服务顾客同等重要;网络营销重在多、快、好、省;畅销商品 = 良品,滞销商品不等于劣品;变大众化“顾客”为个性化“个客”;绑定用户,实时跟踪;在特定时空创造特定需求;微型化拆分销售比捆绑销售更有效;最了解消费特性者为王。

(2014 - 1 - 20)

【移动终端改变世界】万物相联 + 移动终端飞速增长、飞速创新,颠覆一切,重塑世界。到 2016 年全球人均移动终端数将达 1.4 台。手机极大改变生活和商业模式。如今我们每个人俨然已站在手机营销新擂台之上。个性化定制服务,以客户为核心的商业模式,从来没有显得如此手到擒来。智能手机将成为当代人手中的金箍棒!

(2014 - 1 - 20)

【狭义与广义大数据】狭义大数据 = 结构化数据(定型数据) + 非结构化数据。非结构化数据占数据总量的 90%。广义大数据 = 狭义大数据 + 数据管理和分析的相关技术 + 数据管理和分析的人力资源及组织。自人类文明起迄今以来所有积累的数据总量约 5EB,但如今人类一天不到就可产生同一数量级的数据!

(2014 - 1 - 22)

【车联网】以车为节点和信息源,利用先进传感技术、网络技术和无线通信技术,通过汽车收集、处理和共享大量信息,从而实现“人—车—路—环境—社会”的互联互通,达到智能化识别、定位、跟踪、监管和推送服务为目的的网络。

(2014 - 1 - 25)

【车联网商业模式】依运营主体分为:1. 整车厂主导模式;2. 移动运营商主导模式;3. 汽车经销商主导模式;4. 行业应用模式(如保险公司主导);5. 第三方模式。依盈利方式分为:1. 设备及服务费模式;2. 广告营销模式;3. 数据增值服务模式等。

(2014 - 1 - 28)

【美国走上再工业化之路】美国再工业化并非传统制造业回归,而是基于数字化、知识产权、智能化、自动化及产业组织、商业模式与业态创新全面复兴。纺织品公司凭借优秀品牌管理能力、合理定价策略等实现高增长、高盈利;应用高新技术减少风力涡轮机、太阳能发电厂、电动车电池等外包生产。

(2014 - 1 - 29)

【新商业模式:外包 + 分包 + 众包】通过开放式研发、制造和营销、服务平台,实现研发、设计、应用,深度定制系统及“商家—用户”无缝结合。这样,不仅能向用户提供丰富的应用软件与个性化增值服务,而且兼顾运营商、软件与硬件供应商和独立开发者各方利益,实现“效率 + 效果 + 效用 + 效能 + 效益”最大化。

(2014 - 1 - 30)

【全球电子信息产业步入全产业链竞争模式】硬件制造商、软件开发商、服务提供商之间的边界日益模糊,大型跨国公司纷纷开展“软件 + 终端 + 内容”的产业链垂直整合,打造全产业链生态系统。

(2014 - 1 - 30)

【中国工业出路:健脑 + 瘦身 + 强体】健脑:变全球制造大国为全球智造强国,提升人力资本,用信息化智能化提升“创意 + 创新 + 研发 + 设计”水平;瘦身:淘汰高污染、低产出、不安全的落后、过剩与低端产能,加强节能减排;强体:强化关键领域自主创新能力,推进“两化”深度融合,在新技术、新产业、新业态、新模式上力求新突破。

(2014 - 2 - 9)

【互联网思维】1. 诚信、安全、可靠、便捷是前提;2. 追求更低边际成本、更高性价比;3. 线上烧得起钱,线下先关注草根,整合碎片,放长线钓大鱼;4. 坚持第三方,追求轻资产、轻模式、平台化,外包分包众包;5. 简便标准程序化与自助式信息体验;6. 创新商业模式,尽可能向用户少收费、不收费,注重用大数据挖掘用户心理需求。

(2014 - 2 - 9)

【全球时尚之都易主】提到时尚之都,人们一定会最先想到巴黎,但现在这个雅号可能要易主了。据英国《每日邮报》(2014－2－5报道:近日美国纽约挤下巴黎,成为全球最为时尚的城市。调查报告中,巴黎排名第二,伦敦及洛杉矶紧追其后。亚洲城市也榜上有名,上海排在了第10名,东京排第11、新加坡19、香港20。

(2014－2－9)

【再制造:节约资源、节能减排的有效途径】与新品制造相比,再制造可节约成本50%、节能60%、节材70%、减排80%。美国已将再制造作为大力发展的未来产业。上海再制造产业发展和再制造基地建设走在全国前列,将有更大发展,重点关注:1. 适宜淘汰设备再制造;2. 在役设备再制造;3. 再制造设计;4. 再制造政策与环境。

(2014－2－10)

【再制造:消除制造业末端浪费必由之路】中国制造业总量世界第一,钢产量占全球总量一半,机电产品保有量世界第一,机动车保有量超过1亿台,机床超过800万台。目前大量设备进入淘汰报废高峰期,若不发展再制造业,不能延长机器使用寿命,将造成巨大浪费。再制造是全球公认节约资源、节能减排的有效途径。

(2014－2－10)

【我国信息消费上升空间巨大】美国每年人均信息消费水平达3400美元;日本每年人均信息消费水平达2400美元;而我国每年人均信息消费水平仅为190美元,上升空间巨大!提升信息消费水平主要靠:创新商业模式、扩大信息消费领域、开拓新型信息消费形态、优化信息消费结构、促进信息消费升级。

(2014－2－11)

【商业模式创新呼唤知识产权保护】目前,中国对商业模式创新知识产权上尚无法律层面保护措施。在美国,商业模式专利被归入商业方法(Business Method)专利类。Amazon、Price1ine、IBM等许多公司均申请了商业方法专利。

(2014－2－11)

【新工业革命要点】ICT(信息和通信技术)、AI(人工智能)、感应技术、数字经济、机器人产业、智能制造系统、3D 打印(增量制造)、纳米技术、大数据、频谱经济与 M2M、物联网、互联网、车联网、云计算、MEMS(微机电系统)、可再生能源产业、下一代基因组、知识工作自动化、储能技术……

(2014-2-13)

【智能终端产业步入发展快车道】以智能手机、平板电脑、智能电视为代表的智能终端成为信息消费热点,呈迅猛发展势头,增长率高达 60~70%。众多第三方开发企业正围绕位置服务、社交互动、视频娱乐等领域开发一系列贴合本地需求的应用服务,市场效果好,部分明星级应用呈爆发性增长。

(2014-2-15)

【节能服务业面临重大发展机遇:在扩张中整合,在整合中转型,在转型中创新,在创新中发展】1. 落实财政奖励,税收优惠;2. 支持重点用能单位采用合同能源管理方式实施改造;3. 开展能源审计"节能诊断";4. 打造"一站式"合同能源管理综合服务平台;5. 促进专业节能服务公司发展;6. 建立节能量交易等市场化节能机制。

(2014-2-15)

【产业核心价值创新】产业核心价值创新 = 技术创新 + 应用创新 + 业态创新 + 模式创新。

(2014-2-16)

【美国中小企业融资方式】1. 中小企业自身储蓄占中小企业投资 45%;2. 中小企业主向亲友借款占中小企业投资 13%;3. 银行贷款;4. 投资公司;5. 政府资助,由中小企业管理局向中小企业提供少量直接贷款,占 1%;6. 证券融资占 4%。美国被公认为中小企业融资最方便、中小企业成长最为迅速、中小企业创新能力最强的国家之一。

(2014-2-17)

【美国中小企业"创新群"】美国有中小企业 2140 多万家,占企业总数的

99%。美国中小企业创新能力很强，占创新发明总数比重超过 50%。美国依托非营利机构建立中小企业“创新群”以促进发展的经验和做法值得学习借鉴。

（2014－2－17）

【上海网购消费全国第一】2011 年数据显示：上海人均 GDP 达 82560 元（约合 13000 美元），列全国第一；上海网购人均年消费 3000 元，列全国第一；上海网购交易总额超 200 亿，列全国第一。

（2014－2－17）

【大数据】大数据，不仅是一种应用性很强的实用工具，而且是一种重要的思维方法，更是一种新经济、新业态、新模式，甚至是人类智慧文明的新纪元。

（2014－2－24）

【制造业发展趋势】轻量化、精密化、极端化、数字化、智能化、绿色化、系统化、高端化、集成化、服务化、循环化、生态化、创意化、外包化、分包化、众包化。

（2014－2－26）

【4G 带来一系列应用生态圈飞速发展】4G 时代，将会引发媒体、商业、金融、医疗、安全、教育、移动生活、文化创意、设计、知识劳动等核心业务加速形成应用生态圈，引发爆发式增长。4G 定将以高覆盖、低资费、体现新价值的业务不断丰富，令用户迅速增长，使一系列新价值业务层出不穷、飞速发展。

（2014－2－28）

【政府部门应率先带头应用云计算】1. 将云计算服务纳入政府采购目录；2. 鼓励政府部门将信息系统建设和运维托管给第三方国有控股云计算服务企业，建立公共服务平台，提升信息化建设专业化、标准化水平，提高行政效率、决策水平和公共服务能力；3. 停止与杜绝政府各部门自建数据中心和信息系统。

（2014－3－11）

【中国 4G 网络商业进程将改变全球通信业产业链】中国建设全球最大的

TD-LTE 网络，定将促使全球更多运营商考虑采用 TDD/FDD 混合组网模式来建设 4G 网络。2014 年将采购上亿个 4G 终端，令成本降低、产品趋于成熟化，使其进入海外市场更具竞争力。

（2014－4－13）

【4G 时代为中国通讯设备产业和移动终端产业创新发展带来强大动力】到 2013 年底，全球 4G 用户刚刚过亿。按我国运营商建网与业务拓展计划，到 2015 年底中国 4G 用户将超过 1.5 亿户，占全球 4G 用户将达 40%。

（2014－4－13）

【4G 为“中国制造”走向“中国智造”带来重大机会】4G 天然具备“三网融合”能力，其高带宽网络可承载所有固网应用，众多企业级应用能延伸至移动终端，这将重构移动产业链，并助推中国经济向信息化、智能化转型升级。

（2014－4－13）

【4G 变革】4G 之高速、宽带特性将加速移动互联网行业对各类传统行业进行颠覆性革命，倒逼各行各业的创新、转型、升级、发展。

（2014－4－15）

【经济转型升级源动力从哪儿来?】1. 创意；2. 设计；3. 创新；4. 智造；5. 创业；6. 品牌；7. 软件；8. 业态；9. 技术；10. 模式。

（2014－4－20）

【对金融互联网与互联网金融应实行差别化管理】1. 区分金融互联网与互联网金融；2. 前者由金融管理部门为主监管，信息化管理部门指导与协助；后者由信息化管理部门为主监管与服务，金融管理部门协助与指导；3. 尊重互联网金融的第三方属性，不得按传统金融机构监管办法监管。

（2014－4－20）

【消费取向演进】现如今海量信息、海量品牌、多元化、碎片化消费时代，存异求新成为时代新标签。消费者取向从最初的“与我有共鸣”的品牌，先是演变到"与我价值观相通"的品牌,再演进到如今的"自己愿意参与、能产生共鸣"的品牌,才是消费者真正挚爱的品牌。互联网营销时代,品牌好故事、好事件远比好 LOGO 更能打动人。

(2014 -4 -21)

【两化融合】信息化与工业化融合基础在企业,关键在创意、设计、品牌、软件。两化融合涉及技术工艺融合、产业链融合、管理方式融合。

(2014 -4 -21)

【两化融合管理原则】1. 以获取可持续竞争优势为关注焦点;2. 战略一致性;3. 领导与组织的核心作用;4. 全员参与、全员考核;4. 过程管理、全局优化;5. 循序渐进、持之以恒;6. 创新引领、开放协作。

(2014 -4 -21)

【两化融合管理体系】两化融合管理体系包括数据、技术、业务流程与组织结构四个相互关联的要素,涵盖管理职责、基础保障、实施过程及评测与改进四个相互作用的管理域,其系列标准包括:要求、基础和术语、实施指南、评估规范、审核指南等,依行业特色和需求制定实施细则,形成典型企业应用案例。

(2014 -4 -21)

【互联网与服务链条结合带来服务业蓝海】1. 为客户提供足够多便利实惠;2. 实现即时下单,带来服务效率、效果、效益提升;3. 线上营销、线下体验与服务一体化带来量的提升与质的提高;4. 更好为高端客户提供个性化优质服务;5. 通过打分为服务提供者评级,保证服务质量;6. 利用大数据等衍生与增值服务提升服务生态。

(2014 -4 -21)

【众筹 + O2O 模式适宜业务选择】1. 该领域存在资源大量闲置,客户找不到优质、安全、高性价比服务,与公司找不到客户并存;2. 传统业务模式不适应需求与发展要求,导致产能过剩、能力闲置;3. 高端客户价格敏感度低,亟待提供高端、个性化优质服务;4. 通过信息共享平台和轻资产营销平台可把业务做大做优,实现多赢共赢。

(2014－4－21)

【4G 提速中国智造】4G 和移动互联网不仅把人与人连在一起,还把人与物、物与物连接在一起。在机器设备和居家用品中内嵌 4G 通信模块,甚至在工业全产业链、全生命周期中采用“机器人＋加工中心＋物联网＋无线通信”,实现频谱经济与 M2M,使中国智造成为可能。每个链接单元都是大拼图中的小小一块,这大拼图即中国智造。

(2014－4－24)

【4G 拉动频谱经济超常发展】4G 网络前期建设可直接拉动我国投资规模 5000 亿元;网络商用后带动我国终端制造、软件等相关产业将突破万亿元。

(2014－4－27)

【加强频谱经济战略研究势在必行】加强频谱经济战略资源的研究、科学配置势在必行:增强频谱利用率,创造更多可用容量,更好地满足个人和企业宽带用户迅速上涨需求。围绕互联网(含物联网)人与人连接、物与物连接及人与物交互联接,切实增强政府部门与企业及个人的合作和数据共享,意义重大!

(2014－4－28)

【频谱经济战略研究重点】1. 实现频谱利用率最大化,使无线宽带提供商、设备供应商获得更多频谱资源;2. 优化频谱分配,改进使用状况,增加可用频谱,平衡军民需求、通信、无线互联网与文广需求;3. 瞄准智能制造,为 M2M 无线物联网大发展做好频谱战略资源配置;4. 强化资源共享,增进分配协调性、科学性、合理性、有效性。

(2014－4－28)

【频谱资源配置:增强市场导向】1. 健全频谱资源市场体系,发挥市场配置资源决定性作用;2. 运用竞争效应制定频谱政策,阻止关键频谱资产过于集中,确保可用性,优化军与民、无线通信、无线互联网与广播电视间频谱分配;3. 寻求安全高效频谱利用方式,实现高效频谱接入,提升频谱价值,支持提升价值用途频谱回收行为。

(2014 -4 -28)

【共享 + 分享:频谱解决短缺问题必由之路】针对 TD - LTE 频谱短缺问题,实现频谱共享与合理分享,尤其是动态共享、优化配置是切实解决频谱短缺矛盾之最佳选择。频谱资源优化配置需实时认知电磁环境、用户、业务、信道、网络等信息,并汇集到频谱接入系统处理节点,以整体统筹优化。

(2014 -4 -28)

【四大科技决定人类未来】四大科技(NBlC),即:纳米技术(Nanotechnology)、生物技术(Biotechnology)、信息技术(lnformational technology)和认知科学(Cognitive science)的聚合将成为人类伟大变革的推进器。

(2014 -4 -28)

【盘点中国网络大国】至 2013 年底,中国网民规模突破 6 亿,其中手机网民占 80%;手机用户超过 12 亿,国内域名总数 1844 万个,网站近 400 万家,全球十大互联网企业中国有 3 家;网络购物用户达 3 亿,信息消费整体规模达 2.2 万亿元人民币,电子商务交易规模突破 10 万亿元人民币。

(2014 -4 -30)

【中国离网络强国有多远】1. 网络自主创新能力相对落后;2. 区域和城乡网络发展差异较大;3. 人均带宽与国际先进水平差距较大;4. 国内互联网发展瓶颈较突出;5. 物联网、车联网等仍处初级发展阶段;6. 互联网、物联网智慧工业尚未提升到国家战略;7. 机器人与频谱经济、M2M 仍未进入整体协同推进状态。

(2014 -4 -30)

【中国离网络强国有多远】1. 信息化驱动工业化、城镇化、农业现代化、国家治理体系和能力现代化任务繁重;2. 地区间数字鸿沟及引发的社会和经济问题亟待解决;3. 互联网普及率仅 45.8%,与发达国家 70% ~80% 差距较大;4. 网民农村人口占比仅 28.6%;5. 网络安全能力亟待提升;6. 个人隐私、公民合法权益保护亟待加强。

（2014－4－30）

【东方魔都:“四新”兴起】在全球信息革命与新工业革命浪潮中,当代中国正从制造大国向智造强国迈进。创意、创新、创业风起云涌,新技术、新产业、新业态、新模式蓬勃兴起,其核心城市为上海！在工业与服务业融合发展、转型发展、创新发展中,上海升级版呈现高端化、国际化、市场化、智能化、集约化态势!

（2014－5－6）

【互联网时代呼唤具有极客精神的企业家】在互联网时代,新技术、新产业、新业态、新模式层出不穷。时代呼唤具有颠覆性的技术与商业模式创新,尤其需要创意、设计、智造、营运、业态、模式、品牌、硬件、软件的协同创新。

（2014－5－6）

【大数据管理要点】1. 高效管理 GIS 数据和非 GIS 数据;2. 高效管理结构化数据和非结构化数据;3. 高效管理实时数据和历史数据;4. 提高大数据存储和管理、分析在高吞吐、响应时间、伸缩性和弹性、容错等方面的能力。

（2014－5－7）

【应用拉动新工业革命】巴塞罗那用半导体照明(LED)街灯替代传统照明设备。配备定时器和感应器的半导体照明路灯,既节约能源,又使光源更加聚焦到下方,减少光束投向夜空对夜行生物干扰。铺设在地面的停车传感器,使得司机能获知哪里有空车位。草地里埋着的湿度传感器,能感知地面湿度,以确定何时给草地浇水。

（2014－5－7）

【应用引导新工业革命】在垃圾处理和回收上,巴塞罗那建立了智能系统,每个垃圾回收箱的顶部和底部分别装有 1 个容量传感器和 1 个压力传感器,当桶内垃圾快要装满时会以无线网络传输的方式将信息反馈到垃圾处理控制中心,工作人员根据信号来安排、分配垃圾运输车的出行频率和路线,从而提高垃圾处理效率。

（2014－5－7）

【法国电动车产业发展发力】法国把发展电动车作为重中之重:每购买一辆电动车最多可得到7000欧元奖励。政府拨出专款用于大中城市电动汽车配套设施建设。电动汽车租赁系统遍及巴黎,总数超过1750台,充电装超过4000个。在IssyGrid智能社区,电动汽车的重要电源来自于屋顶的太阳能发电。

（2014－5－7）

【新工业革命与智慧城市互动】新工业革命将推动人类显著进步:信息技术用于能效管理,可以节约城市30%～70%的能源,减少20%的交通拥挤、15%的建筑运行成本和20%的水消耗。推动信息技术对老工业地区和传统产业的改造,将智慧城市、电动汽车等创新产业与传统产业紧密结合,发展智慧城市,增强城市活力。

（2014－5－7）

【新工业革命主要特征】德国提出工业4.0计划,将第四次工业革命上升到国家战略。新一轮工业革命浪潮正在欧洲兴起,一些项目进展之快出乎意料。全球新一轮工业革命浪潮的主要特征是:信息技术与实体世界的渗透融合和深度应用;数字化智能化制造、智慧城市、智能楼宇、智能电网和电动汽车、3D打印等。

（2014－5－7）

【何为工业4.0?】2012年初德国产业界提出了“工业4.0”计划。第一次工业革命的特点是蒸汽机;第二次的特点是电气化;第三次是信息技术(IT);第四次是信息网络世界与物理世界的结合(cyperphysicalsystem,简称CPS)。第四次工业革命重点围绕:智慧工厂和智能生产两大方向,巩固和提升制造业领先优势。

（2014－5－7）

【互联网核心思维】1. 标签思维;2. 简约思维;3. 极致思维;4. 产品思维;

5. 痛点思维;6. 尖叫点思维;7. 粉丝思维;8. 爆点思维;9. 迭代思维;10. 流量思维;11. 聚合思维;12. 专注思维;13. 口碑思维;14. 神速思维;15. 颠覆思维;16. 跨界思维;17. 融合思维;18. 整合思维;19. 平台思维;20. 联盟思维;21. 价值思维。

(2014 -5 -9)

【新商业模式能力何在?】新商业模式具有融合能力、整合能力、聚合能力、颠覆能力、组合能力、跨界能力、并购能力、极客能力、创意能力、发掘能力、平台能力、联盟能力、协同能力、交互能力、更新能力、生长能力、众筹能力。

(2014 -5 -10)

【工业结构调整与转型升级之要】1. 建立、健全工业项目全生命周期管理体系;2. 建立、健全工业经济全要素管理体系;3. 建立、健全工业细分行业全产业链管理体系。围绕上述,放在全球、全国发展大局中,切实加强科学统筹、创新驱动、转型升级的工作力度!

(2014 -5 -12)

【频谱资源应实行宏观管理与市场化配置相结合】应逐步改变频谱资源规划不分地区差异、"一刀切"的做法,实行精细化、规范化、法制化、市场化、集约化、差别化、动态化科学管理,从频率、地点、时间三维空间统筹安排、合理使用频谱资源,提高频率利用率,实现有限频谱资源最大经济与社会价值。

(2014 -5 -13)

【我国实施频谱经济战略势在必行】频谱资源具有稀缺性、非耗竭性和战略性,理应打破部门垄断而不断循环、高效使用。我国频谱资源管理从粗放到精细、从静态到动态、从垄断到市场、从低效到高效已十分迫切!应当提升到国家战略高度上来加以顶层设计,实行统一规划、统筹配置!

(2014 -5 -13)

【我国数字红利频谱亟待释放】700MHz 频段为模拟电视转换成数字电视后在特高频(UHF)频段富余的频谱资源可被其他系统使用,被称为数字红利频谱。数字红利频谱用于移动业务带来经济价值是广播电视业务的 7 ~ 10 倍。世界各国普遍采取强制手段回收数字红利频谱,并给予一定补偿。从国家利益高度出发,呼唤顶层调控!

(2014 - 5 - 13)

【为 TD 产业规划更多优质频谱】LTE 分为频分双工(FDD)和时分双工(TDD)两种。欧美国家为 FDD 优先分配了更多优质频段,而为 TDD 规划的频段带宽较少,且多为碎片化频段。我国拥有 TD 自主知识产权,TDD 频段总带宽达到 345MHz,超过 FDD 的 342MHz。相对 FDD,需为 TDD 增加优质低频段频谱资源,实现 TDD 网络效率最大化。

(2014 - 5 - 14)

【频谱经济活力取决于改革】改变单一行政指配的频率分配模式,建立以市场为导向的多重频率分配模式势在必行。

(2014 - 5 - 15)

【混合所有制改革必须守住底线】1. 混合所有制改革决不是民资、外资伺机摸公有资本之鱼;2. 混合所有制改革决不是国资压倒民资,更不是民资压倒国资,而是发挥各自优势;3. 混合所有制应在规定领域内混,宜在竞争性与市场化领域混;4. 国企混合所有制之资本来源不应包括外资。

(2014 - 5 - 17)

【基于研发合作的产业创新联盟】主要是通过产学研用紧密合作,开展基础性、应用性研发、创意、设计,提升产业核心竞争力。

(2014 - 5 - 18)

【创意 + 设计 + 制造 = 智造】制造业之核心是设计,设计之灵感源于创意!没有创意和设计,就只能是"人家吃肉,俺们啃骨头;人家吃米,俺们吃糠"。

(2014 - 5 - 18)

【科学合理混合所有制:说易行难】有效保障全民对国资经营监督、利益分享，严防国资代理人利益个人化、小集团化：1. 划转部分国有资本充实社保基金；2. 完善国资经营预算制度，提高国资收益上缴公共财政比例；3. 强化国资审计、引入民营资本加强监督，杜绝国资代理人浑水摸全民鱼之弊端。

（2014－5－19）

【基于市场合作的产业联盟】主要是通过搭建和运营公共服务平台，集聚联盟成员企业之技术和产品，形成整体解决方案，承接重大项目，共同开拓国内外市场。市场合作联盟可采用同业联盟、异业联盟、产业链联盟。

（2014－5－19）

【基于产业链合作的产业联盟】主要是通过制定技术标准、延伸产业链等方式，抢占产业发展制高点，提升产业整体效能。

（2014－5－19）

【产业联盟广受推崇】产业联盟不仅集合产业链上下游企业、高校、科研院所等创新资源，还集合基金、投资机构、金融机构等金融资源，在 1＋1＞2 的协同创新机制下，突破关键核心技术，创制重大标准，做大做强行业骨干企业，形成一批创新型活力企业。

（2014－5－19）

【联盟促进会的作用】成为社团法人后联盟促进会将以政府购买服务方式，用更接地气、更自治的方式管理产业联盟并承接部分政府职能：1. 推动联盟健康规范发展；2. 推动联盟和政府、科研机构、金融机构等实现对接；3. 推动跨联盟对接与合作，建立健全资金、项目、知识产权、信息资源共享、成果转化与扩散等运行管理机制。

（2014－5－19）

【依托行业协会创建“联盟的联盟”有助于产业联盟健康发展】依托工业经济联合会、服务业联合会和园区（产业基地）管委会建立产业联盟促进会是个好办法，有利于引导联盟规范发展，更好发挥联盟促进协同创新作用等。联盟的联盟在促进联盟间协同创新、技术和产业交叉集成、搭建联盟与政府及企业沟通桥梁上发挥作用。

（2014－5－19）

【产业联盟应保持超脱与公正】产业联盟是松散的协议型组织，通过契约对联盟成员进行行为约束和利益保护。产业联盟法人化是必要的，但保持超脱与公正更重要。若产业联盟包办一切，与成员单位构成竞争关系的话，那么就会失去联盟的必要性与吸引力。

（2014－5－19）

【小基站大作为】小基站（Small Cell）特指小型一体化基站，一般指低功率、作为无线接入节点的小型化基站，其覆盖范围在10米到200米之间。相较宏基站，其具有集成度高、适应性强、建设快速、维护便利等优势。小基站能适应各种回传网络，部署灵活快捷，在增加网络容量、提高宏基站边缘覆盖区域用户上网速率方面有明显成效。

（2014－5－24）

【信息能：大数据】大数据时代是场革命，庞大的数据资源在学术界，工商界，政界等各领域开始量化进程，已没法用传统数据库工具进行管理。上海正从依法依规安全有序开放政府与公共数据、开展关键大数据技术研究和推动大数据应用三方面布局大数据产业。应把大数据放到与集成电路、互联网同等重要位置全力推进！

（2014－5－27）

【我国大数据产业落地需迈过“三道坎”】1. 大数据安全、共享与开放问题，如何建立良性发展数据共享生态系统；2. 强大数据分析工具，低成本可扩展软件平台和算法问题，如何掌握大数据关键技术将资源转化为价值；3. 管理理念和运作方式能否适配数据化决策问题，如何改善管理模式和架构与大数据技术工具相适配。

（2014－5－27）

【他山之石：美国引领政府大数据开放】美国通过Data. gov开放37万个政

府与公共数据集，并开放网站的 API 和源代码，提供上千个数据应用，从国家层面大力推动政府数据开放，政府投资两亿美元促进大数据核心技术研究和应用，并倡导全球开放政府数据运动，41 个国家响应。

（2014－5－28）

【工业 4.0：网络化生产大显身手】工业 4.0 的其中一个核心元素是融合虚拟与现实世界，而全集成系统让 CAD/CAM（计算机辅助设计、制造）工具和产品数据实现无缝交互，让虚拟模型生成现实机械的时间节省 80% 以上；在网络化的生产中，通过优化虚拟生产计划和产品开发参数，可使生产效率提高 50% 以上。

（2014－5－31）

【未来智能工厂需要统一的标准体系】要实现产业集成乃至智能工厂这一愿景，人类的主要挑战是标准化，即相关软件需要兼容所有联网的元器件、机器、设备和工厂等，当前每家公司的 IT 系统都使用独立的设置，要实现集成化发展，需要所有公司都采用业内广泛认可的国际化的标准生产体系。

（2014－5－31）

【产业集成：智能工厂之前提与基础】未来工业企业需要对市场变化做出快速反应，即生产系统能对全球需求和特定客户要求做出快速反应。在这一系统中，包括工件、机器到运输系统在内的所有环节都可以通过网络进行互联，实现彼此之间的自由通信，这就是所谓的智能工厂，但达到智能工厂之前必须进行“产业集成”。

（2014－6－3）

【文化创意和智慧设计产业】把文化创意和智慧设计产业作为可持续发展的驱动要素，兼顾正式和非正式文化、创意、设计系统，经济的和非经济的文化创意领域，实行经济、社会、政治、文化、环境建设的“统筹兼顾”，是我国和上海新时期改革发展和创新转型的有力抓手，也是当今国际发展新潮流。

（2014－6－6）

【产业经济演进规律】农业经济:以土地为基础,以劳动力为核心;工业经济:以机器为基础,以自动化为核心;信息经济:以信息为基础,以智能化为核心。

(2014-6-8)

【电子商务革命】即O2O:用电子商务思维和大数据改造传统产业,为传统的供应链提升效率,全面的品牌触达直接消费者数据,体验与服务的全链路化、会员全渠道化、核心移动电商主导化、手机智能终端普世化。

(2014-6-8)

【O2O:重塑线下格局】互联网核心基础正由PC互联网变为移动互联网,SOLOMO核心场景令颠覆成为必然。O2O所有格局伴随移动电商而发展,其最大区别不是屏幕变小,而是地理位置成为核心,手机无处不在令消费者不再依赖搜索习惯,去中心化令消费者变为主动选择,4G、5G时代视频效能大大提升令O2O加快创新升级!

(2014-6-8)

【互联网加快工业与服务业融合发展】互联网经济令生产与交易间边界模糊。传统经济二三产业界限很清晰,但当融合互联网和信息资源产生新的产品与服务时就会发现生产、服务、消费难以分割,特别是消费互联网上的信息产品,产生很多与原来完全不同的形态和业态。互联网经济中工业与服务业如同一枚硬币的两面!

(2014-6-9)

【车联网进入高速发展期】全球芯片大厂均看好该市场,迫不及待地把其移动领域通信技术经验导入汽车领域。全球十大整车厂商均推出车联网产品与应用。LTE在全球日渐广泛应用带来车联网重要发展契机:到2016年53%的车安装远程信息处理装置;未来5年M2M收入将增加至448亿美元,其中超过1/3来自亚太地区。

(2014-6-9)

【人类将迎来"互联汽车"时代】在大城市高人口密度和增长造成对交通与基建极大挑战中，"互联汽车"正走向我们：会"思考"的汽车可帮助选择最好最节能的路径，并显著减少道路交通事故。汽车互联即将普及成为世界的一项新兴技术，将为驾驭体验带来更高的安全度、更多的便捷性以及更好的定制娱乐体验。

（2014－6－9）

【大数据成为国际竞争前沿，企业竞争力和商业模式创新的源泉】联合国"数据脉动"计划，美国"大数据"战略，英国"数据权"运动，日本"ICT 综合战略"，韩国大数据中心战略等先后开启大数据战略大幕，有力推动大数据产业化、市场化进程，提升社会生产力，创造新的社会价值，提高管理效率、服务水平、创新能力。

（2014－6－10）

【设计思维与设计思路是设计之灵魂】设计思维可带来新的理念、视角和流程。设计思维更多是一种思维方式、一种理念或一种视角。一切皆有设计，比如人力资源流程、产品、商业模式、服务模式、品牌设计等。设计思维的重点不一定是具体的产品、服务或操作流程，而是要带给人们好的体验。总之要有以人为中心的设计思路。

（2014－6－13）

【公共信用信息服务平台】是公共信用信息服务单一窗口，按照"多方共建、服务多方、信息共享、互动共用"原则，整合行政机关、司法机关、公用事业单位和社会组织等承担公共事务职能组织在履职中掌握和产生的、与法人和自然人相关信用信息，面向社会提供信息归集查询、信用联动监、信用监测预警、信用市场培育等服务。

（2014－6－15）

【互联网颠覆传统管理模式】互联网时代传统管理理论被颠覆了。1. 零距离：企业和用户间是零距离，从大规模制造变成大规模定制，生产线将改变；2. 去中心化：互联网时代每个人都是中心，没有中心，没有领导，因此科层制也要被改变;3. 分布式管理:全球的资源皆可利用,全球共用一个人力资源部。

(2014-6-16)

【微话园区管理模式】园区管理模式可分为三种:1. 大学或民间非营利机构主导型;2. 政府主导型;3. 政府、大学、企业联合管理型。

(2014-6-16)

【微话科学园模式】科学园模式是指在科研机构聚集的地方建立科学园区。这种园区一般位于大学、科研院所比较密集的地方或中心城市,通过大学和科研机构的支持,减少入驻园区企业的科技开发风险,并对具备一定技术含量和市场前景的中小企业进行扶持和培育。科学园模式目前在世界上采用较普遍。

(2014-6-17)

【微话技术城模式】指在一定范围的土地上平衡尖端高科技产业、研究机构、居住而形成的城区,不单纯以追求高科技企业和研究机构的集中为目的,而是追求高科技机构与根植于高科技文化和谐发展的理想状态。世界各国的航天、宇航发射以及核试验基地等一般都是这种模式。

(2014-6-17)

【微话加工区模式】指园区很少或不进行科研开发工作,通过集中本地以及周边地区的优势加工企业,或利用既成的外来高新技术成果生产高新技术产品形成的工业园区。

(2014-6-17)

【微话产业带模式】指由若干规模较大的各类科技园区、工业园区和科研机构、企业群体连成一片所组成的产业地带,往往没有具体的边界或区域界限,一般分布在较广阔或狭长的地带。美国旧金山"硅谷"就是产业带模式的典型代表。

(2014-6-17)

【优势企业主导型产业基地模式】优势是指企业自身独有的、利于成长与发展或竞争制胜因素:科研力量雄厚,人才储备充分,装备先进,具备大批高质量人才,管理机制科学合理等。这一模式主要优点是产业间集聚功能强、竞争优势显著、产业链完善,容易形成规模经济,缺陷是一旦优势企业出现问题,该基地会受很大牵制。

(2014-6-18)

【中小企业集聚型产业基地模式】大量中小企业的存在以及企业之间的网络关系是园区产业集群发展的客观条件,也是产业集群核心竞争优势的来源。也正是这些企业之间相互协助又竞争的网络关系,才有了与规模较大的同类企业竞争的基础。这一模式的缺陷是产业链不够完整,难以形成规模经济。

(2014-6-18)

【复合型产业基地模式】此模式介于优势企业主导模式和中小企业集聚模式之间,规模可大可小,既有优势企业模式优点,也有中小企业模式优势;既有比较优势也有竞争优势;但缺陷也比较明显:产业基地发展过程中政府和市场作用不协调,产业基地竞争优势差距较大,层次性较强。复合型产业生态链基地是上乘模式!

(2014-6-18)

【产业园区融资模式】产业园区融资模式主要包括:1. 政府间接投资模式;2. 引导民间资本模式;3. 吸引外向投资模式;4. 国际组织资金援助模式;5. 风险投资模式。

(2014-6-18)

【移动互联网加快传统业务流程重构】移动互联网已成为互联网应用关键入口,免费开放式平台、轻资产公司、轻工厂、现代物流供应链、移动微电商、移动微媒体等移动互联网思维正渗入各行各业,与行业内资源深度整合,通过跨界、融合、聚合、联合,重构业务流程、创新业态与商业模式。一发不可收!

(2014-6-24)

【雾计算】Fog Computing 是云计算(Cloud Computing)之延伸概念,源自“雾

是更贴近地面的云”名句。云在天空飘浮，高高在上，遥不可及；雾却现实可及，贴近地面，在你我身边。雾计算并非由性能强大的服务器组成，而是由性能较弱、更为分散的各类功能计算机组成，渗入工厂、汽车、电器、街灯及各类生活用品中。

（2014－6－25）

【微话新产业】新产业，不是基于缺乏，而是基于充裕。新产业不是技术、产品、业态、模式的迭加，而是联系，是关系，是创新行动。它不是名词，而是动词，是一种 R－TECHNOLOGIES，即关系性的科技。要让技术更像我们，更像人类。这样，就会从悲观到乐观，就会有长久的繁荣（THE LONG BOOM）。

（2014－6－28）

【大数据时代带来更多新商业模式】广义移动互联网正从人－人通讯向物－物移动通讯，人－物移动通讯拓展，云计算、物联网拉开了第三次工业革命浪潮，C2B、M2M、粉丝经济、平台经济、联盟经济、频谱经济、长尾理论、部落电子商务、免费开放、用户至上、体验为王、互联网思维等等，风云激荡，大数据时代令新商业模式层出不穷。

（2014－6－29）

【“四新”经济：新技术、新产业、新业态、新模式】“四新”经济是以网络为基础、芯片无处不在的新经济体系，是万物众人相联的新经济变革行动。今后连鞋子里面也有智能芯片，所有东西均联在一起，这是“四新”经济的基础。互联网不只是人们互相之间敲字，而更是沟通方式、生存方式和生存氛围。它不仅是价值存储，更是沟通。

（2014－6－29）

【“四新”经济】“四新”经济为传统产业注入活力，众多企业从“以产品为中心”转向“以用户需求为中心”，跨界、聚合、融合，重塑产业生态系统与产业价值链。工业企业加快从 B2C 向 C2B 转变，变革设计、生产与营销方式，“众筹＋预售＋定制”互联网生产平台，“前期客户聚合＋中期产品预售＋后期数量控制”产品销售模式成新趋势。

（2014－7－1）

【上海加快工业云创新服务平台建设】1. 聚焦自贸区信息化与电子围栏建设;2. 聚焦工业生态环保与节能减排信息化;3. 聚焦工业产品与服务质量监测及质量追溯体系建设;4. 聚焦工业物流信息化;5. 加快工业生产营销方式由B2C向C2B转变;6. 推动工业制造模式从大规模制造向个性化定制、按需制造、定制化众包生产演进。

(2014-7-2)

【创建国际创新中心】上海创建国际创新中心先要走出"科教兴市"老路。从全球范围来看,新一轮创新不是中国式科教系统的创新,而是市场导向的产业科技创新。发明并不意味着经济增长,只有针对整体创新循环的政策才能成功地实现经济可持续增长,从而提高整体发展后劲。上海正兴起类似"苹果"、"特斯拉"式创新运动!

(2014-7-8)

【互联网经济带来健康的破坏式创新】所谓健康的破坏式创新,是基于一个大家共同遵守的基本规则框架下,通过技术、设计、运营、业态、商业模式等的创新,颠覆一个不思进取的老旧行业或企业的过程。健康的破坏式创新,破坏的是过时的规则、制度和不思进取的企业,属于优胜劣汰的范畴,是良性的新陈代谢!

(2014-7-10)

【"四新"经济最缺极客领军者】现如今商业高度发达,市场竞争异常激烈的时代,人们大部分需求都已得到了满足,新的创业者要么寻找机会用强大的核心技术颠覆旧产业,要么在新兴市场寻找新产品带来的新需求,形成新业态、新模式。不管做什么,要想造就伟大的企业,就需要由极客Leader来领衔。

(2014-7-10)

【车联网:整合型芯片与协同应用是关键】车联网是通过利用装载车辆上有感知能力的电子设备进行数据采集,以信息通信技术为手段,实现车与车、车与人、车与路互联互通;通过智能处理技术对采集的数据进行有效利用,对车辆提供导航、救援、管控等综合性服务。车联网必需整合多种网络技术与应用技术。

(2014-7-11)

【车联网重在芯片】车载网络、传感器、车载数据接口、音视频处理、定位装置、汽车与汽车/基础设施的通信装置的应用融合是车联网的基础。车联网芯片必须实现这些功能。随着这些技术的问世和芯片功能的增加以及工艺复杂性的提高,功耗和电磁兼容性是一个不小的挑战。

(2014－7－11)

【为大数据发展政府该做些什么?】1. 提升顶层设计和协调服务能力,做好统筹规划;2. 提升资源采集能力,做好应用与隐私保护平衡;3. 提升资源整合与分享能力,推动开放进程;4. 提升应用需求发现、培育能力;5. 提升信息安全保障能力,打造安全防护体系。

(2014－7－12)

【"四新"基地创建应学习借鉴硅谷】创建"新技术、新业态、新模式、新产业"基地应学习硅谷"结构松散、无为而治、持续发展"好做法。产业创新基地不是计划产物,不是优惠政策产物,也没有治理机构。硅谷基本上找不到资源,也没有管理机构,没有统计机构,没有人管,而是人才与产业高度集聚,是产城与产业族群高度聚集。

(2014－7－14)

【产业创新基地成功要素】一是不断产生新技术、新产业、新业态、新模式;二是有较强内生增长机制;三是高端要素大量集聚;四是开创领先商业模式和创业模式,而不仅是产品;五是特色产业高度聚集,达到内生和均衡。产业创新基地就像革命火种一样,创意和创新的想法层出不穷,天使、风投与服务平台集中。

(2014－7－14)

【"四新"经济的魔法棒:创意与设计】在现如今互联网与智慧智能时代,设计不再单纯是色彩与造型的变幻,而是包含技术、产业、业态、模式创新的智慧与知识加工增值过程。在这个时代,创意与设计的价值得以被理性化衡量。只要正确运用创意与设计,任何行业或企业、任何产品与服务,都能创造效益,获得战略主动权!

(2014－7－17)

【“四新”经济的灵魂在于创意和设计】好的创意与设计是新技术、新产业、新业态、新模式的载体与灵魂，是市场竞争力所在。当代，市场竞争明显取决于设计竞争。好设计就是好生意，好设计创造附加值。

（2014－7－18）

【“四新”经济本质何在？】所谓“四新”经济之新，其本质是“活”：活的技术、活的产业、活的业态和活的模式。它们有自身生命周期，并互相关联：有的是食物链关系，有的是寄生关系……组成生机勃勃的新经济、新生态。以“生命自然”代表“四新”经济，把人类对待自然的态度移植到管理者对待“四新经济”上：无为与搞活。

（2014－7－21）

【“四新”经济插翅高飞】“大云平移”为新技术、新产业、新业态、新模式的发展插上高飞的翅膀，即：大数据、云计算、平台经济、移动互联网。

（2014－7－29）

【互联网企业应坚守的定律】1. 坚持互联网思维，抵挡异化，伪化诱惑；2. 专注用户体验，专心做深做透线上；3. 坚持简单有效，第三方平台型业务模式；4. 杜绝浮躁、过度逐利，避免复杂冗余流程；5. 务实解决影响用户安全可靠、便捷高效、低价或免费服务的一切具体问题；6. 不断提升CRM（客户关系管理）水平。

（2014－7－29）

【“四新”企业创新真谛何在？】不在高大上，不在唯技术先进性，而在立足市场需求，立足解决目标用户之主要需求，在于突破惯性思维，寻求更适宜更好的商业模式与技术路径和设计方案。

（2014－7－29）

【“四新”经济的文化特征】1. 非急功近利；2. 不过于追求传统资源与政府资源；3. 允许试错、合理容错的创新文化；4. 利用并激活过剩与存量经济；5. 呼唤政府创新服务体系和对创业创新创意创造的专业化服务体系；6. 体现充分分享、跨界、协同、竞合、聚合、平台、联盟、共赢的商业文化。

（2014－7－29）

【产业转型升级 8R 原理】1. Redesign：再设计；2. Reuse：再利用；3. Reduce：再减量；4. Recycle：再循环；5. Remanufacture：再制造；6. Reengineering：再组建；7. Restructuring：再架构；8. Reconsumption：再消费。

（2014－7－31）

【工业 4.0 展示全新蓝图】1. 工业智能化＋工业自动化＋工业网络化；2. 物联网、务联网渗透到工业全产业链，改变价值创造过程与模式，重组产业链分工，呈现工业化与信息化、信息化与自动化、制造业与服务业的深度融合，行业界线将消失，新技术、新产业、新业态、新模式将层出不穷。

（2014－8－1）

【信息物理系统网络（Cyber－Physical Systems，CPS）】即将物理设备连接到互联网上，让物理设备具有计算、通信、精确控制、远程协调和自治五大功能，实现虚拟网络与现实物理世界融合，将资源、信息、物体与人紧密联系，创造物联网、务联网及相关服务，为全产业流程提供智能化时空。

（2014－8－1）

【工业 4.0 呼唤全新商业模式】与工业 4.0 相匹配的商业模式，将确保潜在商业利润在整个产业价值链的所有利益相关人公平共享。网络化、分散化、智能化设计、制造与营销，自组织强适应物流体系，集成客户制造工程。全新的协作工作方式令工作脱离工厂，实现虚拟与移动业务模式，实现协同设计、制造与服务架构。

（2014－8－1）

【“四新”重中之重：智能设计、制造、服务一体化协同创新】将人机互动、机机互联、智能物流、智能管理、3D 打印与机器人、信息物理系统融入设计、制造、管理、服务之中，形成高度灵活、个性化、网络化、智能化产业生态链与价值链。

（2014－8－1）

【关注“四新”经济：互联网工业篇】1. 基于频谱经济的 M2M；2. e-Factory & eco-Factory；3. 可视化工厂；4. 智慧与智能化、数字化多能工厂；5. 信息物理系统网络；6. 智能测控、数控机床、机器人、新型传感器、3D 打印的协同体系。

（2014－8－1）

【互联网金融之风险】与传统金融相比，互联网金融存在着三层风险：第一层是投资者面临的固有风险，也即股票、基金、债券等金融产品与生俱来的风险，这一风险仍需监管部门监管，不能任其野蛮生长；第二层风险是 P2P 网贷平台存在的欺诈风险；第三层风险是由于投资者自身风险意识薄弱而可能导致的潜在风险。

（2014－8－1）

【能联网】通过互联网和物联网技术、储能技术、多能源收集与管理技术、智能控制技术，能联网旨在有效解决可再生能源供应不持续、品质不稳定、难以接入电力主干网等问题，让可再生能源成为主要能源，以减少污染物排放。

（2014－8－2）

【互联网金融与金融互联网：相辅相成、共生共荣】前者凭借成本低、客户群广、信息处理能力强、资源配置效率高及强大网络效应备受关注；后者有资金供给、风险把控、客户基础等不可替代优势，不应寄希望靠监管抑制前者发展。银行有众多家庭储户和企业客户资源，将二者对接自然成为 P2P 网贷或电商平台。

（2014－8－2）

读书访谈

读书，当在有意无意间

——《解放日报》访谈实录

见到李耀新，恰好在市人大常委会会议厅外的书摊上。听说来了一批新书，他一走出会场就过来挑选。记者曾采访过他多次，每每都感受到他的博闻广识。此刻，李耀新手中厚厚的一摞书，似乎道出了背后的秘密。

开卷有益。对于这位作为全市产业经济主管部门和信息化综合部门“掌门人”的工学博士来说，阅读既是工作需要，也是一种人生乐趣。

临睡前翻一会儿书，让大脑切换到一个享受乐趣的频道

解放书单：粗粗看了下您前不久的一张“排片表”：每天的日程都安排得非常紧，还能抽出时间看书吗？

李耀新：文武之道，一张一弛。我的工作日程确实安排得很满，但是，工作忙并不能成为不看书的理由。恰恰相反，阅读于我，是一种放松和调节，能够让我从繁忙的事务堆里脱身出来。所以我临睡前喜欢翻一会儿书，让大脑切换到另一个频道，一个享受乐趣的频道。

解放书单：除了“享受乐趣”，对您来说，读书还有怎样的功能？

李耀新：心理学家把人的知识和技能描绘成三个层层嵌套的圆圈：最内一个圆圈是“舒适区”，指已经熟练掌握的各种技能；最外一个圆圈是“恐慌区”，指暂时无法学会的技能；二者中间则是“学习区”。只有在学习区里面练习，才能进步。而进步和改变，往往就在于上了一门课、分享了一个观点、阅读了一本书。我

们的时间、精力有限,也没有那么多机会遇到大师,阅读就是与巨人进行思想交流的最经济的路径。所以,读书应该成为伴随一生的事,成为生活中的一种习惯。

像蜜蜂采蜜一样,不是孤立地读一本书,而是按图索骥读一堆书

解放书单: 关于读书,有人喜欢细细咀嚼,有人善于速读。您的读书习惯是怎样的?

李耀新:“观书必总其言,而求作者之意。”以我自身的经验,阅读中的最大乐趣就是刨根寻底。我读书就像蜜蜂采蜜一样,不是孤立地读一本书,而是按图索骥读一堆书,横向、纵向比较着读,厘清事物的来龙去脉。

解放书单: 您平时读得最多的是哪类书?

李耀新: 如果把读书按照类型来划分,主要有三类,一类是经典著作、时政类书籍,比如《邓小平文选》、《之江新语》等;第二类是跟工作有关的书籍,比如经济转型、大数据、互联网、创意设计等方面的书籍;第三类是与修身养性有关的书籍,比如《精美诗歌》、《顾准文集》、《汪曾祺谈吃》等。

有段时间,我对园林绿化很感兴趣,非常迫切地去图书馆、书城搜罗各种各类绿化方面的书。一轮知识“密集轰炸”后,我对绿化开始有了感觉。去加拿大考察时,我们专门选择了布查公园进行考察。这是一个由冶炼厂改造而成、从废墟上“长”出来的公园。回来后,我就和长宁区的干部们把原来的绿化方案颠覆掉,重新设计。

解放书单: 这样的阅读和考察,改变了您原有的很多想法?

李耀新: 以前搞绿化,我们恨不得把堤岸铺上水泥,建很多喷水池。而读过书行过路,就明白了,绿化的要义是回归自然,大自然就是绚丽的天书。你看,天然林自有一套防御系统,各种林木的花期、采光习性都不一样,冬天的落叶树就为它下面的草根生长打下基础,杂种的林木构成一个完整的生态系统。而我们很多地方喜欢栽植同一种树,方便管理,却没有考虑到生态属性。

后来我们采纳了先进的绿化理念,在外环生态圈混种大片绿地,住宅小区附近则设计立体绿化。如此一来,财政投入的钱还省掉了三分之一。

只有依靠厚实的见识来引导，才能更好地发挥才能

解放书单： 我看到您的书柜里很多是与大数据、互联网有关的书。这与您现在从事的工作有关吗？

李耀新： 来到市经信委后，我阅读了新产业革命、美国再工业化、德国工业4.0等方面的书籍，进行了一些思考和提炼。我刚买的书中，这类书就占了大部分，其中既是出于工作需要，也是个人兴趣。

通常，我会对比着阅读，很有意思。比如在《黑天鹅》中，塔勒布认为人类行为是随机的，都是小概率事件，是无法预测的；而在《爆发》一书中，全球复杂网络权威 Barabasi 则认为，人类行为93%是可以预测的，大部分人的行为模式不是泊松分布而是幂律分布。最近，塔勒布又出了新书《反脆弱》，进一步告诉我们，在不确定的世界中的生存法则，是该如何让自己避免损失，甚至从混乱和不确定中获利。

解放书单： 对大数据概念，您在进行了专题阅读后，有什么新思考？

李耀新： 在我看来，"大数据"是一种新的思维，预示着全球经济和社会发展的新变革，也预示着新的发展周期的到来。大数据开启人类发展从依赖自然资源为主转向依靠智慧资源为主的发展新纪元。这是一个万物相连的时代，互联网不仅让人和人、人和物、物和物得以联接，还可以让人类摆脱对重资产的依赖，靠头脑与智慧的轻资产，把创意高效能地转化为现实，这是回归人性的突破，会带来自主制造，甚至"自由智造"。

站在宏观的层面上讲，这是打开了地球的另一个宝盒。以车联网为例，一座城市如果把"车和车"、"车和人"充分联系到位，从理论上可以使得城市道路通行能力达到70%。也就是说，上海这样一座城市，如果"车联网"真正发展到位，即使车辆数量翻一倍、不增加道路面积，车况、路况还会有好转。这样的智慧交通前景就很诱人。

未来十年，是一个"创意嘉华年"。横空而出的"马云"、"马化腾"们会遍布各个领域。你不敢跨界，就有人跨过来"打劫"，接下来的故事一定是大数据重构商业，流量改写未来，旧思维、老模式终将被淘汰。

解放书单： 这些从阅读中获得的思考，是怎样融进工作的？

李耀新： 古人说：学如弓弩，才如箭镞。讲的就是学问的根基好比弓弩，才能好比箭头，只有依靠厚实的见识来引导，才能够更好地发挥才能。通过阅读这

些书,可以了解政治、经济、社会等前沿趋势,把握未来发展的脉搏,并以此为基础,对某一时段、某个区域的某项事业进行统筹考虑、具体策划和有效推进。

我曾召集委内相关处室一起进行头脑风暴,但刚开始大家都局限在各自的领域,没有跨前一步主动思考,碰撞不起来。于是,我请每个处室进行"海读",针对其所管领域分析国际国内现状,做综合行业分析,思考发展趋势是什么、如何进行规划定位、主体是谁、载体在哪里、项目如何聚焦、投融资机制如何建立、如何完善政策服务环境,以及下一步对策是什么等。目标是通过学习深思,加快转变政府职能,促进行政效能提升。

经过这样的阅读之后,眼界开阔了,思想碰撞有了生气,会议质量自然提高,最后拿出的东西就很有新意。

既要有目的性地读,也要随心所欲地览

解放书单: 除了专业领域的书,您平时还喜欢阅读什么方面的书?

李耀新: 若把所有的学科按顺序排列起来,会形成一个光谱。光谱左边是自然科学,右边是社会科学,越靠左边,规律性或共性越强;越靠右边,特殊性或个性越强。在光谱最左边,应该是规律性最强的数学,依次是物理、化学、生物等;光谱的最右边是特殊性最强的艺术,然后依次是文学、历史、经济、哲学等。

知识光谱上的学科,我都很有兴趣,都会涉猎一些。有段时间,我看了很多书法类的书。书画之妙,当以神会,难以形器求也。艺术类书籍不仅能涵养性情,对打开思路、触类旁通也大有裨益,会给工作带来灵感。

解放书单: 一些看似"无用"的书,其实有大用。

李耀新: 所以,读书要介于有意与无意之间——既要有目的性地读,也要随心所欲地览,与作者心接神交,不带任何功利性。如果太功利地阅读,不利于知识宝塔的完整构建。塔的基座越宽,塔身就越坚实;基座太窄,即使到了一定高度,也容易塌掉。

当然,在平时调研学习中,更注重向基层学习,问计于民、问计于基层。我认为,在推进上海智慧城市建设中,不仅要有行业标准、专家标准,更要有市民的评价标准。

阅读要广泛,自然科学与社会科学的内容都要涉猎。社会科学讲哲理和人文,自然科学讲定律和公式,而所有定律和公式都可以上升到哲学。所以,它们本质上是相通的。

举个例子，在高等化学里有一个“盖斯定律”，即改变化学平衡时的某一因素时，化学反应的方向就向着削弱这个因素的方向转化。如果增加生成物就向减少生成物的方向走，如果增加催化剂就向减少催化剂的方向走，加温了就向降温方向走。其实质是，化学反应的焓变只与始态和终态有关，而与途径无关。

不仅化学反应遵循这个规律，现代社会中的人际关系亦如此。比如一个团队中，你不显山露水时，大家可能推着你、帮着你；当你脱颖而出，一览众山小时，挑战也会接踵而来。如果想通了这个道理，为人处世就会更豁达，不会太计较个人得失，会变得胸襟宽广、大气。这也是我从阅读中获得的人生感悟。

解放书单：阅读不仅能让人“知事”，也会让人“晓理”。

李耀新：王国维讲过读书治学的三重境界，这也是促使人进步的螺旋式上升的过程。我想，喜爱阅读和思考的人，或多或少对此都会有所体会。

（王海燕）

作者论文专著目录

一、学术论文

[1] 石永清;李耀新. 工业技术结构初探. 哈尔滨工业大学学报,1988-03.

[2] 李耀新;石永清. 不同类型生产要素密集产业的定量划分,哈尔滨工业大学学报,1989-02.

[3] 赵喜晨;高振刚;李耀新. 技术进步与经济发展:动力过程及动力机制. 科学技术与辩证法,1989-12-27.

[4] 李耀新;石永清. 对我国生产要素密集型产业结构的研究. 决策借鉴,1990-6-15.

[5] 马天超;李耀新;刘红卫. 对我国城市居民消费结构的预测. 决策借鉴,1991-02-15.

[6] 李耀新. 论我国出口产品结构的升级. 学术交流,1991-05-01.

[7] 李耀新. 我国工业生产要素密集型产业结构的特征分析. 经济研究,1991-12-27.

[8] 李耀新;乌家培. 产业结构演进中的技术构成变动. 数量经济技术经济研究,1992-11-26.

[9] 李耀新;乌家培. 产业结构调整中的生产要素替代原理. 经济学家,1992-12-26.

[10] 李耀新. 外汇买卖实务系列讲座(一). 上海综合经济,1994-01-05.

[11] 李耀新. 外汇买卖实务系列讲座(二). 上海综合经济,1994-02-05.

[12] 李耀新. 外汇买卖实务系列讲座(三). 上海综合经济,1994-04-05.

[13] 李耀新. 外汇买卖实务系列讲座(四). 上海综合经济,1994-05-05.

[14] 李耀新. 外汇买卖实务系列讲座(五). 上海综合经济,1994-07-05.

[15] 李耀新. 外汇买卖实务系列讲座(六). 上海综合经济,1994 - 08 - 05.
[16] 李耀新. 外汇买卖实务系列讲座(七). 上海综合经济,1994 - 09 - 05.
[17] 李耀新. 外汇买卖实务系列讲座(八). 上海综合经济,1994 - 12 - 05.
[18] 李耀新、乌家培. 产业结构调整中的生产要素配置原理. 经济学家,1994 - 09 - 28.
[19] 李耀新. 全国经济形势回顾与展望. 上海综合经济,1995 - 08 - 05.
[20] 李耀新. 对推进上海清洁生产的政策建议. 上海企业,1996 - 03 - 15.
[21] 李耀新. 认真贯彻实施《中国 21 世纪议程》实现上海经济、社会、环境可持续发展. 系统工程理论方法应用,1996 - 04.
[22] 李耀新. 以科技为特征以市场为目标——上海农垦现代化农业发展之路. 中国农垦,1996 - 04.
[23] 李耀新. 对促进上海经济增长方式转变的思考. 上海企业,1996 - 07 - 15.
[24] 李耀新;肖林. 加快社会经济增长方式的转变. 党政论坛,1996 - 07 - 15.
[25] 李耀新;肖林;倪前龙. 推进上海经济增长方式转变的切入口. 上海综合经济,1997 - 02.
[26] 李耀新. 上海市公众可持续发展意识的调查与分析. 中国人口资源与环境,1998 - 04.
[27] 李耀新. 全国新一轮产业结构调整的趋势及其对上海产业结构调整的影响. 上海综合经济,1998 - 04.
[28] 诸大建;李耀新. 建立上海可持续发展指标体系的研究. 上海环境科学,1999 - 09 - 15.
[29] 李耀新. 加快推进区县经济所有制结构创新. 上海综合经济,2000 - 04 - 05.
[30] 诸大建;李耀新. 可持续发展战略与上海“十五”计划编制的研究. 上海环境科学,2000 - 10 - 15.
[31] 诸大建;李耀新. 探讨地方可持续发展的规划编制和体制建设——以《中国 21 世纪议程——上海行动计划》编制为例. 城市规划汇刊,2000 - 11 - 20.
[32] 李耀新. 精心打造“规模大、结构优、水平高、效益好”的制造业高地. 上海综合经济,2003 - 05 - 05.
[33] 李耀新. 构筑国际化汽车零部件产业发展战略平台——上海国际汽车零

部件产业发展巡礼与展望. 上海综合经济,2004－03－20.
[34] 李耀新. 用好科学发展观. 中华合作时报,2004－08－05.
[35] 李耀新. 贯彻落实《生产安全事故报告和调查处理条例》为我市追赶型跨越式发展提供安全保障. 牡丹江日报,2007－06－01.
[36] 李耀新. 治污减排,创建环境友好型社会. 牡丹江日报,2007－06－05.
[37] 李耀新. 加快建设哈牡绥东中俄经济带打造东北亚经济合作的黄金平台. 中国贸易报,2007－08－21.
[38] 李耀新. 倾力打造东北亚区域性国际经贸旅游名城. 西伯利亚研究,2007－10－25.
[39] 李耀新. 加深区域一体化,形成同城效应. 中国市长,2011－06－20.
[40] 李耀新. 长宁建成上海国际贸易中心重要承载区的思考. 上海城市发展,2011－12－16.
[41] 李耀新. 以领导思维转变,创转型发展之先. 现代领导,2012－04－08.
[42] 李耀新. 准确把握政府在社会管理创新中的定位. 国家行政学院学报,2012－03.
[43] 李耀新. 打造贸易引领转型发展的“长宁模式”. 中国改革报,2012－11－13.
[44] 李耀新. 上海光伏产业厚积薄发. 财经界,2013－10.
[45] 李耀新. 特大型城市城乡结合部和谐发展的思考. 上海综合经济,2013－10.
[46] 李耀新. 开创上海经济和信息化发展新局面. 科学发展,2013－12.
[47] 李耀新. 探索健全推进经济与信息化发展的“六要素”工作法. 中国电子报,2014－01－17.
[48] 李耀新. 加快推进上海产业布局和结构调整. 科学发展,2014－01.
[49] 李耀新. 上海经济和信息化工作的新思考. 上海城市发展,2014－02.
[50] 李耀新. 互联网“四新”经济. 中国经济和信息化,2014－04.
[51] 李耀新. 以“四新”促上海经济转型发展. 中国经济周刊,2014－05－30.
[52] 李耀新. 发展“四新”经济,政府先换脑. 上海观察,2014－06－24.
[53] 李耀新. 积极探索负面清单管理方式,促进政府职能转变和产业创新转型. 上海城市发展,2014－03.

二、学术专著

[1] 李耀新、王东华 《战略产业论》 黑龙江科学技术出版社 1991 年 1 月

[2] 李耀新 《生产要素密集型产业论》 中国计划出版社 1995 年 9 月
[3] 佘健明 《宏观经济分析与对策》 湖南科学技术出版社 1996 年 5 月
[4] 李耀新 《长江地区产业经济与可持续发展》 武汉出版社 1999 年 10 月
[5] 李良园、李耀新等 《上海发展循环经济研究》 上海交通大学出版社 2000 年 7 月
[6] 李耀新 《长江经济带大都市发展战略研究》 长江出版社 2009 年 4 月
[7] 李耀新 《科学发展的求索与实践》 中国出版集团东方出版中心 2013 年 6 月

后　　记

科学发展的探索与实践永无止境，我们在路上，欣赏沿途的美妙风景，也为实现共同的梦想而努力奋斗。

往事如风，来者可追。每隔一段时间，将自己的所思所感所悟记录下来，编辑整理成册，既是对自己所走过的人生之路的总结与反思，也作为对未来进行求索与展望的新的起点，亦冀望能为读者带来一些可供探讨的话题和心灵上的共鸣。

实践在深化，学习无止境。我们要深刻认识和积极应对形势发展变化中的"四个不适应"，不断加强理论与实践的学习，加强学习型团队建设，让学习成为工作的有力帮手，成为人生的一种乐趣，以学习实践转变作风、转变职能，不断提升各方面的工作效能，应对这快速发展变革的新时代。

这本书籍的整理付梓，得到有关方面领导和同事的关心、支持和帮助！尤其是上海市经济和信息化委员会的戎之勤、史文军同志，以及研究室的陆栋生和贾国富、刘芸、解文婧等同志，为本书的编辑出版付出了辛勤的劳动。在此，一并表示谢意！

中国出版集团东方出版中心有限公司十分重视本书的编辑出版工作，责任编辑唐丽芳博士和谢超严谨认真，提出了很好的修改意见和建议，为本书的顺利出版做了重要贡献。在此，特致谢忱！

最后，要特别感谢我的家人，在工作、学习、生活等各方面，对我提供的全力支持和温馨帮助！

书中不当之处，欢迎读者批评指正。

2014 年 6 月 30 日于书室

图书在版编目(CIP)数据

在求质求新中求进：上海经济和信息化的探索与实践/李耀新著. —上海：东方出版中心,2014.8
ISBN 978-7-5473-0708-3

Ⅰ.①在… Ⅱ.①李… Ⅲ.①区域经济发展-研究-上海市②信息化-研究-上海市 Ⅳ.①F127.51②G202

中国版本图书馆 CIP 数据核字(2014)第 168940 号

在求质求新中求进

——上海经济和信息化的探索与实践

出版发行：东方出版中心
地　　址：上海市仙霞路 345 号
电　　话：62417400
邮政编码：200336
经　　销：全国新华书店
印　　刷：上海中华商务联合印刷有限公司
开　　本：710×1020 毫米　1/16
字　　数：365 千字
印　　张：22.5　　插页 2
版　　次：2014 年 8 月第 1 版　第 1 次印刷
ISBN 978-7-5473-0708-3
定　　价：48.00 元